Siegfried Frech, Ingo Juchler (Hrsg.)

Bürger auf Abwegen?

Politikdistanz und politische Bildung

Siegfried Schiele für seine Verdienste um die Didaktik politischer Bildung

Mit Beiträgen von
Nikolaus Blome, Joachim Detjen,
Siegfried Frech, Wolfgang Gaiser, Ingo Juchler,
Otmar Jung, Harald Keller, Winfried Krüger,
Jonas Lanig, Peter Massing, Wolfgang Molitor,
Oskar Niedermayer, Andreas Petrik,
Wibke Renner-Kasper, Dagmar Richter,
Johann de Rijke, Siegfried Schiele,
Michael Wehner

WOCHEN
SCHAU
VERLAG

Bibliografische Information der Deutschen Nationalbibliothek

Die Deutsche Nationalbibliothek verzeichnet diese Publikation in der Deutschen Nationalbibliografie; detaillierte bibliografische Daten sind im Internet über http://dnb.d-nb.de abrufbar.

www.wochenschau-verlag.de

Redaktion: Siegfried Frech

Titelgestaltung: Ohl Design
Gesamtherstellung Wochenschau Verlag
Titelbild: Wochenschau Verlag

Gedruckt auf chlorfreiem Papier
ISBN 978-3-89974656-3

Inhalt

Vorwort

Unsere Demokratie befindet sich in einem Zustand, der Politik wie politische Bildung beunruhigen muss. Die Begeisterung für die Demokratie ist merklich verflogen. Die Wahlbeteiligung ist gesunken, die Volksparteien schrumpfen, Bürgerinnen und Bürger zeigen Verdruss gegenüber den Parteien und Politikern.

Schenkt man neueren Studien Glauben, so zeigt sich, dass die Bundesrepublik Deutschland Probleme hat, drei gesellschaftliche Gruppen zu integrieren: (1) größere Teile der Zuwanderer nichtdeutscher Herkunft und ihre Nachfahren, die zum größten Teil im Westen der Republik leben; (2) beträchtliche Teile der ostdeutschen Bevölkerung und (3) die sogenannte neue soziale Unterschicht in Ost und West. Diesen Lebenswelten oder Milieus ist gemeinsam, dass sie mit den Wandlungsprozessen in der Gesellschaft nicht mehr zurechtkommen, sie fühlen sich als Verlierer und schließen sich daher zunehmend in Nischen ein. Hinzu kommt ein tiefes Misstrauen gegenüber dem Postulat „Chancen durch Bildung". Dieses Postulat wird mit Chancenlosigkeit übersetzt. Denn wann immer Angehörige dieser Lebenswelten Erfahrungen mit Bildungseinrichtungen gemacht haben, standen sie stets als diejenigen da, welche die Ziele nicht erreichen, den Anforderungen nicht gerecht werden konnten.

So ist es nicht verwunderlich, wenn Begriffe wie „Politik" und „Bildung" für Angehörige aus politikdistanzierten und bildungsfernen Milieus inhaltsleer und bedeutungslos sind oder gar manifeste Ablehnung erzeugen. Es scheint, dass sich hier ein fataler Kreislauf entwickelt: Niedrige Bildungsabschlüsse gehen in aller Regel mit unsicheren beruflichen Karrieren einher und mit schwierigen Lebenslagen. Die Unzufriedenheit mit den eigenen Lebensverhältnissen führt wiederum häufig zu Unzufriedenheit mit der Demokratie sowie zu Distanz gegenüber dem Gemeinwesen. Untersuchungen belegen stets aufs Neue, dass das Bildungsniveau einen überaus starken Effekt auf die grundlegende Akzeptanz der Demokratie wie auch auf die politische Kompetenz hat. Wenn politisches Interesse und politisches Wissen mit dem formalen Bildungsgrad zunehmen, so bedeutet dies im Umkehrschluss für die politische Bildung, dass sie neue und andere Wege der Ansprache von politik- und bildungsfernen Gruppen suchen muss.

Für die politische Bildung stellt das vielschichtige Phänomen der Politikdistanz eine Herausforderung dar. Politische Bildung muss – so die einhellige Meinung – Wege, Produkte und Veranstaltungsformen suchen, um politik- und bildungsdistanzierte Zielgruppen anzusprechen. Bevor man sich jedoch in vermeintlich gut gemeintem Aktionismus auf die Suche nach neuen Formaten und Produkten macht, ist ein grundsätzlicher Sachverhalt zu bedenken. „Politikfern sind die Ahnungslosen" – so hat unlängst Werner J. Patzelt einen Aufsatz überschrieben. Wenn die These stimmt, dass in den Vorurteilen und in den Wissenslücken eine mögliche Ursache für Politik- und Parteienverdrossenheit zu suchen ist, darf und muss man auf die politische Bildung hoffen. Wenn der angemessene Erwerb von Wissen eine entscheidende Voraussetzung für politische Teilhabe ist, ergeben sich grundlegende Fragen: (1) Welche Grundeinsichten sind für politisches Lernen in einer Demokratie unverzichtbar? (2) Wie kann ein Curriculum erarbeitet werden, das sich auf den Erwerb dieser Grundeinsichten konzentriert und diese entsprechend abbildet?

Erst in einem zweiten Schritt ist sodann die Frage zu stellen, wie diese politische Bildung aussehen muss und kann. Als „Ausweg aus dem Bildungsdilemma" (Joachim Detjen) wird gegenwärtig die Elementarisierung der politischen Inhalte postuliert. Die Vermittlung wichtiger und grundlegender politischer Sachverhalte müsse so vorgenommen werden, dass sie von breiten Schichten der Bevölkerung verstanden werden könnten. So eingängig die Forderung nach Elementarisierung auch klingt, ihre Durchführung ist mit Schwierigkeiten verbunden. Die Verständlichkeit darf nicht auf Kosten der sachlichen Richtigkeit gehen. Die Frage ist, ob sich komplizierte Inhalte und politische Sachverhalte vereinfacht und dennoch angemessen darstellen lassen.

Die in diesem Band veröffentlichten Beiträge gehen auf die Beutelsbacher Gespräche „Bürger auf Abwegen? Politikdistanz und politische Bildung“ vom 22. bis 24. Februar 2010 in Bad Urach zurück. Dank gebührt den Herausgebern, allen Autorinnen und Autoren, die engagiert und kompetent die Diskussion ermöglicht und geführt haben, sowie Siegfried Frech für die redaktionelle Betreuung und dem Wochenschau Verlag für die stets gute und effiziente Zusammenarbeit.

Lothar Frick
Direktor der Landeszentrale für politische Bildung
Baden-Württemberg

Siegfried Frech, Ingo Juchler

Bürger auf Abwegen? Politikdistanz und politische Bildung

1. „Schönwetter-Demokraten“ und schwierige Bürger

„Wir wollen mehr Demokratie wagen“, hat Bundeskanzler Willy Brandt bei seiner ersten Regierungserklärung 1969 gesagt. Nach der Regierungszeit von Konrad Adenauer (1949–1963) markierte die Wahl von Gustav Heinemann (SPD) zum Bundespräsidenten als Nachfolger des nicht mehr kandidierenden Heinrich Lübke das Ende der Großen Koalition unter Kurt Georg Kiesinger. Erstmals in der Geschichte der Bundesrepublik übernahm mit Willy Brandt ein Sozialdemokrat das Amt des Bundeskanzlers (vgl. Wolfrum 2006, S. 283 ff.). Die folgenden Jahre führten zu einer – weite Bereiche der Gesellschaft erfassenden – Politisierung (vgl. Breit 2007). Eine bis dahin nie gekannte Leidenschaft für Politik entbrannte. Die Demokratie blühte auf, der Gang zur Wahlurne war Bürgerpflicht. Eine „neue“ politische Kultur war im Wachsen begriffen (vgl. Wehler 2008, S. 275 ff.; Schwarz 1998, S. 672 ff.).

Jedoch sind die Urteile über Ausmaß, Ausprägung und vor allem Verbreitung dieser „neuen“ politischen Kultur durchaus widersprüchlich. 1963 attestierten Gabriel Almond und Sidney Verba der politischen Kultur Deutschlands noch „historische Narben“: Ein hoher politischer Informationsstand sei verbunden mit einem geringen Partizipationswillen und einem geringen Zutrauen in die eigene politische Einflussmöglichkeit. Der Westdeutsche empfinde den Wahlakt als staatsbürgerliche Pflicht, der man genügen muss, weniger als Chance, auf die politische Entwicklung Einfluss zu nehmen (vgl. Greiffenhagen/Greiffenhagen 1979, S. 69). Knapp zwanzig Jahre später beginnt der Klassiker der politischen Kulturforschung „Ein schwieriges Vaterland. Zur politischen Kultur Deutschlands“ von Martin und Sylvia Greiffenhagen mit den Sätzen: „Wie geht's?“ – „Danke, man kommt zurecht.“ Das Autorenpaar folgert daraus: So „urteilen die meisten Bürger der Bundesrepublik Deutschland nicht nur über ihre private Existenz, sondern auch über den Zustand ihres Staatswesens“ (Greiffenhagen/Greiffenhagen 1979, S. 11). Was mit diesem Understatement gemeint ist, weiß jeder: es geht uns gut. Das Autorenpaar bescheinigte der bundesrepublikanischen Bevölkerung, dass sie sich von obrigkeitsstaatlichen Traditionen gelöst und sich in dreierlei Hinsicht demokratischen Verhaltensweisen zugewandt habe: (1) Die Bevölkerung zeige insgesamt ein Mehr an demokratischen Einstellungen als vor zwanzig Jahren. (2) Vor allem die junge Generation weise nahezu durchweg demokratische Einstellungen auf. (3) Besser Ausgebildete verfügten über vergleichweise demokratischere Einstellungen. Beide vermuteten – bedingt durch das steigende Bildungsniveau – für „die Zukunft (...) ein zuverlässigeres Demokratiepotential“ (Greiffenhagen/Greiffenhagen 1979, S. 79). Der Blick in die Gegenwart mutet eher enttäuschend an.

Was ist von dem Satz „Wir wollen mehr Demokratie wagen“ und dem hehren Anspruch geblieben? War die nach 1968 einsetzende Phase der politischen „Vollmobilisierung“ (Otmar Jung) nur ein euphorisches Intermezzo? 40 Jahre später ist die Begeisterung für Politik merklich verflogen. Die deutsche Demokratie befindet sich in einem Zustand, der Politik wie politische Bildung beunruhigen muss. Die Wahlbeteiligung ist gesunken, die Volksparteien schrumpfen, Bürgerinnen und Bürger zeigen Verdruss gegenüber den Parteien und Politikern (vgl. Adolf-Arndt-Kreis 2008). Befinden wir uns im „Herbst der Parteien und des Parlamentarismus“ (Walter 2008, S. 9)? Was ist in den vergangenen Jahren aus unserer Demokratie geworden? Wie haben sich Bürger, Medien, Politiker und das politische System verändert? Ist der heutige durchschnittliche Deutsche „ein überzeugter Demokrat – und unzufrieden“ (Precht 2010, S. 116)?

2. Bürger und Politik – ein schwieriges Verhältnis?

Seit den Zeiten von Willy Brandts Kanzlerschaft hat sich viel gewandelt. Die Erosion sozialer Milieus, Prozesse der Individualisierung und Fragmentierung haben dazu geführt, dass die alten politischen Trennlinien (cleavages) an Eindeutigkeit verloren haben und durchlässig geworden sind (vgl. Breit/Massing 2002, S. 28 ff.). Der Wertewandel hat ein Übriges getan. Helmut Klages beschreibt die Veränderungen der Präferenzen im gesamtgesellschaftlichen Werte- und Normengefüge seit Mitte der 1960er Jahre als eine Verschiebung von Pflicht- und Akzeptanzwerten hin zu Freiheits- und Selbstentfaltungswerten (vgl. Klages 1993, S. 174 ff.; Rödder 2008, S. 9 ff.). Der Wandel grundlegender gesellschaftlicher Wertorientierungen hat zu einem Mehr an Pluralität geführt. Politiker- und Parteienverdrossenheit tun ein Weiteres, um die „kritische Masse" von engagierten Demokraten, derer eine Demokratie bedarf, immer kleiner werden zu lassen. Parteienverdrossenheit meint nicht die pauschale, häufig vorurteilsgeladene Verurteilung von Parteien, sondern die zunehmende und klar erkennbare Distanz und Distanzierung der Bürgerinnen und Bürger von den Parteien. Die Liste der Kritikpunkte an den Parteien ist hierbei lang (vgl. Greiffenhagen/Greiffenhagen 1993, S. 175 ff.). Die Entwicklung hat letztlich dazu geführt, dass in Deutschland nunmehr die „Nichtwähler die neue Volkspartei" abgeben (Precht 2010, S. 117). Gesellschaftliche Individualisierungsprozesse, die Erosion der sozialen Basis des deutschen Parteiensystems, gewandelte politische Beteiligungs- und Engagementformen, die besondere Situation in den neuen Ländern nach der Vereinigung sowie parteispezifische Faktoren sind für den Bedeutungsverlust der Parteien und den merklichen Mitgliederschwund verantwortlich (vgl. den Beitrag von *Oskar Niedermayer* in diesem Band). Insgesamt drängt sich die Schlussfolgerung auf, dass das goldene Zeitalter der Mitgliederparteien endgültig vorbei zu sein scheint. Ebenso eindeutig sind die rückläufigen Trends bei Wahlen auf Bundes-, Landes- und Europäischer Ebene: Die Wahlbeteiligung ging nach einer Phase der „Vollmobilisierung“ Mitte der 1970er Jahre in den vergangenen Jahren spürbar zurück. Auch die direkte Demokratie – getreu dem Motto „Wahlbeteiligung runter, Bürgerbeteiligung rauf!“ – ist kein Allheilmittel gegen die sinkende Wahlbeteiligung. Gleichwohl können direktdemokratische Verfahren wie Referenden und Volksentscheide neue Inhalte, Konstellationen und Akteure hervorbringen, etablierte Strukturen aufbrechen und zu einer sukzessiven Erneuerung beitragen (vgl. den Beitrag von *Otmar Jung* in diesem Band).

Parteien, Politiker, Staat und Regierung sind die „ersten Verdächtigen, wenn es gilt, Verantwortliche für persönliches und gesellschaftliches Übel zu finden“ (Dobner 2009, S. 12). Wagt man einen Blick auf den eher populärwissenschaftlichen Buchmarkt, so hat man den Eindruck, dass das „Parteien- und Politiker-Bashing“ die Auflagenzahlen steigen lässt (vgl. auch den Beitrag von *Nikolaus Blome* in diesem Band). Das Buch von Thomas Wieczorek „Die verblödete Republik. Wie uns Medien, Wirtschaft und Politik für dumm verkaufen“ (Wieczorek 200) findet in jeder Bahnhofsbuchhandlung reißenden Absatz. Selbst Beatrice von Weizsäcker, die Tochter des ehemaligen Bundespräsidenten, springt mit ihrem Buch „Warum ich mich nicht für Politik interessiere…“ (von Weizsäcker 2009) auf diesen Zug auf. Das Anliegen dieser Bücher ist nicht die sachliche Aufarbeitung, sondern schlichter Populismus, der existierende Vorurteile bedient und letztlich verstärkt (vgl. auch den Beitrag von *Siegfried Schiele* in diesem Band). Nun ist ja Kritik – insofern sie konstruktiv ist – notwendiger Bestandteil einer Demokratie. Allerdings ist die in diesen Büchern vorgebrachte Kritik von „Inkohärenzen geprägt, aus denen teils unrealistische Forderungen an den Staat, teils ungerechte Kritik an seiner Funktionserfüllung, teils eine Infragestellung seiner generellen Daseinsnotwendigkeit erwachsen“ (Dobner 2009, S. 15).

An den Begriffen „Politikverdrossenheit“ – immerhin das „Wort des Jahres“ 1992 – und „Parteienverdrossenheit“ scheiden sich bekanntlich die Geister. Je nach wissenschaftlicher

Provenienz können diese Phänomene unterschiedlich bewertet werden: Vertreter der „Krisentheorie" sehen darin eine nachhaltig gestörte Beziehung zwischen Gewählten und Wählerschaft und beschwören eine politische Krise der Demokratie. Apologeten der „Normalisierungsthese" hingegen sehen im Absinken der Wahlbeteiligung – wohlgemerkt bei existierendem Vertrauen in das politische System und seine Institutionen – ein absolut normales und unbedenkliches Phänomen (vgl. die Beiträge von *Peter Massing* und *Otmar Jung* in diesem Band).

Obgleich die Integrationskraft der Volksparteien abgenommen und die Bindung der Wähler an die Parteien sich im gesamteuropäischen Rahmen abgeschwächt haben, ist die Demokratiezufriedenheit in Deutschland immer noch hinreichend stabil (vgl. Kevenhörster 2003, S. 118). Die Intensität der Unterstützung bzw. die Systemzufriedenheit hängt von der Systemeffektivität ab. Für die Bundesrepublik gilt immer noch, dass das „relativ hohe sozioökonomische Leistungsniveau (...) die Grundlagen der Identifikation der Bevölkerung mit der liberalen Demokratie" (Kevenhörster 2003, S. 128) schafft. Trotz angebrachter Kritik stellt eine überwältigende Mehrheit die Verfassungsordnung der Bundesrepublik nicht in Frage: 77 Prozent der Deutschen halten die Demokratie für die beste Staatsform, nur 14 Prozent glauben, dass es bessere Alternativen gäbe (vgl. Kornelius/Roth 2004). Bedenklich stimmen muss allerdings, dass der Studie „Politische Partizipation in Deutschland" (vgl. Kornelius/Roth 2004) zufolge Menschen in einer schwierigen materiellen und/oder finanziellen Situation eine überdurchschnittlich starke Distanz zum politischen System und seinen Institutionen entwickeln. Der Anteil der selten oder nie an Wahlen Teilnehmenden bewegt sich in der Gruppe der wirtschaftlich Schwachen auf recht hohem Niveau.

Obwohl die Politikverdrossenheit Jugendlicher zu einem feststehenden (und beliebten) Topos geworden ist, ist auch deren Systemzufriedenheit ähnlich stabil ausgeprägt. Eine bei Jugendlichen zu konstatierende Abstinenz in politischen Fragen und Angelegenheiten, eine stetig zunehmende Distanz zum politischen Geschehen und zu den dort handelnden Akteuren ist nicht von der Hand zu weisen (vgl. Frech 2009). Trotz dieser durchaus distanzierten Haltung von Teilen der Jugendlichen zur Politik ist bei der großen Mehrheit ein klarer Konsens im Hinblick auf die Normen eines demokratisch verfassten Systems feststellbar (vgl. Shell Deutschland Holding 2006). Die grundlegenden Spielregeln der Demokratie (z. B. Meinungsfreiheit/ freie Meinungsäußerung, Regierung und Opposition, Kompromissfähigkeit, freie Wahlen) sind anerkannt und unumstritten (vgl. auch den Beitrag von *Wolfgang Gaiser, Winfried Krüger* und *Johann de Rijke* in diesem Band).

3. Medien, Politik und Bürger

Willy Brandt meinte seinerzeit wohl nicht: „Wir wollen mehr Mediendemokratie wagen" (Kurbjuweit 2009, S. 55). Nimmt man drei Tatbestände in den Blick, so haben die Medien sich gravierend verändert: (1) das Programmangebot ist ein anderes geworden; (2) die Art und Weise der Nachrichtenproduktion hat sich verändert, und (3) vor allem ist das Tempo gewachsen.

Gerade das äußerst komplexe Regelwerk von Machtbeziehungen zwischen Bürgern, Parteien, Parlament und Regierung braucht zu seiner Legitimierung Transparenz, die eine möglichst breit angelegte Kommunikation über politische Inhalte und Ziele, gesellschaftliche Problemlagen und politischen Handlungsbedarf durchaus herstellen kann. Neben ihrer Aufgabe als Informations- und Artikulationsforum haben die Medien eine wichtige Kritik- und Kontrollfunktion (vgl. den Beitrag von *Wolfgang Molitor* in diesem Band). Die zunehmende Mediatisierung der Politik – d.h. die mediale Durchdringung der Politik – hat nach Auffassung vieler Beobachter zu einer Verschiebung des Kräfteverhältnisses von Politik und Medien geführt (vgl. Kaase 1998; Eilders 2006b, S. 284 ff.). Die Wirkungsdebatte wird allerdings kontrovers geführt. Die Einschätzungen reichen hierbei vom Vorwurf der so genannten „Amerikanisierung", die einen politischen Substanzverlust bewirke, bis zum eher gelassenen Argument, dass Medien ohnehin nur vorhandene Einstellungen der Rezipienten verstärken würden. Insofern ist ein kurzer Blick auf die „Angebots- und Nachfrageseite" erhellend.

Das Rollenselbstbild, wie die Akteure im Journalismus ihre Aufgabe in der Gesellschaft wahrnehmen, hat sich gemäß zweier repräsentativer Journalistenbefragungen von 1993 und 2005 in Deutschland gewandelt. Die Ambitionen von Kritik und Kontrolle haben abgenommen, es dominieren die reinen Informationsjournalisten und News-Manager. Der Anteil der Journalisten, die „Kritik an Missständen üben" als Ziel angeben, ist von 63 Prozent auf 57 Prozent gesunken. Der Anteil der Journalisten, die „sich einsetzen für die Benachteiligten in der Bevölkerung" ist von 43 auf 29 Prozent gesunken. Der Anteil jener, die „Politik, Wirtschaft und Gesellschaft kontrollieren" von 27 auf 23 Prozent. Umgekehrt stieg der Anteil der Journalisten, die „möglichst neutral und präzise informieren" wollen von 74 auf 89 Prozent. Der Anteil der Journalisten, die „komplexe Sachverhalte erklären und vermitteln" wollen, stieg von 74 auf 80 Prozent und jener, welche „die Realität genauso abbilden wollen, wie sie ist", von 66 auf 74 Prozent (vgl. Weischenberg u. a. 2006). Auf der „Angebotsseite" kommt unter dem Gesichtspunkt der Politikberichterstattung ein weiteres ausschlaggebendes Kriterium hinzu. Der Anteil an Politikberichterstattung in den Nachrichtensendungen markiert den augenfälligsten Unterschied zwischen Nachrichten in öffentlich-rechtlichen und privaten Angeboten. Eine Untersuchung aus dem Jahr 2005 zeigt, dass der Anteil der Politikberichterstattung in den TV-Nachrichten bei den öffentlich-rechtlichen doppelt so hoch lag wie bei den privaten Sendern. Genau umgekehrt verhält es sich mit dem Anteil an Berichten über Kriminalität, Unfälle und Katastrophen sowie „human interest" und buntem Allerlei (vgl. Eilders 2006a, S. 280 ff.).

Das Ideal des aufgeklärten Bürgers geht von der Annahme aus, dass die politische Urteils- und Meinungsbildung auf einer umfassenden Informationsverarbeitung basiert, die die Beurteilung von politischen Vorgängen und deren Einordnung in politische Zusammenhänge einschließt (vgl. Ackermann 1998, S. 13 ff.). Allerdings sieht und hört jeder als der, der er ist. Das Publikum medialer Botschaften ist sozial keineswegs amorph. Medienbotschaften werden je nach Assoziationsgabe und kognitiver Verarbeitungsfähigkeit unterschiedlich rezipiert. Nachdenklich stimmt, dass Rezipienten in der Regel nur solche Informationen, Aussagen und Botschaften aus einem möglichen Angebot auswählen, die ihren bereits vorhandenen Dispositionen entsprechen (vgl. Hasebrink 2006, S. 206). So erklärt sich – zumindest aus der Warte vieler Rezipienten und deren Konsumverhalten – eine einseitige unterhaltungsorientierte Programmverflachung und Nivellierung zu Lasten informativer Medienangebote, deren Konsum ungleich höhere kognitive Anstrengungen abverlangt.

Der mediale „Marktplatz der Wahrheit" (Weischenberg 1993) hat seine Unschuld längst verloren. Medien konstruieren und präformieren das (politische) Weltbild und die Weltsicht ihrer Rezipienten. Und zudem muss um die Gunst des Publikums gerungen werden. Die hochtourige Nachrichtenproduktion trifft auf ein Publikum, das Politik in der Fülle des Angebots „vor allem mittels Überschriften wahrnimmt oder über einzelne Sätze in den täglichen Talkshows" (Kurbjuweit 2009, S. 55). So ersetzen die Auftritte in (politischen) Talkshows die herkömmlichen Formen politischer Kommunikation. Bringt es eine Tageszeitung auf eine Hauptschlagzeile pro Tag, bringt es ein Online-Portal mindestens auf das Fünffache. So erweckt Politik oftmals den „Eindruck einer rasanten Schlittenfahrt, bei der die Besatzung mit hysterischem Gefuchtel und tief zerstritten den Berg hinunterschlingert" (Kurbjuweit 2009, S. 55). Hinzu kommt in jüngerer Zeit ein fataler Modus der Berichterstattung, der den Politikern notorisch Verlogenheit unterstellt: „Die politische Klasse, wird vorausgesetzt, sage stets etwas, was sie gar nicht meine. Zumeist sage sie das genaue Gegenteil von dem, was sie eigentliche meine. Sage sie aber einmal das, was sie meine, meine sie das auch schon wieder strategisch, da es unerwartet und besonders ausgefuchst sei: Es werde dann Geradlinigkeit simuliert“ (Soboczynski 2010, S. 43.) Die Berichterstattung über Politiker lässt sich düsterer gar nicht denken (vgl. den Beitrag von *Nikolaus Blome* in diesem Band). Die fortwährende Kritik der Medien an Politikern und Parteien führt zunehmend auch bei denjenigen zu Politikverdrossenheit, die der Politik bisher positiv gegenüberstanden (vgl. den Beitrag von *Harald Keller* in diesem Band).

Die Bilanz fällt mithin zwiespältig aus: Medien können in einer demokratisch verfassten Gesellschaft die öffentliche Kommunikation befördern, sie aber nicht garantieren. Öffentliche, über Medien vermittelte Kommunikation bedarf der Pflege und der Kultivierung durch ethische Grundsätze (vgl. den Beitrag von *Wolfgang Molitor* in diesem Band).

4. Bildungsdefizite und Politikdistanz

Schenkt man neueren – wenngleich gelegentlich umstrittenen – Milieustudien Glauben, so zeigt sich, dass die Bundesrepublik Deutschland als Staat, Gesellschaft und System erhebliche Probleme hat, drei relativ große Gruppen zu integrieren: (1) größere Teile der Zuwanderer nichtdeutscher Herkunft und ihre Nachfahren, die zum größten Teil im Westen der Republik leben; (2) beträchtliche Teile der ostdeutschen Bevölkerung und (3) die sogenannte neue soziale Unterschicht („Prekariat“) in Ost und West (vgl. Walter 2008; Vester 2006, 2009; Neugebauer 2009). Diesen Lebenswelten oder Milieus ist gemeinsam, dass sie mit den Wandlungsprozessen in der Gesellschaft nicht mehr zurechtkommen, sie „fühlen sich als Verlierer und schließen sich daher zunehmend in (…) Nischen ein“ (Walter 2008, S. 14). Angehörige dieser Milieus einigt das Gefühl, in der wirtschaftlichen Dynamik unter die Räder gekommen zu sein, zu den Abgehängten und Ausgeschlossenen zu gehören. Hinzu kommt ein tiefes Misstrauen gegenüber dem Postulat „Chancen durch Bildung“. Dieses Postulat wird mit Chancenlosigkeit übersetzt. Denn wann immer Angehörige dieser Lebenswelten „Erfahrungen mit Bildungsinstitutionen gemacht haben, standen sie am Ende stets als diejenigen da, welche die Ziele nicht erreichen, den kognitiven Anforderungen nicht gerecht werden konnten" (Walter 2008, S. 18).

Nachdenklich stimmen muss auch das Ergebnis der Shell-Studie „Jugend 2006. Eine pragmatische Generation unter Druck": Ein bestimmtes Segment der Gesellschaft, das sich größtenteils aus unteren sozialen Milieus zusammensetzt, droht durch „das Raster" zu fallen (vgl. Frech 2009, S. 55). Nicht nur die Shell-Jugendstudien weisen immer wieder nach, dass es einen engen Zusammenhang zwischen Bildungsniveau bzw. Bildungsgrad und politischem Interesse gibt. Seit den PISA-Studien ist es offenkundig, dass das dreigliedrige Schulsystem die bestehende Chancen- und Teilhabeordnung konserviert und Kinder und Jugendliche in bestimmte Berufswege „einsortiert" oder gänzlich „aussortiert", d.h. auf angelernte Berufe oder Erwerbslosigkeit festlegt (vgl. Bude 2008, S. 93 ff.). Diesen Jugendlichen mangelt es an Basiskompetenzen, die für eine „befriedigende Lebensführung in persönlicher und wirtschaftlicher Hinsicht sowie für eine aktive Teilnahme am gesellschaftlichen Leben notwendig sind" (Bude 2008, S. 95). Das eigentlich Skandalöse der PISA-Vergleiche bestand darin, dass der Anteil absolut Bildungsarmer in der Bundesrepublik unglaubliche zehn Prozent betrug (vgl. Bude 2008, S. 96). Es scheint, dass in unserem Bildungssystem ein institutionelles Ghetto für so genannte Bildungsferne existiert, in dem vornehmlich männliche, vielfach ausländische Jugendliche aus zumeist sozial schwachen Familien leben.

So ist es nicht verwunderlich, wenn Begriffe wie „Politik" und „Bildung" für Angehörige aus politikdistanzierten und bildungsfernen Milieus inhaltsleer und bedeutungslos sind oder gar manifeste Ablehnung erzeugen (vgl. Brinkmann 2009, S. 79 ff.). Es scheint, dass sich hier ein fataler Kreislauf entwickelt: Niedrige Bildungsabschlüsse gehen in aller Regel mit unsicheren beruflichen Karrieren und mit prekären Lebenslagen einher. Die Unzufriedenheit mit den „eigenen Lebensverhältnissen führt wiederum häufig zu Unzufriedenheit mit der Demokratie sowie zu Distanz gegenüber dem Gemeinwesen“ (Detjen 2007, S. 3). Joachim Detjen hat unlängst festgestellt, dass sich diese Milieus den Bemühungen der politischen Bildung (weitgehend) entziehen. Die Angehörigen dieser Schichten sind „politisch uninformiert, sozial wenig engagiert und partizipatorisch passiv“ (Detjen 2009, S. 10).

Untersuchungen belegen stets aufs Neue, dass das Bildungsniveau einen überaus starken Effekt auf die grundlegende Akzeptanz der Demokratie wie auch auf die politische Kompetenz hat (vgl. den Beitrag von *Wolfgang Gaiser*, *Winfried Krüger* und *Johann de Rijke* in diesem Band). Wenn politisches Interesse und politisches Wissen mit dem formalen Bildungsgrad zunehmen (vgl. Frech 2009, S. 45 ff.), so bedeutet dies im Umkehrschluss für die politische Bildung, dass sie neue und andere Wege der Ansprache von politik- und bildungsfernen Gruppen suchen muss.

5. Elementarisierung als Ausweg?

Die vielbeklagte Wirkungslosigkeit der politischen Bildung liegt nicht zuletzt daran, dass sie ihren einstmals breitenwirksam gedachten Bildungsauftrag nie realisiert hat. Die klassische Zielgruppe der politischen Bildung sind in aller Regel politisch Interessierte, die zudem die Angebote und Formate der politischen Bildungseinrichtungen akzeptieren und nutzen (vgl. Brinkmann 2009, S. 68 ff.). Eben jene Angebote und Formate aber gehen an der Gruppe der Politikdistanzierten vorbei (vgl. den Beitrag von *Siegfried Schiele* in diesem Band). Für die politische Bildung stellt das vielschichtige Phänomen der Politikdistanz eine Herausforderung dar. Herausforderung deshalb, weil die gesellschaftliche Segregation inzwischen eine neue quantitative Dimension angenommen hat (vgl. Brinkmann 2009, S. 69).

Politische Bildung muss – so die einhellige Meinung – Wege, Produkte und Veranstaltungsformen suchen, um politik- und bildungsdistanzierte Zielgruppen anzusprechen. Bevor man sich jedoch in vermeintlich gut gemeintem Aktionismus auf die Suche nach neuen Formaten und Produkten macht, ist ein grundsätzlicher Sachverhalt zu bedenken. „Politikfern sind die Ahnungslosen“ – so hat unlängst Werner J. Patzelt einen Aufsatz überschrieben. Wenn die These stimmt, dass in den Vorurteilen und in den „durch Halbbildung überwucherten Wissenslücken“ (Patzelt 2009, S. 12) eine Ursache für Politik- und Parteienverdrossenheit zu suchen ist, darf und muss man auf die politische Bildung hoffen. Patzelt hebt vor allem die zentrale Bedeutung des Wissens über die Funktionslogik des politischen Systems hervor. Die Notwendigkeit politischer Bildung ergibt sich schon alleine aus der Tatsache, dass „der mündige Bürger nicht vom Himmel fällt“ (Theodor Eschenburg). Wenn der angemessene Erwerb von Wissen eine entscheidende Voraussetzung für politische Teilhabe ist, ergeben sich grundlegende Fragen: (1) Welche Grundeinsichten sind für politisches Lernen in einer Demokratie unverzichtbar? (2) Wie kann ein Curriculum erarbeitet werden, das sich auf den Erwerb dieser Grundeinsichten konzentriert und diese entsprechend abbildet? (vgl. den Beitrag von *Peter Massing* in diesem Band). Mithin geht es um die Frage, welche Standards, Kompetenzen, Basis- und Fachkonzepte eine solche Grundbildung passgenau in den Blick nehmen (vgl. Weißeno u.a. 2010; Juchler 2010).

Erst in einem zweiten Schritt ist sodann die Frage zu stellen, wie diese politische Bildung aussehen muss und kann. An drei Beispielen aus der praktischen Bildungsarbeit wird in diesem Band aufgezeigt, dass politische Bildung andere und manchmal – nur auf den ersten Blick – unorthodoxe Wege gehen muss, um politikdistanzierten Zielgruppen gerecht zu werden. *Siegfried Schiele* zeigt Schritte auf, wie neue Zielgruppen und breite Bevölkerungsschichten erreicht werden können. Im Gegensatz zu attraktiven Seminaren und Großveranstaltungen ist dieser Anspruch, wie am Beispiel des Buches „Vorsicht Politik“ (Schiele/Breit 2009) geschildert, bei Publikationen ein deutlich schwierigeres Unterfangen.

Ziel und Anliegen – auch und gerade – niedrigschwelliger Formate bleibt die Vermittlung elementarer politischer Einsichten und Kenntnisse. Das doppeldeutige Motto „Einfach machen" ist die Leitlinie dreier Aktionen, die *Michael Wehner* erörtert und im Hinblick auf ihren politischen „Mehrwert" analysiert. Die Aktionen sind allesamt niedrigschwellige Projekte, bei denen die Anbieter politischer Bildung nicht warten, bis Bildungsinteressierte (freiwillig) Kontakt zu ihnen aufnehmen. Provokation, Einmischung und „subversives" Vorgehen sind mithin Wege, um Menschen für Politik zu interessieren und politische Urteilsfähigkeit abzuverlangen.

Angesichts politikdistanzierter Bevölkerungsteile wird im Diskurs über „pädagogische Maßnahmen" der (erneute) Ruf laut, das Fernsehen solle durch entsprechende Formate den sogenannten bildungs-, vor allem aber wohlstandsfernen Schichten gerecht werden (vgl. Brinkmann 2009, S. 80 ff.). *Harald Keller* geht der Frage nach, ob die klassischen Agenturen der politischen Bildung dies überhaupt leisten können. An den von ProSieben ausgestrahlten Sendungen „Die TV total Bundestagswahl" (2009) und „Sido geht wählen" (2010) wird deutlich, dass der Zuspruch Jugendlicher auf das gekonnte Spiel mit parodistischen Segmenten und kontroversen Spaßelementen, vornehmlich aber auf die Authentizität der Moderatoren zurückzuführen ist. Die Analyse beider Fernsehsendungen belegt eindrucksvoll, dass Fernsehen nicht zur Politikverdrossenheit beitragen muss. Die Beispiele zeigen aber auch, dass mediale Bildungsmaßnahmen für politikferne Schichten von Sendungsbewusstsein oder gar fordernden Attitüden – auch im Hinblick auf das Niveau der Inhalte – Abstand nehmen müssen.

Als „Ausweg aus dem Bildungsdilemma" (Detjen 2007, S. 7) wird gegenwärtig die Elementarisierung der politischen Inhalte postuliert (Detjen 2007, 2009; Schiele 2008, 2009a, 2009b). Die Vermittlung wichtiger und grundlegender politischer Sachverhalte „müsse so vorgenommen werden, dass sie von breiten Schichten der Bevölkerung verstanden werden könnten" (Detjen 2007, S. 8).

Die Verständlichkeit jedoch dürfe nicht auf Kosten der Komplexität und der sachlichen Richtigkeit gehen. Die Frage ist, ob sich komplizierte Inhalte und politische Sachverhalte vereinfacht und dennoch angemessen darstellen lassen. Zwei Beiträge setzen sich mit dem didaktischen Schlüsselbegriff der Elementarisierung auseinander. *Joachim Detjen* klärt die verschiedenen Bedeutungsschichten der Elementarisierung und erörtert diverse Ansätze der Elementarisierung. So eingängig die Forderung nach Elementarisierung auch klingt, ihre Durchführung ist mit beträchtlichen Schwierigkeiten verbunden. Politische Bildung – so das Fazit – steht dabei vor der grundsätzlichen Schwierigkeit, komplexe politische Probleme und institutionelle Zusammenhänge einfach darstellen zu müssen. Ausgehend von der These, dass didaktisches Handeln stets elementarisiert, beschreibt *Andreas Petrik* mögliche Grundformen der politikdidaktischen Elementarisierung. Er zeigt an Grundformen der Elementarisierung und an Unterrichtsbeispielen mithilfe der Kriterien „fachgerecht", schülergerecht" und „zielgerecht" gelungene und weniger gelungene Elementarisierungen auf. Um den Kern des Politischen schülergerecht und fachlich angemessen lehren zu können, werden verschiedene Möglichkeiten der Elementarisierung im Politikunterricht theoretisch fundiert und konzise dargestellt.

Aus den Perspektiven verschiedener Schularten betrachtet, ergeben sich je andere Ausprägungen der Elementarisierung. *Dagmar Richter* skizziert in ihrem Beitrag zunächst das Bildungspotential und die Notwendigkeit politischer Bildung in der Grundschule. Methodische und inhaltliche Formen der Elementarisierung sind in der Grundschule schon aus lernpsychologischen Gründen notwendig, müssen jedoch stets den „Charakter" des Politischen bewahren.

Nimmt man den Diskurs um die sogenannten „bildungsfernen Schichten" ernst, stellt sich – insbesondere mit Blick auf die Schulform der Hauptschule – die Frage nach einem zeitgemäßen Politikunterricht. *Wibke Renner-Kasper* zeigt schlüssig auf, dass Hauptschülerinnen und -schüler zwar konkrete Politik- und

Gesellschaftsbilder haben, die aber oftmals rudimentär, fragmentarisch und vage sind. Ein erfolgversprechender Politikunterricht muss von diesen Gesellschafts- und Politikbildern der Jugendlichen seinen Ausgang nehmen, wenn er die Schülerinnen und Schüler überhaupt erreichen und politische Basis- und Fachkonzepte aufbauen will.

Jonas Lanig skizziert die Kluft zwischen schulischen und außerschulischen Lernaktivitäten und Lernformen (z. B. Exkursionen, Wochenendseminare und Projekte). Die Zwänge und Strukturen der Schule verhindern oftmals, dass politisches Interesse im Politik- oder Sozialkundeunterricht zum Tragen kommt. Der Brückenschlag zur Lebenswirklichkeit der Schülerinnen und Schüler gelingt im gymnasialen Politikunterricht immer weniger. Gesellt sich noch ein methodisch einseitiger Unterricht hinzu, so ist auch die Elementarisierung politischer Bildung kein Ausweg aus diesem Dilemma. Will man den Politikunterricht für Schülerinnen und Schüler wieder attraktiv machen, ist eine grundlegende Überarbeitung von inhaltlichen Fragestellungen und methodischen Zugangsweisen erforderlich.

Literatur

Ackermann, Paul (1998): Die Bürgerrolle in der Demokratie als Bezugsrahmen für die politische Bildung. In: Breit, Gotthard/Schiele, Siegfried (Hrsg.): Handlungsorientierung im Politikunterricht. Schwalbach/Ts., S. 13–34.

Adolf-Arndt-Kreis (Hrsg.) (2008): Parteien ohne Volk. Zur Zukunftsfähigkeit der Parteiendemokratie. Schriftenreihe des Adolf-Arndt-Kreises, Band 6. Berlin.

Breit, Gotthard (2007): 2. Juni 1967 – Aufbruch wohin? 2. Juni 2007 – Aufbruch wo? In: Politische Bildung, 3/2007, S. 31–47.

Breit, Gotthard/Massing, Peter (2002): Die Rückkehr des Bürgers in die politische Bildung. Schwalbach/Ts.

Brinkmann, Heinz Ulrich (2009): „Politikferne Zielgruppen" in der politischen Bildungsarbeit. In: Drews, Alfred (Hrsg.): Politisch nicht mehr erreichbar? Politikverdrossenheit und soziale Milieus. Rehburg-Loccum, S. 69–99.

Bude, Heinz (2008): Die Ausgeschlossenen. Das Ende vom Traum einer gerechten Gesellschaft. München.

Detjen, Joachim (2009): Bildungsferne Milieus als Herausforderung der politischen Bildung. In: Drews, Alfred (Hrsg.): Politisch nicht mehr erreichbar? Politikverdrossenheit und soziale Milieus. Rehburg-Loccum, S. 101–108.

Detjen, Joachim (2007): Politische Bildung für bildungsferne Milieus. In: Aus Politik und Zeitgeschichte, 32-33/2007, S. 3–8.

Dobner, Petra (2009): Bald Phönix - bald Asche. Ambivalenzen des Staates. Berlin.

Eilders, Christiane (2006a): Politikberichterstattung. In: Hans-Bredow-Institut für Medienforschung (Hrsg.): Medien von A bis Z. Wiesbaden, S. 280–283.

Eilders, Christiane (2006b): Politische Kommunikation. In: Hans-Bredow-Institut für Medienforschung (Hrsg.): Medien von A bis Z. Wiesbaden, S. 283–286.

Frech, Siegfried (2009): Wie „tickt" unsere Jugend in Bezug auf Gesellschaft und Politik? In: Kühberger, Christoph/Windischbauer, Elfriede (Hrsg.): Jugend und politische Partizipation. Annäherung aus der Perspektive der Politischen Bildung. Innsbruck, S. 41–57.

Greiffenhagen, Martin/Greiffenhagen, Sylvia (Hrsg.) (2002): Handwörterbuch zur politischen Kultur der Bundesrepublik Deutschland. 2., überarbeitete und aktualisierte Auflage, Wiesbaden

Greiffenhagen, Martin/Greiffenhagen, Sylvia (Hrsg.) (1993): Ein schwieriges Vaterland. Zur politischen Kultur im vereinigten Vaterland. München.

Greiffenhagen, Martin/Greiffenhagen, Sylvia (Hrsg.) (1979): Ein schwieriges Vaterland. Zur politischen Kultur Deutschlands. München.

Hasebrink, Uwe (2006): Medienauswahl. In: Hans-Bredow-Institut für Medienforschung (Hrsg.): Medien von A bis Z. Wiesbaden, S. 206–208.

Hradil, Stefan (2006): Soziale Milieus – eine praxisorientierte Forschungsperspektive. In: Aus Politik und Zeitgeschichte, 44–45/2006, S. 3–10.

Juchler, Ingo (Hrsg.) (2010): Kompetenzen in der politischen Bildung. Schriftenreihe der Gesellschaft für Politikdidaktik und politische Jugend- und Erwachsenenbildung. Band 9. Schwalbach/Ts.

Kaase, Max (1998): Demokratisches System und die Mediatisierung von Politik. In: Sarcinelli, Ulrich (Hrsg.): Politikvermittlung und Demokratie in der Mediengesellschaft. Bonn, S. 24–51.

Kevenhörster, Paul (2003): Politikwissenschaft. Band 1: Entscheidungen und Strukturen der Politik. 2. Auflage, Opladen.

Klages, Helmut (2002): Wertewandel. In: Greiffenhagen, Martin/Greiffenhagen, Sylvia (Hrsg.): Handwörterbuch zur politischen Kultur der Bundesrepublik Deutschland. 2., überarbeitete und aktualisierte Auflage, Wiesbaden, S. 638–647.

Kornelius, Bernhard/Roth, Dieter (2004): Politische Partizipation in Deutschland. Ergebnisse einer repräsentativen Umfrage. Hrsg. von der Bertelsmann Stiftung. Bonn.

Kurbjuweit, Dirk (2009): Sieg der Ängstlichkeit. „Mehr Demokratie wagen" – Was ist von diesem Satz geblieben? In: Der Spiegel, 44/2009, S. 54–56.

Neugebauer, Gero (2009): Politische Milieus in Deutschland sowie ihr Interesse an Politik und politischer Kommunikation. In: Drews, Alfred (Hrsg.): Politisch nicht mehr erreichbar? Politikverdrossenheit und soziale Milieus. Rehburg-Loccum, S. 57–67.

Patzelt, Werner J. (2009): Politikfern sind die Ahnungslosen. In: kursiv. Journal für politische Bildung, 1/2009, S. 12–17.

Precht, Richard David (2010): Die entfremdete Republik. Bei der Präsidentenwahl geht es um mehr als nur um ein Amt oder eine Person. In: Der Spiegel, 26/2010, S. 116–117.

Rödder, Andreas (2008): Werte und Wertewandel: Historisch-politische Perspektiven. In: Rödder, Andreas/Elz, Wolfgang (Hrsg.): Alte Werte – Neue Werte. Schlaglichter des Wertewandels. Göttingen, S. 9–25.

Schiele, Siegfried (2009a): Elementarisierung politischer Bildung. Überlegungen für ein Konzept. In: Oberreuter, Heinrich (Hrsg.): Standortbestimmung Politische Bildung. Schwalbach/Ts., S. 349–363.

Schiele, Siegfried (2009): Elementarisierung politischer Bildung. Politische Bildung ohne Tiefen- und Breitenwirkung. In: kursiv. Journal für politische Bildung, 1/2009, S. 38–43.

Schiele, Siegfried (2008): Politische Bildung für alle – kein Traum, sondern eine Notwendigkeit. In: Außerschulische Bildung, 3/2008, S. 280–287.

Schiele, Siegfried/Breit, Gotthard (2008): Vorsicht Politik, Schwalbach/Ts.

Shell Deutschland Holding (Hrsg.) (2006): Jugend 2006. Eine pragmatische Generation unter Druck. Frankfurt/M.

Schwarz, Hans-Peter (1998): Das Gesicht des Jahrhunderts. Monster, Retter und Mediokritäten. Berlin.

Soboczynski, Adam (2010): Wir glauben euch eh nicht. In: Die Zeit, 27/2010, S. 43.

Vester, Michael (2009): Soziale Milieus und die Schieflagen politischer Partizipation. In: Drews, Alfred (Hrsg.): Politisch nicht mehr erreichbar? Politikverdrossenheit und soziale Milieus. Rehburg-Loccum, S. 9–56.

Vester, Michael (2006): Soziale Milieus und Gesellschaftspolitik. In: Aus Politik und Zeitgeschichte, 44–45/2006, S. 10–17.

Walter, Franz (2008): Baustelle Deutschland. Politik ohne Lagerbildung. Frankfurt/M.

Wehler, Hans-Ulrich (2008): Deutsche Gesellschaftsgeschichte. Bundesrepublik und DDR 1949–1990. München.

Weischenberg, Siegfried/Scholl, Armin/Malik, Maja (Hrsg.) (2006): Die Souffleure der Mediengesellschaft. Report über die Journalisten in Deutschland. Konstanz.

Weischenberg, Siegfried (1993): Schöne Neue Welt. Politik und Medien in Krisensituationen. In: Frech, Siegfried/Schmitz, Hermann-Josef (Hrsg.): Politik populär machen. Politische Bildung durch Massenmedien. Rottenburg-Stuttgart, S. 11–28.

Weißeno, Georg/Detjen, Joachim/Juchler, Ingo/Massing, Peter/Richter, Dagmar (2010): Konzepte der Politik – ein Kompetenzmodell. Schwalbach/Ts.

Weizsäcker, Bettina von (2009): Warum ich mich nicht für Politik interessiere ... Bergisch-Gladbach.

Wieczorek, Thomas (2009): Die verblödete Republik. Wie uns Medien, Wirtschaft und Politik für dumm verkaufen. München.

Wolfrum, Edgar (2006): Die geglückte Demokratie. Geschichte der Bundesrepublik Deutschland von ihren Anfängen bis zur Gegenwart. Stuttgart.

Oskar Niedermayer

Auf welchen Wegen versuchen Parteien, neue Mitglieder zu gewinnen?

1. Die Entwicklung der Parteimitgliedschaften

Die Hochzeit der Mitgliedergewinnung durch die politischen Parteien in der alten Bundesrepublik lag zum einen in den ersten Nachkriegsjahren und zum anderen in der Zeit von Ende der Sechziger- bis zur Mitte der Siebzigerjahre (vgl. die Abb. 1 und 2).[1] Für die SPD markierte das Jahr 1976 den Wendepunkt in der Mitgliederentwicklung. Bei den anderen Parteien hielten die Mitgliederzuwächse in sehr abgeschwächter Form noch bis in die Achtzigerjahre hinein an, danach war jedoch auch hier ein – unterschiedlich starker – Rückgang zu verzeichnen.

Die Wiedervereinigung bescherte allen Parteien – mit Ausnahme der auf Bayern begrenzten CSU – Mitgliederzuwächse, allerdings in höchst unterschiedlichem Maße. Die SPD gewann durch ihr im Rahmen der Wende in der DDR neu gegründetes Pendant nur 2,5 Prozent hinzu, während die CDU und vor allem die FDP durch die Übernahme der Mitglieder der gewandelten früheren DDR-Blockparteien und einiger im Rahmen der Wende neugegründeter Parteien ihre Mitgliedschaft deutlich steigern konnten: die CDU um gut 20 Prozent, die FDP sogar um 150 Prozent. Als einzige Partei blieben die westdeutschen Grünen von ihrem ostdeutschen Pendant, der Listenvereinigung Bündnis 90/Grüne-BürgerInnenbewegung, zunächst noch getrennt und vereinigten sich erst im Jahre 1993 mit dem zur Partei umgewandelten, mitgliederschwachen Bündnis 90.

Abb. 1: Mitgliederentwicklung von SPD und CDU

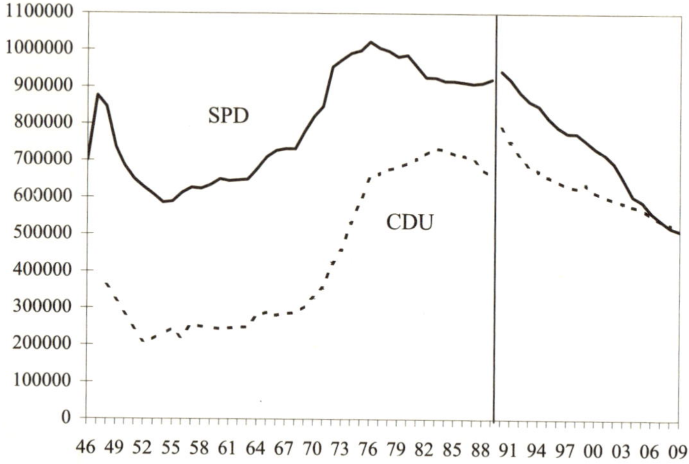

Quelle: Mitgliederdatenbank des Verfassers

Die Mitgliederzuwächse waren jedoch sehr bald wieder aufgezehrt und der Mitgliederschwund setzte sich fort: Gemessen am Höchststand nach der Vereinigung von 1990 verloren bis Ende 2009 die CSU 15 Prozent, die CDU 34 Prozent, die SPD 46 Prozent und die FDP 57 Prozent ihrer Mitglieder. Am schlimmsten traf es die mit der Vereinigung hinzugekommene PDS. Ihre Vorläuferin, die SED der ehemaligen DDR, hatte 1989 noch ca. 2,3 Millionen Mitglieder, die PDS Ende 1990 noch etwa 281.000, von denen sie bis Ende 2006 fast vier Fünftel verlor. Seit der Vereinigung mit der westdeutsch geprägten WASG zur Linkspartei im Jahre 2007 stieg die Gesamtmitgliedschaft wieder an. Die LINKE hat jedoch Ende 2009 im Vergleich zur PDS 1990 immer noch 72 Prozent weniger Mitglieder. Vergleicht man den Stand Ende 1990 mit Ende 2009, so haben die Grünen als einzige Partei seit der Vereinigung Mitglieder hinzugewonnen, gemessen an ihrem erst 1998 erreichten Höchststand verloren jedoch auch sie sieben Prozent. Beachtet werden muss allerdings, dass die Mitglieder-

Abb. 2: Mitgliederentwicklung der kleineren Parteien

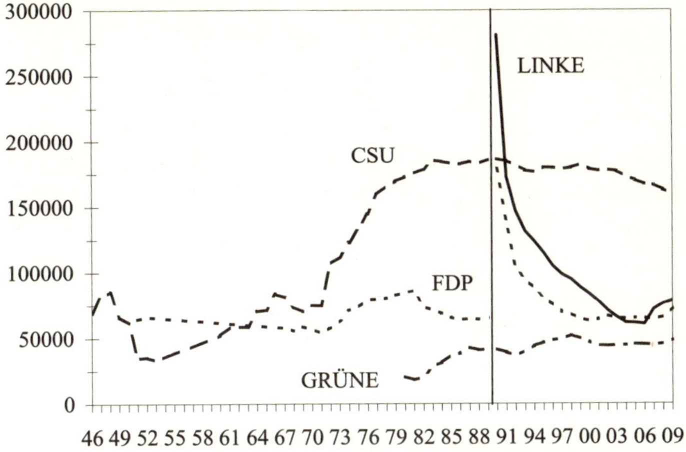

Quelle: Mitgliederdatenbank des Verfassers

zahlen der FDP und der Grünen in den letzten zwei Jahren gestiegen sind, wobei vor allem das Wahljahr 2009 fast zehn Prozent (FDP) bzw. fast sieben Prozent (Grüne) Zuwachs gebracht hat.

Betrachtet man nicht die absoluten Mitgliederzahlen, sondern die Rekrutierungsfähigkeit – also den Anteil der Parteimitglieder an den Parteibeitrittsberechtigten[2] –, dann verändern sich die Relationen zwischen den Parteien. Da die Grundgesamtheit, aus der die SPD ihre Mitglieder rekrutieren kann, größer ist als bei der CDU und CSU, ist deren Rekrutierungsfähigkeit bei gleicher absoluter Mitgliederzahl höher. Die SPD war bis Ende 2007 die mitgliederstärkste Partei Deutschlands, im Frühjahr 2008 zog die CDU an ihr vorbei. In Bezug auf die Fähigkeit zur Mitgliederrekrutierung wurde die SPD allerdings schon viel früher, nämlich schon 1999, von der CDU überholt, wobei beide Parteien wiederum weit hinter der CSU zurückliegen: In der CSU waren Ende 2009 1,5 Prozent der bayerischen Bevölkerung ab 16 Jahren organisiert, in der CDU knapp 0,9 Prozent der nichtbayerischen Bevölkerung ab diesem Alter und in der SPD gut 0,7 Prozent der gesamtdeutschen Bevölkerung ab 14 Jahren. Betrachtet man das Parteiensystem insgesamt, so waren 1980, nach dem Hinzukommen der Grünen, in der Bundesrepublik insgesamt fast vier Prozent der beitrittsberechtigten Bevölkerung in einer der fünf Parteien organisiert. Ende 1989 waren es in der alten Bundesrepublik noch 3,6 Prozent, nach der Vereinigung und dem Hinzukommen der damaligen PDS 1990 im gesamten Deutschland 3,7 Prozent (Westdeutschland noch 3,5 Prozent, Ostdeutschland 4,2 Prozent). Ende 2009 sind in Westdeutschland nur noch gut 2,1 Prozent, in Ostdeutschland gar nur noch gut ein Prozent und in Gesamtdeutschland knapp zwei Prozent der beitrittsberechtigten Bürger in einer der sechs relevanten deutschen Parteien organisiert.

Angesichts dieser Entwicklung wurde den Parteien von Beobachtern vielfach geraten, die Anstrengungen zur Gewinnung neuer Mitglieder aufzugeben, sich zu Fraktions-, Medien-, Netzwerk- oder sonstigen neuen Parteiformen zu entwickeln und Wahlkämpfe mit Hilfe professioneller Berater als Medienkampagnen mit nur marginaler Einbeziehung der Mitglieder zu führen. Alle Parteien der Bundesrepublik halten jedoch am Ziel der Mitgliedergewinnung fest[3], da die Präsenz und Arbeit der Parteimitglieder in Wahlkampagnen nur begrenzt durch „funktionale Äquivalente" ersetzt werden kann und die Mitglieder auch außerhalb von Wahlkampfzeiten eine Reihe von unverzichtbaren Funktionen für die Parteien haben. Mitglieder sind für Parteien zunächst einmal wichtig als Seismographen gesellschaftlicher Entwicklungen und Prozesse, damit die Parteien nicht das Gespür für die Interessen, Bedürfnisse, Wünsche und Sorgen der Bürgerinnen und Bürger verlieren. Über die Seismographenfunktion hinaus, fungieren Mitglieder als alltägliche Vermittler der Parteipositionen an andere Bürger im vorpolitischen Raum – sei es am Arbeitsplatz, im Bekanntenkreis, in sonstigen sozialen Zusammenhängen oder in der Fülle von Vereinen und Verbänden –, wodurch sie auch zur Legitimation politischer Entscheidungen der Partei nach außen beitragen. Die Wirkungen nach außen werden in Wahlkampfzeiten noch viel wichtiger. Wenn die Wahlkampfführungen der Parteien ihre Mitglieder zur aktiven Kampagnenarbeit motivieren können, was nicht immer der Fall ist, steht ihnen ein Reservoir von freiwilligen, unbezahlten Helfern zur Verfügung, die als Multiplikatoren in die Gesellschaft hinein wirken und durch ihre Präsenz und Arbeit vor Ort auf vielfältige Weise zur Übermittlung der Wahlkampfbotschaften der Partei an die Bürgerinnen und Bürger beitragen. Zudem darf nicht vergessen werden, dass die Parteimitglieder in der Regel zu den Stammwählern der Parteien gehören. Auch innerparteilich ist eine genügend große Mitgliederbasis von erheblicher Wichtigkeit. Die Mitglieder sind Ideengeber bei der Formulierung inhaltlicher Positionen. Sie bilden das personelle Rückgrat der Partei, auf das bei der Besetzung von innerparteilichen Positionen und der Auswahl von Bewerbern für öffentliche Wahlämter zurückgegriffen wird. Sie tragen als Beitragszahler dazu bei, der Partei die notwendigen finanziellen Mittel zur Erfüllung ihrer Aufgaben zu beschaffen. Sie stellen der Partei unentgeltlich Zeit und Arbeitskraft zur Verfügung und schließlich spielen sie bei der Gewinnung neuer Mitglieder eine zentrale Rolle.

2. Erklärungsfaktoren der Mitgliedschaftsentwicklung

Zur Erklärung der Mitgliedschaftsentwicklung muss man sich vergegenwärtigen, dass die Veränderung der Größe der Parteimitgliedschaften im Zeitablauf das Ergebnis der Aggregation individueller Verhaltensweisen der beteiligten Akteure darstellt und allen Arten von Zu- und Abgängen – bis auf die Todesfälle – eine bewusste Entscheidung von Individuen zugrunde liegt. Seitens der potentiellen Mitglieder wird ein möglicher Parteibeitritt mit einer Reihe von Erwartungen und Bewertungen verbunden. Positiv bewertete erwartete Folgen eines Parteibeitritts bilden Beitrittsanreize, negativ bewertete Beitrittsfolgen bilden Beitrittshemmnisse. Überwiegen die Beitrittsanreize die Beitrittshemmnisse, so ist der Akteur prinzipiell dazu motiviert, der Partei beizutreten. Neben dem Eintritt in eine bestimmte Partei gibt es jedoch noch eine Reihe von Handlungsalternativen, an die auch bestimmte Erwartungen und Bewertungen geknüpft sind, nämlich den Eintritt in eine andere Partei, andere Formen politischer Beteiligung oder unpolitische Formen, seine knappe Freizeit zu verbringen. Der tatsächliche Entschluss, einer bestimmten Partei beizutreten, wird daher vom Akteur nur gefasst, wenn die Motivation zum Parteibeitritt größer ist als die mit den verschiedenen Handlungsalternativen verbundenen Motivationen.

Es lassen sich fünf Gruppen von Beitrittsanreizen unterscheiden: (1) affektive Anreize (der Parteibeitritt dient der Befriedigung affektiv-emotionaler Bedürfnisse). Hierzu gehören z. B. die Bewunderung, Hingabe und Ergebenheit in Bezug auf eine charismatische Führungspersönlichkeit oder die Hoffnung auf gesellige, freundschaftliche und andere als positiv angesehene soziale Bindungen im Rahmen der Parteiorganisation; (2) normative Anreize (vom Akteur verinnerlichte Verhaltenserwartungen der Umwelt legen den Beitritt zu einer Partei nahe). Hierzu zählen die Herausbildung und Weitergabe von Parteibindungen im Rahmen der Familie oder sozialer Milieus und die Beitrittsanreize aufgrund allgemeiner demokratischer Beteiligungsnormen (‚Bürgerpflicht'); (3) wertbezogene Anreize (die Parteimitgliedschaft wird als Mittel zur besseren Unterstützung bzw. Verwirklichung von Wertorientierungen, also den vom Akteur gewünschten Gestaltungsprinzipien der Gesellschaft und des politischen Systems, angesehen); (4) politische Anreize (zielbezogen, d.h. die Parteizugehörigkeit wird vor allem als Instrument zur Unterstützung bzw. Durchsetzung von vom Individuum als wichtig erachteten politischen Anliegen, Interessen und Zielsetzungen angesehen, und prozessbezogen, d.h. durch die Parteizugehörigkeit soll das Bedürfnis nach kognitiver Verarbeitung und Durchdringung des politischen Prozesses befriedigt werden); (5) materielle Anreize (das potentielle Mitglied verspricht sich materielle Vorteile, z. B. durch berufliche Kontakte und Karriereförderung oder ein politisches Amt).

Den Beitrittsanreizen stehen jedoch auch Beitrittshemmnisse in Form von Beitritts-, Verbleibe- und Partizipationskosten gegenüber. Die Beitrittskosten sind hoch, wenn vom potentiellen Mitglied ein hohes Maß an Eigeninitiative verlangt bzw. wenn ihn Hindernisse in den Weg gelegt werden, und niedrig, wenn ihm eigene Anstrengungen weitgehend abgenommen werden, d.h. wenn die Partei – möglichst durch persönliche Ansprache vor Ort – auf ihn zukommt. Die laufenden Kosten des Verbleibs richten sich vor allem nach der Höhe des Mitgliedsbeitrags, den jedes Parteimitglied zu entrichten hat. Partizipationskosten können in Form der Probleme einer langfristigen Organisationsbindung, der zeitintensiven, thematisch breiten und oft inhaltlich wenig interessanten Partizipationserfordernisse, der Raum-Zeitgebundenheit innerparteilicher politischer Beteiligung und einer abschreckenden lokalen Organisationskultur bestehen.

In der gleichen Weise lassen sich auch die Anreize und Hemmnisse auffächern, die die Austrittsentscheidung eines Parteimitglieds beeinflussen. Dies ist jedoch nicht Gegenstand des Beitrags und wir werden uns daher jetzt der Frage zuwenden, welche Handlungsmöglichkeiten die Parteien zur verstärkten Rekrutierung neuer Mitglieder haben.

3. Möglichkeiten und Grenzen der Mitgliederrekrutierung durch die Parteien

Folgt man dem im vorigen Abschnitt dargestellten Modell der Erklärungsfaktoren von Parteibeitritten, so bestehen die Handlungsmöglichkeiten der Parteien zur Mitgliederrekrutierung darin, neue innerparteiliche Strukturen zu schaffen bzw. bestehende Strukturen zu verändern und Aktivitäten durchzuführen, die:

- die Partei stärker am Ziel der Mitgliedergewinnung ausrichten;
- die bestehenden Beitrittsanreize erhöhen bzw. neue Beitrittsanreize schaffen;

- die bestehenden Beitrittshemmnisse verringern bzw. beseitigen;
- die Motivation zu alternativen Handlungen verringern bzw. auflösen.

Alle Parteien versuchen, mit unterschiedlicher Intensität und unterschiedlicher Gewichtung der einzelnen Instrumente, neue Mitglieder zu gewinnen. Die Erfolge sind jedoch begrenzt, da sie die vielfältigen Ursachen des Mitgliederschwunds nur in begrenztem Maße beeinflussen können: (1) Der stärkeren Ausrichtung der Partei am Ziel der Mitgliedergewinnung stehen eine Reihe von konkurrierenden Parteizielen und begrenzte Ressourcen gegenüber. (2) Die Stärke und Art der Beitrittsanreize bzw. Beitrittshemmnisse seitens der potentiellen Mitglieder werden in hohem Maße nicht von den Parteien, sondern von individuellen Eigenschaften der Bürger beeinflusst. Hierzu gehören zum einen die Ausstattung mit partizipationsrelevanten Ressourcen (Kompetenzen, Zeit, finanzielle Mittel) und zum anderen die vorhandenen Prädispositionen (affektiv-emotionale Bedürfnisse, Wertorientierungen, Normen, politische Einstellungen, in der Vergangenheit gemachte Erfahrungen und Betroffenheit von politischen Vorgängen). Die Ressourcenausstattung und die Prädispositionen hängen ihrerseits von einer Reihe von ökonomischen, sozialen, kulturellen und technologischen Entwicklungen ab, auf die die Parteien nur begrenzt einwirken können. (3) Die Möglichkeiten der Parteien, die Motivation der Bürger zu alternativen Handlungen zu verringern bzw. aufzulösen, werden durch die steigende Zahl von Handlungsalternativen und die Aktivitäten der Konkurrenten begrenzt.

Im Folgenden sollen nun diejenigen Maßnahmen zur Rekrutierung neuer Mitglieder[4] im Einzelnen dargestellt und diskutiert werden, die von den Parteien entweder schon durchgeführt werden oder über die zumindest nachgedacht wird[5], wobei immer auch gleich die Schwierigkeiten und Probleme mit angesprochen werden.

3.1 Stärkere Ausrichtung der Partei am Ziel der Mitgliedergewinnung

Grundvoraussetzung einer stärkeren Ausrichtung der Partei am Ziel der Mitgliedergewinnung ist eine Sensibilisierung der Parteiführung und Parteibasis für dieses Ziel. Die gesamte Partei muss die Mitgliederrekrutierung als relevante Querschnittsaufgabe begreifen. Zeitlich begrenzte Mitgliederwerbekampagnen, wie sie von allen Parteien durchgeführt werden, können hierfür die Voraussetzungen schaffen. So liegt z. B. der Schwerpunkt der Grünen-Mitgliederwerbekampagne („Partei ergreifen") auf „der Sensibilisierung der Mitglieder für Mitgliederwerbung und für die aktive Unterstützung von Neumitgliedern".[6] Notwendig ist jedoch eine Verstetigung der Mitgliederwerbung, d.h. sie ist als Daueraufgabe zu sehen.

Um dieses Ziel zu erreichen, ist eine Veränderung der Organisationsstruktur hilfreich, d.h. die Schaffung neuer politischer Gremien, administrativer Einheiten oder Funktionen, die sich explizit der Mitgliederrekrutierung widmen. Dies ist in neuerer Zeit vielfach geschehen: In der Bundesgeschäftsstelle der CDU wurde 2007 zur Koordination aller relevanten Maßnahmen eine Arbeitseinheit „Mitglieder- und Bürgerbetreuung" eingerichtet. Die SPD bildete ein eigenes Referat „Mitgliederwerbung" in der Bundesgeschäftsstelle und richtete 2010 eine „Werkstatt Mitgliederpartei" beim Parteivorstand ein. Der Bundesvorstand der Grünen berief 2010 eine von der Politischen Bundesgeschäftsführerin geleitete Arbeitsgruppe „Grüne Personal- und Organisationsentwicklung" ein, von der die Maßnahmen zur Nachwuchsförderung, Organisationsentwicklung und Mitgliederwerbung evaluiert, intensiviert und ausgebaut werden sollen, und die FDP diskutiert im Rahmen ihrer AG „Parteireform" auch das Thema Mitgliederwerbung. Neben neuen Gremien wurden auch neue Funktionen geschaffen, d.h. die Aufgabe der Mitgliedergewinnung wurde in Form von Mitgliederbeauftragten auf den verschiedenen Ebenen der Parteiorganisation personalisiert. Im Rahmen des

Reformkonzeptes „Bürgerpartei CDU“[7] von 2003 wurde von der CDU in den lokalen Organisationseinheiten die Funktion eines Beauftragten für Mitgliederwerbung („Botschafter“) geschaffen und ein Mitglied der Kreisvorstände („Aktionsbeauftragter“) soll die Mitgliederwerbeaktivitäten im Kreisverband koordinieren und mit den so genannten Botschaftern zusammenarbeiten. Inwieweit dieses Konzept in der Partei auf der lokalen Ebene schon umgesetzt ist, kann noch nicht exakt gesagt werden. Laut den Informationen der Kreisverbände existieren in 180 von 334 Kreisvorständen Mitgliederbeauftragte. Auch die SPD ist der Meinung, dass es in allen Vorständen Zuständigkeiten für Mitgliederentwicklung geben muss. Wie weit dies in der Partei realisiert ist und welche sonstigen Aktivitäten die einzelnen Ortsvereine im Bereich der Mitgliederwerbung und Neumitgliederbetreuung durchführen, soll eine großangelegte Befragung aller Ortsvereinsvorsitzender und Unterbezirksgeschäftsführer im Frühjahr 2010 zeigen, die die erste systematische Bestandsaufnahme der Parteiaktivitäten in diesem Bereich darstellt. Die Linkspartei verfolgt das gleiche Ziel: Nach einem vor kurzem gefassten Beschluss sollen auf allen Ebenen Verantwortliche für die Mitgliedergewinnung benannt werden.

Auch die für den Bereich der Mitgliederwerbung bestehenden Hilfsangebote für die Parteigliederungen seitens der Bundesgeschäftsstellen aller Parteien (Beratung und Schulungsveranstaltungen wie z. B. Vorträge und Seminare zur Mitgliederwerbung) werden ausgebaut und die zur Verfügung gestellten Werbe- und Informationsmaterialien (Handbuch/Leitfaden Mitgliederwerbung/-betreuung, Broschüren, Folder, Aufkleber, Anzeigenvorlagen, Internetauftritt mit eigener Werbeseite, zielgruppenorientiertes Material usw.) werden laufend aktualisiert.

Eine zusätzliche Möglichkeit zur besseren Zielerreichung ist die Schaffung von ideellen und materiellen Anreizsystemen in Form von Belohnungen für in der Mitgliederwerbung erfolgreiche Parteigliederungen oder Individuen. In der CDU werden die erfolgreichsten Ortsverbände in die Bundesgeschäftsstelle eingeladen, erhalten in der Regel auch einen Termin mit der Parteivorsitzenden Angela Merkel und werden in Form von Urkunden und Gutscheinen für Materialbestellungen ausgezeichnet. Auch die FDP zeichnet in Kreisverbandskonferenzen erfolgreiche Gliederungen ideell und materiell, d.h. durch Werbemittelgutscheine, aus und die SPD hat im Wahlkampf ausgewählte Ortsvereine begleitet und ausgezeichnet. In der CSU bekommen die besten fünf Ortsverbände Materialgutscheine und in der Mitgliederwerbung erfolgreiche Individuen bekommen kleine Geschenke. Kleine Sachgeschenke erhalten auch die in der Mitgliederwerbung erfolgreichsten Verbände der Linkspartei. Weitergehende Anreize wie bessere Delegiertenschlüssel oder höhere Beitragsanteile für die erfolgreichen Parteigliederungen sind allerdings in den Parteien nicht durchzusetzen, da sie auf den Widerstand der weniger erfolgreichen Gliederungen stoßen und eine Ausrichtung der innerparteilichen Macht- bzw. Ressourcenverteilung primär am Ziel der Mitgliedergewinnung auch nicht sinnvoll ist, da dieses Ziel im Wettbewerb mit anderen wichtigen Zielen steht. Zudem werden die gesamten parteiorganisatorischen Maßnahmen zur besseren Ausrichtung am Ziel der Mitgliedergewinnung natürlich durch die der jeweiligen Partei zur Verfügung stehenden finanziellen und personellen Ressourcen begrenzt, sodass größere Parteien hier einen deutlichen Vorteil haben.

3.2 Erhöhung der bestehenden Beitrittsanreize bzw. Schaffung neuer Beitrittsanreize

Der zweite Aktivitätsbereich zur Verbesserung der Mitgliederrekrutierung besteht in Maßnahmen zur Erhöhung der bestehenden Beitrittsanreize bzw. zur Schaffung neuer Beitrittsanreize. Je nach Art der Anreize sehen sich die Parteien hier aber unterschiedlich starken Schwierigkeiten gegenüber.

Eine Verstärkung der affektiven Anreize könnte zum einen durch charismatische, neue Mitglieder anziehende Führungspersönlichkeiten und zum anderen durch eine Stärkung der sozialen Funktionen der lokalen Parteiorganisationen bewirkt werden. Ein geringes Charisma der aktuellen Amtsinhaber lässt sich durch Imagebildungsmaßnahmen jedoch nur sehr begrenzt verstärken, und bei der Auswahl neuer Führungskräfte wird die Chance, dass charismatische Personen an die Spitze der Parteien gelangen, durch die Art der Elitenrekrutierung und die politische Kultur in Deutschland stark vermindert. Einer Stärkung der lokalen Organisationseinheiten in ihrer Funktion als soziale Gemeinschaften steht die Konkurrenz einer Vielzahl von anderen sozialen Aktivitäten bei gleichzeitig zunehmender Individualisierung gegenüber. Zudem bergen alle Maßnahmen zur Förderung von sozialen Bindungen, Gemeinschaftserlebnissen und solidarischem Zusammenhalt innerhalb der bestehenden Parteigliederungen die Gefahr in sich, zur Abschottung der Gliederungen gegenüber neuen Mitgliedern beizutragen.

Noch schwieriger ist die Verstärkung normativer Anreize, da diese durch eine Reihe von gesellschaftlichen Wandlungsprozessen stetig verringert werden, denen die Parteien wenig entgegenzusetzen haben. Den zentralen Faktor bildet hierbei die allgemeine Abnahme sozialer Integration – also die Individualisierung der Gesellschaft – und insbesondere die Erosion der die soziale Basis des deutschen Parteiensystems von Anfang an prägenden sozial-moralischen Milieus. Mit der Reduktion des durch das eindimensionale Sozialisationsumfeld der Milieus aufgebauten politischen Konformitätsdrucks und der normativen Gruppenkontrolle verringern sich wesentliche normative Anreize, einer Partei beizutreten. Durch die Erosion der sozial-moralischen Milieus verlieren zudem die diese Milieus in der Vergangenheit stützenden Vorfeldorganisationen – z. B. die Gewerkschaften im sozialdemokratischen und die kirchlichen Organisationen im katholischen Milieu – als Rekrutierungsfelder für potentielle Mitglieder der jeweiligen Milieupartei zunehmend an Bedeutung. Die von den Parteien durchaus versuchte Intensivierung der Kontakte zu nahestehenden Verbänden und Bewegungen, die selbst mit Mitgliederrückgängen zu kämpfen haben, ist somit nur begrenzt wirksam.

Hinzu kommen zum einen die Erosion traditioneller Lebensstile wie z. B. der traditionellen Familienstrukturen, die über die intergenerationelle Vermittlung von Parteibeitrittsnormen die Mitgliederbasis der Parteien gestützt haben, und zum anderen der Rückgang der allgemeinen demokratischen Beteiligungsnormen, der sich z. B. in einer altersabhängig zurückgehenden „Wahlnorm" (Wählen als Bürgerpflicht) zeigt.

In Ostdeutschland haben die Parteien zudem mit spezifischen politischen Hinterlassenschaften des DDR-Systems zu kämpfen. Die verbreitet zu beobachtende Parteimüdigkeit bzw. -aversion ostdeutscher Bürger wird erklärbar, wenn man sie vor allem als Reaktion auf die Entlastung von einer Art „Zwangspolitisierung" versteht, die durch eine spezifische Kombination von durch das DDR-System gesetzten extrem starken Beitrittsanreizen normativer und materieller Art bewirkt wurde: Die DDR-Bürger sahen sich einer wirksamen sozialen Norm ausgesetzt, ihrer Loyalität zum Staat durch die Mitgliedschaft in der SED oder zumindest in einer der Blockparteien Ausdruck zu verleihen und eine solche Mitgliedschaft war in den unterschiedlichsten Lebensbereichen mit Vorteilen verbunden bzw. eine Nichtmitgliedschaft brachte Nachteile mit sich. Mit der Systemtransformation und der Wiedervereinigung fielen diese Anreize zum Beitritt bzw. zum Verbleib in den Parteien weg.

Die Verstärkung wertbezogener Anreize müsste über die Stärkung bzw. Neudefinition der Grundwerte geschehen, auf denen die Politik der verschiedenen Parteien basiert.[8] Einerseits wird den Parteien berechtigterweise vorgeworfen, sie würden – vor allem in Wahlkämpfen – die Wertgrundlage ihrer politischen Positionen vernachlässigen und allzu sehr auf der instrumentellen Ebene argumentieren. Andererseits muss jedoch auch ein Bedeutungsverlust traditioneller Wertesysteme konstatiert werden. So führt z. B. der lang anhaltende Säkularisierungsprozess zu einer Verringerung der Bedeutung christlicher Wertorientierungen für die Politik. Zudem macht die Veränderung einer Reihe von Rahmenbedingungen die Neudefinition von Wertorientierungen notwendig, die den Parteien nicht leicht fällt. Die zunehmende Globalisierung, die demographische Entwicklung in Richtung einer Alterung der Gesellschaft und die Folgekosten der Einheit erfordern z. B. eine Neudefinition des Grundwerts der sozialen Gerechtigkeit, und die SPD hat damit seit vielen Jahren große Probleme, die auch auf die Mitgliederentwicklung durchgeschlagen sind.[9]

Für eine Verstärkung der politischen Anreize bieten sich drei – durchaus komplementäre – Strategien an: Erstens größere Responsivität gegenüber der eigenen Klientel, d.h. eine stärkere Ausrichtung der Parteiziele an den Interessen und Bedürfnissen der ihr nahestehenden Bürger. Dies ist für kleinere Parteien deutlich leichter, da ihre Klientel weitaus homogener ist als die unterschiedlichen Wählerschichten, die von den großen Volksparteien angesprochen werden müssen. Auch bei den kleineren Parteien setzen die wirtschaftlichen, gesellschaftlichen und koalitionspolitischen Rahmenbedingungen einer allzu einseitigen Klientelpolitik jedoch Grenzen, wie z. B. die FDP nach der Regierungsübernahme 2009 erfahren musste.

Zweitens kann dieses Ziel erreicht werden, indem die Parteien ihre politische Arbeit wieder stärker als Angebot zur Mitwirkung und Mitentscheidung der Bürger organisieren und der Erosion von Mitgliederfunktionen und -rechten entgegentreten. So war in der Vergangenheit z. B. mit der zunehmenden „Modernisierung" von Wahlkämpfen eine „Funktionsentleerung der Parteibasis"[10] verbunden. Die Wahlkampfstäbe der Parteien versuchten, durch immer stärkere Professionalisierung, Zentralisierung und Medialisierung der Wahlkampfplanung und -durchführung die aus ihrer Sicht bestehenden Unwägbarkeiten und Risiken einer mitgliederzentrierten Kampagne weitgehend zu vermeiden. Inzwischen haben die Parteien (wieder) erkannt, dass sie als Freiwilligenorganisationen „aus dem klassischen Konflikt zwischen Partizipation und Effizienz ihre kinetische Energie beziehen"[11], und einige denken über Organisationsreformen mit dem Ziel einer stärker basisorientierten Willensbildung durch den Ausbau der innerparteilichen Partizipationsmöglichkeiten für das einfache Mitglied nach.

Bei der CDU erfolgte im Rahmen des vom Parteitag 2003 in Leipzig beschlossenen Konzepts der „Bürgerpartei“[12] z. B. eine deutliche Erweiterung der Möglichkeiten zur Anwendung des Mitglieder- statt des Delegiertenprinzips bei Sach- und Personalentscheidungen der kommunalen und regionalen Parteigliederungen und eine Ausweitung der Möglichkeit zur Mitgliederbefragung in Personalangelegenheiten auch auf Sachfragen. Die CSU will bei der umfassenden Überprüfung der Parteistrukturen im Rahmen der Diskussion um das „Leitbild CSU 2010plus“ dauerhaft alle Möglichkeiten nutzen, die Stärken der Mitglieder „in Zukunft noch stärker zur Geltung zu bringen“.[13] Wie dies in Personal- und Sachfragen geschehen kann, darüber wird auch in der Linkspartei diskutiert. In der SPD wurde der zu wenig basisorientierte innerparteiliche Willensbildungsprozess als ein wesentlicher Grund für die mangelnde Attraktivität der SPD und ihr Wahldebakel 2009 ausgemacht. Im Rahmen des begonnenen Erneuerungsprozesses der Partei, der die Diskussion organisationspolitischer Veränderungen mit dem Ziel der Konsolidierung der SPD als Mitglieder- und Volkspartei einschließt, wird daher großer Wert auf die Stärkung der innerparteilichen Partizipation gelegt: „Das attraktive Angebot zum Parteieintritt ist die reale Beteiligung an politischen Entscheidungen und gesellschaftlicher Gestaltung. Diese Beteiligungskultur muss sich auf allen Ebenen der Partei durchsetzen.“ Gefordert wird „die Stärkung der innerparteilichen Demokratie und Transparenz“, insbesondere soll geprüft werden, „welche Rolle die verstärkte Nutzung von basisdemokratischen Entscheidungsverfahren (Urwahlen und Mitgliederentscheide) hierbei spielen soll“ und „wie eine verstärkte Beteiligung über Online-Instrumente gewährleistet werden könnte“.[14]

Drittens können politische Beitrittsanreize für potentielle Mitglieder auch durch eine Öffnung der Parteien gegenüber gesellschaftlichen Kommunikationsprozessen geschaffen bzw. verstärkt werden. So kann z. B. das in der SPD schon seit einiger

Zeit diskutierte Konzept einer „Netzwerkpartei“, das eigentlich dazu dienen sollte, die durch Mitgliederverluste schwindende Basisverankerung auszugleichen, „indem sie ein komplexes Geflecht von Netzen in die Gesellschaft hinein bildet“[15], auch zur Mitgliederrekrutierung genutzt werden, indem sich die Parteien als Forum und Dialogpartner für Netzwerke, soziale Gruppen und Initiativen anbieten. Dies haben alle Parteien erkannt und beteiligen sich z. B. auf vielfältige Weise an den klassischen Internet-Kommunikationsformen (E-Mail, Chatrooms, Foren) – die FDP z. B. ließ schon seit 2002 ihr Bundestagswahlprogramm im Internet diskutieren – und den neuen Kommunikationsformen des „Web 2.0“ (Blogs, Wikipedia, Foto- und Videocommunities wie flickr oder YouTube, soziale Netzwerke/Communities wie Facebook oder StudiVZ und Social Bookmarking). Auch wenn in diesem Bereich seitens der Parteien noch vieles verbesserungswürdig erscheint[16] und bei vielen Adressaten wegen realer oder befürchteter parteipolitischer Einflussnahme eine deutliche Reaktanz besteht, ist dies ein wichtiger Weg für die Parteien, den Dialog mit der Gesellschaft zu gestalten.

Materielle Anreize als letzte hier behandelte Anreizart können gesteigert werden durch die Erleichterung des Ämterzugangs für Neumitglieder, eine bessere Akzeptanz von Quereinsteigern, innerparteiliche Bildungs- und Weiterqualifizierungsprogramme, vielfältige Formen parteipolitischer Patronage und für Mitglieder bestehende Vergünstigungen vielfältiger Art.[17] Hier ergeben sich jedoch eine Reihe von Schwierigkeiten, die von den Interessen der Altmitglieder über Ressourcenprobleme bis hin zu moralischen und strafrechtlich relevanten Problemen reichen.

3.3 Verringerung bzw. Beseitigung der bestehenden Beitrittshemmnisse

Zur Verringerung bzw. Beseitigung bestehender Beitrittshemmnisse haben die Parteien eine Reihe von Maßnahmen ergriffen, die auf alle drei Arten von Hemmnissen abzielen, also auf die Beitritts-, Verbleibe- und Partizipationskosten.

Die generelle Strategie zur Verringerung der Beitrittskosten besteht in der Schaffung bzw. Ausweitung von Kontaktgelegenheiten zu potentiellen Mitgliedern durch Schaffung lokaler Organisationseinheiten, stärkere Ausrichtung der Aktivitäten der lokalen Organisationseinheiten auf die Mitgliederwerbung, stärkere Präsenz von Parteimitgliedern im vorpolitischen Raum und die Bereitstellungen von Informationen und Beitrittsmöglichkeiten im Internet. Die Erleichterung des Zugangs zur Partei durch die persönliche Ansprache vor Ort wird allerdings durch den Mitgliederrückgang konterkariert: Da die Beitrittskosten für potentielle Mitglieder umso höher sind, je mehr Eigeninitiative von ihnen verlangt wird und je weniger Ansprache durch andere erfolgt, wirkt sich die immer geringere Zahl von Parteimitgliedern, die durch lokale Präsenz im politischen und vorpolitischen Raum Ansprechpartner für potentielle Mitglieder bilden können, beitrittshemmend aus. Der Ausweg der nichtterritorialen Ansprache durch Internetaktivitäten wird von allen Parteien praktiziert, erreicht aber nur den internetaffinen Teil der potentiellen Mitglieder.

Die Senkung bzw. Beseitigung der Verbleibekosten kann über die Reduktion bzw. Aussetzung der Mitgliedsbeitragszahlungen erfolgen. Dies erfolgt bei der CDU, den Grünen und der Linkspartei jedoch nur in besonders begründeten sozialen Härtefällen und auch nur befristet. Bei der SPD, FDP und CSU ist eine beitragsfreie Mitgliedschaft nicht vorgesehen.

Hinsichtlich der Partizipationskosten sehen sich die Parteien einem Wandel der Partizipationspräferenzen und -formen der Bürger gegenüber, die ihnen das Leben schwer machen: Gerade für die Jüngeren ist heutzutage ein „befristetes, ungebundenes und punktuelles Kurzzeitengagement“[18], also eine „low-intensity participation“, attraktiver als die mit relativ hohen Anforderungen und Ansprüchen verbundene „high-intensity participation“ in politischen Parteien.[19] Die Parteien versuchen daher durch Maßnahmen, die eine stärkere Durchlässigkeit der Organisationsgrenzen bewirken, die parteispezifischen Partizipationserfordernisse für potentielle Mitglieder zunächst in Richtung des „low-intensity“-Modells zu verringern, um sie später auch für eine „hight-intensity“-Partizipation zu gewinnen. Dies betrifft sowohl die langfristige Organisationsbindung als auch die zeitintensiven und thematisch breiten Partizipationserfordernisse, indem eine temporäre Mitgliedschaft, die Mitarbeit ohne formale Mitgliedschaft und eine rein projektbezogene Mitarbeit zugelassen werden.

Alle Parteien außer der FDP, deren Strategie allein auf eine Steigerung der Attraktivität der Vollmitgliedschaft abzielt, haben den Status der „Gastmitgliedschaft“ (bei den Grünen: „Probemitgliedschaft“) geschaffen. Gastmitglieder können der jeweiligen Partei beitragsfrei (SPD: 2,50 Euro/Monat) für höchstens ein Jahr (Grüne: sechs Monate, Linke in der Regel noch kürzer) angehören, dürfen an den Mitgliederversammlungen der verschiedenen Ebenen teilnehmen, haben dort Rede-, Antrags- und Vorschlagsrecht, können aber an Wahlen und Abstimmungen der regulären Parteigremien nicht teilnehmen. Zudem werden auch Nichtmitglieder projektbezogen in die Parteiarbeit einbezogen, indem sie in Projektgruppen, Themenkampagnen, Initiativen und Foren mitarbeiten oder an der Diskussion programmatischer Inhalte im Internet mitwirken können.[20] Beachtet werden muss jedoch, dass all diese Maßnahmen die Tendenz zur Entwertung des Mitgliedsstatus durch Aushöhlung der Mitgliederrechte und unklare Verantwortungszuweisungen fördern und damit für die Werbung von Vollmitgliedern auch kontraproduktiv sein können.

Zu den Partizipationskosten gehört weiterhin die Raum-Zeit-Gebundenheit parteipolitischen Engagements. Überwunden werden kann sie durch die Ermöglichung der Parteiarbeit über das Internet in Form eines „virtuellen Ortsvereins“, der jedoch aufgrund der durch das Parteiengesetz zwingend vorgegebenen Territorialgliederung der Parteien[21] keine satzungsmäßige Parteigliederung mit den üblichen Rechten sein kann.

In der SPD existiert schon seit 1995 der heute noch aktive „Arbeitskreis Sozialdemokratinnen und Sozialdemokraten im Internet

(VOV)", in dem auch Nichtmitglieder mitarbeiten können. In der PDS wurde im Jahr 2001 ein Internet-Landesverband („LV17") gegründet, der jedoch nur wenige Mitglieder umfasste, auf immer weniger Interesse stieß und 2004 vom Bundesvorstand aufgelöst wurde. Die FDP besitzt seit 2000 einen Internet-Landesverband auf Bundesebene (FDP LV Net), in dem FDP-Mitglieder organisatorisch zusammengefasst sind, die „ihren Wohnsitz oder Arbeitsort außerhalb der Grenzen der Bundesrepublik Deutschland haben oder sich aus anderen Gründen nicht in einer lokalen Gliederung der FDP engagieren können" (Satzung des FDP LV Net, § 1, Abschn. 2). Solche Mitglieder gibt es in den Parteien immer mehr[22] und es stellt sich daher die Frage, ob die durch das Parteiengesetz vorgeschriebene Territorialgliederung der Parteien noch zeitgemäß ist. Allerdings leiden durch eine zunehmende Organisation der Parteiarbeit über das Internet die affektiven Beitrittsanreize, denn „Internet-Kommunikation ersetzt nicht die lebendige, sozialräumlich präsente Parteistruktur", d.h. das „gelebte Parteileben".[23]

Das gelebte Parteileben in den kommunalen Organisationseinheiten hat jedoch nicht nur positive Seiten. Es kann auch beitrittshemmend wirken, wenn eine abschreckende lokale Organisationskultur vorhanden ist. Wie offen eine lokale Parteiorganisation gegenüber potentiellen Neumitgliedern ist, hängt entscheidend vom persönlichen Engagement und der sozialen Kompetenz der Altmitglieder ab: Den Beitrittswilligen muss bei der ersten Kontaktaufnahme ein Gefühl des Willkommenseins vermittelt werden. Desinteresse, Besitzstandswahrungsmentalität und Abschottungstendenzen[24] wirken als starke Beitrittshemmnisse.

3.4 Verringerung bzw. Auflösung der Motivation zu alternativen Handlungen

Da dem Individuum, das den Beitritt zu einer bestimmten Partei erwägt, eine Reihe von Handlungsalternativen zur Verfügung steht, müssen die Parteien als letztes Maßnahmenbündel versuchen, durch „negative campaigning" die Motivation zu alternativen Handlungen zu verringern bzw. aufzulösen.

Hinsichtlich des möglichen Beitritts zu einer anderen Partei wird dies immer schwieriger, da sich die Mitgliederkonkurrenz durch das Hinzukommen neuer Parteien verschärft hat. So hat vor allem die SPD zunächst durch die Gründung der Grünen und in neuerer Zeit durch die WASG und deren Zusammenschluss mit der PDS zur LINKEN bei ihrer Mitgliederwerbung zunehmend Konkurrenz durch Mitbewerber.

Zudem haben die Parteien das Monopol auf politische Beteiligung verloren. Die Bürger sind in ihrem politischen Informations- und Einflussstreben seit geraumer Zeit nicht mehr allein auf die Parteien angewiesen, denn die Ausdifferenzierung des Repertoires politischer Beteiligung hat die politischen Parteien in eine zunehmende Konkurrenzsituation mit anderen politischen Beteiligungsformen wie Bürgerinitiativen und neuen sozialen Bewegungen gebracht.

Zur Verbreiterung der für die Bürger verfügbaren Handlungsalternativen, die die Mitgliederrekrutierung der Parteien erschweren, gehören neben den politischen auch die unpolitischen Alternativen. Die Freizeitgestaltungsmöglichkeiten der Bürger haben sich in den letzten Jahrzehnten vervielfacht. Insbesondere hat „das Vordringen neuer Massenmedien wie Privatfernsehen und Internet zumindest in bestimmten gesellschaftlichen Gruppen zu einer politischen Demobilisierung geführt, die sich auch im Blick auf die Parteimitglieder bemerkbar macht".[25]

4. Fazit

Vergegenwärtigt man sich die Entwicklung der Parteimitgliedschaften in den letzten Jahrzehnten, die Ursachen dieser Entwicklung und die bisherigen Erfahrungen der Parteien mit den vielfältigen Maßnahmen zur Gewinnung neuer Mitglieder, so drängt sich die Schlussfolgerung auf, dass das goldene Zeitalter der Mitgliederparteien endgültig vorbei zu sein scheint. Die kleineren Parteien scheinen den Mitgliederschwund in neuester Zeit gestoppt zu haben, vielleicht gelingt dies in Zukunft auch den großen Volksparteien. Ein neuer Mitgliederboom mit hohen Zuwächsen ist jedoch nicht in Sicht. Angesichts der Vielzahl von unverzichtbaren Funktionen, die den Mitgliedern zukommt, sollten die Parteien jedoch auch in Zukunft große Anstrengungen unternehmen, neue Mitglieder für sich zu gewinnen.

Anmerkungen

1 Zur detaillierten Analyse der Mitgliederentwicklung der deutschen Parteien vgl. Niedermayer 2009a. Lückenlose Mitgliederzahlen (jeweils zum 31.12. eines jeden Jahres) für alle relevanten Parteien liegen erst ab Mitte der Sechzigerjahre vor, lediglich die SPD-Mitgliedschaft ist seit 1946 vollständig dokumentiert. Die Entwicklung und sozialstrukturelle Zusammensetzung der Parteimitgliedschaften wird auf Grundlage der Angaben der Bundesgeschäftsstellen der Parteien vom Verfasser jährlich im Heft 2 der Zeitschrift für Parlamentsfragen analysiert (vgl. z.B. Niedermayer 2009b).

2 Beitrittsberechtigt ist bei der SPD und der Linkspartei die gesamtdeutsche Bevölkerung ab 14 Jahren, bei der FDP ab 16 Jahren, die Grünen haben in ihrer Satzung keine Altersgrenze festgelegt. Bei CDU und CSU gilt die Altersgrenze 16 Jahre, wobei die CDU nur außerhalb Bayerns und die CSU nur in Bayern Mitglieder rekrutieren können.

3 Vgl. hierzu die Beiträge der Parteivertreter in Jun/Niedermayer/Wiesendahl 2009.

4 Auf die vielfältigen Maßnahmen der Parteien zur Erhöhung der Mitgliederbindung und Betreuung von Neumitgliedern, die möglichen Austritten entgegenwirken sollen, wird hier nicht eingegangen.

5 Die Informationen hierzu stammen aus innerparteilichen Dokumenten, Interviews mit für die Mitgliederrekrutierung verantwortlichen Parteivertretern und den Ausführungen der Parteivertreter in Jun/Niedermayer/Wiesendahl 2009 und Schalt et al. 2009.

6 So Steffi Lemke (2009, S. 280), politische Bundesgeschäftsführerin von Bündnis 90/Die Grünen.

7 Vgl. Beschluss des 17. Parteitages der CDU Deutschlands 2003: Bürgerpartei CDU. Reformprojekt für eine lebendige Volkspartei, Leipzig, Dezember 2003.

8 So betont z.B. der Landesgeschäftsführer der CSU, Markus Zorzi (2009, S. 287), die christlich-soziale Wertorientierung als Grundlage aller politischen Entscheidungen seiner Partei und sieht die CSU als „wertgebundene Mitgliederpartei".

9 Traten in den letzten zehn Jahren – außer 2003 und 2004 – im Schnitt jährlich etwa 23.000 Mitglieder aus der Partei aus, so gaben nach Verkündigung der von Teilen der Parteimitglieder als Verrat am zentralen SPD-Grundwert der sozialen Gerechtigkeit empfundenen Agenda 2010 im Jahre 2003 über 38.000 und 2004 fast 44.000 Mitglieder ihr Parteibuch zurück.

10 Zur Modernisierung von Wahlkämpfen und den Folgen für die Mitgliederbasis in den Neunzigerjahren vgl. Niedermayer 2000.

11 So Hans-Jürgen Beerfeltz (2009, S. 264), der damalige Bundesgeschäftsführer der FDP.

12 Vgl. CDU (Anm. 7).

13 „Leitbild CSU 2010plus", Beschluss des Parteitags der CSU am 17./18. Juli 2009.

14 Beschluss des SPD-Bundesparteitags 2009 (SPD-Parteitag Dresden, Beschlussübersicht Nr. 12, Dresden, 14. November 2009).

15 So der damalige Bundesgeschäftsführer der SPD, Martin Gorholt (2009, S. 259).

16 Vgl. hierzu Beckedahl/Lüke 2009.

17 Letztere werden von manchen Parteien angeboten und können günstigere Telefonverträge, Autovermietungspreise, Reiseangebote, Versicherungen usw. umfassen.

18 Wiesendahl 2006, S. 77.

19 Zum Konzept der „low-intensity participation" und der „high-intensity participation" vgl. Whiteley/Seyd 2002.

20 Ein Beispiel für die Verbindung unterschiedlicher Maßnahmen zur Herabsetzung der Beitritts-, Verbleibe und Partizipationskosten ist das im Kreisverband Barnim getestet Modellprojekt der CDU (vgl. Niebuhr 2009, S. 252f.): Zunächst wurden „Ideenkonferenzen" durchgeführt, in denen die Bürger Vorhaben aus ihrer unmittelbaren Lebensumwelt diskutieren konnten, deren Umsetzung als wichtig erachtet wurde. Die Ideen wurden gesammelt und nach Umsetzungschancen gewichtet. Danach wurden von CDU-Mitgliedern vor Ort zur Umsetzung kleine Bürgerinitiativen von begrenzter Zeitdauer ins Leben gerufen, von denen eine große Zahl zum erfolgreichen Abschluss gebracht werden konnte. Die Frage einer CDU-Mitgliedschaft wurde bewusst an das Ende eines erfolgreich umgesetzten Projekts gestellt. Durch dieses Projekt konnte sowohl der Mitgliederbestand als auch das Image der CDU in dieser Region verbessert werden. Der Landesverband Hessen hat dieses Projekt im Rahmen einer Aktionswoche im Landtagswahlkampf 2008 übernommen. Auch die FDP will nach Abschluss der Diskussionen der AG „Parteireform" in ausgewählten Kreisverbänden ähnliche Pilotprojekte starten.

21 „Die Parteien gliedern sich in Gebietsverbände". „Die gebietliche Gliederung muss so weit ausgebaut sein, dass den einzelnen Mitgliedern eine angemessene Mitwirkung an der Willensbildung der Partei möglich ist" (Parteiengesetz, § 7).

22 In der SPD z.B. können jetzt auch Ausländer, die nicht in Deutschland wohnen, Mitglied werden, die sich in „Auslandsfreundeskreisen" zusammenfinden. Um ihre vollen Mitgliedsrechte wahrnehmen zu können, müssen sie allerdings einem deutschen Ortsverein zugeordnet sein.

23 So Horst Kahrs (2009, S. 274), Mitgliederbeauftragter beim Parteivorstand der Linkspartei.

24 So herrschten in den Organisationseinheiten der ostdeutschen SPD anfangs oftmals Vorbehalte der Gründergeneration gegenüber der Aufnahme neuer Mitglieder und ein viele potentielle Mitglieder eher abschreckender morali-

scher Rigorismus. Vor allem wurde ein strikter Abgrenzungskurs gegenüber ehemaligen SED-Mitgliedern verfolgt, obwohl einige davon aus heutiger Sicht vieler führender Sozialdemokraten genauso gut auch bei der SPD aufgehoben gewesen wären.

25 Mielke 2007, S. 67.

Literatur

Beckedahl, Markus/Lüke, Falk (2009): Politik im Web 2.0. Kurzstudie Nr. 3. newthinking communications GmbH. Berlin.

Beerfeltz, Hans-Jürgen (2009): Die FDP bekennt sich zum Prinzip der Mitgliederpartei. In: Jun, Uwe/Niedermayer, Oskar/Wiesendahl, Elmar (Hrsg.): Zukunft der Mitgliederpartei. Opladen, S. 26–267.

Gorholt, Martin (2009): Die SPD als Mitgliederpartei. In: Jun, Uwe/Niedermayer, Oskar/Wiesendahl, Elmar (Hrsg.): Zukunft der Mitgliederpartei. Opladen, S. 257–260.

Jun, Uwe/Niedermayer, Oskar/Wiesendahl, Elmar (Hrsg.) (2009): Zukunft der Mitgliederpartei. Opladen.

Kahrs, Horst (2009): Die LINKE geht nur als Mitgliederpartei. In: Jun, Uwe/ Niedermayer, Oskar/Wiesendahl, Elmar (Hrsg.): Zukunft der Mitgliederpartei. Opladen, S. 269–275.

Lemke, Steffi (2009): Warum die Grünen Mitglieder brauchen. In: Jun, Uwe/ Niedermayer, Oskar/Wiesendahl, Elmar (Hrsg.): Zukunft der Mitgliederpartei. Opladen, S. 277–281.

Mielke, Gerd (2007): Auf verlorenem Posten? Parteien in der Bürgergesellschaft. In: Forschungsjournal NSB, 20, S. 63–71.

Niebuhr, Frank (2009): Mitgliederwerbung als Herausforderung und Chance – erfolgreiche Maßnahmen der CDU. In: Jun, Uwe/Niedermayer, Oskar/ Wiesendahl, Elmar (Hrsg.): Zukunft der Mitgliederpartei. Opladen, S. 251–256.

Niedermayer, Oskar (2009a): Der Wandel des parteipolitischen Engagements der Bürger. In: Kühnel, Steffen/Niedermayer, Oskar/Westle, Bettina (Hrsg.): Wähler in Deutschland. Sozialer und politischer Wandel, Gender und Wahlverhalten. Wiesbaden, S. 82–134.

Niedermayer, Oskar (2009b): Parteimitgliedschaften im Jahre 2008. In: Zeitschrift für Parlamentsfragen, 2/2009, S. 370–382.

Niedermayer, Oskar (2000): Modernisierung von Wahlkämpfen als Funktionsentleerung der Parteibasis. In: Niedermayer, Oskar/Westle, Bettina (Hrsg.): Demokratie und Partizipation. Wiesbaden, S. 192–210.

Schalt, Fabian et al. (Hrsg.) (2009): Neuanfang statt Niedergang. Berlin.

Whiteley, Paul/Seyd, Patrick (2002): High-Intensity Participation: The Dynamics of Party Activism in Britain. Ann Arbor.

Wiesendahl, Elmar (2006): Partizipation in Parteien: Ein Auslaufmodell?. In: Hoecker, Beate (Hrsg.): Politische Partizipation zwischen Konvention und Protest. Opladen, S. 74–99.

Zorzi, Markus (2009): CSU – Erfolgreiche Volkspartei. In: Jun, Uwe/Niedermayer, Oskar/Wiesendahl, Elmar (Hrsg.): Zukunft der Mitgliederpartei. Opladen, S. 283–287.

Otmar Jung

„Wahlbeteiligung runter, Bürgerbeteiligung rauf!“ – Zu welcher Art von Partizipation führt mehr direkte Demokratie?

1. Einleitung

Dieses Thema stellt zwei verschiedene Aufgaben. Erstens geht es um den Partizipationsbefund. Zu der prägnanten Formulierung des Titels „Wahlbeteiligung runter, Bürgerbeteiligung rauf!“ seien jedenfalls im Überblick Informationen zu den Trends gegeben, die sich bei Wahlen auf den drei relevanten Ebenen – des Bundes (gewählt wird hier sozusagen die didaktische Reihenfolge), der Länder und des Europäischen Parlaments – ausmachen lassen, dazu komplementäre Informationen zu den Sachabstimmungen der direkten Demokratie auf Landesebene (nur dort sind diese bislang praktisch möglich).[1] Über die Beteiligungstrends hinaus ist nach den Gründen zu fragen. Ferner sind die Probleme eines Vergleichs von Wahlen und Abstimmungen zu erörtern. – Diese erste Aufgabe ist eine konventionelle, weil sie sich auf die Vergangenheit und Gegenwart bezieht.

Zweitens wird eine Partizipationsprognose verlangt: Was würde sich unter Partizipationsgesichtspunkten ändern, wenn mehr direkte Demokratie praktiziert würde? Was erhofft man sich eigentlich davon? Und zu welcher Art von Partizipation führte mehr direkte Demokratie mutmaßlich? Diese Fragen reichen in die Zukunft. Damit ist eine Antwort nicht unmöglich – aber man muss sich methodisch des Charakters als Prognose und der damit immer verbundenen Unsicherheit bewusst sein.

2. Der Partizipationsbefund

2.1 Wahlen 1946–2009

2.1.1 Die Entwicklung der Wahlbeteiligung

2.1.1.1 Bundesebene

Über die ganze Geschichte der Bundesrepublik Deutschland hinweg betrachtet, zeigt sich ein charakteristischer Partizipationsverlauf. Anfangs gab es noch Zurückhaltung – an der ersten Bundestagswahl 1949 nahmen mit 78,5 Prozent nur gut drei von vier Wahlberechtigten teil. Bei den folgenden fünf Wahlen lag die Beteiligung schon deutlich im Bereich 80 plus, erklomm 1972 und 1976 sogar 90 Prozent (man hat von einer Phase der „Vollmobilisierung" gesprochen), ehe dann mit der Bundestagswahl 1980 ein Rückgang der Wahlbeteiligung einsetzte, der

***Abb. 1:** Entwicklung der Wahlbeteiligung bei Bundestagswahlen*

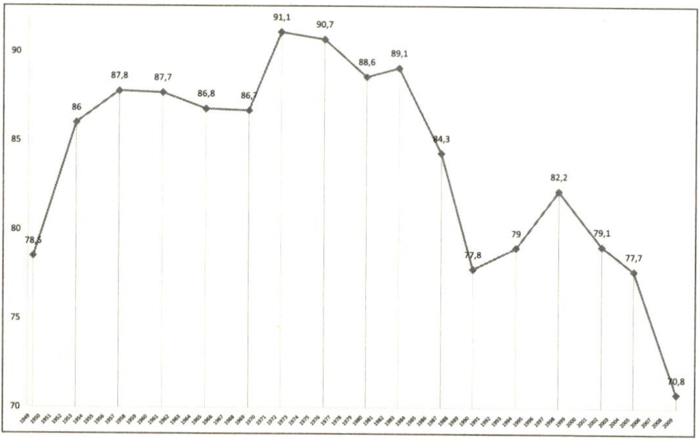

Quelle: Daten bis 2005 nach: Der Bundeswahlleiter (Hrsg.) (2009), S. 44. Daten für 2009 nach: http://www.bundeswahlleiter.de/de/bundestagswahlen/BTW_BUND_09/ergebnisse/bundesergebnisse/index.html [Zugriff 16. 12. 2009].

bis zu den 70,8 Prozent der Wahl des Jahres 2009 führte, wozu die Zeitungen von einem „historischen Tiefstand" bzw. einem „neuen Rekordtief" schrieben (vgl. „Das Volk geht kaum noch wählen", o. V. 2009, S. 240). Die Wahlbeteiligung nahm dabei nicht kontinuierlich oder gar gleichmäßig ab – es gab kleine „Zwischenhochs" –, aber am längerfristigen Trend zum Rückgang der Beteiligung ist nicht zu deuteln.[2]

2.1.1.2 Landesebene

Auf der Landesebene gibt es mehrere Trends. Grundsätzlich ist auch hier die Beteiligung an Wahlen deutlich zurückgegangen und hat bemerkenswerte Tiefpunkte erreicht. Auf diese Tiefpunkte konzentrieren sich die folgenden Ausführungen. Sinn ist die Reliefierung des Problems.

Tabelle 1: Tiefpunkte der Wahlbeteiligung auf Landesebene[3]

Land[4]	Tiefpunkt in%	Jahr	Bemerkungen
BW	53,4	2006	
BY	57,1	2003	2008 leichte Erholung auf 57,9 Prozent
BE	58,0	2006	
BB	54,3	1999	2004 leichte Erholung auf 56,4 Prozent, 2009 kräftige Erholung auf 67,0 Prozent[5]
HB	57,5	2007	
HH	63,5	2008	
HE	61,0	2009	
MV	59,1	2006	
NI	57,1	2008	
NW	56,7	2000	2005 Erholung auf 63,0 Prozent
RP	58,2	2006	
SL	55,5	2004	2009 kräftige Erholung auf 67,6 Prozent[6]
SN	52,2	2009[7]	
ST	44,4	2006	
SH	66,5	2005	2009 Erholung auf 73,6 Prozent[8]
TH	53,8	2004	2009 leichte Erholung auf 56,2 Prozent[9]

Diese Tiefpunkte liegen in zwölf Ländern bei 50 Prozent plus; in dreien (Hamburg, Hessen und Schleswig-Holstein) ist die Wahlbeteiligung „nur“ auf 60 plus gesunken, dafür ist sie in einem Land sogar auf 40 plus abgestürzt: In Sachsen-Anhalt nahmen an der Landtagswahl 2006 nur noch 44,4 Prozent der Wahlberechtigten teil; die klare Mehrheit der wahlberechtigten Bürgerinnen und Bürger blieb zu Hause.[10]

Bei allen Unterschieden im Einzelnen zeigt sich jedenfalls für die alten Bundesländer der bereits für die Bundestagswahlen erwähnte typische Partizipationsverlauf: In den ersten Jahren nach der Demokratiegründung 1946f. gab es noch eine Zurückhaltung, sich an Landtagswahlen zu beteiligen; dann begann eine Phase der „Vollmobilisierung“ mit zum Teil beeindruckend hoher Wahlbeteiligung, die anschließend in einer dritten Phase etwa von Mitte der 1980er Jahre an abzunehmen begann, ehe dann – in der Regel in den letzten Jahren – die erwähnten Tiefpunkte erreicht wurden. Diese Entwicklung ist durchaus dramatisch zu nennen.[11]

Abb. 2: Entwicklung der Wahlbeteiligung in ausgewählten Bundesländern

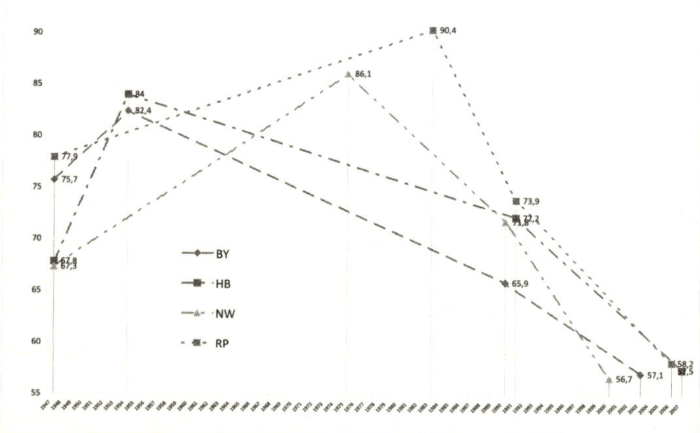

Quelle: Datenbelege wie bei Tabelle 1 „Tiefpunkte der Wahlbeteiligung auf Landesebene“.

Die Partizipationsverläufe bei den Landtagswahlen in den fünf neuen Bundesländern weichen nicht nur von denen der alten Bundesländer, sondern auch unter einander ab.

Abb. 3: Entwicklung der Wahlbeteiligung in den fünf neuen Bundesländern

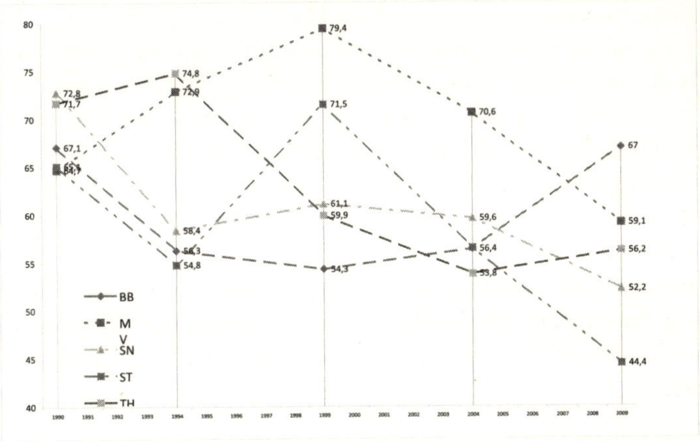

Quelle: Datenbelege wie bei Tabelle 1 „Tiefpunkte der Wahlbeteiligung auf Landesebene“.

Brandenburg, das 1990 mit 67,1 Prozent Beteiligung begann, sackte danach in den 50-plus-Bereich, um im letzten Jahr mit 67,0 Prozent praktisch wieder den alten Wert von vor 20 Jahren zu erreichen. In Mecklenburg-Vorpommern zeigte sich in den ersten Jahren ein starker Anstieg (von 64,7% 1990 bis 79,4% 1998). In den folgenden acht Jahren ging die Wahlbeteiligung jedoch um 20 Prozentpunkte zurück (von 79,4% 1998 auf 59,1% 2006). Ähnlich, wenngleich beim Aufschwung weniger prägnant, verlief die Entwicklung in Thüringen. In Sachsen zeigte sich von der ersten Wahl 1990 (72,8%) bis zur fünften Wahl 2009 (52,2%) ein Rückgang um 20 Prozentpunkte; es gab ein kleines „Zwischenhoch“.

In Sachsen-Anhalt ging die Wahlbeteiligung erst um zehn Prozentpunkte zurück, nahm dann wieder um 15 Prozentpunkte zu und stürzte von jener Marke von 71,5 Prozent (1998) dann im Verlauf von zwei Wahlen auf die famosen 44,4 Prozent von 2006 ab: ein Rückgang um 27 Prozentpunkte. Anders gesagt: Von drei Wählern des Jahres 1998 gingen acht Jahre später nur noch knapp zwei wieder zur Wahl.

Wichtig ist – für alle Bundesländer – zu sehen, dass die Situation gleichwohl plastisch und dynamisch blieb. Es gibt kein Gesetz, dass die Wahlbeteiligung „immer weiter" sinken müsste. Vielmehr war in sechs Ländern nach dem Tiefpunkt wieder ein Anstieg der Beteiligung zu verzeichnen, und in zweien (in Brandenburg und im Saarland) fiel dieser Anstieg mit über zwölf Prozentpunkten sogar kräftig aus.

2.1.1.3 Europäische Ebene

Auch die Beteiligung an den Europawahlen ging in 30 Jahren um über 20 Prozentpunkte zurück. An der ersten Wahl 1979 beteiligte sich gleich das bisherige Maximum von 65,7 Prozent der

Abb. 4: Entwicklung der Wahlbeteiligung bei Europawahlen

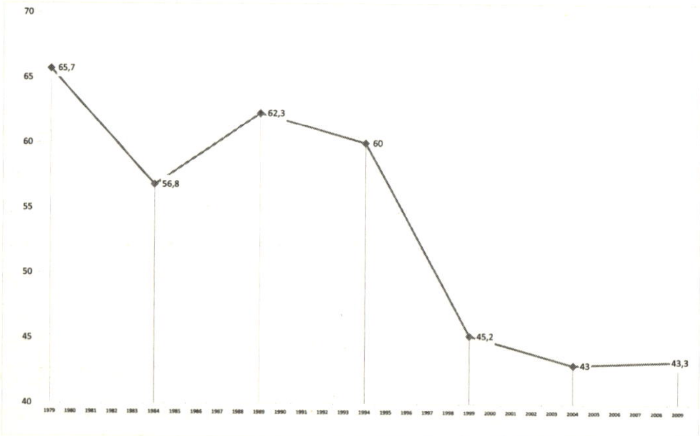

Quelle: Daten bis 2005 nach: Der Bundeswahlleiter (Hrsg.) (2009), S. 12. Daten für 2009 nach: http://www.bundeswahlleiter.de/de/europawahlen/EU_BUND_09/ergebnisse/bundesergebnisse/index.html [Zugriff 16. 12. 2009].

Wahlberechtigten. Dann ging die Beteiligung zurück, erholte sich wieder, ehe sie 1999 aus dem 60-plus-Bereich auf 45,2 Prozent abstürzte. Die nächste Wahl 2004 brachte den bisherigen Tiefpunkt mit 43,0 Prozent Beteiligung. Die Europawahl des letzten Jahres führte nur zu einer minimalen Erholung (43,3%).
Beim Europäischen Parlament stellt sich somit seit den letzten drei Wahlen (wie ja auch im Land Sachsen-Anhalt seit 2006) die Frage nach dem Mehrheitserfordernis für eine hinreichende Legitimation in der repräsentativen Demokratie – ein Problem, das von den Abstimmungen der direkten Demokratie her wohlbekannt ist, wo die Gegner solcher Verfahren rasch von „Minderheitsherrschaft“ zu sprechen bereit sind.

2.1.1.4 Kommunalebene

Zur Kommunalebene sei nur kursorisch festgehalten, dass die Beteiligung seit Beginn der 1990er Jahre einbricht. Sie sank in weniger als 20 Jahren um mehr als 20 Prozentpunkte. „Heute nimmt kaum mehr die Hälfte der Wahlberechtigten an den Wahlen zu den kommunalen Vertretungskörperschaften teil“ (Vetter 2009, S. 788).

2.1.2 Zur Interpretation

Der Rückgang der Wahlbeteiligung kann verschieden interpretiert werden. Die Verfechter der – inputorientierten – sogenannten „Krisenthese“ vermuten „bei rückläufiger oder schwacher Beteiligung Symptome wie Unzufriedenheit oder Kritik am politischen System sowie dessen Handlungsträgern. Sie deuten die Nichtwahrnehmung demokratischer Partizipationsmöglichkeiten vor allem als Protest oder ‚Verdruss‘ und beschwören dabei teilweise eine gestörte Beziehung zwischen Wählern und Gewählten oder gleich eine politische Krise der Demokratie“ (Kornelius/Roth 2004, S. 30). Umgekehrt beschreiben Vertreter der – outputorientierten – sogenannten „Normalisierungsthese“ „den Rückgang der Wahlbeteiligung als Ereignis ohne ernsthafte Konsequenzen auf die Stabilität der Demokratie oder des politischen Systems“.

Vielmehr sei „ein Absinken der Quote ‚bei stabilen Verhältnissen über einen längeren Zeitraum, bei Vertrauen in das politische System und seine Institutionen und einer allgemeinen Zufriedenheit mit der Funktionsweise des Systems' (…) als normale und völlig unkritische Erscheinung einzuordnen" (Kornelius/Roth 2004, S. 31).

Beide Thesen stellen jeweils einen richtigen Aspekt heraus. Die „Krisenthese" erkennt zutreffend, dass ohne ein gewisses Engagement der Bürger – Serge Embacher spricht gar von einer „bürgerschaftlichen Emphase" (2009, S. 126, vgl. S. 78, 81) – eine Demokratie auf Dauer nicht bestehen kann. Der „Normalisierungsthese" ist zuzugeben, dass hohe Partizipation auch Ausdruck von Krise sein kann. Ein bekanntes Beispiel ist der Anstieg der Wahlbeteiligung bei den Reichstagswahlen von 1930 bis 1933, der zu einem erheblichen Teil der NSDAP zugute kam.[12] Für die beiden letzten Jahrzehnte der Bundesrepublik Deutschland erscheint jedoch deutlich, dass die zitierte Voraussetzung einer „allgemeinen Zufriedenheit" mit der Funktionsweise des Systems gerade nicht gegeben ist. Dazu als Aperçu ein Kommentar aus dem Berliner „Tagesspiegel" vom Februar dieses Jahres: „Seit den letzten Jahren in der Amtszeit von Helmut Kohl, etwa gegen Mitte der neunziger Jahre, beschleicht den Normaldeutschen das Gefühl, dass es egal ist, wer regiert. Ob Schwarz-Gelb, Rot-Grün, Schwarz-Rot oder wieder Schwarz-Gelb: Mit Ausnahme der Agenda 2010 traut sich keine Regierung an echte Reformen heran. Ob hohe Steuerlast, hohe Staatsverschuldung, hohe Arbeitslosigkeit, niedrige Geburtenrate, steigende Sozialabgaben, Bürokratisierung: In den vergangenen 15 Jahren haben sich die gesellschaftspolitisch entscheidenden Daten im Land kaum verändert. Die Beteiligung an Wahlen nimmt auch deswegen ab. Es schwindet die Hoffnung auf Besserung." Die Wahl als Reaktionsform – so das Resümee – läuft „gewissermaßen ins Leere" (Lehming 2010).[13]

Ferner noch eine Differenzierung: Es ist sicher richtig, wenn in der Literatur davor gewarnt wird, den Rückgang der Wahlbeteiligung umstandslos vor allem als „Protest gegenüber der politischen Elite und Folge einer Politikverdrossenheit" zu deuten. Es leuchtet ein, dass sich hier auch langfristige Gründe auswirken, nämlich „eine fortgesetzte Individualisierung der Gesellschaft, gekoppelt an einen Prozess der Herauslösung aus traditionellen sozial-moralischen Milieustrukturen, das Aufweichen langfristig angelegter Parteibindungen und die rückläufige Akzeptanz der Wahlnorm" (Kornelius/Roth 2004, S. 41). Allerdings fällt auf, dass ein wichtiges sozio-strukturelles Merkmal, nämlich die individuelle Ressourcenausstattung, gerade in die andere Richtung weist. Wenn „die generelle Wahlbereitschaft mit der Höhe des formalen Bildungsniveaus kontinuierlich an(steigt)" (Kornelius/Roth 2004, S. 35), dann ist es schon irritierend, dass trotz dieser einschlägigen Entwicklung in Deutschland die Wahlbeteiligung auf allen Ebenen so deutlich sinkt.

Tatsächlich sind die Befunde einer FES-Befragung „eindeutig genug, um sinkende Wahlbeteiligung als Zeichen für einen ausgeprägten Politikverdruss in Deutschland zu interpretieren" (Embacher 2009, S. 79 Fußnote 1). Es handelt sich bei dem allgemeinen Rückgang der Wahlbeteiligung um demokratische „Erosionserscheinungen", welche „die Frage nach einer fundamentalen Krise der repräsentativen Demokratie nahe(legen)" (Embacher 2009, S. 79 f.).[14]

2.2 Abstimmungen 1968–2009

2.2.1 Die Beteiligung bei Abstimmungen

Dass direktdemokratische Partizipationsmöglichkeiten „in der Regel deutlich geringere Beteiligungsquoten" erzielen als Parlamentswahlen (Kornelius/Roth 2004, S. 33), ist trivial. Man kann die durchschnittliche Abstimmungsbeteiligung bei Volksentscheiden ermitteln[15] und der durchschnittlichen Wahlbeteiligung auf der entsprechenden Ebene gegenüberstellen; erstere ist dann niedriger. Allerdings verkleistert diese durchschnittliche Stimmbeteiligung mehr, als sie erhellt. Erkenntnisgewinn verspricht es, wenn man zwei Differenzierungen vornimmt:

Erstens ist zu unterscheiden, ob ein Volksentscheid „von unten“ erkämpft wird (der Fall der grundsätzlich oppositionellen Volksgesetzgebung) oder ob eine Volksabstimmung „von oben“ durch die politische Elite angesetzt wird (der Fall des – in dieser Konstellation[16] – prinzipiell prohegemonialen Referendums).[17]

Im ersteren Fall muss sich die Sachopposition schon tüchtig organisiert haben, um verfahrensmäßig überhaupt bis zum Volksentscheid zu kommen, und die politische Elite wird sachlichen Widerstand leisten. Dies lässt andere Beteiligungen erwarten als im letzteren Fall, in dem die politische Elite eine Bestätigung ihres politischen Kurses erhofft und sich eine Sachopposition allenfalls ad hoc zusammenfindet.

Zweitens macht es einen Unterschied, ob eine Volksabstimmung isoliert oder zusammen mit allgemeinen Wahlen stattfindet. Im zweiten Fall spielt der sogenannte „Huckepack-Effekt“ eine erhebliche Rolle (vgl. Jung 1999b, S. 887–890; ebenso Rehmet 2009, S. 24).

Diese beiden Unterscheidungen können sich, müssen sich aber nicht decken. Initiativen „von unten“ starten ihre Projekte gern so, dass sie mit dem Volksentscheid am Verfahrensende just an einem Wahltermin „andocken“ können. Die politische Elite pflegt dieses Kalkül nach Möglichkeit zunichte zu machen, z. B. durch einen zwischengeschalteten Verfassungsprozess oder durch extreme Ausnutzung ihrer Zeitherrschaft.[18] Als Hintergrund, den die Schweiz beispielsweise gar nicht kennt, sind die häufigen Quoren in Deutschland zu bedenken. Die Initiativen hoffen, dank des „Huckepack-Effekts“ diese Quoren zu überwinden. Die politische Elite setzt umgekehrt darauf, dass die Projekte „von unten“ mangels „Huckepack-Effekt“ an jenen Quoren scheitern. Hingegen kombiniert die politische Elite ein Referendum gerne mit Wahlen, um die erhoffte Bestätigung umso nachdrücklicher ausfallen zu lassen.

Somit ergeben sich vier Fallgruppen:

Tabelle 2: Vier Fallgruppen von Referenden

Referenden[19], kombiniert mit Wahlen				
Land	*Jahr*	*Thema*	*Kombiniert mit*	*Abstimmungsbeteiligung*
HE	2002	Legislaturperiode	Bundestagswahl	79,6%
HE	2002	Staatsziel Sport	Bundestagswahl	79,6%
HE	2002	Konnexitätsprinzip	Bundestagswahl	79,6%
HB	1994	Verfassungsrevision	Bundestagswahl	78,3%
HE	1991	Urwahl der Bürgermeister	Landtagswahl	70,8%
HE	1991	Umweltschutz	Landtagswahl	70,8%
HE	1995	Wählbarkeitsalter	Landtagswahl	65,8%
BE	2006	Reform der Volksgesetzgebung	Landtagswahl	57,3%
BY	2003	Konnexitätsprinzip u. a.	Landtagswahl	56,9%
BY	2003	Grundrechte u. a.	Landtagswahl	56,9%
BY	1984	Umweltschutz	Europawahlen	46,2%

Referenden[20], isoliert durchgeführt				
Land	*Jahr*	*Thema*		*Abstimmungsbeteiligung*
BB	1996	Länderfusion		66,4%
BE	1996	Länderfusion		57,7%
HE	1970	Wahlalter		40,3%
BY	1998	Grundrechte und Staatsziele		39,9%
BY	1998	Landtag und Staatsregierung		39,9%
BY	1970	Wahlalter		38,3%
HE	1950	Landtagswahlrecht		33,9%
BY	1973	Rundfunkfreiheit		23,3%
BY	1973	Landtagswahlrecht		23,3%

Volksentscheide[21], kombiniert mit Wahlen				
Land	*Jahr*	*Thema*	*Kombiniert mit*	*Abstimmungsbeteiligung*
SH	1998	Rechtschreibreform	Bundestagswahl	76,4%
HH	1998	Volksgesetzgebung	Bundestagswahl	66,7%
HH	1998	Bezirklicher Bürgerentscheid	Bundestagswahl	66,7%
HH	2004	Krankenhausprivatisierung	Landtagswahl	64,9%

Volksentscheide[22], isoliert durchgeführt				
Land	*Jahr*	*Thema*		*Abstimmungsbeteiligung*
BY	1991	Abfallwirtschaftsgesetz		43,8%
BY	1968	Christliche Gemeinschaftsschule		40,7%
BY	1998	Abschaffung des Senats		39,9%
HH	2007	„Stärkt den Volksentscheid“		39,1%
BY	1995	Kommunaler Bürgerentscheid		36,8%
BE	2008	Flughafen Tempelhof		36,1%
HH	2004	Wahlrechtsreform		34,0%
SH	1997	Buß- und Bettag		29,4%
BE	2009	Pro Reli[23]		29,2%
ST	2005	Kinderbetreuung		26,4%
SN	2001	Sparkassenorganisation		25,9%

2.2.2 Zur Interpretation

Es ist auffällig, welch große Rolle der erwähnte „Huckepack-Effekt“ spielt. Sowohl bei Referenden also auch bei Volksentscheiden macht die Beteiligung geradezu einen Sprung nach vorn, wenn die Abstimmung mit Wahlen kombiniert wird.[24]

Mit diesem Effekt aber, der grundsätzlich legitim ist[25] und auch innerhalb des repräsentativ-demokratischen Systems z. B. durch die Zusammenlegung von Wahlen angestrebt wird, erreichen sowohl Referenden als auch Volksentscheide Beteiligungswerte (zwischen 79,6 und 76,4%), die durchaus dem Niveau der Beteiligung bei Bundestagswahlen gleichkommen. Aber auch bei isoliert durchgeführten Referenden und Volksentscheiden gibt es an der Spitze Beteiligungswerte, die den Vergleich mit schlechten Landtags- bzw. Europawahlergebnissen nicht zu scheuen brauchen.[26] Es scheint also, dass die Rede von der deutlich geringeren Partizipationsquote bei Sachabstimmungen einen Teil ihrer Plausibilität daraus zieht, dass man zur Illustration sozusagen „ins unterste Fach" greift, wo in der Tat Referenden und Volksentscheide mit Beteiligungen von 20 plus Prozent vorkommen. Das enorme Partizipationspotential bei Volksabstimmungen bestätigen auch ausländische Erfahrungen, etwa in der Schweiz, wo bei den eidgenössischen Abstimmungen der letzten 40 Jahre die Extremwerte der Beteiligung ähnlich aussehen: Zwar nahmen 1972 nur 26,71 bzw. 26,73 Prozent an den Abstimmungen über die Bundesbeschlüsse über den Schutz der Währung bzw. über Maßnahmen zur Stabilisierung des Baumarktes teil[27], aber 1992 beteiligten sich 78,73 Prozent der Stimmberechtigten an der Volksabstimmung über den Bundesbeschluss über den Europäischen Wirtschaftsraum (EWR).[28]

2.3 Probleme des Vergleichs von Wahlen und Abstimmungen

2.3.1 Abstimmungen sind gegenüber Wahlen prinzipiell ein Aliud

Die Gegenüberstellung von Minima der Partizipation bei Wahlen und entsprechenden Maxima bei Volksabstimmungen ist natürlich ein Kunstgriff: Das deutlichste Indiz der Krise der Repräsentativdemokratie wird mit den klarsten Hoffnungszeichen der direkten Demokratie kontrastiert. Indes lässt sich durchaus fragen, ob dies nötig ist. Man könnte es ja auch als ein Unding ansehen, bei Abstimmungen die Partizipationswerte von Wahlen erreichen zu wollen, und dies aus zwei Gründen.

Der erste Grund ist ein prinzipieller: Eine Volksabstimmung ist anders strukturiert als eine Wahl. Bei dieser geht es grundsätzlich um das Gesamt der Politik des jeweiligen Gemeinwesens, und zwar für eine mehrjährige Wahlperiode. Dabei wird pauschal Vertrauen bekundet, werden politische Richtungen unterstützt und programmatische Gesamtaussagen gebilligt. Hinzu kommt noch das Spannungsmoment der Personalkonkurrenz. Jene hingegen gibt immer nur Antwort auf eine einzelne Sachfrage, und dies noch bei durchaus offener Gültigkeitsdauer. Der Zusammenhang mit einer Gesamtprogrammatik oder mit einer politischen Richtung ist dünn. Eine Personalisierung der Kontroverse ist nicht zwingend und wird in erfahrenen Direktdemokratien tunlich vermieden. Die Partizipation bei Volksabstimmungen an jener bei Wahlen zu messen, heißt also – ganz strikt – Äpfel und Obst zu vergleichen, d. h. man stellt einen methodisch nicht angemessenen, „unfairen" Vergleich an.

Gewichtet man aber die Partizipation bei Volksabstimmungen als Konsequenz aus diesem prinzipiellen Unterschied, erscheinen die Beteiligungswerte in einem neuen Licht. Dann erweist es sich geradezu als eine respektable Leistung, welche Prozentsätze der Stimmberechtigten sich für eine Einzelfrage zum Urnengang bewegen lassen: 43,8 Prozent für das Abfallwirtschaftsgesetz 1991 in Bayern, 39,1 Prozent für die Stärkung des Volksentscheids 2007 in Hamburg und 36,1 Prozent für den Erhalt eines Flughafens in Berlin 2008 – jeweils durch oppositionelle Volksbegehren angestoßen und zu isolierten Terminen durchgeführt, also ohne den beschriebenen „Huckepack"-Effekt gleichzeitiger Wahlen (vgl. Jung 2001, S. 61).

Ein zweiter situativer Grund kommt hinzu nach dem Erscheinungsbild des deutschen Föderalismus. Auf Bundesebene ist die Demokratie strikt repräsentativ organisiert, während auf

Landesebene auch direkte Demokratie möglich ist. Gleichzeitig sind aber die interessantesten Materien Bundessache und damit für Volksabstimmungen nicht zugänglich. Bürgerliches Recht, Strafrecht, Arbeitsrecht und Währungswesen sind bundesrechtlich geregelt. Der Bürger darf bzw. durfte daher z. B. über die Mietpreisbindung oder die Strafbarkeit der Abtreibung, über einheitliche Kündigungsfristen oder die Abschaffung der Deutschen Mark zugunsten des Euro nicht unmittelbar entscheiden. Daraus ergibt sich ein Argumentum a minore ad maius: Wenn schon für Abfallwirtschaftsrecht, Stärkung der direkten Demokratie und den Erhalt eines Flughafens sich solche Beteiligungen mobilisieren lassen, wie sähe dann erst die Partizipation auf Bundesebene aus, wenn es dort Sachabstimmungen über sozusagen italienische Themen (vgl. Capretti 2009, S. 173–177) gäbe: moralische Fragen (Ehescheidung, Schwangerschaftsabbruch), soziale Fragen (Teuerungsausgleich, Gewerkschaftsrechte) und Fragen der Staatsorganisation (Wahlrecht, Parteienfinanzierung, Abschaffung von Ministerien)? Die Beteiligungsquoten bei Referenden in Italien sind denn auch entsprechend hoch: 87,7 Prozent bei der Ehescheidung 1974 bis 77,0 Prozent bei der Einführung des Mehrheitswahlsystems 1993 beeindrucken.[29]

2.3.2 Kein Messen mit zweierlei Maß!

Viele der herabsetzenden Reden über die schwache Legitimation von Volksentscheiden bedienen sich eines simplen Tricks. Man misst mit zweierlei Maß:

- Die Regierung und die sie tragenden Parteien haben immer die Mehrheit, wobei man quasi selbstverständlich von der Mehrheit der Parlamentssitze gleich der Mehrheit der abgegebenen gültigen Stimmen ausgeht. Man bedient sich also der Repräsentationsfiktion. Nichtwähler fallen „unter den Tisch".
- Bei Volksentscheiden hingegen wird streng realistisch geschaut, welchen Prozentsatz der Stimmberechtigten insgesamt denn die Ja-Mehrheit an den Urnen ausmacht, und dementsprechend kommt man zu den enttäuschend niedrigen Werten.

Eine rationale Diskussion muss gleiche Maßstäbe anlegen. Dabei hat man die Wahl: Entweder es gilt die Repräsentationsfiktion, wie es bei Wahlen durchweg gemacht wird – dann muss man aber auch bei Volksabstimmungen den Aktivbürgern zugestehen, dass sie die Gesamtheit der Stimmberechtigten repräsentieren (vgl. Welzel 1997, S. 64), und muss dementsprechend die Mehrheit an den Urnen als eine Mehrheitsentscheidung des Volkes akzeptiert werden (vgl. Neumann 2009, S. 349 ff.) (damit ist der verunglimpfenden Rede von der angeblichen direktdemokratischen Minderheitsherrschaft die Grundlage entzogen). Oder aber man befleißigt sich bei beiden Verfahren eines demokratischen Realismus ohne Repräsentationsfiktionen. Dann folgt allerdings für die repräsentative Demokratie vor allem in den Ländern unter den aktuellen Partizipationsverhältnissen eine Desillusionierung, weil Minderheitsherrschaft allerorten zu erblicken ist.[30]

3. Eine Partizipationsprognose

3.1 Der Hintergrund des Interesses: zwei Ansätze

Nach dieser Erhebung des Ist-Zustandes nun also ein Blick in die Zukunft: Was würde sich ändern bei mehr direkter Demokratie? Zu welcher Art von Partizipation würde das mutmaßlich führen? Was erhoffen sich jene, die angesichts der schwierigen Situation der Wahlbeteiligung nach mehr direkter Demokratie rufen? Zwei Ansätze lassen sich unterscheiden.

- Erstens der Kompensationsansatz: Wenn schon die Wahlbeteiligung zurückgeht, ohne dass Abhilfe in Sicht ist, und damit der Einfluss der Bürger auf die Regierenden zusehends abnimmt, sollen die Instrumente der direkten Demokratie ausgleichend zumindest in wichtigen Fragen punktuell die Präferenzen der Bürger durchsetzen. Dies wäre also zunächst eine Kompensation; man könnte es aber auch als eine Bereicherung des demokratischen Systems insgesamt ansehen. Wichtig ist, dass bei diesem Ansatz die direkte Demokratie ihren Wert in sich trägt.

- Zweitens der Stimulationsansatz: Wenn die Bürger spüren, dass sie gefragt werden und mit ihrer Entscheidung in der Sache etwas bewirken, würde die Politik(er-)verdrossenheit weichen. Wenn die Bürger in Abstimmungskämpfen mit Argumenten für und gegen unterschiedliche Sachlösungen konfrontiert werden, würden sie auch politisch lernen. Und solchermaßen mit dem System zufriedenere und politisch gebildete Bürger sollten dann auch wieder mehr zur Wahl gehen. Hier wird also direkte Demokratie instrumentell verstanden, um dem Niedergang der Repräsentativdemokratie, wie er sich in der abnehmenden Wahlbeteiligung ausdrückt, abzuhelfen.

Der Stimulationsansatz wird anscheinend gern von Juristen vertreten. Der frühere Präsident des Bundesverfassungsgerichts, Hans-Jürgen Papier, ist ein prominentes Beispiel.[31]

3.2 Wie kommt es praktisch zu mehr direkter Demokratie?

Dazu gibt es zwei Wege. Erstens: Auf der Landes- und Kommunalebene, wo Volksbegehren und Volksentscheid, Bürgerbegehren und Bürgerentscheid bereits flächendeckend existieren, könnte dieses „Mehr“ durch eine intensivere Praxis geschehen. Angesichts der bekannt hohen Verfahrenssensibilität dieser Instrumente wäre dies durch eine Erleichterung der Anforderungen zu erreichen: konkret vor allem durch eine Senkung der Hürden bei Volksbegehren und Bürgerbegehren sowie eine Senkung bzw. Streichung der Quoren beim Volksentscheid und Bürgerentscheid, ferner durch eine vernünftige, der Situation bei Wahlkämpfen nachgebildete Abstimmungskampf-Kostenerstattung.

Zweitens: Auf den Ebenen, wo diese Instrumente noch nicht existieren, wären sie einzuführen. Im Bund hat ja bereits 2002 eine einfache (freilich damit für eine Verfassungsänderung nicht genügende) Mehrheit des Parlaments für eine entsprechende Änderung des Grundgesetzes gestimmt. Das gleiche gilt für neue – referendielle – Formen auf Landes- und Kommunalebene. Wo jene Instrumente bestehen, aber noch nicht einsatzbereit sind – die

Europäische Bürgerinitiative nach dem Vertrag von Lissabon –, ist eine anwendungsfreundliche Ausführungsregelung zu erlassen.

3.3 Welche Folgen hat mehr direkte Demokratie mutmaßlich?

3.3.1 Prognosen aufgrund deutscher Erfahrungen

Die methodologische Schwierigkeit, jene hypothetische Frage „Was wäre, wenn …?" zu beantworten, wurde bereits eingangs betont. Ein Lösungsansatz könnte darin bestehen, frühere entsprechende Situationen zu untersuchen und die damaligen Effekte auch für die Zukunft anzunehmen. Für Deutschland böte sich an ein Vergleich aus der Zeit der Zweiteilung des Landesverfassungsrechts, als es Länder mit gemischter Demokratie – insbesondere: Bayern, Hessen, Rheinland-Pfalz und Bremen – und rein repräsentativdemokratisch organisierte Länder – beispielsweise Schleswig-Holstein, Hamburg und Niedersachsen – gab. Zeigte sich ein Unterschied bei der Wahlbeteiligung in den jeweiligen Gruppen? Ferner könnte man vergleichen die Wahlbeteiligung in der zweiten Gruppe vor und nach der Einführung direktdemokratischer Elemente, also z. B. in Schleswig-Holstein 1990, Niedersachsen 1993 und Hamburg 1996. Schließlich könnte man in der ersten Gruppe die Phase, in der jene Instrumente toter Buchstabe waren, mit der Folgezeit vergleichen, in der sie praktisch genutzt wurden, also z. B. in Bayern 1946–1966 und 1967–2010.

In allen diesen Vergleichssituationen ist prima facie keine Auswirkung des Bestehens bzw. der Nutzung der direktdemokratischen Instrumente auf die Wahlbeteiligung zu erkennen. Die Entwicklung der letzteren folgte offenkundig anderen Einflüssen als den bislang sporadischen Aktivitäten direkter Demokratie. Anders gesagt: Die Dosierung der direkten Demokratie ist in den Ländern viel zu gering, um Zusammenhänge feststellen zu können.[32]

3.3.2 Prognosen aufgrund schweizerischer Erfahrungen

Anders sieht es in der Schweiz aus, einem Land, das Erfahrungen mit hoch dosierter Direktdemokratie hat. Dort ist der langfristige Trend der eidgenössischen Wahlbeteiligung sinkend und liegt inzwischen etwa auf der Höhe der Stimmbeteiligung, je 40 plus Prozent (vgl. Linder 2005, S. 65; Lutz/Selb 2006, S. 434).[33]

Abb. 5: Beteiligung an eidgenössischen Volksabstimmungen und Nationalratswahlen 1919–2009

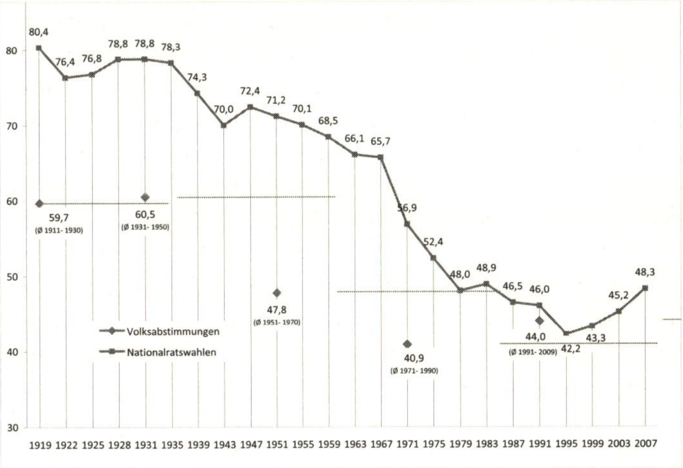

Außer allgemeinen Gründen, die auch für Deutschland gelten – Wertewandel und Individualisierung –, führen Effekte der direkten Demokratie zu diesem Ergebnis.

Unmittelbar: Wahlen sind „entlastet von vielen politischen Konflikten um Sachfragen, die bei anderer Gelegenheit an Volksabstimmungen direkt entschieden werden" (Linder 2005, S. 66).[34] Dies wäre auch in Deutschland jedenfalls bei der Einführung direkter Demokratie auf Bundesebene zu erwarten: Wenn die speziellen Großkontroversen vom Volk selbst durch Abstimmungen entschieden werden, lässt die Bedeutung der generellen Wahlen nach. Um das mit aktuellen Beispielen zu verdeutlichen: Wenn über den Einsatz der Bundeswehr in Afghanistan abgestimmt würde, ginge das Interesse daran zurück, ob die allgemeine deutsche Außenpolitik von Herrn Steinmeier oder Herrn Westerwelle gestaltet wird. Und wenn über einen gesetzlichen Mindestlohn letztlich das Volk selbst entscheidet, wäre es nicht mehr so wichtig, ob das Ressort Arbeit und Soziales Herr Scholz oder Frau von der Leyen leitet.

Mittelbar: „Schweizerische Wahlen sind weniger bedeutsam als Wahlen in einer parlamentarischen Demokratie: es findet kein Machtwechsel zwischen Regierung und Opposition statt, der Parteienwettbewerb ist begrenzt“ (Linder 2005, S. 66; ferner Kirchgässner/Feld/Savioz 1999, S. 62). Das Stichwort „Konkordanz“ darf hier nicht ablenken – dieses Entscheidungssystem ist ja vor allem als Antwort der Parteien auf die intensive Nutzung des Referendums entstanden (vgl. Linder 2005, S. 301 f.). Ob die Entwicklung in Deutschland genauso ginge? Die beiden anderen für die Entstehung des Konkordanzsystems genannten Faktoren sind in Deutschland bereits vorhanden: der Föderalismus und das Verhältniswahlrecht (vgl. Linder 2005, S. 301). Gleichwohl sollte man keine „Entwicklungsautomatik“ annehmen (vgl. Schiller 2002, S. 160 f.).

Auf der kantonalen Ebene waren die Wirkungen direktdemokratischer Mitspracherechte auf die individuelle Teilnahmebereitschaft bei Wahlen umstritten. Linder formulierte noch 2005 vorsichtig: Wo „mit häufigen Sachabstimmungen eine intensivere direkte Demokratie praktiziert wird – vor allem in Deutschschweizer Kantonen –, liegt die Wahlbeteiligung höher. Eine Kultur aktiver Referendumsdemokratie stützt also vermutlich auch die Wahldemokratie“ (Linder 2005, S. 68).[35] Linders Zurückhaltung hatte ihren Grund, weil an dieser Stelle eine „Forschungslücke“ bestand (vgl. Freitag/Stadelmann-Steffen 2007, S. 189).[36] Inzwischen hat eine empirische Studie jene Vermutung als Illusion erwiesen. Markus Freitag und Isabelle Stadelmann-Steffen stellten sowohl eine Wahlstimulations-Hypothese als auch eine „Trade-off-Hypothese“ auf: Die erstere lautete: „Je stärker ausgebaut direktdemokratische Verfahren sind und je intensiver der Gebrauch dieser Volksrechte ist, desto wahrscheinlicher ist die Wahlteilnahme des Individuums. Je weniger Unterschriften zur Lancierung einer Initiative oder eines Referendums benötigt werden, je länger die Frist zur Sammlung von Unterschriften ausfällt und je höher die Zahl an durchgeführten Initiativen und Referenden ist, desto eher wird das Individuum den Gang zur Wahlurne antreten." Und dazu die entsprechende Gegenhypothese (Freitag/Stadelmann-Steffen 2007, S. 196f.). Das Ergebnis ihrer Mehrebenen-Analyse (alle sonstigen Unterschiede zwischen den betreffenden Gebietskörperschaften herausgerechnet): Die Hypothese einer wahlstimulierenden Abstimmungsdemokratie konnte „in keinem Fall" bestätigt werden. Die Befunde legten vielmehr tendenziell einen negativen Einfluss nahe: „So ist die Wahrscheinlichkeit der persönlichen Teilnahme an kantonalen Parlamentswahlen umso höher, je weniger die kantonalen Volksrechte ausgebaut sind und je zurückhaltender sie eingesetzt werden. Oder umgekehrt. Eine ausgeprägte direktdemokratische Kultur führt zu einem gewissen Trade-off zwischen kantonaler Wahl- und Abstimmungsdemokratie." (Freitag/Stadelmann-Steffen 2007, S. 207). Ihre Quintessenz lautet, dass „die Volksrechte keine stimulierende Wirkung auf die Wahlbeteiligung ausüben. Im Gegenteil ..." (Freitag/Stadelmann-Steffen 2007, S. 209).

3.3.3 Prognosen aufgrund amerikanischer Erfahrungen[37]

21 der 50 US-Gliedstaaten sowie die Hauptstadt Washington D. C. ermöglichen dem Volk, Gesetze zu erlassen; in 18 Staaten können die Bürger von sich aus auch die Verfassung ändern. Neben diesen Hauptformen der Volksgesetzgebung kennen zahlreiche Staaten noch Referenden bei verschiedenen Gelegenheiten (vgl. Heußner 2009, S. 135). Auf der Unionsebene gibt es hingegen keine Formen direkter Demokratie.

Für die US-Bundesstaaten ist der Weg der Forschung in – verglichen mit der Schweiz – umgekehrter Richtung verlaufen. Herrschte in den 1980er Jahren noch die Einschätzung vor, dass sich kein Einfluss direktdemokratischer Partizipationsmöglichkeiten auf die Wahlbeteiligung nachweisen lasse (vgl. Heußner 1994, S. 437), so haben Daniel Smith und Caroline J. Tolbert in jüngerer Zeit mit methodisch überlegenem Instrumentarium (vgl. Smith/Tolbert 2004, S. 35 f.) doch einen positiven Effekt herausgearbeitet. Allerdings ist dabei eine amerikanische Besonderheit zu beachten: Erforscht wird der Unterschied zwischen Bundesstaaten mit direktdemokratischen Möglichkeiten (und entsprechender Praxis) und Bundesstaaten ohne solche Möglichkeiten (bzw. Praxis) – alle sonstigen Unterschiede zwischen den betreffenden Gebietskörperschaften herausgerechnet –, bezogen auf die Wahlbeteiligung zum einen bei „presidential elections" (alle vier Jahre) und zum anderen bei („midterm elections" – also jenen der grundsätzlich im Zwei-Jahres-Turnus stattfindenden Wahlen, die *nicht* mit Präsidentschaftswahlen zusammenfallen). Aber in beiden Fällen handelt es sich um „Sammeltermine", an denen die Bürger auf Unionsebene die Mitglieder des Kongresses (und gegebenenfalls den Präsidenten) sowie auf Bundesstaatenebene die Mitglieder der Staatenparlamente, die Gouverneure und weitere Amtsinhaber wählen, wobei noch unterschiedliche Ausstiegsquoten („drop-offs") zu verzeichnen sind (vgl. Heußner 1994, S. 364 ff.). Daraus folgt eine gewisse Unschärfe des Vergleichs, während für die Schweiz präzise die kantonalen Parlamentswahlen und die kantonalen Volksrechte in Beziehung gesetzt wurden.

Jedenfalls haben Smith/Tolbert errechnet, dass in den sogenannten „initiative states" die Wahlbeteiligung bei Präsidentschaftswahlen um fünf Prozentpunkte höher liegt als in „noninitiative states" und bei Zwischenwahlen sogar um zehn Prozentpunkte (vgl. Smith/Tolbert 2004, S. 43).[38] Der Einfluss der direktdemokratischen Praxis lässt sich so erfassen, dass jede zusätzliche Initiative, die am Wahltag zur Abstimmung steht, die Wahlbeteiligung bei Präsidentschaftswahlen um 0,5 Prozentpunkte steigert (vgl. Smith/Tolbert 2004, S. 40) und bei Zwischenwahlen sogar um 1,2 Prozentpunkte (vgl. Smith/Tolbert 2004, S. 42).

3.4 Was „bringt" die Einführung von mehr direkter Demokratie?

Um den Stimulationsansatz scheint es schlecht bestellt. Es ist zu befürchten, dass es sich hier um eine Gedankenkette handelt, die schön aussieht, aber in der politischen Wirklichkeit nicht trägt. Nach dem neuesten Stand der Forschung „funktioniert" dieser Ansatz für die Schweiz gar nicht. Für die US-Bundesstaaten mit gemischter Demokratie soll – die erwähnte Unschärfe bedacht – ein schwacher Effekt[39] nachweisbar sein. Wenn man bedenkt, dass dieser eher skeptisch stimmende Befund für politische Systeme mit relativ hoher Dosierung von direkter Demokratie gewonnen wurde, sind die Aussichten für Deutschland, wo auf Landes- und Kommunalebene zwar die direktdemokratischen Instrumente schon bereitliegen, aber eine Verfahrenserleichterung durchaus auf Widerstände trifft, und wo auf Bundesebene direkte Demokratie überhaupt erst eingeführt werden müsste, was aller Erfahrung nach weniger beherzt als vielmehr zaghaft erfolgen würde, noch ungünstiger. Eine Reform doch erheblichen Ausmaßes kann bei so ungewissem Erfolgseintritt eigentlich nicht empfohlen werden.

So wäre die Einführung von mehr direkter Demokratie denn, salopp gesagt, „für die Katz"? Keineswegs, wenn man sich von der bornierten Perspektive, der es allein um die „Reparatur" des repräsentativ-demokratischen Systems geht, löst und den Kompensationsansatz ernst nimmt. Sieht man die Dinge mit den Augen der Bürger, führen mehr zur Verfügung gestellte und genutzte volksunmittelbare Zugriffsmöglichkeiten zu einer Bereicherung, wie Kühne 1991 ausgeführt hat: „Die zutreffende Vergleichsrechnung hätte also additiv von der gesamten Stimmbeteiligung innerhalb der Frist einer gängigen Wahlperiode auszugehen. Dann aber ergibt sich ohne weiteres eine höhere Stimmbeteiligung und -aktivität, als sie in einem System mit bloßer Beschränkung auf Parlamentswahlen üblicherweise je erreicht wird" (Kühne 1991, S. 128). Dass diese Addition zulässig ist, erscheint aus der Perspektive „von unten" unbezweifelbar.[40] Gleichwohl ist zu registrieren, dass sie jüngst von Christian Hillgruber in einem Streitgespräch mit Hermann Heußner bestritten wurde – allerdings ohne durchschlagende Argumente dafür vorzubringen.[41]

4. Ergebnis

Als Medizin gegen die sinkende Wahlbeteiligung taugt direkte Demokratie kaum. Dass eine qualitative Besserung der demokratischen Situation als ganzer auch wieder die Wahlbeteiligung steigen lassen könnte, ist nach den Erfahrungen der Referenzländer wohl als illusionär anzusehen. Mit einiger Wahrscheinlichkeit ist wegen des Rückgangs der Bedeutung von Wahlen sogar eine (noch) weiter sinkende Wahlbeteiligung die Folge.

Die realistische Antwort auf die Titelfrage lautet vielmehr: Mehr direkte Demokratie bringt – tautologisch – mehr direkte Demokratie und führt damit zu einer höheren und besseren Partizipation insgesamt.[42] Das ist aus Bürgersicht gut, aber das nützt auch dem Gemeinwesen: „Direkte Demokratie bringt neue Ideen, Akteure und Konstellationen hervor und macht alternative Formen der politischen Debatte notwendig, die alte Strukturen etablierter organisierter Interessen aufbrechen. Mit diesem Neuen erneuert sich Deutschland Schritt für Schritt" (Weixner 2002, S. 372).[43]

Anmerkungen

1 Die Wahlen zu den Kommunalvertretungen einerseits und Bürgerbegehren und Bürgerentscheid andererseits bleiben weitgehend ausgeklammert aus einem einfachen Grund: Eine entsprechende Untersuchung führt wegen der Unübersichtlichkeit der Kommunalebene zu einem Missverhältnis von Aufwand und Ertrag.

2 Dass Kornelius/Roth 2004, S. 33, aus jenen „Zwischenhochs" schlossen, die Beteiligung sei „grundsätzlich nicht rückläufig", war, wie die sechs Jahre seitdem erwiesen haben, kurzsichtig.

3 Daten, soweit nicht anders angegeben, nach: Der Bundeswahlleiter (Hrsg.) (2009), S. 108–139.

4 Abkürzungen: BW = Baden-Württemberg, BY = Bayern, BE = Berlin, BB = Brandenburg, HB = Bremen, HH = Hamburg, HE = Hessen, MV = Mecklenburg-Vor-

pommern, NI = Niedersachsen, NW = Nordrhein-Westfalen, RP = Rheinland-Pfalz, SL = Saarland, SN = Sachsen, ST = Sachsen-Anhalt, SH = Schleswig-Holstein, TH = Thüringen.

5 Vgl. http://www.wahlergebnis.brandenburg.de/ltw09/ergebnis.php5?anzeige=4&wahl=3&gebiet=1&idx=0&typ=1&stimme=1&hoch=0&untertyp=0&partei=&display=pro&sitz=&pdf=1 [Zugriff 15.12.2009].

6 Vgl. http://www.statistikextern.saarland.de/wahlen/wahlen/2009/internet_saar/LT_SL_09/landesergebnisse/ [Zugriff 15.12.2009].

7 Vgl. http://www.statistik.sachsen.de/12/pressearchiv/archiv2009/LWL04709.htm [Zugriff 15.12.2009].

8 Vgl. http://www.schleswig-holstein.de/LWL/DE/Landtagswahl/PDF/Bekanntmachung_20endg_C3_BCltige_20Ergebnisse,templateId=raw,property=publicationFile.pdf [Zugriff 15.12.2009].

9 Vgl. http://www.wahlen.thueringen.de/wahlseite.asp?aktiv=LW01&startbei=landtagswahlen/LW_wahlergebnisse.asp [Zugriff 15.12.2009].

10 Die Erklärung des Fachmannes für diesen „nie zuvor erreichten Tiefpunkt“ der Wahlbeteiligung klingt etwas hilflos: der „Befund einer verbreitet depressiven bis politikfernen politischen Grundstimmung“ (Holtmann 2007, S. 57).

11 Kornelius/Roth 2004, S. 34, erfassen diese Dramatik nicht, wenn sie nur die durchschnittliche Wahlbeteiligung auf Landesebene 1990–2003 darstellen und interpretieren. Zum einen werden damit die erschreckenden Entwicklungen in einzelnen Ländern geradezu verkleistert. Zum anderen kann man von den Autoren zwar nicht verlangen, dass sie in die Zukunft schauen; aber gewiss haben sie sich, was die Entwicklung der folgenden sechs Jahre anbelangt, alles andere als hellsichtig erwiesen.

12 Dieser Fall wurde von Falter (1991, S. 98–101 („Waren vor allem frühere Nichtwähler für den Anstieg der NSDAP-Stimmen verantwortlich?“), ferner S. 365–368) eingehend untersucht.

13 Auch der Staatsrechtslehrer v. Arnim 2008, S. 49f., vermutet als wesentliche Gründe für die Wahlabstinenz „die Verdrossenheit der Bürger über die Leistungen und das Erscheinungsbild der Politik“ sowie „die Resignation der Bürger, mit ihren Wahlzetteln an den politischen Zuständen doch nichts ändern zu können“.

14 Die Situation hat sich in der jüngsten Zeit noch verschärft. Siehe dazu den Soziologen Wilhelm Heitmeyer in einem Interview: „Die Demokratie ist in einer Krise, die Teilnahme an Wahlen, auch an der Bundestagswahl, ist gesunken. Wir beobachten eine tiefgreifende politische Resignation, ich nenne das Demokratie-Entleerung. 53 Prozent derjenigen, die sich von der Wirtschaftskrise bedroht fühlen, sagen, ‚es ist sinnlos, sich politisch zu engagieren‘. (...) Ganz unmerklich scheint unser demokratisches System zu verrotten.“ „Wutgetränkte Apathie“. In: Der Spiegel Nr. 14/2010 v. 3. 4. 2010, S. 70f. (71).

15 Vgl. Rehmet 2009, S. 20-24 („Alle bisherigen Volksabstimmungen in der tabellarischen Übersicht – unter besonderer Beachtung der Abstimmungsbeteiligung“), bes. S. 21: 56,3 Prozent.

16 Dies bezieht sich auf die deutsche Verfassungslage, die im Wesentlichen nur obligatorische Verfassungsreferenden und fakultative Gesetzesreferenden „von oben“ kennt. Lediglich in Rheinland-Pfalz seit 1947 sowie neuestens in Hamburg gibt es die Möglichkeit fakultativer Gesetzesreferenden „von unten“, für die

aber kaum Praxis vorliegt. – Die Situation in der Schweiz mit dem machtvollen Instrument des oppositionellen fakultativen Gesetzesreferendums ist insoweit völlig anders.

17 Vgl. Rehmet 2009, S. 22 f., der für Volksentscheide als Abschluss eines Volksgesetzgebungsverfahrens durchschnittlich 44,5 Prozent und für obligatorische Verfassungs(änderungs-)referenden durchschnittlich 53,8 Prozent Beteiligung angibt.

18 Dies war der Fall bei der isolierten Terminierung des Volksentscheids in Hamburg am 14. Oktober 2007, vgl. Jung 2010b, S. 166 f.

19 Es handelte sich hier bislang immer um Verfassungsreferenden. Die Fälle von Volksabstimmungen zum Abschluss der Verfassungsgebung wurden, da sie politisch-psychologisch besonderen Gesetzmäßigkeiten unterliegen, ausgeklammert (so auch Rehmet 2009, der für Referenden zur Verabschiedung der Landesverfassung eine durchschnittliche Beteiligung von 69,4% angibt (S. 21)). Die Daten beziehen sich also auf „normale" Verfassungsänderungsreferenden. – Die Abstimmungsbeteiligungsdaten nach: Jung 2009, S. 225-233. – Nach Beteiligung absteigend geordnet.

20 Wie Anmerkung 19.

21 Es handelt sich um Volksentscheide zum Abschluss eines Volksgesetzgebungsverfahrens. – Die Abstimmungsbeteiligungsdaten nach: Jung 2009, S. 225–233. – Nach Beteiligung absteigend geordnet.

22 Wie FN 21. – Die Daten für Berlin 2009 sind gesondert nachgewiesen.

23 Nach: http://www.wahlen-berlin.de/wahlen/framesets/ve-2009.htm; Prozentzahl eigene Berechnung.

24 Dies bleibt als generelle Aussage auch dann richtig, wenn im speziellen Fall einmal das Wahl-Zugpferd „lahmen" kann, so 1984 in Bayern, als das Referendum über den Umweltschutz mit den Europawahlen kombiniert wurde (vgl. Jung 1999, S. 887). Politisch-psychologische Sonderfaktoren führten auch dazu, dass die Beteiligung an dem 1996 isoliert durchgeführten Referendum in Brandenburg über die Länderfusion höher lag als die Beteiligung an fünf mit Wahlen kombinierten Referenden.

25 Vgl. aber die harsche Kritik bei Rux 2008, S. 776: „Manipulation der Beteiligungsquote". Rux stellt auch klar, dass „eine möglichst hohe Abstimmungsbeteiligung keine Gewähr für die Richtigkeit des Abstimmungsergebnisses bietet" (S. 901).

26 Beispielsweise nahmen 1991 in Bayern an dem Volksentscheid zum Abfallrecht 43,8 Prozent der Stimmberechtigten teil; die Beteiligung an den Europawahlen 2009 betrug in Deutschland insgesamt hingegen nur 43,3 Prozent.

27 Vgl. http://www.admin.ch/ch/d//pore/vr/vor_2_2_6_4_1961.html, Nr. 236 und 235, Volksabstimmungen v. 4. 6. 1972 [Zugriff 14.1.2010].

28 Vgl. http://www.admin.ch/ch/d//pore/vr/vor_2_2_6_4_1991.html, Nr. 401, Volksabstimmung v. 6. 12. 1992 [Zugriff 14.1.2010]. Ferner Kirchgässner/Feld/Savioz 1999, S. 63.

29 Wenn in den letzten 20 Jahren die Partizipation bei Volksabstimmungen massiv zurückgegangen ist, lässt sich dies durch eine Fehlgestalt des Referendums in Italien erklären: Das hohe 50%ige Beteiligungsquorum verführt nicht nur, sondern nötigt die Sachgegner geradezu zur Abwehrtechnik des Boykotts, vgl. Capretti 2009, S. 162, 168; ferner Jung 2010a, S. 49, 53.

30 Diese Erkenntnis ist nicht neu, war aber lange sozusagen politisch nicht korrekt. Vgl. indes Hennig 1997 („34 Prozent bilden eine Regierung. Ein Rückblick auf die Hamburger Bürgerschaftswahl") oder, rückblickend auf die Landtagswahl 1998 in Bayern Jung 1999a, S. 425, mit dem Ergebnis, „dass die Staatsregierung von 36,9% der Wahlberechtigten getragen wird"; Weixner 2002, S. 268: „Wahlbeteiligungen von 60 bis 70 Prozent führen sogar im Regelfall dazu, dass eine ‚Minderheit' über die Parlaments- oder Stadt- bzw. Gemeinderatsmehrheit bestimmt." Jung 2005, S. 351 f.; v. Arnim (2008, S. 83) ironisierte: „Dabei konnte die Regierung (sc. in Hamburg) sich selbst auf gerade mal 32 Prozent der Wahlberechtigten stützen". – Zuletzt hieß es nach der Bundestagswahl 2009 ätzend: „Unsere Regierung ist nur von insgesamt 34% aller Wahlberechtigten (...) gestützt." Flyer der Omnibus gGmbH für Direkte Demokratie, Kempten o. J. (2009).

31 Prof. Hans-Jürgen Papier hat sich in einer Reihe von Interviews in diesem Sinne geäußert. Seine Grundgedanken: Es gebe „tendenziell eine Abnahme der Wahlbeteiligung, ein Abschmelzen der Stammwähler-Potentiale der Parteien, einen Rückgang ihrer Mitgliederzahl und ganz allgemein eine steigende Teilnahmslosigkeit in Fragen der Politik. Für eine parlamentarische Demokratie ist das ein ernstes Problem. Ich hoffe aber, dass man diese Entwicklung umkehren kann." (Westdeutsche Zeitung newsline, 8. 5. 2008), nach: http://www.wz-newsline.de/?redid=515951 [Zugriff 18.2.2010]. Dieser „Trend zur Zuschauer-Demokratie, den wir nun beobachten", könne „zu einer Gefahr werden. Wir müssen jetzt gegensteuern." A. a. O. Die Einführung der Volksinitiative „könnte vielleicht dazu beitragen, dass sich die Menschen wieder mehr für Politik begeistern" (7.7.2008), nach: http://www.law-europe.eu/?p=416 [Zugriff 18. 2. 2010]. „Möglicherweise könnte so das Interesse der Bevölkerung an Politik und Demokratie wieder belebt werden, ohne gleichzeitig das parlamentarische System des Grundgesetzes zu schwächen" (FAZ, 18. 1. 2010), nach http://www.faz.net/s/RubD5CB2DA481C04-D05AA471FA88471AEF0/Doc~E42E65F48F12843FE8E9DA4E27F499973~ATpl~Ecommon~Scontent.html [Zugriff 18.2.2010]. Ferner (ddp, 13.2.2010), nach: http://www.nealine.de/news/Politik/Bundestag/papier-akzeptanz-der-parlamentarischen-demokratie-sinkt-1937837687.html [Zugriff 18.2.2010]. – Siehe ferner Rinken 2009, S. 436: Volksbegehren und Volksentscheide würden „nur dann der zunehmenden Politikmüdigkeit entgegenwirken können, wie sie sich in einer besorgniserregenden Abnahme der Wahlbeteiligung äußert, wenn ihre Effektivität nicht durch zu hohe Quoren und einen zu rigiden Finanzvorbehalt eingeschränkt ist". Der Hinweis auf die Verfahrenssensibilität direkter Demokratie ist richtig; dass aber direkte Demokratie überhaupt gegen sinkende Wahlbeteiligung „hilft", wird einfach vorausgesetzt.

32 Vgl. aus schweizerischer Sicht Freitag/Stadelmann-Steffen 2007, S. 206, denen zufolge „erst ein bestimmtes Niveau an vollzogener direktdemokratischer Mitsprache die Wahlteilnahme beeinflusst".

33 Dabei ist bemerkenswert, dass die Tiefpunkte der Beteiligung an den Nationalratswahlen 1995 (42,2%) und 1999 (43,3%) sogar unter der durchschnittlichen Beteiligung bei Volksabstimmungen in der Periode 1991–2009 (44,0) lagen.

34 Nach Lüthi 2006, S. 127, ist davon auszugehen, „dass die Existenz der Volksrechte das Interesse der Bevölkerung an Wahlen schwächt".

35 Ebenso Lutz/Selb 2006, S. 443: Es sei „die durchschnittliche Wahlbeteiligung dort höher, wo direktdemokratische Instrumente wie Referenden und Initiativen

häufiger genutzt werden, namentlich in der deutschsprachigen Schweiz. Dieser Befund deutet eher auf die Existenz einer generellen partizipatorischen Kultur hin (...)."

36 Für Deutschland betonte Weixner 2002, S. 273, darüber lägen „keine empirischen Daten vor. Hieraus gibt sich eine neuen Forschungsaufgabe."

37 Herrn Professor Dr. Hermann K. Heußner, Osnabrück, sei für nützliche Hinweise gedankt.

38 Diese unterschiedlichen Effekte erklären Smith/Tolbert 2004, S. 37 f., einleuchtend.

39 Dem Einwand des nur schwachen Effekts entgegnen Smith/Tolbert 2004, S. 49: „While these probabilities may seem modest for an individual, when multiplied by hundreds or thousands or millions of voters statewide, direct democracy could have quite a large effect on turnout rates."

40 Dafür auch – mit Blick auf die Schweiz – Longchamp 2002, S. 301; Heußner/Jung, 2009, S. 121.

41 In der Sendung „Volksentscheid auf Bundesebene: Wie viel direkte Demokratie verträgt unser Land?" in „hr2-kontrovers" am 5.12.2009 „mit Prof. Hermann K. Heußner, Fachhochschule Osnabrück; Prof. Christian Hillgruber, Universität Bonn", podcast http://www.hr-online.de/website/radio/hr2/index.jsp?rubrik=20610&key=standard_podcasting_hr2_kontrovers&mediakey=podcast/hr2_kontrovers/hr2_kontrovers_20091207&type=a [Zugriff 26.1.2010].

42 Unger 2008, S. 80, spricht hier von einer „Optimierung der Partizipationsmöglichkeiten des einzelnen".

43 Ausführlicher zu den Wirkungen der direkten Demokratie Jung 2005, S. 339–348 („Anderer Politikstil" – „Flexibilisierung der Politik" – „Höhere Rationalität" – „Fortschrittlich? Rückschrittlich? Frauenfreundlich!" – „Systemkompatibilität?").

Literatur

Arnim, Hans Herbert v. (2008): Die Deutschlandakte. Was Politiker und Wirtschaftsbosse unserem Land antun. München.

Der Bundeswahlleiter (Hrsg.) (2009): Wahl der Abgeordneten des Europäischen Parlaments aus der Bundesrepublik Deutschland am 7. Juni 2009, Heft 1: Ergebnisse und Vergleichszahlen früherer Europa-, Bundestags- und Landtagswahlen sowie Strukturdaten für die kreisfreien Städte und Landkreise. Wiesbaden.

Capretti, Anna (2009): Direkte Demokratie in Italien. In: Heußner, Hermann K./Jung, Otmar (Hrsg.): Mehr direkte Demokratie wagen. Volksentscheid und Bürgerentscheid: Geschichte – Praxis – Vorschläge. 2. Auflage, München, S. 157–177.

Embacher, Serge (2009): „Demokratie! Nein danke?" Demokratieverdruss in Deutschland. Bonn.

Falter, Jürgen W. (1991): Hitlers Wähler. München.

Freitag, Markus/Stadelmann-Steffen, Isabelle (2007): Wahl- oder Abstimmungsdemokratie? Der Einfluss der direkten Demokratie auf die Wahlteilnahme. In: Freitag, Markus/Wagschal, Uwe (Hrsg.): Direkte Demokratie. Bestandsaufnahmen und Wirkungen im internationalen Vergleich. Berlin (Policy-Forschung und Vergleichende Regierungslehre Bd. 3), S. 189–216.

Hennig, Eike (1997): 34 Prozent bilden eine Regierung. Ein Rückblick auf die Hamburger Bürgerschaftswahl. In: vorgänge 36, 4/1997, S. 9–13.

Heußner, Hermann K. (1994): Volksgesetzgebung in den USA und in Deutschland. Ein Vergleich der Normen, Funktionen, Probleme und Erfahrungen. (Erlanger Juristische Abhandlungen Bd. 43). Köln, Berlin, Bonn, München.

Heußner, Hermann K. (2009): Mehr als ein Jahrhundert Volksgesetzgebung in den USA. In: Heußner, Hermann K./Jung, Otmar (Hrsg.): Mehr direkte Demokratie wagen. Volksentscheid und Bürgerentscheid: Geschichte - Praxis - Vorschläge. 2. Auflage, München, S. 135–156.

Heußner, Hermann K./Jung, Otmar (2009): Die direkte Demokratie in der Schweiz. In: Heußner, Hermann K./Jung, Otmar (Hrsg.): Mehr direkte Demokratie wagen. Volksentscheid und Bürgerentscheid: Geschichte - Praxis - Vorschläge. 2. Auflage, München, S. 115–133.

Holtmann, Everhard (2007): Die sachsen-anhaltische Landtagswahl vom 26. März 2006: Magdeburg übernimmt das Berliner Format des „halben Machtwechsels". In: Zeitschrift für Parlamentsfragen, 38/2007, S. 51–67.

Jung, Otmar (1999a): 50 Jahre verfassungswidrige Praxis der Volksgesetzgebung in Bayern? Zu dem Isensee-Gutachten betr. das Gesetz zur Abschaffung des Bayerischen Senates. In: Bayerische Verwaltungsblätter, 130/1999, S. 417–430.

Jung, Otmar (1999b): Das Quorenproblem beim Volksentscheid. Legitimität und Effizienz beim Abschluß des Verfahrens der Volksgesetzgebung. In: Zeitschrift für Politikwissenschaft, 9/1999, S. 863–898.

Jung, Otmar (2001): Mehr direkte Demokratie wagen. In: Jung, Otmar/Knemeyer, Franz-Ludwig: Im Blickpunkt: Direkte Demokratie: München, S. 13–72.

Jung, Otmar (2005): Grundsatzfragen der direkten Demokratie. In: Kost, Andreas (Hrsg.): Direkte Demokratie in den deutschen Ländern. Eine Einführung. Wiesbaden, S. 312–366.

Jung, Otmar (2009): Volksentscheide in den deutschen Bundesländern von 1945–2008. In: Heußner, Hermann K./Jung, Otmar (Hrsg.): Mehr direkte Demokratie wagen. Volksentscheid und Bürgerentscheid: Geschichte - Praxis - Vorschläge. 2. Auflage, München, S. 225–233.

Jung, Otmar (2010a): Zur Problematik des Beteiligungsquorums. In: Jahrbuch für direkte Demokratie 1 (2009), S. 40–65.

Jung, Otmar (2010b): Direkte Demokratie. Die Angst der politischen Klasse vor dem Volk: Fortschritte und Rückschritte in den letzten 15 Jahren in Deutschland. In: Arnim, Hans Herbert v. (Hrsg.): Defizite in Staat und Verwaltung. Beiträge auf der 10. Speyerer Demokratietagung vom 25. und 26. Oktober 2007 an der Deutschen Hochschule für Verwaltungswissenschaften Speyer. Berlin (Schriftenreihe der Hochschule Speyer Bd. 203), S. 105–171.

Kirchgässner, Gebhard/Feld, Lars P./Savioz, Marcel R. (1999): Die direkte Demokratie: Modern, erfolgreich, entwicklungs- und exportfähig. Basel, Genf, München.

Kornelius, Bernhard/Roth, Dieter (2004): Politische Partizipation in Deutschland. Ergebnisse einer repräsentativen Umfrage. Hrsg. von der Bertelsmann Stiftung. Bonn.

Kühne, Jörg-Detlef (1991): Volksgesetzgebung in Deutschland - zwischen Doktrinarismen und Legenden. In: Zeitschrift für Gesetzgebung, 6/1991, S. 116–132.

Lehming, Malte (2010): Der dumme Rest. Erstmals seit 25 Jahren gibt es in

Deutschland mehr Abwanderung als Zuzug – doch nicht nur das alarmiert. In: Der Tagesspiegel vom 5. 2. 2010.

Linder, Wolf (2005): Schweizerische Demokratie. Institutionen – Prozesse – Perspektiven. 2. Auflage, Bern, Stuttgart, Wien.

Longchamp, Claude (2002): Prädispositionen und Kampagnen bei Schweizer Volksbestimmungen. Der Dispositionsansatz als Instrument der politischen Kommunikation für die Entscheidungsanalyse in der direkten Demokratie. In: Schiller, Theo/Mittendorf, Volker (Hrsg.): Direkte Demokratie. Forschung und Perspektiven. Wiesbaden, S. 288–303.

Lüthi, Ruth (2006): Das Parlament. In: Knoepfel, Peter u.a. (Hrsg.): Handbuch der Schweizer Politik. 4. Auflage, Zürich, S. 125–149.

Lutz, Georg/Selb, Peter (2006): Die nationalen Wahlen in der Schweiz. In: Knoepfel, Peter u.a. (Hrsg.): Handbuch der Schweizer Politik. 4. Auflage, Zürich, S. 427–457.

Neumann, Peter (2009): Sachunmittelbare Demokratie im Bundes- und Landesverfassungsrecht unter besonderer Berücksichtigung der neuen Länder. Baden-Baden.

o. V. (2009): Das Volk geht kaum noch wählen. In: Recht und Politik, 45/2009, S. 240.

Rehmet, Frank (2009): Volksbegehrensbericht 2008 von Mehr Demokratie e. V. Berlin.

Rinken, Alfred (2009): 60 Jahre Grundgesetz: Verfassungsstaatlichkeit im Spannungsfeld von Zivilgesellschaft, Markt und Politik. In: NordÖR. Zeitschrift für öffentliches Recht in Norddeutschland, 12/2009, S. 433–437.

Rux, Johannes (2008): Direkte Demokratie in Deutschland. Rechtsgrundlagen und Rechtswirklichkeit der unmittelbaren Demokratie in der Bundesrepublik Deutschland und ihren Ländern. Baden-Baden.

Schiller, Theo (2002): Direkte Demokratie. Eine Einführung. Frankfurt/M.

Smith, Daniel A./Tolbert, Caroline J. (2004): Educated by Initiative. The Effects of Direct Democracy on Citizens and Political Organizations in the American States. Ann Arbor.

Unger, Sebastian (2008): Das Verfassungsprinzip der Demokratie. Normstruktur und Norminhalt des grundgesetzlichen Demokratieprinzips. Tübingen.

Vetter, Angelika (2009): Alles nur Timing? Kommunale Wahlbeteiligung im Kontext von Bundestagswahlen und Wahlen zum Europäischen Parlament. In: Zeitschrift für Parlamentsfragen, 40/2009, S. 788–808.

Weixner, Bärbel Martina (2002): Direkte Demokratie in den Bundesländern. Verfassungsrechtlicher und empirischer Befund aus politikwissenschaftlicher Sicht. Opladen.

Welzel, Christian (1997): Repräsentation alleine reicht nicht mehr. Sachabstimmungen in einer Theorie der interaktiven Demokratie. In: Schneider-Wilkes, Rainer (Hrsg.): Demokratie in Gefahr? Münster, S. 54–79.

Wolfgang Molitor

Politikvermittlung – eine Sisyphusarbeit?

1. Arbeit oder Strafe?

Wir erinnern uns. Sisyphus gilt als der verschlagenste aller Menschen. Er verriet die Pläne von Gottvater Zeus, indem er dem Flussgott Asopos verriet, dass es Zeus sei, der seine Tochter Aigina entführt habe. Zeus beschloss deshalb, Sisyphus zu bestrafen. Er schickte Thanotos, den Tod, zu ihm. Aber Sisyphus überwältigte den Tod und brach dessen Macht. Niemand starb mehr. Erst als der Kriegsgott Ares den gefesselten Thanatos aus der Gewalt von Sisyphus befreite, konnte der Tod wieder seines Amtes walten.

Sisyphus wurde von Ares ins Schattenreich entführt. Doch bevor er das tat, verbot Sisyphus seiner Frau, ihm ein Todesopfer darzubringen. Weil also kein Opfer gebracht wurde, überredete Sisyphus Hades, den Gott der Unterwelt, dass er schnell in die Menschenwelt zurückkehren wolle, um seiner Frau zu befehlen, das Todesopfer darzubringen. Kaum zu Hause, genoss der Listige das Leben an der Seite seiner Frau und verspottete Hades. Plötzlich aber tauchte Thanatos auf und brachte ihn mit Gewalt ins Totenreich zurück. Dort erwartete ihn eine harte Strafe.

Homer hat das in der „Odyssee" so besungen: „Und weiter sah ich den Sisyphus in gewaltigen Schmerzen: wie er mit beiden Armen einen Felsblock, einen ungeheuren, fortschaffen wollte. Ja, und mit Händen und Füßen stemmend, stieß er den Block hinauf auf einen Hügel. Doch wenn er ihn über die Kuppe werfen wollte, so drehte ihn das Übergewicht zurück; von neuem rollte dann der Block, der schamlose, ins Feld hinunter. Er aber stieß ihn immer wieder zurück, sich anspannend, und es rann der Schweiß ihm von den Gliedern, und der Staub erhob sich über sein Haupt hinaus" (Homer, 11, 593–600).

2. Politische Bildung und Zeitungen – stets auf dem Weg, nie am Ziel

Sisyphusarbeit ist also eigentlich eine Strafe. Politikvermittlung ist es nicht. Und deshalb verbietet sich im Prinzip der Vergleich. Und doch: Die Aufgabe von Sisyphus ähnelt der der politischen Bildung wie auch dem Zeitungsmachen in vielen Punkten.

Es rinnt der Schweiß, und der Staub erhebt sich über unser Haupt hinaus. Politische Bildung ist eine tägliche neue Herausforderung, und man darf nicht davon ausgehen, nicht damit rechnen, dass sie zum Ziel kommt, fertig ist, vollendet wird. Sisyphus und die politische Bildung haben noch etwas gemeinsam: Sie dürfen, sie können nicht aufgeben – obwohl sie wissen, dass sie niemals ankommen. Ihr Scheitern ist stets der Beginn einer neuen Anstrengung.

Politische Bildung und die Arbeit in einer Tageszeitung ähneln sich. Jeden Abend muss ein Ergebnis vorliegen, muss auf Entwicklungen schnell, kompetent und schichtenübergreifend reagiert werden. Und am nächsten Morgen ist das Blatt wieder leer – schlimmstenfalls nach der Ankunft beim Endverbraucher von der Aktualität überholt. Sisyphus und der Redakteur, erst recht der politische, sind eineiige Zwillinge.

3. Ohne Zeitung keine politische Bildung

Ich behaupte – und das mehr denn je: Ohne Zeitungen gibt es keine politische Bildung bzw. keine seriöse politische Meinungsbildung. Ich sage das als einer der Verantwortlichen für eine täglich verbreitete Auflage von 550.000 Exemplaren und als Mitgestalter einer Sonntagszeitung, die mit über 900.000 Exemplaren gut 2,5 Millionen Leserinnen und Leser erreicht, mit Selbstbewusstsein: Ohne Zeitung keine politische Bildung!

Einige wenige Zahlen sollen diese These unterfüttern (vgl. Tabelle 1). Deutschland ist ein Zeitungsland. Es gibt nach Angaben des Bundesverbandes der Deutschen Zeitungsverleger

(Stand 2009) 333 lokale und regionale Abonnementszeitungen in 134 publizistischen Einheiten und 1.511 Ausgaben mit einer Auflage von 14,06 Millionen Exemplaren. Hinzu kommen zehn überregionale Blätter (1,63 Millionen Auflage) und acht Straßenverkaufszeitungen (4,26 Millionen). Nicht zu vergessen die 27 Wochenzeitungen (1,93 Millionen) und sechs Sonntagszeitungen (3,43 Millionen). Das ist eine Gesamtauflage von 25,31 Millionen Stück. Das heißt: Auf je 1.000 Einwohner über 14 Jahre kommen in Deutschland 282 Exemplare. Es gibt fast 120.000 Verkaufstellen des Einzelhandels. Dies entspricht einer Händlerdichte von gut 1,4 Einzelhändlern pro 1.000 Einwohner. Das ist das dichteste Netz der Welt.

Tabelle 1: Zeitungen auf einen Blick (Stand: 1. August 2009)

Zeitungen	Anzahl	Auflage
Lokale und regionale Abonnementzeitungen	333	14,06 Mio.
Überregionale Zeitungen	10	1,63 Mio.
Straßenverkaufszeitungen	8	4,26 Mio.
Tageszeitungen gesamt	351	19,95 Mio.
Wochenzeitungen[1]	27	1,93 Mio.
Sonntagszeitungen[2]	6	3,43 Mio.
Gesamtauflage der Zeitungen		25,31 Mio.
Zeitungsausgaben insgesamt	1.511	
Publizistische Einheiten	134	

1 Wochenzeitungen, die der IVW (Informationsgemeinschaft zur Feststellung der Verbreitung von Werbeträgern e.V.) angeschlossen sind.

2 Alle durch die IVW separat ausgewiesenen Sonntagszeitungen.

Quelle: Bundesverband Deutscher Zeitungsverleger (BDZV)

Die Zeitungen werden im Schnitt über eine halbe Stunde gelesen; von den Älteren um die 40 Minuten, von den Jüngeren etwas weniger. Fast 75 Prozent der Bevölkerung über 14 Jahre lesen regelmäßig eine Tageszeitung. Die höchste Reichweite erreichen die Blätter traditionell bei den 50- bis über 70-Jährigen (zwischen

73 und 83 Prozent); auch bei den 40- bis 50-Jährigen sind es knapp 75, bei den 30- bis 39-Jährigen immerhin 65 Prozent. Und selbst von den 20- bis 29-Jährigen werden 56 Prozent durch die Zeitung erreicht. Bei den 14- bis 19-Jährigen sind es immer noch 45 Prozent – wenn auch der Trend durch eine andere Mediennutzung hier stark rückläufig ist und die Bereitschaft sinkt, für Informationen (anders als im Internet) zu bezahlen.

Vor allem die lokalen Nachrichten interessieren die Leser in ihrer Zeitung besonders. Über 80 Prozent lesen sie im Allgemeinen immer. Es folgen politische Meldungen und Berichte aus Deutschland (knapp 70 Prozent) und dem Ausland (um die 60 Prozent) sowie politische Leitartikel und Anzeigen (knapp über 40 Prozent). Nur knapp ein Drittel widmet sich der Kultur, noch weniger interessieren sich für Wissenschaft und Technik. Insgesamt lesen damit (Stand 2009) sieben von zehn Deutschen regelmäßig eine Tageszeitung. Noch immer genießt die Tageszeitung eine hohe Glaubwürdigkeit.

4. Ohne Information keine politische Beteiligung

Was bedeutet das für unseren Auftrag? Erfahrungen mit der Demokratie beginnen in der Gesellschaft im Kleinen, im Lokalen. Dort kennt sich der Leser aus, dort kann er genau zwischen Wahrheit und Dichtung unterscheiden und die Recherchequalität überprüfen. Vor allem kann er Einfluss nehmen, indem er sich vor Ort einmischt, weil er von seiner Zeitung informiert wird. Wer mitwirken und sich politisch beteiligen will, benötigt Informationen. Im Umkehrschluss heißt dies, dass politische Beteiligung ohne Information im Chaos, in der gedanklichen Anarchie endet. Politische Bildung heißt ja nicht, einfach nur mitmachen, sondern wissen, um was es geht – um es dann zu unterstützen oder zu verändern.

Politische Bildung bedeutet heute deshalb vor allem, Inhalte und konkrete Ziele anzubieten und sie auszuleuchten. Politische Bildung im Abstrakten stößt angesichts immer komplexer werdender Sachverhalte an ihre Grenzen. Politische Bildung braucht das Exemplarische, Erfahrbare, Gestaltbare – ansonsten verpufft sie. Eine Randbemerkung sei an dieser Stelle erlaubt: Es ist äußerst schade, dass die meisten Redakteure ihre Berufung nicht im Lokalen sehen, sondern hinaus in die Welt wollen und dort die große Bühne suchen. Sie sehen nicht die Aufgabe der Dienstleistung, sondern nur die bloße Selbstverwirklichung.

5. Lotsen im Informationsdschungel

Was nun tun Zeitungen, um die politische Bildung zu unterstützen? Was sind Journalisten heute noch? Überbringer von Neuigkeiten wohl am wenigsten. Sie sind mehr und mehr Lotsen im Informationsdschungel. Sie sortieren vor und aus. Sie betreiben im Grunde Elementarisierung. Aber wie geht das vonstatten? Aussortieren setzt voraus, das Ganze zu kennen. Wer aber will das heute in Internetzeiten noch von sich behaupten?

Also sortiert ein Redakteur selektiv, sucht zum Thema Nachrichten. Das ist auch ein Problem für die politische Bildung: Ein Ereignis macht mehr und mehr die Nachricht, nicht die Nachricht das Ereignis. Fotos bestimmen längst in der „Tagesschau" den Aufmacher. Eine komplizierte politische Entscheidung kommt erst im Anschluss und erhält nie den angemessenen Zeitrahmen, der für die Erklärung notwendig wäre.

Früher setzten Medien die Themen, heute laufen viele dem vermeintlichen Geschmack einer zunehmend undurchschaubar werdenden Klientel hinterher. Die Frage heißt dann nicht mehr: Was ist wichtig? Vielmehr wird gefragt: Womit könnten wir auf Interesse stoßen? Was der Sache selten dient, sondern lediglich den Leser bedient.

6. Politische Bildung braucht Vorbildung

Politische Bildung braucht mehr denn je Vorbildung. Keine Zeitung kann Tag für Tag unser demokratisches System erläutern, kann die Prozeduren im Parlament erklären, bis es zu Beschlüssen kommt. Doch ohne schulische Vorbildung, wie z. B. unser Staat funktioniert, erreichen wir das Ziel nicht. Im Gegenteil: Auf der Suche nach schnellen Entscheidungen, nach einfachen und billigen Lösungen bleibt alles auf der Strecke, was unsere Demokratie braucht: das Verstehen und das Verständnis des Politischen.

Was also tun? Wir hoffen auf das Projekt „Zeitung in der Schule" und fordern nicht aus purem Eigennutz, dass Zeitungslektüre Unterrichtsfach wird genauso wie Online-Kurse. Studien belegen immer wieder: Schülerinnen und Schüler, die Zeitung lesen, haben nicht nur eine bessere Allgemeinbildung, sondern nähern sich politischen Prozessen sachkundiger. Daher gehen Redakteurinnen und Redakteure in Kindergärten, in Grundschulen und weiterführende Schulen, um im Unterricht den Umgang mit und den Nutzen einer Zeitung zu erläutern. Die „Stuttgarter Nachrichten" bieten täglich einen Themenbereich für Kinder an, gestalten einmal in der Woche eine ganze Kinderseite, betreuen eine junge Schreibwerkstatt und publizieren im Wochenrhythmus Seiten wie „Junge Nachrichten" und „Zeitung in der Schule". (Dass Lehrerinnen und Lehrer mittlerweile hier keine selbstverständlichen Verbündete mehr sind, sondern zunehmend Teil des Problems, weil auch nicht mehr tägliche Zeitungsleser, sei nur am Rande bemerkt.)

7. Hintergrund oder Infotainment?

Die Redaktionen haben den Kampf um die Aktualität aufgegeben. Sie setzen auf Exklusives, auf Unverwechselbares. Auf etwas, das nur bei ihnen gedruckt wird und nicht „abgekupfert" ist. Sie versuchen immer mehr – geradezu verzweifelt –, politische Abläufe zu erklären. Sie arbeiten mit Stichwörtern, Info-Kästen, Grafiken, Hintergründen, Chroniken. Sie portionieren im kurzen Frage-Antwort-Spiel. Denn wir alle wissen: Der schnelle Blick entscheidet, nicht die Suche nach anspruchsvoll Vertiefendem.

Weil sie alle Informationen dieser Welt bekommen können, benötigen Menschen immer mehr Hilfe, zwischen Wichtigem und Unwichtigem zu unterscheiden. Zwischen dem, was Appetit macht, und dem, was man braucht, um nicht zu verhungern – zwischen Verpackung und Inhalt.

„Wir senden an bestimmten Teilen der Bevölkerung vorbei", hat der Intendant des Südwestrundfunks, Peter Boudgoust, unlängst festgestellt. Ich sage selbstkritisch: Wir schreiben manchmal noch immer so, wie er sendet. Seine Antwort darauf heißt Infotainment und meint: Gute Information ist immer spannend und damit unterhaltend. Das ist gut gemeint. Spannung jedoch ersetzt nicht journalistische Distanz. Wenn wir es aufgeben, unsere Leserinnen und Leser ernst zu nehmen und ihnen nichts mehr zutrauen, dann rutschen wir ab in die Beliebigkeit.

Politische Bildung setzt Interesse, kontinuierliche Information und geistige Beweglichkeit voraus. Dies ist auch im schulischen Rahmen relevant. Elementarisierung von Informationen setzt grundlegende Kommunikationsfähigkeiten voraus: zuhören, nachdenken, abwägen und das Infragestellen. Hinzu kommt die Lust auf Neues und die Lust am Wissen. Das seichte Abhaken und zuspitzende Verkürzen ist der Tod der politischen Bildung.

8. Elementarisierung ja, Bagatellisierung nein

Politische Bildung braucht die professionelle Elementarisierung. Vor allem deswegen, weil sonst einer amateurhaften Bagatellisierung Tor und Tür geöffnet ist. Elementar ist, Komplexes in einfache Sprache zu übersetzen, wenig vorauszusetzen und viel zu vermitteln. Elementarisierung ist die Kunst des Weglassens, nicht die Bequemlichkeit, Schwieriges zu ignorieren. Es ist der Versuch, nicht den Geschmack, sondern das Gehirn zu bedienen. Das gelingt oft nicht. Es scheitert schon an der Art, wie über Politik informiert wird. Wachstumsbeschleunigungsgesetz, Drei-Stufen-Steuersystem, Krieg in Afghanistan im Unterschied zum kriegsähnlichen Zustand, Zwischen- oder Endlagerung von Atommüll – das alles kann man erklären. Aber das Ringen um Kompromisse? Die Zusammenfassung oft jahrelangen Ringens?

9. Nicht jeder Fehler ist ein Skandal

„Ich glaube, dass die Inszenierung von Politik, die in den letzten Jahren zugenommen hat, noch mal kritisch überprüft werden muss. Nicht jeder Fehler, der passiert, ist schon ein Skandal", hat Nordrhein-Westfalens Ministerpräsident Jürgen Rüttgers Anfang Januar 2010 bei der Klausurtagung der CSU-Landesgruppe in Wildbad Kreuth gesagt. Recht hat er. Im Überschriften-Deutsch besteht die Suche nach Ergebnissen und Kompromissen aus wenigen Wörtern: „Streit", „gespalten", „Kritik an...", „tiefe Risse". Dies sind Wörter der Unfähigkeit, die Probleme erhöhen und das komplizierte Ringen um Lösungen ins Reich der Langeweile verbannen.

Das macht auch politische Erfolge am Ende nur zu einem Aufguss müder Kompromisse und durchschaubarer Machtspiele. Das heißt: Der Anspruch an die Politik, Lösungen nicht nur anzubieten, sondern zu finden, wird in dem Maße größer wie die eigene Ratlosigkeit zunimmt. Politik muss scheitern, wenn sie sich auf dieses öffentliche Delegieren einlässt.

Nachrichten brauchen zudem Köpfe. Keine Botschaft ohne Gesicht. Wer keine Person mit seinem Programm verbindet, der schmiert ab – die beiden letzten Bundestagswahlen haben es gezeigt. Ein gutes Angebot alleine reicht nicht. Es braucht einen Kopf, der zum Angebot passt. Auch das ist ein Problem der politischen Bildung: Es ist schwer, die Neugier am Menschen zu bedienen und den Transport der Nachricht nicht zu vernachlässigen.

10. Pressefreiheit durch Selbstkontrolle

Der Deutsche Presserat hat in seinem Pressekodex in 16 Leitsätzen festgehalten, woran sich Journalisten halten sollen, um ihrer Verantwortung gegenüber der Öffentlichkeit gerecht zu werden. Der Ausgleich der Interessen soll in der demokratischen Gesellschaft als einer Kommunikationsgemeinschaft gleichberechtigter und mündiger Menschen als fairer und offener Streit erfolgen. Das notwendige Wissen und damit die Urteilskraft beziehen die Bürger in der Regel aus den Massenmedien. Sie haben die Aufgabe, eine öffentlich zugängliche Sprache für eine hochkomplexe Welt und die darin auftretenden Probleme und Konflikte zu finden. Zudem dienen sie den politisch Verantwortlichen als Plattform ihrer Legitimation und damit zur Loyalitätsbeschaffung.

Öffentlichkeit ist das Prinzip der Demokratie, heißt es im Pressekodex. Daher gibt es für die publizistisch Handelnden Privilegien. Etwa das Sonderrecht, Auskünfte über Informanten zu verweigern. Redaktionen sind – zumindest bisher – in besonderem Maß vor Durchsuchungen durch Strafverfolgungsbehörden geschützt. Es gibt ein bedeutendes Auskunftsrecht der Medien gegenüber den Behörden. In der Wirklichkeit ist das nicht immer so.

11. Die Pressefreiheit ist bedroht – auch von innen

Es gibt Belege, dass viele Medien ihre Privilegien zugunsten eines rein wirtschaftlichen Kalküls missbrauchen. Manche Berufsvertreter sind ihrer Macht moralisch nicht gewachsen. Immer öfter sucht der Journalismus den schnellen Erfolg. Er wird damit von zwei Seiten zugleich in die Zange genommen. Zum einen wirft man ihm vor, er lasse es an Objektivität vermissen und verzerre die Realität durch eingeschränkte Themenauswahl; zum anderen werden Journalisten von Organisationen und Unternehmen raffiniert mit speziellen Sichtweisen und Interpretationen versorgt. Wenn die Presse die vierte Gewalt ist, dann ist die Öffentlichkeitsarbeit längst die fünfte – weil sie angesichts des Nachrichtendschungels immer öfter zur Quelle des Journalismus wird. Der Presserat macht daher deutlich, dass der Widerspruch zwischen dem Marktwettbewerb als Grundlage und der Meinungsvielfalt als Ergebnis publizistischen Handelns im redaktionellen Alltag von Verlegern und Journalisten immer wieder neu in die Balance gebracht werden muss.

12. Die Selbstkontrolle

Publizistisch Tätige und Verantwortliche müssen deshalb eine klare Vorstellung von dem entwickeln, was guten Journalismus ausmacht. Der Pressekodex listet dazu unter anderem auf: Der Journalismus wird verpflichtet auf eine wahre und wahrhaftige Berichterstattung gegenüber der gesamten Öffentlichkeit, die exklusive Informationsmonopole ausschließt; der Journalismus wird zur Transparenz angehalten, indem er Quellen und Hintergründe seiner Aussagen und Behauptungen sorgfältig durch Recherchen begründet, sie nicht verfälscht und gegebenenfalls auch korrigiert; eine im Positiven wie Negativen unangemessen sensationelle Berichterstattung verbietet der Kodex; ebenso untersagt sind die Vermischung journalistischer und wirtschaftlicher Interessen – ob eigene oder Verlegerinteressen. Der Kodex schützt die persönliche Ehre derer, die zum Gegenstand der Berichterstattung werden; er verbietet die Vorverurteilung in juristischen Verfahren und bewahrt gesellschaftliche Gruppen und Minderheiten vor öffentlicher Diskriminierung. Alle publizistisch Tätigen werden zudem angehalten, das Ansehen und die Glaubwürdigkeit der Presse zu wahren – unter anderem dadurch, dass sie die öffentlich ausgesprochenen Rügen des Presserats abdrucken.

Das ist ein permanenter Lernprozess. Jeder Tag zeigt, wie hoch die Latte gelegt ist und wie oft sie gerissen wird. Ich habe den Eindruck, dass politische Bildung auch in den Redaktionen gefragt ist. Der Vermittler ist in diesen Tagen nicht selten auf diesem Gebiet selbst ein Schüler.

13. „Wir müssen uns Sisyphus als glücklichen Menschen vorstellen."

Was also tun? Wie als Presse mit knapperem Personal, sinkenden Auflagen, wirtschaftlichem Druck umgehen und gleichzeitig Infotainment auf hohem Niveau bieten? Wie soll sich die Presse in ihrer Aufgabe verstehen?

Auch politische Bildung ist ein permanenter Lernprozess. Wobei sich der Kreis hier wieder schließt. Also zurück zu Sisyphus. Albert Camus hat geschrieben: „Ich verlasse Sisyphus am Fuße des Berges! Seine Last findet man immer wieder. Nur lehrt Sisyphus uns die größere Treue, die die Götter leugnet und die Steine wälzt. Auch er findet, dass alles gut ist. Dieses Universum, das nun keinen Herrn mehr kennt, kommt ihm weder unfruchtbar noch wertlos vor. Jeder Gran dieses Steins, jeder Splitter dieses durchnächtigten Berges bedeutet allein für ihn eine ganze Welt. Der Kampf gegen Gipfel vermag ein Menschenherz auszufüllen. Wir müssen uns Sisyphus als einen glücklichen Menschen vorstellen“ (Camus 1959, S. 101).

Literatur

Camus, Albert (1959): Der Mythos von Sisyphos. Hamburg.

Homer: Die Odyssee. Ins Deutsche übertragen und mit einem Nachwort versehen von Wolfgang Schadewaldt. Zürich und München 1966.

Nikolaus Blome

Faul, korrupt und machtbesessen?

Warum Politiker besser sind als ihr Ruf

1. Die Macht der Vorurteile

Wer als Politiker Trost sucht, um die Unbilden seines Daseins leichter zu ertragen, der sollte am besten weit zurück in die Vergangenheit greifen. Vor einigen Jahrhunderten nämlich wurden Vertreter von Bevölkerungsgruppen, die damals so viel Misstrauen und Vorurteile auf sich zogen wie deutsche Politiker heute, in der Regel geteert und gefedert, aufs Rad geflochten oder mit Gewichten um den Hals in den Dorfweiher geworfen. So gesehen, haben es Politiker in Deutschland heute gut. Aber nur so gesehen. Die Internet-Suchmaschine Google wirft unter dem Stichwort „Politiker-Witze" knapp 34.000 Einträge aus. Frage: Was sind zwei Politiker, die bis zum Kopf im Sand eingegraben sind? Antwort: Zu wenig Sand.

Aber Spott ist die bei weitem mildeste Form der Politikerschelte. Verachtung ist die Regel. Ausweislich aller bekannten Umfragen oszilliert das Ansehen dieses Berufsstandes am ganz, ganz unteren Ende der Skala. In Deutschland hält das Volk die Volksvertreter für wahlweise faul, korrupt, unfähig, eitel, machtbesessen und geldgierig. Oder für alles zusammen. Nur noch sechs Prozent der Befragten nennen „Politiker" als einen Beruf, vor dem sie große Achtung haben – dieser Wert ist das Dauertief und weit niedriger als in allen anderen europäischen Staaten. 75 Prozent aller Deutschen halten ihre Politiker für unehrlich, 50 Prozent für unfähig. Was aber, wenn die Deutschen irren?

Zugegeben, es fällt nicht eben leicht, Politiker per se zu verteidigen, wenn binnen 72 Stunden ein CDU-Generalsekretär in Nordrhein-Westfalen wegen allzu missverständlicher Sponsorengeschäfte zurücktritt, eine SPD-Landtagsabgeordnete für ein paar unbedeutende Aufsichtsratssitzungen 30.000 Euro kassiert und der Hamburger Bürgerschaftspräsident demissioniert, weil er in der Straße seines privaten Wohnhauses den Schnee von der Stadtreinigung hat wegschippen lassen. Auch die Volten eines Horst Seehofers oder Guido Westerwelle als fortwährender Zappelphilipp bedienen manches Vorurteil, zumal der FDP-Chef noch ein Eigentor schießt, weil er seine durchaus streitbaren Hartz-IV-Ansichten mit den Worten verteidigt: „Ich will doch nur die Wahrheit sagen, weil sich das sonst kein anderer Politiker mehr traut." Diese Märtyrer-Nummer zahlt vielleicht auf das Konto Westerwelles ein, aber es richtet erheblichen Schaden am Ruf der Politiker insgesamt an. Wie dumm von ihm.

Da wird selbst die jüngste Aufwertung des Politischen insgesamt nichts am Ruf der Politiker ändern. Im Angesicht von Wirtschaftskrise und Märkten, die durchgehen wie Rinderherden im Gewitter, ist der starke Staat zwar wieder in Mode, ist Politik wieder „in". Aber Politiker bleiben „out". Die Vorurteile sind stärker.

2. Polit-Bashing oder nüchterne Sachkritik

Wer aber fair richten will, darf zwei Dinge auf gar keinen Fall nicht vermengen: schlechte Politik und den Charakter der Menschen, die sie machen. Soll heißen: Es wird nicht wenig Politik gemacht, die gemessen an bestimmten Maßstäben „schlecht" ist. Das können z. B. marktwirtschaftliche Maßstäbe sein oder hoch moralische oder rein praktisch-pragmatische. Herfried Münkler nennt als denkbare Kriterien auch noch das „Maximum" des Wünschbaren und das „Optimum" des Machbaren. Der Gesundheits-Murks der Großen Koalition ist ein gutes Beispiel dafür – schlecht nach marktwirtschaftlichen Maßstäben. Oder die Hotelsteuer-Reform der neuen Regierung, von der selbst die Kanzlerin inzwischen sagt: „Das hätten wir lieber ganz gelassen." Sie ist Bürokratie pur – also schlecht nach pragmatisch-praktischen Maßstäben.

In jedem Fall jedoch: Schlechte Politik wird keinesfalls automatisch auch von schlechten Menschen gemacht. Und die Vorurteile, die in meinem Buch[1] aufs Korn genommen werden, können an keiner Stelle erklären, wie es zu solchen Fehlentscheidungen gekommen ist. Man kann also gegen Anti-Politiker-Vorurteile zu Felde zu ziehen, ohne deren Politik automatisch und vollständig gutheißen zu müssen. Das ist der entscheidende Unterschied zwischen wohlfeilem Polit-Bashing und pointierter Sachkritik. Drei Kategorien von Vorurteilen ergeben sich: unwahr, unfair, unsinnig.

3. Unwahr: das Beamtenparlament

Unwahr sind alle jene Vorurteile zu nennen, die einer Faktenprüfung nicht standhalten. Zum Beispiele dieses: Alle Politiker sind faul.

Tatsächlich verdient allem Augenschein nach das „Plenum" des Bundestages seinen Namen nicht, denn „voll" ist der Saal fast nie. Es ist einem staatstragenden Impuls der TV-Anstalten zu verdanken, dass im Plenum zumeist nur die vordersten, besetzten Reihen zu sehen sind. Die vielen, vielen Plätze dahinter sind bei der großen Mehrzahl der Debatten leer. Und das ist gut so. Wem wäre gedient, alle derzeit 622 Abgeordneten säßen während der jährlich insgesamt rund 700 Plenarstunden im Saal, hörten z. B. den Erörterungen über die Probleme des Mittelstands mit dem neuen Wärmedämmungs-Gesetz zu? Das sollen die Experten unter sich ausmachen. Arbeitsteilung heißt das Prinzip, und es gilt überall, auch in der Politik, auch im Bundestag. Ansonsten weisen alle einschlägigen Untersuchungen aus, dass Bundestagsabgeordnete knapp 80 Stunden pro Woche in ihre Arbeit investieren. Was immer dabei herauskommt: Das ist gut doppelt so viel wie der deutsche Durchschnittsangestellte leistet und stellt die oftmals totale Verfügbarkeit der Politiker noch gar nicht in Rechnung. Man mag den Politiker vieles vorwerfen – aber nicht, dass sie sich einen lauen Lenz machen. Einfache Gegenprobe:

Wenn die Diäten so üppig, die Anforderungen so niedrig, das Leben der Abgeordneter so müßig und ihre eitlen Existenzen so gesichert wären, wie alle Vorurteile uns das weismachen wollen – dann müsste doch eigentlich jeder Wähler mit den Abgeordneten tauschen wollen? Will er aber nicht. Warum nur?

Im Bundestag sitzen nur Beamte oder Angestellte des öffentlichen Dienstes, ist ein anderes dieser unwahren Vorurteile. „Der Bundestag ist mal voller und mal leerer. Aber immer voller Lehrer", heißt ein schier unsterblicher Satz, der gleichwohl leicht zu widerlegender Unfug ist. Im 2009 abgelösten Bundestag lag die Lehrer-Quote bei 12,5 Prozent, Tendenz schrumpfend. Auch das „Beamtenparlament" existiert nicht, zumindest nicht mit den Folgen, die unterstellt werden. Im 2009 abgelösten Bundestag waren exakt 122 so genannte „Grundberufe" vertreten. Das heißt, die (anfangs) 614 Abgeordneten waren in 122 verschiedenen Berufen ausgebildet. Die Gruppe der Juristen war mit Abstand die größte (143 von 614 Abgeordneten). Auf den weiteren Plätzen folgten Gymnasiallehrer (34), Politologen (28), Diplom-Volkswirte (26) und Ingenieure (20). Über Qualität und Wesen des Parlaments sagt das erst einmal rein gar nichts. Wahrscheinlich wichtiger ist da die Frauenquote: Der Bundestag wird immer weiblicher. 1949 waren nur 6,8 Prozent der Parlamentarier Frauen, 2005 schon 32 Prozent. Aber am spannendsten ist folgende Zahl: Vier von zehn der Bundestagsabgeordneten, Tendenz steigend, saßen zuvor in einem Landtag oder einer anderen Volksvertretung. Mehr als 55 Prozent besitzen einen so genannten „legislativen oder exekutiven Hintergrund". Vulgo: Sie verstehen was vom Geschäft; der Politikerstand professionalisiert sich. Ein Grund zum Jammern?

Die Quote der bei Bund, Länder oder Kommunen Beschäftigten liegt nach wie vor knapp über 40 Prozent. Allein: Ist das auch relevant? Eine kleine Stichprobe beweist das Gegenteil: Von den 15 Bundestagsabgeordneten, deren Name mit A beginnt, waren oder sind eine ganze Reihe bei öffentlichen Arbeitgebern beschäftigt, bevor sie in den Bundestag eintraten. Der Diplomjurist Peter Albach (CDU/CSU) zum Beispiel ist Bürgermeister der Stadt Weißensee. Lale Akgün (SPD), Diplompsychologin, war zuletzt Leiterin des Landeszentrums für Zuwanderung in Solingen; Volkshochschullehrer Rainer Arnold (SPD) Fachbereichsleiter EDV an der Volkshochschule Stuttgart; und Karl Addicks (FDP), Arzt, leitete zuletzt ein Entwicklungshilfeprojekt der GTZ in Marrakesch/Marokko. Sie sind also alle Beschäftigte des öffentlichen Dienstes, aber eine uniforme, gleichgeschaltete Gruppe wird man sie beim bösesten Willen nicht nennen können. Sie bringen die verschiedensten Hintergründe und Erfahrungen in den Bundestag mit. Das kann man nicht ohne weiteres für weniger wertvoll erachten als die Anwesenheit eines Unternehmers oder Gewerkschaftssekretärs.

4. Unfair: Alle Politiker sind eitel

In die zweite Kategorie gehören die unfairen Vorurteile, die sich an den verschiedenen Eigenarten des Politikerdaseins abarbeiten und die nur verschwinden könnten, wenn man die Politik komplett abschafft. Denen ein Politiker also nur entkommen könnte, wenn er aufhören würde, Politik zu machen.

Eines dieser Vorurteile lautet so: Politiker sind durch die Bank eitel. Sie machen nur Show, wollen dauernd ins Fernsehen und zerstören mit ihrem törichten Rededrang alles Vertrauen in die Politik. In der Tat wächst das Bedürfnis der Politiker nach Selbstdarstellung, nach Zurschaustellung ihre Person. Doch dafür gibt es gute Gründe. Je komplizierter nämlich die anliegenden Probleme objektiv werden und je weniger das geneigte Publikum in die eigene politische Informiertheit zu investieren bereit ist – umso mehr zählt die persönliche Glaubwürdigkeit eines Politikers. In der Tat überfordert es immer größere Gruppen der Wähler, wenn wie in der Finanzkrise die Nöte von amerikanischen Hausbesitzern plötzlich existenziell auf das Schicksal eines Fließbandarbeiters bei Opel oder Daimler durchschlagen. Wer daran schuld oder wer darauf die beste Antwort hat, ist objektiv nicht leicht zu beurteilen, vor allem wenn man sich nicht allzu viel Mühe damit macht. Aber über die persönliche Glaubwürdigkeit eines Politikers zu richten – das traut sich der Durchschnittswähler weiterhin zu. Glaubwürdigkeit wird auf Sicht also auch in Deutschland zur letzten harten Währung für Politiker.

Das hat Folgen. Dieses Vertrauen gewinnt ein Politiker nämlich nicht durch das einmalige Verlesen seines Parteiprogramms auf Arte oder hr5, sondern mit seiner ganzen (politischen) Persönlichkeit und möglichst hoher Präsenz in den Medien. Politiker müssen in die Zeitung, ins Radio und ins Fernsehen. Sie müssen – auch weil sie Vorbild sind – auf ihr Äußeres und ihren Lebenswandel achten. Ganz exemplarisch war das zu beobachten, als Frank Walter Steinmeier SPD-Kanzlerkandidat wurde. Bis dahin hatte er sein Privatleben weitgehend vor der Öffentlichkeit und den Medien abgeschottet und die hatten das akzeptiert. Aber während des Bundestags-Wahlkampfes 2009 öffnete Steinmeier unter anderem sein privates Familienalbum Zug um Zug für die Medien. Warum? „Die Fragen werden andere", antwortete Steinmeier. Die Fragen an ihn, seit er Kanzlerkandidat sei. Recht hatte er. Politiker müssen präsent sein. Politik ist immer. Sie muss sich beständig artikulieren, und nicht nur die Kanzlerin sagt: „Politik ist Wiederholung, Wiederholung, Wiederholung." Und, Hand aufs Herz: Wer würde schon einen verstockt schweigenden Miesepeter wählen, der nicht gern sich zeigt und nicht mit Menschen kann?

Diese Form der politischen Personalisierung braucht eine „operative Eitelkeit" und auch Show-Gesten. Weil Gesten Politik sind. Weil Politik große Gesten braucht, wie der Politologe Franz Walter argumentiert: „Politik hat nie auf großes Theater, auf Dramatisierung, auf Emotionalisierung verzichtet. Das kann sie auch gar nicht, sie braucht das." Politik ist es eben auch, im Warschauer Ghetto vor Kameras zu knien; im dreckigen Rhein schwimmen zu gehen; in Turnschuhen Minister zu werden und mit Sonnenblumen ins Parlament zu kommen oder sich als schneidiger Minister auf dem Times Square darzustellen wie der Polit-Shooting-Star Karl Theodor zu Guttenberg. Das Foto schaffte es auf nahezu alle ersten Seiten, auch auf die der „FAZ".

Eine leider viel zu wenig beachtete Studie zum Stil der Wahlkämpfe in Deutschland kam im Jahr 2005 in der angesehenen „Zeitschrift für Parlamentsfragen“ zu dem Schluss: Empirische Befunde zeigen, dass die Befürchtung, mit der Personalisierung gehe eine Themenarmut einher, entkräftet werden kann. Der Vorwurf, „Köpfe statt Themen“ ist laut dieser Studie nicht haltbar. „Köpfe und Themen“ muss vielmehr das Motto lauten.

5. Unsinnig: Politiker wissen nichts vom realen Leben

Die letzte zu nennende Gruppe von Vorurteilen sind die unsinnigen Vorurteile. Sie sind in sich nicht stimmig oder messen die Politiker an übermenschlichen Maßstäben. Und gäbe es einen Politiker, der ihnen trotzdem genügte, müsste er sich gewiss sogleich den nächsten Vorwurf anhören: nämlich den, so schrecklich abgehoben zu sein und nicht „wie Du und ich“.

Dass die Politiker sich wie in einer Kaste abschotteten und keine Ahnung mehr vom ganz realen Leben der Bürger hätten, ist eines dieser unsinnigen Vorurteile. Der Historiker Arnulf Baring nennt die deutschen Politiker eine „drohnenhafte Herrschaftskaste“, und in einer Umfrage der „Zeit“ meinten 85 Prozent der Befragten denn auch, Politiker wüssten „nicht so genau“ oder „gar nicht“ Bescheid über die Sorgen und den Alltag der Bürger. Sinnbild dafür sind etwa die unterirdischen Gänge im Berliner Reichstag-Viertel, die Abgeordnetengebäude mit Plenarsaal verbinden, aber für das „normale“ Publikum gesperrt sind. Ebenso stehen die Konvois von schwarzen Dienstlimousinen für den Vorwurf, die Politiker hätten allesamt den Kontakt zur „realen Welt“ verloren. Aber stimmt es auch? Bundestagsabgeordnete kennen sich in der „realen Welt“ deutscher Hausfrauen wahrscheinlich wirklich nicht aus, aber sie teilen dieses Schicksal mit dem überwiegenden Teil der männlichen Bevölkerung insgesamt – der auch nicht weiß, was derzeit ein Liter Milch im Supermarkt kostet. Genauso haben verheiratete Mütter mit größeren Kindern den Kontakt zur „realen Welt“ einer

Alleinerziehenden mit Mini-Job verloren, weil sie nicht wissen, was derzeit eine Tagesmutter pro Stunde kostet oder welche Formulare es für die Zuweisung eines Krippenplatzes braucht.

Heißt: Weil es die eine reale Welt nicht gibt, geht der Vorwurf, den Kontakt zu ihr verloren zu haben, komplett ins Leere. Das entbindet die Politiker selbstverständlich nicht von der Pflicht, Gesetze zu entwerfen, die alltagstauglich sind. Aber der Umstand, dass sie sich nicht alle in jedem Alltag gleichermaßen auskennen, steht dem am wenigsten im Wege. Ebenso mag stimmen, dass das Fahren und Gefahrenwerden in einer BMW-7er-Limousine hinten rechts mit Leselampe nicht an jedem Charakter spurlos vorübergeht. Gleichwohl ist es für jedermann weitaus leichter, es in eine dieser Limousinen zu schaffen als in einen vergleichbaren Dienstwagen eines deutschen Industrieunternehmens. Soziologische Langzeitstudien weisen nach, dass in den Top-Etagen der Wirtschaft das gehobene Bürgertum weitaus stärker abgeschottet unter sich bleibt als in der Politik. Deshalb ist es für einen angehenden Manager auch wichtig, jenen Umgang mit Gabel, Messer und Weinglas zu trainieren, den seine Vorgesetzten pflegen. Von ähnlichen Benimm-Kursen für Politiker ist dagegen nichts bekannt. Auch bei Bildung und Ausbildung verzichtet kaum eine Berufsgruppe so weitgehend auf formale Zutrittsbedingungen wie die der Politiker. Fazit: Politik ist ein Aufsteigerberuf, offen für jeden – und genau das könnte die Mischung aus Neid und Verachtung erklären, welche den Politikern entgegenschlägt. Der Historiker Paul Nolte formuliert folgenden, sehr plausiblen Verdacht: Es hat „mit der Einsicht in das eigene Versagen zu tun, von ganz normalen Menschen regiert zu werden, die gestern noch der Handwerkersohn oder die Pfarrerstochter aus der Nachbargemeinde waren".

6. Sind Quereinsteiger wirklich besser?

Ein artverwandtes, ebenso unsinniges Vorurteil besagt, dass es viel zu wenige Polit-Quereinsteiger gebe, weil die etablierten

Politiker sie nicht ranließen. Mag sein, dass es einige erfolgreiche Quereinsteiger in den vergangenen Jahrzehnten gegeben hat. Aber die Zahl derer, die scheiterten, ist wohl erheblich größer. Zuletzt gaben der Wissenschaftler Ernst Ulrich von Weizsäcker und der Wissenschaftsmanager Konrad Schily auf. „Spiegel"-Gründer Rudolf Augstein hielt es keine Legislaturperiode im Bundestag aus. Der Professor für Staats- und Verwaltungsrecht Rupert Scholz blieb nur rund ein Jahr Verteidigungsminister unter Helmut Kohl. Schöngeist Christoph Stölzl war schnell zerrieben in der Berliner CDU, die er in ihrer tiefsten Depression 2002 übernahm. Professor Paul Kirchhoff hatte nach den wenigen Wochen im Wahlkampfteam von Angela Merkel 2005 vollauf genug von der Politik. Sein Fazit: „Nie wieder!" Und wer erinnert sich noch an Jost Stollmann, den Prototypen des modernen Polit-Quereinsteigers: jung, dynamisch, braun gebrannt; ein erfolgreicher Selfmade-Unternehmer, Chef von CompuNet, Wirtschaftsminister in spe? Im Wahlkampf 1998 jauchzte das Publikum, als Stollmann freimütig-kokett erklärte, dass er das SPD-Wahlprogramm nie gelesen habe. „Stollmann ist die personifizierte Nach-Kohl-Ära", schrieb die „Zeit", „Missionar der Mitte" nannte ihn die „Woche". Aber Stollmanns politischer Sachverstand und Instinkt reichten bei weitem nicht aus, sich etwa gegen den raumgreifenden Oskar Lafontaine zu behaupten. Immerhin hatte Stollmann Rückgrat genug, dem Spiel schließlich selbst ein Ende zu machen.

Trotzdem: Die Bürger bleiben felsenfest davon überzeugt, Politiker wären umso weniger wert, je länger sie im Geschäft sind. Dass es die Politik selbst sei, die aus anfangs guten Leuten schnell schlechte mache. Und dass deshalb frisch und unbeleckt logischerweise bedeutet: besser und tatkräftiger. Wollen wir das wirklich glauben? Nein, wollen wir nicht. Zumindest dann nicht, wenn es um unser privates Wohl und Wehe geht. Denn wem würden wir z. B. unsere Altersversorgung anvertrauen? Einem Bankberater, der sich mit den Worten vorstellt: „Guten Tag, ich bin neu hier. Bis vor vier Wochen habe ich bei der Bundeswehr

Panzer gefahren". Was denken wir, wenn ein Krankenhaus sein Herzchirurgie-Team als „unverbrauchte Quereinsteiger" anpreist? Anders herum: Die Gleichung „Erfahrung schafft Vertrauen" gilt überall. Nur nicht für Politiker. Dabei ist Erfahrung, auch „Praxis" genannt, zentrale Bedingung für gute Politik, die ja nur dann gut sein kann, wenn sie verwirklicht wird (sonst bleibt sie lediglich eine gute Idee). Eine gute Idee politisch durchzusetzen, ist aber mindestens so anspruchsvoll, wie sie zu haben. Es ist ein Geschäft, das man lernen muss: Es geht um Mehrheiten, Timing und kontrollierte Kommunikation, um Lufthoheit, viel Geduld und noch mehr Kalkül – und zwar in so unterschiedlichen Foren wie einem Bezirks-Parteirat, einer TV-Talkshow oder einem Bürgerfest. Es geht immer wieder aufs Neue um die Verknüpfung von aktuell relevanten Informationen, die aus den verschiedensten Bereichen stammen und deren Absender die unterschiedlichsten Absichten damit verbinden. Politik zu verstehen und zu „machen", ist ein hochkomplexer Vorgang, der sich mal im Hinterzimmer, mal auf dem Marktplatz zuträgt. Das alles beherrscht womöglich auch der eine oder andere Quereinsteiger. Aber selbstverständlich ist es nicht; und schon gar nicht, wenn der Kandidat in ganz anderen Entscheidungsverfahren und Hierarchiesystemen groß geworden ist, etwa in der Wirtschaft oder einer Universität.

Doch das Publikum verschließt Augen und Ohren. Die Sehnsucht nach Quereinsteigern, die ja nichts anderes ist als die Verachtung des etablierten Personals, färbt längst den allgemeinen Sprachgebrauch: „Erfahren" meint bei Politikern, „kennt alle schmutzigen Tricks" oder: „hat ein Dutzend Leichen im Keller". Für den Rest der Menschheit dagegen meint „erfahren" so viel wie „besonnen" oder „lebensklug". Ein „erfahrener Manager" steht im Zenit seiner Kunst und Karriere. Ein Quereinsteiger wiederum, der in der Politik so positive Assoziationen weckt wie „frischer Wind" und „neue Ideen", müsste sich in einem Konzern gegen anfängliche Skepsis behaupten, sich erst einmal „beweisen", bevor er ernst genommen wird. Kurzum: Es bleibt ein Rätsel, warum Menschen, die relativ früh im Leben die Politik zu ihrem Beruf machen, „Berufspolitiker" geschimpft werden, aber niemand von „Berufsjuristen" oder Berufschirurgen" spricht.

7. Noch einmal unsinnig: Politiker denken nie an das Gemeinwohl

Ein weiterer, noch absurderer Punkt auf der Liste der unsinnigen Vorurteile ist der Vorwurf, „die Politiker" verfolgten immer nur ihr eigenes Interesse oder das ihrer Partei – nie aber „das Gemeinwohl". Genauso gut könnte man einer Bundesligamannschaft vorwerfen, sie wolle ja nie Fußball spielen, sondern „nur" Tore schießen. Die verschiedenen Parteien haben nun einmal sehr unterschiedliche Vorstellungen davon, was das Gemeinwohl denn sei, was das Beste für das Land denn ist. Steuern rauf oder Steuern runter? Mehr Abiturienten oder schärfere Prüfungen? Bundeswehreinsatz in Afghanistan oder sofortiger Abzug? Mehr Hartz IV oder weniger Hartz IV? Es gibt keinen „Urmeter" des Gemeinwohls, mit dem sich alle Politik und alle Programme gleichsam amtlich eichen ließen. Im Kern ist Politik vielmehr der Streit eben um jenes Gemeinwohl, das eine Mehrheit gern verfolgt sähe, auch wenn es die bei der Wahl unterlegene Minderheit naturgemäß anders sieht. Die so verstandene Definition des Gemeinwohls ist das Ergebnis der politischen Auseinandersetzung und nicht der ex ante gesetzte Zielpunkt – von wem auch gesetzt?

8. Der Souverän ist leider schizophren

Alle diese bizarren Missverständnisse und Vorurteile haben sich über Jahre und Jahrzehnte als resistent gegen jedweden Einsatz staatlich administrierter politischer Bildung erwiesen. Ein ganzer akademischer Bereich muss hier einräumen, dass trotz bester Absichten und massivem Mitteleinsatz ein stetig wachsender Teil des Adressatenkreises seine Ahnungslosigkeit sehr selbstbewusst, geradezu frivol, zur Schau stellt. Was nun? Als erstes, so denke ich, sollte jene dreiste Denkfaulheit öffentlich beim Namen genannt werden, die sich in den beschriebenen Vorurteilen niederschlägt. Politiker wie politische Bildung sollten nicht länger schamvoll beschweigen, dass ihr manifestes Kommunikations- und Imageproblem auch mit der Auffassungsgabe des Publikums und seinem jämmerlich geringen Interesse an Politik schlechthin zu tun hat. Wenn es stimmt, dass Politikverdrossenheit und Wahlmüdigkeit die deutsche Demokratie wahrscheinlich in gefährlicherem Maße untergraben, als es Rechts- und Linksextremen je zuwege brächten, dann ist nicht zu verstehen, warum Politikverdrossene und Wahlmüde keinerlei Kritik fürchten müssen. Ebenso wenig ist zu verstehen, dass der Aufruf zum Wahlboykott ohne Widerspruch einen salonhaften Chic behaupten darf, anstatt als das öffentlich entlarvt zu werden, was er ist: billiger Gratismut.

Kurzum: Es vergeht sich nicht an der Demokratie, wer auch einmal die Bürger und Wähler kritisiert. Denn der Souverän ist manchmal leider schizophren. Die Bürger wollen hoch professionelle Arbeit in den Parlamenten, aber sie verachten Berufspolitiker. Sie wollen, dass ihr Abgeordneter ihre Interessen knallhart durchsetzt, aber sie finden Machtpolitik abstoßend. Sie wollen perfekte Politiker ohne Fehl und Tadel, Experten für alles, immer da und immer eine Antwort parat – aber sie sollen menschlich bleiben, so sein wie Du und ich. Die Bürger wollen die besten Leute im Parlament – aber sie wollen sie nicht bezahlen. Und, ganz aktuell, sie verlangen, dass die Politiker endlich Klartext reden – aber sie wollen die Wahrheit meist nicht hören. Zu hoffen wäre es. Bis diese Besserung – wenn überhaupt – eintritt, liegt gleichwohl die Vermutung nahe, dass der ehemalige SPD-Parteivorsitzende Franz Müntefering Recht hat. Er sagt: „Die Verdrossenen sind an ihrer Verdrossenheit weit mehr schuld als die Politiker."

Anmerkung

1 Vgl. Blome, Nikolaus (2008): Faul, korrupt und machtbesessen? Warum Politiker besser sind als ihr Ruf. Berlin.

Wolfgang Gaiser, Winfried Krüger, Johann de Rijke

Jugendliche – Vergessene Adressaten der politischen Bildung?

1. Vorbemerkungen

Einerseits sind Jugendliche keineswegs vergessene Adressaten der politischen Bildung: Schulische und außerschulische Akteure bedrängen sie geradezu, etwa um in internationalen Vergleichen zur Wahlbeteiligung junger Menschen bestehen zu können, ebenso um gesellschaftlich einen engagierten Nachwuchs zu haben, der bereit ist, Ausfallbürge für einen sich zurückziehenden Sozialstaat zu sein oder auch – positiv betrachtet –, um kritische Bürgerinnen und Bürger heranzuziehen, die aktive, partizipative Träger einer lebendigen Demokratie sind. Andererseits, aus dem Blickwinkel einer modernen Adressatenorientierung, erleben Jugendliche im Vergleich zu marktrelevanten Gruppen innerhalb dieser Gesellschaft mit ihren einschlägigen Politikbereichen wenig „Kundenbezogenheit“. Jugendliche sind, gemessen an ihren Bedürfnissen, nicht gut bedient und eher ein weniger gefragtes Wesen. Sicher hängt dies zum Teil auch damit zusammen, dass Jugendliche in ihrer Rolle widersprüchlich und damit als Adressaten eher sperrig sind: Sie wollen eben nicht nur Abnehmer im Objektstatus, sondern aktive Akteure und Gestalter der für sie relevanten gesellschaftlichen Umstände, Zielvorgaben und Prioritätssetzungen sein. In diesen Haltungen von Jugendlichen zeigen sich möglicherweise Krisenmomente gegenwärtiger demokratischer Gesellschaften, die als Suchbewegungen nach einer „Demokratisierung moderner Demokratien“ (Roth 2010, S. 614) verstanden werden müssen. Der Beitrag versucht zu zeigen, inwieweit unterschiedliche Akteure (Schule, Vereine, informelle Gruppierungen), über die politische Kultur an Jugendliche vermittelt wird, sowie gesellschaftliche Einstellungen auf die Herausbildung demokratischer Orientierungen Einfluss nehmen.

2. Kontexte des formellen und informellen Lernens als „Schulen der Demokratie“

In der öffentlichen Debatte ist unumstritten, dass ein Blick auf Bildung, der sich nur auf die klassischen Institutionen der Schule, der Ausbildung und Hochschule richtet, zu kurz greift. Es geht nach verbreiteter Auffassung ebenso um die spezifischen Chancen des Kompetenzgewinns, die außerhalb des formalen Bildungssystems im freiwilligen Engagement liegen (Gensicke u. a. 2006; Düx u. a. 2008). Für das freiwillige Engagement selbst, die Mitgliedschaft in Vereinen und Verbänden wird allerdings gleichzeitig immer wieder auch die Bedeutung der formalen Bildung als Voraussetzung oder zumindest doch als begünstigende Bedingung für den Einstieg in diesen Bereich hervorgehoben. Hierauf verweist beispielsweise der Bericht „Bildung in Deutschland“, wenn er konstatiert, dass Hauptschüler sich weniger als halb so oft freiwillig engagieren wie Gymnasiasten (Autorengruppe Bildungsberichterstattung 2010, S. 81). Es fragt sich also, inwieweit die Annahme berechtigt ist, dass es vor allem in nicht-formalen außerschulischen Lern- und Aktivitätskontexten besondere Angebote sozialer und politischer Partizipation gibt, die ein demokratisches Miteinander und eine aktive Teilhabe an demokratischen Prozessen ermöglichen und dadurch demokratische Orientierungen vermitteln. Oder ob doch die formale Bildung, wie dies auch in anderen politischen Zusammenhängen zu beobachten ist, maßgeblicher ist? Somit also das formale Bildungssystem die entscheidende Größe wäre, die über die Entwicklung demokratischer Fähigkeiten und Tugenden bei Jugendlichen und jungen Erwachsenen entscheidet.

Die Grundfrage dieses Beitrags lautet also: Wie ist das Verhältnis von formaler Bildung und Kontexten, die informelles Lernen ermöglichen, wie Aktivitäten in Vereinen und weiter gefassten sozialen Netzwerken zu demokratischen staatsbürgerlichen Orientierungen? Im Folgenden werden zunächst drei Hauptelemente dieser Orientierungen und Kompetenzen unterschieden und im Hinblick auf ihre empirische Erfassung beschrieben. Sodann werden die Faktoren, die im Zusammenhang der Ausbildung dieser demokratischen Orientierungen von Relevanz sind, erläutert. Die folgenden empirischen Analysen werden auf zwei Datensätze gestützt: zunächst auf den DJI-Jugendsurvey von 2003 und anschließend auf eine Teilstichprobe der zeitnahen ALLBUS-Erhebung von 2008.

3. Demokratische Orientierungen – konzeptuelle Aspekte

Als theoriegeleiteter Ausgangspunkt wird auf das politikwissenschaftliche Konzept der politischen Kultur Bezug genommen. Vereinfacht formuliert, sind damit die Gesamtheit von Einstellungen zum politischen System und seinen Teilen sowie zur Rolle des aktiven Bürgers in diesem System gemeint (vgl. Fuchs 2007, nach Almond/Verba 1963). Dabei lässt sich – als Ergebnis der Forschungen über die Jahre hinweg – eine gewisse hierarchische Ordnung von politischen Einstellungsobjekten vom Allgemeinen zum Besonderen feststellen, je nachdem, ob Einstellungen eher diffus oder mehr spezifisch sind (vgl. Arzheimer 2002). Dieser Hierarchie entspricht auch in modernen Demokratien die Beobachtung einer von oben nach unten abnehmender Zustimmung. Unterschieden werden dabei Einstellungen zu grundlegenden Werten der Demokratie, zur Demokratie als politischem Basisordnungsmodell der Gesellschaft, zum konkreten Funktionieren der Demokratie in der Praxis sowie zum Vertrauen in politische Institutionen. Schließlich werden Einstellungen zu den Inhabern politischer Positionen, also zu den Akteuren des politischen Systems, unterschieden.

Für das Folgende sollen *erstens* die zentralen Werte der Demokratie und die damit verbundenen Freiheitsrechte im Mittelpunkt der Analyse stehen. Eine quantitativ relevante Ablehnung auf dieser Werteebene kann als problematisch für die demokratische Verfasstheit der Gesellschaft angesehen werden, nicht notwendig hingegen kritische Haltungen gegenüber Inhabern politischer Positionen („Politikerverdrossenheit"). Daher ist für die Ausbildung und Festigung einer demokratischen Grundorientierung die Beeinflussung solcher Faktoren von hoher Bedeutung, die solche Orientierungen unterstützen können. Dies kann etwa durch institutionelle oder informelle politische Bildung geschehen.

Zweitens wird – einen erweiterten Blickwinkel der politischen Kulturforschung aufgreifend – auf Konzepte zum sozialen Kapital Bezug genommen. Damit geht man über die Betrachtung von Orientierungen bezogen auf die Demokratie als Herrschaftsordnung hinaus, indem man Einstellungen einbezieht, die sich auf das Verhältnis der Bürger untereinander richten. Hierbei stehen vor allem Werte im Zentrum, die mit der Akzeptanz von Normen der Reziprozität und des mitmenschlichen Vertrauens einhergehen. Von solchen Werten wie auch den damit zusammenhängenden freiwilligen Bindungen in Netzwerken und Assoziationen, so die These, wird gleichfalls die Qualität von Demokratie beeinflusst (vgl. Putnam 2000; Fuchs 2007; Zmerli 2008). In dieser Sichtweise wird der Aspekt des sozialen Vertrauens als relevantes Merkmal für demokratisch orientiertes Bewusstsein hervorgehoben. Wichtig ist insbesondere, dass es sich dabei um ein generelles Vertrauen in Mitmenschen handelt, jenseits der unmittelbaren, vertrauten Verwandtschafts- und Freundesumgebung. Nur in dieser Allgemeinheit kann dieses Vertrauen gemeinschafts- und demokratieunterstützend wirken.

Schließlich geht es hier *drittens* um den Aspekt des kognitiven Verständnisses politischer Vorgänge. Politische Kompetenz als subjektive Überzeugung, politische Tatbestände verstehen und aufgrund eigener Fähigkeiten politisch Einfluss nehmen zu können, gilt als ein Element im Verhältnis des Bürgers zur Politik, das in Demokratien besonders zählt (vgl. Vetter 2006). Politische Kompetenz ist vor allem auch für Bildungsprozesse in Sozialisationsinstanzen, formalen wie non-formalen, zugänglich und somit für politische Bildungsanstrengungen von Bedeutung. Sie ist in einer Interpretation begründet, in der „politische Bildung mit dem Konzept des mündigen Bürgers (verknüpft werden kann), in dem die Entwicklung verschiedener Kompetenzen im politischen Bereich mit der Akzeptanz der im jeweiligen politischen System geltenden Werte und Normen verbunden wird" (Buhl 2007, S. 232). Soweit man davon ausgehen kann, dass sich politische Kompetenzen und Orientierungen bis ins frühe Erwachsenenalter hinein erst nach und nach herausbilden, bis Einstellungen und Orientierungen gefestigt und politische Entscheidungen und Verantwortung umfassender möglich werden, ist dieser Aspekt demokratiebezogener Eigenschaften gerade bei Jugendlichen und jungen Erwachsenen von großem Interesse.

4. Demokratielernen durch Bildung und Partizipation – Operationalisierung

In den empirischen Analysen dieses Beitrags wird *Bildung* durch den jeweils höchsten allgemein bildenden Schulabschluss, d. h. Hauptschule, Mittlere Reife oder Abitur operationalisiert. Das Bildungsniveau kann dabei für vielfältige Eigenschaften und Kompetenzen stehen, insbesondere natürlich in Bezug zu Einstellungen, die ein gewisses Maß an kognitiver Komplexität oder kognitiv differenzierter Wahrnehmung voraussetzen, aber auch für soziale Kompetenzen oder für die Ausbildung differenzierter Wertestrukturen. Im Kontext gesellschaftlicher und politischer Partizipation gilt Bildung als Quelle kommunikativer und organisatorischer Fähigkeiten, also so genannter *civic skills* (vgl. z. B. Kleinert 2004, S. 181 ff.; Hanson 2009, S. 23).

Bezüglich *Partizipation* gilt es vor allem Aktivität in Vereinen zu betrachten, aber auch Aktivität in Gruppierungen, die zwar organisiert sind, nicht aber die Strukturen von Vereinen oder Verbänden vorweisen. Historisch sind diese aus Gruppierungen der Neuen Sozialen Bewegungen hervorgegangen. Weiterhin werden soziale Netzwerke in Peer-Gruppen berücksichtigt, die neben ihrer sozialen Integrationsperspektive auch politisch-gesellschaftliche Ansätze enthalten und damit zur Ausbildung oder Erweiterung demokratischer Orientierungen beitragen können.

Über diese im Vordergrund stehenden möglichen Einflussfaktoren hinaus werden noch weitere einbezogen, die als wichtig für die Erklärung politischer Orientierungen gelten. Dies sind subjektive Einschätzungen der Lebenslage, Zufriedenheit mit Aspekten der eigenen Lebenssituation, generelle Wertorientierungen und Einschätzungen der gesellschaftlichen Verortung sowie die Beurteilung der eigenen Zukunftsaussichten. Solche Bewertungen sind weniger unmittelbar durch Bildungsinstitutionen zu beeinflussen, können jedoch die Haltung gegenüber politischen Objekten, insbesondere auf den Ebenen der Institutionen und Entscheidungsträger, mitbestimmen. Insofern ist es von Interesse, inwieweit sie Einfluss auf den drei Ebenen demokratischer Orientierungen haben (vgl. hierzu auch Schäfer 2010; de Rijke u. a. 2006).

5. Empirische Befunde des DJI-Jugendsurvey

Die Grundverteilung zu den drei Aspekten demokratischer Orientierungen wird aus Tabelle 1 ersichtlich.[1] Deutlich wird in ihr die starke Zustimmung zu den grundlegenden Werten der Demokratie vonseiten der bundesrepublikanischen Jugendlichen und jungen Erwachsenen. Zusammenhänge mit der Region (West- und Ostdeutschland) sowie mit Geschlecht werden aus Tabelle 2 ersichtlich. Bei der Idee der Demokratie, in geringerem Maße auch beim sozialen Vertrauen, finden sich nach wie vor historisch bedingte West-Ost-Unterschiede, einen Geschlechtereffekt hingegen nur bei der politischen Kompetenz, wie er im Übrigen auch bei den Ergebnissen zum politischen Interesse anzutreffen ist (vgl. hierzu Gaiser u. a. 2005).

Im Folgenden werden die Zustimmung zur Idee der Demokratie, das soziale Vertrauen und die politische Kompetenz im

Zusammenhang der Merkmale betrachtet, die hier interessieren. Dabei wird zusätzlich ein Augenmerk auf Unterschiede zwischen West- und Ostdeutschland gerichtet.

Als wichtiger Einflussfaktor erweist sich das Bildungsniveau, gemessen, wie erwähnt, am jeweils höchsten allgemein bildenden Schulabschluss der Befragten. Es bewirkt einen starken Effekt bei der Idee der Demokratie wie der politischen Kompetenz, etwas geringer ist der Effekt beim sozialen Vertrauen. Die Zusammenhänge sind, besonders bei der Idee der Demokratie, in Ostdeutschland stärker als in Westdeutschland: Die Differenz von Hauptschulabschluss und Abitur beträgt bei der Idee der Demokratie im Osten 33 Prozentpunkte (von 54% auf 87%), im Westen 23 (von 70% auf 93%). Weiter wird aus Tabelle 3 erkennbar, dass demgegenüber die These von den Vereinen als „Schulen der Demokratie" (Putnam et al. 1993; van Deth 2004) nur eine schwache Bestätigung erfährt. Zwar findet man in allen drei Aspekten demokratisch-staatsbürgerschaftlicher Orientierungen eine stärkere Ausprägung bei Personen, die in Vereinen aktiv sind, doch sind die Effekte deutlich geringer als man bei einer starken Unterstützung der These hätte erwarten können.[2] Andere Aspekte sozialer Netzwerke hingegen, die insbesondere auf eher politisch orientierte Bindungen abheben wie Aktivität in informellen Gruppierungen der Neuen Sozialen Bewegungen oder das Vorhandensein politisch aktiver Freundschaften, weisen zumindest teilweise stärkere Effekte auf: so auf die Idee der Demokratie, geringer auf soziales Vertrauen; hier sind die Zusammenhänge in den neuen Bundesländern wiederum stärker. Am stärksten ist dies bei der politische Kompetenz, wobei für diese schon politisch ausgerichteten Netzwerke die gegenseitige Stützung politischer Orientierungen naheliegend ist.

In einem weiteren Schritt werden nun die Bewertungen der Lebenslage betrachtet (vgl. Tabelle 4). Diese gelten generell als wichtige Einflussgrößen für politische Einstellungen, jedoch eher für solche, die sich entsprechend dem oben skizzierten Modell der politischen Kultur auf die Ebenen beziehen, denen leistungs- und politikprozessbezogene Objekte zugeordnet sind (Völkl 2006; Pickel 2002; auch Kunz 2004). Es zeigen sich dabei deutliche Effekte bei allen drei Aspekten grundlegender demokratischer Orientierungen. Unzufriedenheit mit Aspekten der Lebenslage, und zwar sowohl in ökonomischer Hinsicht wie auch hinsichtlich der sozialen Sicherheit und der Einschätzung, politisch Einfluss nehmen zu können, geht mit geringerer Unterstützung der Idee der Demokratie einher, ebenso wie mit geringerem sozialen Vertrauen und einer geringeren politische Kompetenz. Bei den ersten beiden Aspekten sind die Effekte wiederum in Ostdeutschland stärker – insbesondere liegt bei den Unzufriedenen eine deutlich geringere Unterstützung der Idee der Demokratie vor wie auch ein geringeres soziales Vertrauen.

Soziale Verunsicherung, als Indikator für die Einschätzung der eigenen Situation als ungewiss und mit gefährdeten Zukunftschancen, führt bei allen drei Aspekten zu starken Differenzierungen. Dabei sind eher wechselseitige Beziehungen zu vermuten, insbesondere bei politischer Kompetenz: So mag soziale Verunsicherung zu geringeren politisch orientierten Bemühungen führen, wie aber auch umgekehrt geringe politische Kompetenz zusammen mit gesellschaftlich geringerer Positionierung zu einer stärkeren sozialen Verunsicherung führen kann. Hier findet man in Ost wie West gleich große Zusammenhänge. Die Wahrnehmung, im Vergleich zu anderen sozial ungerecht positioniert zu sein, hat dagegen einen relativ geringeren Einfluss, mit deutlicher Ausnahme allerdings beim sozialen Vertrauen. In Ostdeutschland ist der Zusammenhang allerdings wieder bei der Idee der Demokratie (auch, wenngleich weniger stark, beim sozialen Vertrauen) stärker: Wer dort ein Gefühl der Ungerechtigkeit hegt, ist doch deutlich weniger für die Idee der Demokratie.[3]

Angesichts der zunehmenden Relevanz europaweiter Entwicklungen und Regelungen im Jugendbereich (vgl. AGJ 2010) soll auf einen weiteren Aspekt kurz eingegangen werden: Inwiefern korrespondieren Haltungen gegenüber Europa und den damit zusammenhängenden Einschätzungen des eigenen Lebens mit den drei Aspekten demokratischer staatsbürgerschaftlicher Orientierungen? Wenn man mit einer positiven Einstellung gegenüber Europa rechnet, somit also mit einer gegenüber anderen Gesellschaften und Kulturen offenen Haltung, in der Pluralität akzeptiert ist, so könnte man einen positiven Zusammenhang mit demokratischen Orientierungen erwarten. In der Tabelle 4 ist ein solcher Zusammenhang auch zu finden, am deutlichsten mit der politischen Kompetenz. Positive Europaorientierungen sind dabei definiert als Verständnis für Europa und die europäischen politischen Institutionen sowie die Einsicht in die Wichtigkeit Europas für das eigene Leben.[4] Jugendliche mit derart deutlichen positiven Orientierungen gegenüber Europa befürworten stärker die Idee der Demokratie. Sie haben auch ein größeres Vertrauen gegenüber ihren Mitmenschen – in Ostdeutschland sind diese Zusammenhänge wiederum stärker – und sie verfügen über eine deutlich größere politische Kompetenz.[5]

6. Erweiterte Datenbasis: ALLBUS

Angesichts der bisher präsentierten Ergebnisse, die unsere Annahme eines größeren Gewichts informeller gegenüber formellen Bildungsprozessen nicht bestätigen, unternehmen wir eine zweite empirische Überprüfung anhand eines anderen Datensatzes. Es handelt sich dabei um den ALLBUS[6], in dem immer politik- und sozialwissenschaftliche Konzepte untersucht werden und der in seiner letzten Erhebung (2008) als Schwerpunkt „Politische Partizipation“ hatte (vgl. Wasmer u. a. 2010). In unserer Auswertung berücksichtigen wir von der Grundgesamtheit des ALLBUS nur die 18- bis 29-Jährigen. Hiermit schaffen wir am ehesten eine den Altersgruppen des DJI-Jugendsurvey vergleichbare Befragtengruppe.

Bei der Prüfung von Hypothesen mit Daten aus verschiedenen Untersuchungen stehen am Anfang zwei Fragen: Sind die in den Blick genommenen Konzepte überhaupt in beiden Untersuchungen vorhanden und sind diese Konzepte dann zweitens in vergleichbare Fragen übersetzt? Für den Fall, dass die Fragen in beiden Untersuchungen identisch sind, stellen sich auf dieser Ebene keine Probleme.

Wenn jedoch gleiche Konzepte, aber unterschiedliche empirische Umsetzungen vorliegen[7], wie dies bei den beiden hier in Frage stehenden Datensätzen der Fall ist, muss die Äquivalenz dieser Indikatoren genau geprüft werden (vgl. Rathke 2007). Das Ziel dabei sind möglichst äquivalente Indikatoren[8], die zwar keinen Vergleich der Verteilungen zu den beiden unterschiedlichen Zeitpunkten der Erhebungen erlauben, aber einen Vergleich der Zusammenhänge.

Im ersten Hinblick lassen sich die drei Aspekte – nämlich die Idee der Demokratie, das soziale Vertrauen und die politische Kompetenz – in den Konzepten des ALLBUS wiederfinden. Die Bewertung der Idee der Demokratie wird dabei sogar mit der identischen Frage aus dem DJI-Jugendsurvey erhoben. Die politische Kompetenz ist mit zwei ähnlichen Items, jedoch anderen Antwortskalen, vertreten. Das Konzept des sozialen Vertrauens wird dagegen mit anderen Fragen erhoben.[9] Mit einer weiteren Frage zum Vertrauen wird für die hier folgende Auswertung versucht, dennoch eine Parallelität zum Konzept des Jugendsurvey herzustellen.[10]

Auch bei den Indikatoren der Einflussgrößen ist das Ziel, eine Äquivalenz trotz teilweise unterschiedlicher Formulierungen zu finden. Der Bildungsabschluss wird standardmäßig gleich erfragt. Die Aktivität in Vereinen enthält zwar teils unterschiedliche Organisationen, ist aber in beiden Studien sehr differenziert erfasst und kann im Summenindikator deshalb als tendenziell äquivalent angesehen werden. Die Frage zur Aktivität in informellen Gruppierungen ist jedoch nicht vergleichbar: Umfasst sie beim DJI-Jugendsurvey vorgegebene Gruppierungen, die politisch orientiert sind, so sind beim ALLBUS private Gruppen ohne Vereins- oder Organisationsstatus gemeint.[11] Die gesellschaftlichen Orientierungen sind ebenfalls teilweise unterschiedlich erfasst, auch wenn konzeptionell Identisches oder zumindest Vergleichbares gemeint ist. Parallel zu „Zufriedenheit mit Aspekten der Lebenslage" wird die „Beurteilung der eigenen Wirtschaftslage" herangezogen. Die soziale Verunsicherung bzw. Anomiegefühle werden durch unterschiedliche, aber tendenziell äquivalente Items abgebildet. Die Frage nach dem „gerechten Anteil" ist in beiden Erhebungen identisch.[12]

Was lässt sich als Ergebnis konstatieren (vgl. Tabellen 5 bis 7)? Deutlich wird der starke Zusammenhang mit dem Bildungsabschluss – und zwar bei allen drei Aspekten demokratischer Orientierungen. Ebenso wird, wie in den Analysen mit dem DJI-Jugendsurvey, der relativ geringe Zusammenhang mit der Aktivität in Vereinen sichtbar, auch wenn die Richtung jeweils konsistent ist: Stärkere Zustimmung zur Idee der Demokratie, größeres soziales Vertrauen und mehr politische Kompetenz bei den Aktiven in Vereinen. Das Gleiche findet man bei denen, die einer sozialen und informellen Gruppierung angehören, in stärkerem Ausmaß beim sozialen Vertrauen und der politischen Kompetenz. Bei der Bewertung der eigenen gegenwärtigen Wirtschaftlage, der sozialen Verunsicherung und beim generellen Gerechtigkeitsempfinden zeigen sich konsistente Zusammenhänge, die jedoch teilweise geringer sind als im DJI-Jugendsurvey – außer beim Konzept des gerechten Anteils.

Insgesamt kann deshalb festgehalten werden: Die Bildung, d.h. der formale Bildungsabschluss als Indikator, ist von großer Bedeutung für Zustimmungen zur Idee der Demokratie, zum sozialen Vertrauen wie auch für die politische Kompetenz. Die Aktivität in Vereinen scheint demgegenüber eine deutlich geringere Rolle zu spielen. Bewertungen der eigenen Situation in der Gesellschaft und der Aussichten auf die Zukunft sind hingegen von nicht zu unterschätzendem Einfluss für das Vorhandensein demokratischer Tugenden. Im Großen und Ganzen werden somit die Ergebnisse aus dem DJI-Jugendsurvey unterstrichen.

7. Exkurs: Gesellschaftliche Strukturen und Partizipation

Die dargestellten Ergebnisse können auf Grund der verwendeten Daten Gültigkeit selbstverständlich nur für den deutschen Rahmen beanspruchen. In anderen nationalen Kontexten scheint nämlich – nach den Analysen von Robert D. Putnam und auch von Sonja Zmerli (Putnam 1993; Zmerli 2008) – die Hierarchie der Bedingungsfaktoren, die demokratische Orientierungen fördern, nicht so eindeutig zugunsten des Faktors formale Bildung auszufallen. Aufschlussreich sind darüber hinaus noch Untersuchungsbefunde dazu, was auf der Makroebene – und damit unabhängig von motivationalen und ressourcenbezogenen Gegebenheiten auf der Individualebene – Partizipation in einer Gesellschaft begünstigt. Auf der Grundlage verschiedener ökonomischer Maßzahlen, insbesondere aber auf der Datengrundlage des European Social Survey (ESS 2002/2003) haben Kenneth Newton und Heiko Giebler (Newton/Giebler 2008) hierzu ein Set von Einflussgrößen herausgefunden. Zu diesem Set von Faktoren gehört als wichtigste Größe in den sozialen und politischen Gegebenheiten eines Landes die positive Rolle, die das Recht insbesondere bei der Eindämmung von Korruption spielt. Als zweites ist die Regierungseffektivität und – wenn auch in geringerem Maße – die politische Stabilität von Bedeutung. Und als drittes Element im Set der Faktoren, die die Partizipationsentwicklung eines Landes wesentlich beeinflussen, zeigen sich ökonomische Variablen, insbesondere die öffentliche Finanzierung von Gesundheit und die damit korrelierende Lebenserwartung.

Diese Einflussgrößen konstituieren länderspezifisch einen zivilgesellschaftlichen Rahmen, der zu einem deutlich unterscheidbaren Umfang an Partizipation führt und die Länder klar gruppiert. Nach dem Maß, das Newton und Giebler für die durchschnittliche Partizipationsintensität in zwanzig europäischen Ländern entwickeln, gehört die Bundesrepublik Deutschland zusammen mit Norwegen, Österreich, Schweden und Dänemark zur oberen Gruppe, während Portugal, Italien, Polen, Ungarn und Griechenland sich in der unteren Gruppe aller Länder platzieren. Inwieweit nun vielfältige Partizipationsnetze in einer Gesellschaft eine gewissermaßen bürgerschaftliche Kontrollstruktur entstehen lassen, die bei gravierenden Fehlentwicklungen einzelner Sektoren des Gemeinwesens deren Zuspitzung zu dramatischen ökonomischen und staatlichen Krisen effektiv verhindern könnten, ist eine interessante, aber empirisch nicht einfach zu klärende Frage.

8. Zusammenfassung und Diskussion

Welche Schlussfolgerungen kann man aus diesen Ergebnissen ziehen? Es erweist sich, dass Bildung nicht nur für das berufliche Fortkommen sowie für zukunftsorientierte persönliche Strategien von Bedeutung ist, sondern auch für die Ausbildung und Stärkung demokratischer Tugenden. Die heute oft erkennbare Tendenz, Jugend primär auf ihre zukünftige Rolle eines kompetenten Arbeitskraftunternehmers vorzubereiten, greift entscheidend zu kurz und wäre ein Risiko auch auf Systemebene – weil gesellschaftliche Krisen und individuelle Belastungen dann möglicherweise in einem Kurzschluss der geringen Outputleistung der Demokratie angelastet würden – und auf der individuellen Ebene, weil Mitwirkungs-, Gestaltungs- und soziale Integrationschancen nur ungenügend wahrgenommen werden würden.

Nur partiell und wenig deutlich konnte hingegen die These von den Vereinen als den „Schulen der Demokratie“ für Jugendliche und junge Erwachsene belegt werden. Vereine und Verbände sind eher als Übungsfeld für demokratisches Handeln anzusehen. Ihre Bedeutung liegt also weniger darin, dass sie mit ihren Angeboten breitenwirksam Basics für demokratische Orientierungen schaffen, als vielmehr darin, Handlungsstrukturen für Beteiligung zur Verfügung zu stellen. Deutlich wichtig sind jedoch – in unterschiedlicher Weise für die drei betrachteten Aspekte demokratisch-staatsbürgerlicher Orientierungen – die politisch orientierten oder zumindest politisch mitgetragenen sozialen Netze. Eine Unterstützung durch politische Bildungsanstrengungen muss dem spezifischen politisch ausgerichteten Engagement von Jugendlichen Rechnung tragen, welches weniger bzw. nicht nur kontinuierlich institutionell gebunden ist, wie bei traditionellen Vereinen und Verbänden, sondern sich auch in freieren Formen politisch orientierter Gruppierungen Ausdruck verschafft (vgl. de Rijke 2009). Und schließlich ist zu beachten, dass staatsbürgerschaftliche Orientierungen generell mit der Zufriedenheit und der subjektiven sozialen Verortung von jungen Menschen in der Gesellschaft, mit Einschätzungen gerechter Ordnung und Perspektiven von Unsicherheit oder Sicherheit der Zukunft zusammenhängen.

Dies gilt, wie in den Differenzen der West-Ost-Analysen sichtbar wird, nach wie vor in besonderem Maße für Jugendliche und junge Erwachsene in Ostdeutschland. Auch wenn von einer wachsenden Stabilität pro-demokratischer Haltungen ausgegangen werden darf, kann gleichzeitig nicht übersehen werden, dass die fortbestehenden Unterschiede zwischen beiden Landesteilen, insbesondere auch der Rückgang der Demokratiezufriedenheit gerade bei den Bildungsbenachteiligten, ein Problem darstellt, das weiterhin von Relevanz ist (Schneekloth 2006; Gaiser u. a. 2009). Allemal lässt sich die These eines „naturwüchsigen“ Wandels politischer Einstellungen bei den jungen Generationen in den neuen Bundesländern und einer damit verbundenen Annäherung ihrer Einstellungen an den Westen empirisch nicht belegen. Vielmehr gilt wohl eher, dass eine „nachhaltige Annäherung von Ost und West (…) nur über eine Verbesserung der objektiven Umstände und die unsichtbare Hand der Generationenfolge zu erwarten (ist)“ (Falter 2009).

Die Relevanz einer Stärkung demokratischer Werte hat kürzlich John Keane betont (Keane 2009a; Keane 2009b). Er geht von der Annahme aus, dass die Wurzeln der aktuellen globalen Ökonomiekrise politisch sind – und somit die Stärkung von Demokratie und demokratischer Werte ein wichtiger Ansatzpunkt zu ihrer Überwindung sei. An die Stelle der alten Maxime „one person, one vote" müsse, so Keane, eine neue demokratische Praxis treten. In ihr sind insbesondere die neueren Elemente einer „monitoring democracy" von Bedeutung: das aufmerksame Beobachten von Politik und die Verbreiterung macht-kontrollierender Mechanismen und Netzwerke wie etwa Foren, Menschenrechts- und zivilgesellschaftliche Organisationen. In diesen können gerade junge Menschen eine wichtige Rolle spielen und zwar nicht nur in ihrem eigenen, sondern auch im gemeinschaftlichen Interesse (Leaman/Wörsching 2010).

Was folgt daraus in politisch-praktischer Hinsicht? Zumindest auf zwei Ebenen lassen sich für eine Politik der Demokratiestärkung und ihrer Weiterentwicklung Konsequenzen angeben. Zum einen würde eine breite kognitive Mobilisierung im Bildungssystem den Bildungsfaktor, dessen Einfluss auf das Verhältnis Jugendlicher und junger Erwachsener zu Demokratie und Politik auch hier wieder deutlich wurde, in einer politisch wünschenswerten Weise verstärken. Dies dürfte allerdings nicht nur heißen, „demokratisches Grundwissen" durch mehr und eventuell auch anderen Sozialkundeunterricht zu verbreitern. Vielmehr müsste es darum gehen, bereits in der Schule demokratische Praxis durch erweiterte Partizipationsmöglichkeiten für Schülerinnen und Schüler stärker zu etablieren (Reinhardt 2002). Selbstverständlich würde hierzu auch gehören, die kognitiv-abstrakte Informationsvermittlung über die europäische Integration zu ergänzen durch eine Ebene der praktischen Erfahrung, z. B. durch Maßnahmen des Jugendaustauschs.

Die bildungspolitische Zielsetzung darf sich also nicht darauf beschränken, lediglich Handlungsfähigkeit, -bereitschaft oder -kompetenz oder auch nur das politische Urteilsvermögen zu schärfen, sondern diese müssen in praktisches Handeln und praktische Erfahrung eingebettet sein (ausführlich hierzu Widmaier 2009). Nur so haben die im Engagement vermittelten „life skills", „die in abgeschotteten, bestenfalls auf Probehandeln ausgelegten Schulräumen in der Regel Hausverbot haben" (Roth 2010, S. 618) eine Chance, größere und andere Gruppen Jugendlicher zu erreichen. Positive Maßnahmen mit einer solchen Intention sind durchaus realisierbar, lassen sich trotzdem aber nur in Ansätzen in der Bundesrepublik finden – z. B. in dem Projekt „Soziales Engagement“ an Realschulen in Baden-Württemberg oder etwa im Programm „Demokratie lernen & leben“ der Bund-Länder-Kommission für Bildungsplanung (vgl. Hartnuß 2007). Ohne solche Maßnahmen wird soziale Ungleichheit zwischen Jugendlichen aber ungewollt eher noch vergrößert: Profitieren doch von den möglichen Zugewinnen an sozialer Kompetenz, die im bürgerschaftlichen Engagement enthalten sind, wiederum diejenigen mehr, die bereits vom formalen Bildungssystem mehr profitiert haben (Roth 2010; Autorengruppe Bildungsberichterstattung 2010).

Anmerkungen

1 In diesem Beitrag geht es weniger um ein aktuelles Niveau dieser demokratischen Orientierungsaspekte, sondern eher um strukturelle Faktoren, die auf eine Beeinflussung und Stärkung dieser Orientierungen zielen können. Dabei muss auch beachtet werden, dass eine strenge Kausalthese nicht geprüft werden kann: Die tatsächliche Wirksamkeit einer Aktivität in Vereinen auf solche Orientierungen müsste in einem Längsschnitt angelegt sein und etwa eine Verstärkung demokratischer Haltungen vom Eintritt in den Verein bis zu einem Zeitpunkt danach messen können. Hier geht es somit eher um Assoziationen, Zusammenhänge, die konkret in wechselwirkenden Prozessen stattfinden können und vermutlich auch werden. Datengrundlage dieses Abschnitts ist der Jugendsurvey des Deutschen Jugendinstituts (DJI), München, aus dem Jahre 2003; mit rund 7.000 befragten 16- bis 29-Jährigen eines der großen replikativen Forschungsprojekte, das im Rahmen der Sozialberichterstattung des DJI durchgeführt wird (Projekthomepage: www.dji.de/jugendsurvey). Das Bundesministerium für Familie, Senioren, Frauen und Jugend unterstützt diese Forschung seit Ende der 1980er Jahre im Rahmen der Finanzierung des DJI. Ein Teil der hier dargestellten Überlegungen und Analysen ist bereits in eine Publikation eingegangen. Vgl. Gaiser/Krüger/de Rijke 2009.

2 Ähnliche Relativierungen bezüglich des sozialen Vertrauens finden sich z. B. in Kunz 2004 oder auch Zmerli 2008.

3 Eine multivariate Analyse, die die gegenseitigen Zusammenhänge der betrachteten Einflussmerkmale berücksichtigt, zeigt ein ähnliches Bild mit Modifikationen. Der so kontrollierte Effekt der Bildung reduziert sich bei allen drei Merkmalen, was jedoch so interpretiert werden kann, dass Bildung über andere Faktoren, mit denen sie zusammenhängt (wie Vereinsaktivität, gesellschaftliche Einstellungen), auch wirksam ist. Der Faktor Vereinsaktivität erhält in dieser multivariaten Pers-

pektive ein geringeres Gewicht. Geringe Prozentsatzdifferenzen in den Tabellen insgesamt sollten somit eher vorsichtig als klare Effekte angesehen werden.

4 Da die drei angegebenen Aspekte stark miteinander zusammenhängen, sind sie in der Tabelle zusammengefasst.

5 Ausführlicher zu Einstellungen gegenüber, insbesondere auch zu Einflussfaktoren auf die diskutierten Orientierungen, vgl. Gaiser u. a. 2006. Darin werden auch noch andere Einstellungen analysiert, die mehr den Blick auf europäische Verbundenheit und europäische Institutionen richten – wobei sich zeigt, dass diese, häufig skeptischer gefärbten Orientierungen, mit den erwähnten nicht unmittelbar zusammenhängen, sondern davon unabhängig zu betrachten sind.

6 Mit der Allgemeinen Bevölkerungsumfrage der Sozialwissenschaften (ALLBUS) wird seit 1980 alle zwei Jahre Daten ein repräsentativer Querschnitt der Bevölkerung über Einstellungen, Verhaltensweisen und Sozialstruktur mit einem teils konstanten, teils variablen Fragenprogramm befragt (vgl. http://www.gesis.org/dienstleistungen/daten/umfragedaten/allbus [Okt. 2010]). Die folgenden Ergebnisse beruhen auf eigenen Auswertungen. Aufgrund der geringeren Fallzahlen werden hierbei keine Differenzierungen nach West- und Ostdeutschland vorgenommen.

7 Das können unterschiedliche Items bzw. Fragen oder auch verschiedene Antwortvorgaben oder Skalen sein.

8 Zur differenzierten Prüfung solcher Äquivalenzannahmen siehe ausführlich Rathke 2007

9 Schwierig für die Betrachtung der Äquivalenz ist dabei die Tatsache, dass in einer Frage die zusätzliche Antwortvorgabe „Das kommt darauf an“ enthalten ist. Zu dieser Dimension der bedingten Zustimmung wie auch Ablehnung der Frage nach dem „Vertrauen zu den Mitmenschen“ findet sich im Jugendsurvey keine Entsprechung.

10 Zu den genauen Formulierungen vgl. die Anmerkungen zu den Tabellen.

11 Als Beispielvorgaben werden hier „Stammtisch, Wandergruppen, Diskussions- und Lesegruppen“ genannt.

12 Vgl. Details hierzu in den Anmerkungen zu den Tabellen.

Literatur

Arbeitsgemeinschaft Jugendhilfe/AGJ (Hrsg.) (2010): Europäisches Handeln in der Kinder- und Jugendhilfe. Berlin.

Almond, Gabriel A./Verba, Sidney (1963):The Civic Culture. Political Attitudes and Democracy in Five Nations. Princeton.

Autorengruppe Bildungsberichterstattung (2010): Bildung in Deutschland 2010. Bielefeld.

Arzheimer, Kai (2002): Politikverdrossenheit. Bedeutung, Verwendung und empirische Relevanz eines politikwissenschaftlichen Begriffs. Wiesbaden.

Buhl, Monika (2007): Politische Sozialisation. In: Fuchs, Dieter/Roller, Edeltraud (Hrsg.): Lexikon Politik. Hundert Grundbegriffe. Stuttgart, S. 231–234.

de Rijke, Johann u. a. (2006): Wandel der Einstellungen junger Menschen zur Demokratie in West- und Ostdeutschland – Ideal, Zufriedenheit, Kritik. In: Diskurs Kindheits- und Jugendforschung, 3/2006, S. 335–352.

de Rijke, Johann (2009): Politische Partizipation Jugendlicher und junger Erwachsener. Altes und Neues. In: Kaspar Hanna u. a. (Hrsg.): Politik – Wissenschaft – Medien. Festschrift für Jürgen W. Falter zum 65. Geburtstag. Wiesbaden, S. 221–237.

Düx, Wiebken u. a. (2008): Kompetenzerwerb im freiwilligen Engagement. Wiesbaden.

Falter, Jürgen W. (2009): „Verfassungspatrioten" oder „Schönwetterdemokraten"? Demoskopische Befunde 20 Jahre nach der „friedlichen Revolution". Vortrag anlässlich des Hambacher Dialogs; URL: www.politik.uni-mainz.de/cms/falter.php [Oktober 2010].

Fuchs, Dieter (2007): Politische Kultur. In: Fuchs, Dieter/Roller, Edeltraud (Hrsg.): Lexikon Politik. Hundert Grundbegriffe. Stuttgart, S. 220–223.

Gaiser, Wolfgang u. a. (2005): Zur Entwicklung der Politischen Kultur bei deutschen Jugendlichen in West- und Ostdeutschland. Ergebnisse des DJI-Jugendsurvey von 1992 bis 2003. In: Merkens, Hans/Zinnecker, Jürgen (Hrsg.): Jahrbuch Jugendforschung. 5. Ausgabe Wiesbaden, S. 163–198.

Gaiser, Wolfgang u .a. (2006): Zukunft Europa im Blick der Jugend. In: Aus Politik und Zeitgeschichte, 47/2006, S. 18–26.

Gaiser, Wolfgang/Gille, Martina/de Rijke, Johann (2009): Jugend, Demokratie und Politik – Entwicklungen seit der deutschen Vereinigung. In: Fegert, Jörg M./ Streeck-Fischer, Annette/Freyberger, Harald J. (Hrsg.): Adoleszenzpsychiatrie. Psychiatrie und Psychotherapie der Adoleszenz und des jungen Erwachsenenalters. Stuttgart, S. 32–47.

Gaiser, Wolfgang/Krüger, Winfried/de Rijke, Johann (2009): Demokratielernen durch Bildung und Partizipation. In: Aus Politik und Zeitgeschichte, 45/2009, S. 39–46.

Gensicke, Thomas/Picot, Sibylle/Geiss, Sabine (2006): Freiwilliges Engagement in Deutschland 1999–2004. Wiesbaden.

Hansen, Emanuel (2009): Politische Partizipation in Europa. Erklärungsfaktoren und ihr Zusammenwirken. Marburg.

Hartnuß, Birger (2007): Bildungspolitik und Bürgergesellschaft. In: betrifft: Bürgergesellschaft. 5 Jahre/Bericht der Expertenkommission „Zukunft des Bürgerschaftlichen Engagements". Bonn.

Keane, John (2009a): Democracy Failure. In: WZB Mitteilungen, 124/2009, S. 6–8.

Keane, John (2009b): Life and Death of Democracy. London/New York.

Kleinert, Corinna (2004): Fremdenfeindlichkeit. Einstellungen junger Deutscher zu Migranten. Wiesbaden.

Kunz, Volker (2004): Soziales Vertrauen. In: van Deth, Jan W. (Hrsg.): Deutschland in Europa. Wiesbaden, S. 201–228.

Leaman, Jeremy/Wörsching, Martha (2010): Introduction: Youth Culture in Contemporary Europe. In: Leaman, Jeremy/Wörsching, Martha (Hrsg.): Youth in Contemporary Europe. New York/London, S. 1–14.

Newton, Kenneth/Giebler, Heiko (2008): Patterns of Participation. Political and Social Participation in 22 Nations. In: WZB-Discussion paper, Juli 2008.

Pickel, Gerd (2002): Jugend und Politikverdrossenheit. Zwei politische Kulturen im Deutschland nach der Vereinigung? Opladen.

Putnam, Robert D. et al. (1993): Making Democracy work. Civic Traditions in Modern Italy. Princeton.

Putnam, Robert D. (2000): Bowling Alone. The Collapse and Revival of American Community. New York.

Rathke, Julia (2007): Identisch und doch verschieden, verschieden und doch vergleichbar? Zur Äquivalenz von Sekundärdaten. In: Gschwend, Thomas/ Schimmelpfennig, Frank (Hrsg.): Forschungsdesign in der Politikwissenschaft. Probleme – Strategien – Anwendungen. Frankfurt/M./New York, S. 149–176.

Roth, Roland (2010): Engagementförderung als Demokratiepolitik: Besichtigung einer Reformbaustelle. In: Olk, Thomas/Klein, Ansgar/Hartnuß, Birger (Hrsg.): Engagementpolitik – Die Entwicklung der Zivilgesellschaft als politische Aufgabe. Wiesbaden, S. 611–636.

Reinhardt, Sybille (2002): Schulische Anerkennung und demokratisches Lernen. In: Krüger Heinz-Hermann u. a. (Hrsg.): Jugend und Demokratie – Politische Bildung auf dem Prüfstand. Eine quantitative und qualitative Studie aus Sachsen-Anhalt. Opladen, S. 283–290.

Schäfer, Armin (2010): Die Folgen sozialer Ungleichheit für die Demokratie in Westeuropa. In: Zeitschrift für vergleichende Politikwissenschaft, 4/2010, S. 131–156.

Schneekloth, Ulrich (2006): Politik und Gesellschaft: Einstellungen, Engagement, Bewältigungsprobleme. In: Shell Deutschland (Hrsg.): Jugend 2006. Eine pragmatische Generation unter Druck, 15. Shell-Studie. Hamburg, S. 103–144.

van Deth, Jan W. (2004): Soziale Partizipation. In: van Deth, Jan W. (Hrsg.): Deutschland in Europa. Wiesbaden, S. 295–316.

Vetter, Angelika (2006): Jugend und ihre subjektive politische Kompetenz. In: Roller Edeltraud/Brettschneider Frank/ van Deth Jan W. (Hrsg.): Jugend und Politik: „Voll normal!" Der Beitrag der politischen Soziologie zur Jugendforschung. Wiesbaden, S. 241–267.

Völkl, Kerstin (2006): Überwiegt die Verdrossenheit oder die Unterstützung? Die Einstellungen der West- und Ostdeutschen zur Demokratie, zu politischen Institutionen und Politikern. In: Falter Jürgen W. u. a. (Hrsg.): Sind wir ein Volk? Ost- und Westdeutschland im Vergleich. München, S. 57–81.

Wasmer, Martina u. a. (2010): Konzeption und Durchführung der „Allgemeinen Bevölkerungsumfrage der Sozialwissenschaften" (ALLBUS) 2008. Bonn, GESIS-Leibnitz-Institut für Sozialwissenschaften.

Widmaier, Benedikt (2009): „Die beste politische Bildung ist praktische Politik!" – Politische Bildung und politische Aktion. In: Praxis Politische Bildung, 3/2009, S. 165–172.

Zmerli, Sonja (2008): Inklusives und exklusives Sozialkapital in Deutschland. Grundlagen, Erscheinungsformen und Erklärungspotential eines alternativen theoretischen Konzepts. Baden-Baden.

Tabelle 1: Aspekte demokratisch-staatsbürgerschaftlicher Orientierung

		Prozent	Mittelwert
Idee der Demokratie	starke Zustimmung	81	1,82
Demokratieprinzipien			
Demonstrationsfreiheit	Zustimmung	75	5,11
Meinungsfreiheit	Zustimmung	84	5,35
Oppositionsrecht	Zustimmung	63	4,79
soziales Vertrauen	hoch	35	2,38
politische Kompetenz	hoch	23	2,90

Quelle: DJI-Jugendsurvey 2003

Idee der Demokratie: Bei der folgenden Frage geht es um die Idee der Demokratie. Bitte sagen Sie mir anhand der Liste, wie sehr Sie grundsätzlich für oder grundsätzlich gegen die Idee der Demokratie sind. Die Antwortvorgaben waren: sehr für…, ziemlich für ..., etwas für ..., etwas gegen ..., ziemlich gegen ... und sehr gegen ...; für die Prozentuierung werden sehr für ... und ziemlich für ... zusammengefasst.

Demokratieprinzipien: Hier haben wir eine Reihe von Aussagen. Inwieweit stimmen Sie diesen zu? (a) Jeder Bürger hat das Recht, für seine Überzeugung auf die Straße zu gehen (hier: Demonstrationsfreiheit). (b) Jeder sollte das Recht haben, für seine Meinung einzutreten, auch wenn die Mehrheit anderer Meinung ist (hier: Meinungsfreiheit). (c) Eine lebensfähige Demokratie ist ohne politische Opposition nicht denkbar (hier: Oppositionsrecht). Die Antwortskala ging von 1 stimme überhaupt nicht zu bis 6 stimme voll und ganz zu; die Werte 5 und 6 werden hier als „Zustimmung" dargestellt.

Soziales Vertrauen: Mittelwert aus den Items: Den meisten Menschen kann man vertrauen, Die meisten Menschen nützen andere aus, wenn sie die Gelegenheit dazu haben (Skalenwerte umgedreht), Die meisten Menschen versuchen, sich fair zu verhalten und Die meisten Menschen denken an den eigenen Vorteil (Skalenwerte umgedreht). Skalenvorgaben von 1 stimme überhaupt nicht zu, 2 stimme eher nicht zu, 3 stimme eher zu bis 4 stimme voll und ganz zu. Als „hoch" werden die Werte über 2,50 gewertet.

Politische Kompetenz: Auf dieser Liste stehen Aussagen über das Verhältnis von Bürgern und Bürgerinnen zur Politik. Sagen Sie mir bitte zu jeder Aussage, inwieweit diese Ihrer Meinung nach zutrifft oder nicht. (a) Ich verstehe eine Menge von Politik. (b) Manchmal finde ich die Politik viel zu kompliziert, als dass ein normaler Mensch sie noch verstehen könnte (Skalenwerte werden hier umgedreht). Es wird ein Mittelwert aus den Antwortskalen 1 trifft überhaupt nicht zu bis 6 trifft voll und ganz zu gebildet; als „hoch" werden Werte über 3,50 gewertet.

Tabelle 2: Zusammenhänge von West-Ost und Geschlecht mit demokratisch-staatsbürgerschaftlichen Orientierungen (in Prozent)

		Idee Demokratie	soziales Vertrauen	politische Kompetenz
West-Ost	West	83	37	23
	Ost	72	30	21
Geschlecht	männlich	80	34	29
	weiblich	82	37	16
	insgesamt Prozent	81	35	23
	n	6699	6926	6944

Quelle: DJI-Jugendsurvey 2003

West – Alte Bundesländer und Berlin-West, Ost – Neue Bundesländer und Berlin-Ost.

Tabelle 3: Zusammenhänge von Bildung und sozialen Vernetzungen mit demokratisch-staatsbürgerschaftlichen Orientierungen (in Prozent)

		Idee Demokratie			soziales Vertrauen			politische Kompetenz		
		West	Ost	ges.	West	Ost	ges.	West	Ost	ges.
Bildung	ohne/ Hauptschulabschluss	70	54	67	32	20	30	13	12	13
	Mittlere Reife	81	66	77	36	27	34	19	18	18
	(Fach-) Abitur	93	87	92	40	38	40	32	30	32
Vereinsaktivität	nicht aktiv	81	71	77	33	28	32	20	19	18
	aktiv	86	74	84	40	33	38	26	25	26
aktiv in informellen Gruppierungen	nicht aktiv	82	69	79	35	27	34	20	19	20
	aktiv	87	81	86	41	40	40	31	31	31
politisch aktive Freunde	keine	80	68	77	36	27	34	17	16	17
	einige	87	77	85	37	34	37	29	27	29
	viele	90	78	87	39	30	37	49	46	49
	insgesamt Prozent	83	72	81	37	30	35	23	21	23
	n	4617	2086	6699	4782	2143	6926	4791	2154	6944

Quelle: DJI-Jugendsurvey 2003

Bildung: Der Indikator „Bildung" stellt für junge Menschen, die das allgemein bildende Schulwesen bereits verlassen haben, den höchsten dort erreichten Schulabschluss dar; für Jugendliche, die noch eine allgemein bildende Schule besuchen, wird der angestrebte Schulabschluss ausgewiesen.

Vereinsaktivität: Frage: Sagen Sie mir bitte noch zu jeder Organisation, in der Sie gegenwärtig Mitglied sind, wie stark Sie an den Verbands- bzw. Vereinsaktivitäten teilnehmen. Aktiv: wenn auf die Frage eine der folgenden Antwortkategorie angegeben wurde: ich übe ein Amt/eine Funktion aus, übe kein Amt/keine Funktion aus aber nehme regelmäßig teil oder nehme gelegentlich teil. Antwort: Bin aktiv in mindestens einem der folgenden Vorgaben von Vereinen oder Verbänden: Gewerkschaften, Berufsverbände, kirchliche/religiöse Vereine und Verbände, Wohlfahrtsverbände, Heimat- u. Bürgervereine, Jugend- und Studentenverbände, Sportvereine, sonstige gesellige Vereinigungen, Bürgerinitiativen, andere Vereine/Verbände.

Aktiv in informellen Gruppierungen: Die Frage lautete: In unserer Gesellschaft gibt es neben Organisationen mit fester Mitgliedschaft auch weniger fest organisierte Gruppierungen oder Bewegungen, die man gut finden und in denen man auch mitarbeiten kann. ...Sagen Sie mir zu jeder Gruppierung, ob Sie diese gut finden, ob Sie dort mitmachen oder ob Sie diese ablehnen. Aktiv: finde gut, arbeite mit oder finde gut, besuche ab und zu Treffen. Vorgabe von Gruppierungen: Umweltschutzgruppen, Friedensinitiativen, Anti-AKW-Initiativen, Selbsthilfegruppen, Frauen-/Männergruppen, Dritte-Welt-Initiativen, Menschenrechtsgruppen, Stadtteil-/Nachbarschafts-/regionale Initiativen, Tierschutzinitiativen, Globalisierungskritiker (z. B. Attac).

Politisch aktive Freunde: Die Frage lautete: Wie viele Personen aus Ihrem Freundes- und Bekanntenkreis sind politisch aktiv?

Tabelle 4: Zusammenhänge von gesellschaftlichen Orientierungen mit demokratisch-staatsbürgerschaftlichen Orientierungen (in Prozent)

		Idee Demokratie			soziales Vertrauen			politische Kompetenz		
		West	Ost	ges.	West	Ost	ges.	West	Ost	ges.
Zufriedenheit mit Lebenslage	unzufrieden	73	59	69	23	16	21	15	14	15
	mittel	83	72	81	36	29	35	22	20	22
	zufrieden	89	85	88	46	50	47	30	33	31
soziale Verunsicherung	hoch	69	58	66	22	17	21	12	12	12
	mittel	86	77	84	37	34	37	22	22	22
	niedrig	92	86	91	50	46	49	37	37	37
gerechter Anteil	gerecht	87	80	86	41	37	40	26	24	26
	nicht gerecht	76	64	73	26	22	25	19	19	19
Europaorientierungen	stark	92	88	91	42	41	42	43	40	42
	weniger stark	81	68	78	35	27	33	17	17	17
	insgesamt Prozent	83	72	81	37	30	35	23	21	23
	n	4617	2086	6699	4782	2143	6926	4791	2154	6944

Quelle: DJI-Jugendsurvey 2003

Zufriedenheit mit Lebenslage: Mittelwert der Items zur Frage, wie zufrieden Sie gegenwärtig sind, mit folgenden Aspekten, die das persönliche Leben betreffen: Möglichkeiten, mein Leben selbst zu gestalten; meine finanzielle Lage; meine Möglichkeiten zur politischen Einflussnahme; meine politischen Rechte und Freiheiten; meine Möglichkeiten zur demokratischen Mitsprache in Schule und Beruf; meine soziale Sicherheit. Skalenvorgabe: von 0 ganz und gar unzufrieden bis 10 ganz und gar zufrieden. In der Tabelle: unzufrieden – Werte von 0 bis 4, mittel – Werte über 4 bis 7, zufrieden – Werte über 7 bis 10.

Soziale Verunsicherung: Mittelwert folgender drei Items: A. Heutzutage ist alles so unsicher geworden, dass man auf alles gefasst sein muss. B. Heute ändert sich alles so schnell, dass man nicht weiß, woran man sich halten soll. C. Früher waren die Leute besser dran, weil jeder wusste, was er zu tun hatte. Antwortkategorien: 1 = trifft überhaupt nicht zu, 2 = trifft eher nicht zu, 3 = trifft eher zu, 4 = trifft voll und ganz zu. Der Summenindex hat einen Wertebereich von 1,0 bis 4,0. Die Kategorie niedrig umfasst den Bereich 1,0 bis 2,0, mittel 2,1 bis 3,0, und hoch 3,1 bis 4,0.

Gerechter Anteil: Im Vergleich dazu, wie andere hier in der Bundesrepublik leben: Glauben Sie, dass Sie Ihren gerechten Anteil erhalten, mehr als Ihren gerechten Anteil, etwas weniger oder sehr viel weniger? In der Tabelle: Gerecht die ersten beiden Antwortvorgaben, nicht gerecht die letzten beiden.

Europaorientierungen: Drei Items: A. Es ist mir klar, wie die Europäische Union funktioniert; B. Entscheidungen, die von der Europäischen Kommission in Brüssel getroffen werden, betreffen auch mich; C. Für meine persönliche Zukunft wird Europa immer bedeutsamer. Antwortskala: 1 trifft überhaupt nicht zu bis 6 trifft voll und ganz zu. „Starke Europaorientierungen": Anteil derjenigen Befragten, die bei allen drei Items einen der Skalenwerte von 4 bis 6 angegeben haben.

Tabelle 5: Zusammenhänge von Bildung und Beteiligung mit demokratisch-staatsbürgerschaftlichen Orientierungen (18- bis 29-Jährige) (in Prozent)

		Idee Demokratie	soziales Vertrauen	politische Kompetenz
Bildung	ohne/Hauptschulabschluss	62	17	13
	Mittlere Reife	84	20	23
	(Fach-) Abitur	93	36	37
Vereinsaktivität	nicht aktiv	81	23	24
	aktiv	88	30	29
informelle soziale Gruppierungen	gehöre nicht an	84	22	23
	gehöre an	86	37	37
	insgesamt Prozent	84	26	26
	n	497	512	512

Quelle: ALLBUS 2008

Idee der Demokratie: Bei der folgenden Frage geht es nicht um tatsächlich bestehende Demokratien, sondern um die Idee der Demokratie. Bitte sagen Sie mir anhand der Liste, wie sehr Sie grundsätzlich für oder grundsätzlich gegen die Idee der Demokratie sind. Die Antwortvorgaben waren: sehr für die Idee der Demokratie, ziemlich für ..., etwas für ..., etwas gegen ..., ziemlich gegen ... und sehr gegen ...; für die Prozentuierung werden sehr für ... und ziemlich für ... zusammengefasst.

Soziales Vertrauen: Zwei Fragen: Frage 1: Manche Leute sagen, dass man den meisten Menschen trauen kann. Andere meinen, dass man nicht vorsichtig genug sein kann im Umgang mit anderen Menschen. Was ist Ihre Meinung dazu? Antwortvorgaben: 1 Den meisten Menschen kann man trauen – 2 Man kann nicht vorsichtig genug sein – 3 Das kommt darauf an – 4 Sonstiges. – Frage 2: Wie groß ist im Allgemeinen Ihr Vertrauen gegenüber den folgenden Personen? 1 bedeutet: Überhaupt kein Vertrauen und 7 bedeutet: Sehr großes Vertrauen. Die Werte dazwischen dienen zur Abstufung Ihres Urteils. Hier verwendet: Wie groß ist Ihr Vertrauen gegenüber Ihnen fremden Personen? – Soziales Vertrauen: Wenn bei Frage 1 Antwort 1 gegeben wurde, oder Antwort 3, dabei jedoch in Frage 2 eine der Werte 4 bis 7.

Politische Kompetenz: Auf dieser Liste stehen einige Meinungen, die man gelegentlich hört. Sagen Sie mir bitte zu jeder Meinung, ob Sie ihr 1 voll und ganz zustimmen, 2 eher zustimmen, 3 eher nicht zustimmen oder 4 überhaupt nicht zustimmen. Zwei Aussagen: D Die ganze Politik ist so kompliziert, dass jemand wie ich gar nicht versteht, was vorgeht. Und: F Im Allgemeinen weiß ich eher wenig über Politik. – Politische Kompetenz hoch: Wenn jeweils einer der Aussagen am wenigsten zugestimmt wird (Wert 4) und bei der anderen nicht zugestimmt wird (Wert 3 oder 4).

Bildung: Angaben zum allgemeinbildenden Schulabschluss; nicht berücksichtigt die Angaben anderer Schulabschluss oder noch Schüler.

Vereinsaktivität: Sind Sie derzeit Mitglied einer Organisation oder eines Vereins? Gehen Sie bitte diese Liste durch und sagen Sie mir, wo Sie Mitglied sind. Sagen Sie mir jeweils dazu, ob Sie sich an den Aktivitäten des Vereins bzw. der Organisation beteiligen oder ob Sie sogar ein Ehrenamt in diesem Verein innehaben? A Kultur-, Musik-, Theater- oder Tanzverein, B Sportverein, C Sonstige Hobbyvereinigung, D Wohltätigkeitsverein oder karitative Organisation, E Friedens- oder Menschenrechtsorganisation, F Umwelt-, Natur- oder Tierschutzorganisation, G Verein / Organisation im Gesundheitsbereich, Selbsthilfegruppe, H Elternorganisation, J Verein für Pensionierte oder Rentner, Seniorenverein, K Bürgerinitiative, L Sonstige Organisation, sonstiger Verein. Dazu: aktiv in einer Gewerkschaft, einer Berufsorganisation, aktiv in der Kirchengemeinde – Aktiv: Mindestens in einer der Organisationen aktiv.

Aktiv in informellen Gruppierungen: Abgesehen von Organisationen und Vereinen, von denen wir gerade gesprochen haben, gehören Sie einer Gruppe an, die sich regelmäßig trifft oder regelmäßigen Kontakt hat und nicht als Verein organisiert ist? (Wichtig ist die Regelmäßigkeit des Kontakts und dass die Gruppe privat organisiert ist/informellen Charakter hat. Beispiele: Stammtisch, Wandergruppen, Diskussions- oder Lesegruppen!) Antwort: Ja.

Tabelle 6: Zusammenhänge von gesellschaftlichen Orientierungen mit demokratisch-staatsbürgerschaftlichen Orientierungen (18- bis 29-Jährige) (in Prozent)

		Idee Demokratie	soziales Vertrauen	politische Kompetenz
Beurteilung eigene Wirtschaftslage heute	gut	90	29	32
	weniger gut	79	23	21
soziale Verunsicherung	stark	78	18	21
	wenig/nicht	88	31	29
gerechter Anteil	gerecht	90	34	30
	nicht gerecht	78	16	23
	insgesamt Prozent	84	26	26
	n	497	512	512

Quelle: ALLBUS 2008

Beurteilung eigene Wirtschaftslage heute: Wie beurteilen Sie ganz allgemein ... Ihre eigene Wirtschaftslage heute? Sehr gut – gut – teils gut, teils schlecht – schlecht – sehr schlecht. Gut in der Tabelle: Werte sehr gut oder gut, die anderen weniger gut.

Soziale Verunsicherung: Ich werde Ihnen nun einige Aussagen vorlesen. Sagen Sie mir bitte zu jeder einzelnen dieser Aussagen, ob Sie persönlich 1 derselben Meinung sind oder 2 ob Sie anderer Meinung sind. Aussagen: Egal, was manche Leute sagen: Die Situation der einfachen Leute wird nicht besser, sondern schlechter, sowie: So wie die Zukunft aussieht, kann man es kaum noch verantworten, Kinder auf die Welt zu bringen. Starke soziale Verunsicherung: Wenn bei beiden Aussagen Antwortvorgabe 1 angegeben wurde.

Gerechter Anteil: Im Vergleich dazu, wie andere hier in der Bundesrepublik leben: Glauben Sie, dass Sie Ihren gerechten Anteil erhalten, mehr als Ihren gerechten Anteil, etwas weniger oder sehr viel weniger? In der Tabelle: Gerecht die ersten beiden Antwortvorgaben, nicht gerecht die letzten beiden.

Tabelle 7: Zusammenhänge von West-Ost und Geschlecht mit demokratisch-staatsbürgerschaftlichen Orientierungen (18- bis 29-Jährige) (in Prozent)

		Idee Demokratie	soziales Vertrauen	politische Kompetenz
West-Ost	West	86	18	27
	Ost	77	22	21
Geschlecht	männlich	86	21	32
	weiblich	82	17	19
	insgesamt Prozent	84	19	26
	n	497	512	512

Quelle: ALLBUS 2008

Peter Massing

Parteien- und Politikverdrossenheit – Mode oder Signum der Zeit?

1. Vorbemerkungen

Wer über Parteien- oder Politikverdrossenheit schreiben will, der gerät schnell in Verlegenheit. Nicht einmal, sondern mehrere Male, ja fast ununterbrochen. Das beginnt schon mit der Wahl des Begriffs. In Sachen Parteien- und Politikverdrossenheit herrscht in Wissenschaft und Öffentlichkeit überwiegend Konfusion. Man redet auch über Parteiverdrossenheit (Singular), Politikerverdrossenheit, Staatsverdrossenheit, Demokratieverdrossenheit, Systemverdrossenheit, Parlamentarismusverdrossenheit, Institutionenverdrossenheit. Manchmal werden die Begriffe synonym gebraucht, manchmal bezeichnen sie Unterschiedliches (vgl. Boher 1996, S. 5 ff.). Erschwerend kommt hinzu, dass der Begriff Politikverdrossenheit vor allem in den frühen 1990er Jahren Konjunktur hatte. „Politikverdrossenheit" wurde 1992 zum „Wort des Jahres" gekürt. Doch schon ca. zehn Jahre später bemerkte Werner Patzelt, der Begriff wirke etwas abgestanden (vgl. Patzelt 1999, S. 31). Heute scheint es, als sei der Begriff Politikverdrossenheit von dem der Politikdistanz abgelöst worden (vgl. kursiv 1/2009), was die Sache allerdings nicht besser macht. Immer noch lässt sich eine babylonische Sprachverwirrung im Kontext der Verdrossenheits- und der Distanzdiskussion feststellen. Dringend erforderlich wäre eine terminologische „Aufräumarbeit", die aber in diesem Beitrag nicht geleistet werden kann. Aus praktischen Gründen wird am Begriff Politikverdrossenheit festgehalten. Er schließt Parteienverdrossenheit mit ein, da Parteien unserer Politik entscheidend prägen. Politikverdrossenheit meint inhaltlich auch das gleiche wie Politikdistanz, nämlich den Tatbestand, dass sich Bürgerinnen und Bürger in wachsender Zahl von der Politik abwenden.

Wenn des Weiteren nur noch von Politikverdrossenheit die Rede sein wird, ist mit dieser Festlegung jedoch noch keine einzige Schwierigkeit überwunden, die im Umfeld dieses Begriffs auftaucht. Das größte Problem scheint in der Unsicherheit zu liegen, ob dieser Begriff überhaupt ein reales Phänomen beschreibt. „Wir wissen alle: die österreichische Bevölkerung ist massiv politikverdrossen. Wir wissen auch: sie liegt damit im internationalen Trend und sogar mit einer gewissen, durchaus exzeptionellen Vorreiterrolle. Ansonsten wissen wir wenig. Jedenfalls nichts Genaues. Die politische wie politikwissenschaftliche Diskussion zum Thema steht unter dem Verdacht, als ‚autopoietischer' Diskurs zu funktionieren, der seine Evidenzen und Überzeugungen aus sich selber schöpft" (Schedler 1993, S. 3). Diese Aussage könnte auch auf die Bundesrepublik Deutschland zutreffen. Dies gilt ebenso für die Feststellung: „Die Politikverdrossenheit stellt sich als ein Allgemeinplatz dar, von dem nicht sicher ist, inwieweit er tatsächlich bevölkert ist. Vielleicht ist er gar unbewohnt" (a. a. O.).

In diesem Beitrag wird jedoch unterstellt, dass Politikverdrossenheit bei allen Problemen und bei aller Vielschichtigkeit des Begriffs durchaus einen harten Kern, d.h. eine reale Grundlage besitzt. Der Beitrag versucht auf folgende Fragen zu antworten:

1. Was genau wird eigentlich unter Politikverdrossenheit verstanden? Welche Einstellungen werden mit Politikverdrossenheit bezeichnet und welche Objekte sind Gegenstand von Verdrossenheit?
2. Welche politischen und gesellschaftlichen Verhaltensweisen gelten als politikverdrossen und welches Verhalten ist die Folge von Politikverdrossenheit?
3. Welche Ursachen von Politikverdrossenheit werden beschrieben?
4. Wie kann Politikverdrossenheit bewertet werden? Die Beantwortung dieser Frage greift auf den Titel des Beitrags zurück:

„Parteien- und Politikverdrossenheit – Mode oder Signum der Zeit?"

5. Am Ende wird dann noch eine knappe Einordnung aus der Sicht der politischen Bildung versucht, die auf neue Ansätze in der Politikdidaktik verweist.

2. Was heißt Politikverdrossenheit und worauf bezieht sie sich?

Bevor einige Antworten auf diese Frage gegeben werden, ist es notwendig, etwas zum wissenschaftlichen und nichtwissenschaftlichen Schrifttum zu sagen, durch das der Terminus „Politikverdrossenheit" geistert. Nicht nur das Wort Verdrossenheit erfuhr in den 1990er Jahren eine geradezu inflationäre Verwendung, sondern auch die Veröffentlichungen zum Begriff Politikverdrossenheit. Zwar finden sich schon Arbeiten aus den 1980er Jahren und aus jüngerer Zeit. Der Höhepunkt der Konjunktur lag aber zweifellos in den 1990er Jahren. In dieser Phase erschien eine solche Fülle an Aufsätzen und Büchern – essayistisch und feuilletonistisch ebenso wie theoretisch oder empirisch wissenschaftlich –, die kaum noch zu bewältigen ist (vgl. Arzheimer 2002 und die dort angegebene Literatur). Die jeweiligen Publikationen unterscheiden sich in fast allem: im Erkenntnisinteresse, in den Fragestellungen, in den Begriffen, im methodischen Vorgehen, in den Ergebnissen und in den Bewertungen der Ergebnisse. Dennoch soll im Folgenden versucht werden, Gemeinsamkeiten herauszuarbeiten.

Fragt man danach, was unter Politikverdrossenheit im Sinne einer Arbeitsdefinition verstanden wird, dann besteht in einer Hinsicht Einigkeit in der Literatur.

Politikverdrossenheit bringt in ihrem Kern eine Distanz zwischen Gesellschaft und Staat, Volk und Politik, Regierenden und Regierten zum Ausdruck. Sie wird von praktisch allen Autoren als eine negative, emotional gefärbte Einstellung von Bürgerinnen und Bürgern bezeichnet, die sich auf den Gegenstandsbereich des Politischen bezieht (vgl. Czerwick 1996, S. 50). Dazu gehört eine

Reihe von Objekten, die sich mit Hilfe der drei Dimensionen des Politischen systematisieren lassen.

Zur Polity-Dimension zählt die Verdrossenheit, die sich als Unzufriedenheit mit der Regierungsform der repräsentativen Demokratie und der Parteiendemokratie ausdrückt. Diese Form der Verdrossenheit wird zwar häufig genannt, in der Regel aber wird gleichzeitig festgestellt, dass von einer solchen Verdrossenheit in der Bundesrepublik noch nicht gesprochen werden könne. Die Zustimmung zur bundesdeutschen Demokratie erscheine relativ stabil und die Akzeptanz der Idee der Demokratie nach wie vor erstaunlich hoch (vgl. Niedermayer 2005, S. 97 ff.). Aktuelle Zahlen zeigen allerdings, dass auch hier ein Rückgang zu verzeichnen ist, ohne dass sich daraus jedoch eine klare und eindeutige Interpretation ableiten ließe (vgl. Gabriel 2005). Zur Polity-Dimension gehören auch Einstellungen, die als zunehmende Distanz zu zentralen politischen Institutionen wie Bundesregierung, Bundestag oder kommunalen Behörden beschrieben werden. Auch deren offensichtlich zunehmend negative Bewertung durch die Bürger wird in der Regel unter dem Begriff Politikverdrossenheit subsumiert (vgl. Arzheimer 2002, S. 272 ff.).

Auf der Politics-Dimension bezieht sich die Verdrossenheit vor allem auf die Akteure des politischen Prozesses: Zum einen auf die politischen Autoritäten, die Politiker, und zum anderen auf die Parteien, d.h. auf die Organisationen, die im Verständnis der Öffentlichkeit in erster Linie „Politik machen".

Vor allem gegen die Politiker, die in der Bevölkerung als „die da oben" betrachtet werden, die mit dem Anliegen der „kleinen Leute" nichts zu tun haben und nichts zu tun haben wollen, richten sich Antipathien und Aversionen. Dabei wird die Neigung deutlich, über die so genannte „politische Klasse" negative Pauschalurteile zu fällen, die sich durch häufige Meldungen über politische Skandale oder Fälle von Vorteilsnahme der Politiker zu bestätigen scheinen (vgl. Blome 2008). Die Grenze zwischen der negativen Haltung gegenüber dem politischen Personal und den politischen Parteien ist mehr oder weniger fließend.

Politikverdrossenheit gegenüber den Parteien meint vor allem den im Bewusstsein vieler Bürgerinnen und Bürger offenbar tief eingenisteten Verdruss darüber, dass die Parteien im öffentlichen Leben unserer Demokratie eine Rolle spielen oder zu spielen beanspruchen, die in keinem vernünftigen Verhältnis zu ihren Verdiensten und ihren Leistungen stehe und die zudem als vom Volk abgehoben, abgekoppelt und verkrustet empfunden werden (vgl. Zeschmann 2000, S. 18; Boher 1996). Bei diesem Objekt der Verdrossenheit trifft sich das gestörte Verhältnis der Bevölkerung zu den Parteien mit dem Verdrossenheitsdiskurs der politischen Eliten, den Medien und gelegentlich auch mit der an Verdrossenheit grenzenden Parteienkritik der Wissenschaften. Zu nennen sind hier Diskurseliten wie der ehemalige Bundespräsident Richard von Weizsäcker, der den Parteien vorwarf, machtbesessen und machtvergessen zu sein. Sie hätten sich zu einem ungeschriebenen sechsten Verfassungsorgan entwickelt, das auf die anderen fünf einen immer weitergehenden, zum Teil völlig beherrschenden Einfluss entwickelt habe (vgl. von Weizsäcker 1992). Aber auch prominente Parteienkritiker – wie Herbert von Arnim – behaupten: Parteien wirkten nicht mehr, wie es in Artikel 21 Grundgesetz heißt, an der politischen Willensbildung mit, sondern sie hätten immer mehr einen Allzuständigkeitsanspruch, ein Monopol entwickelt. „Sie wirken nicht an der politischen Willensbildung mit, sondern sie beherrschen sie weitgehend und unterlaufen die Gewaltenteilung“ (von Arnim 1995, S. 32). Gerade als Reaktion auf solche Kritik hatte Peter Lösche 1995 formuliert: „Was Parteienkritiker auszeichnet und zur Parteien- und Politikverdrossenheit beiträgt, was die Frustrationsspirale in Schwung hält, ist schließlich eine germanozentrische, fast autistische Tendenz. Es werden Missbräuche in Deutschland beklagt, ohne dass auf vergleichbare Probleme in anderen Ländern verwiesen wird“ (Lösche 1995, 158 f.).

Trotz dieser zugespitzten Polemik gegen überzogene Parteienkritik sind jedoch die Autoren, die keine Alternative zu den Parteien oder zum Parteienstaat sehen – so auch Lösche –, nicht zimperlich, wenn es darum geht, den Parteien die Leviten zu lesen. Die Parteien hätten in der öffentlichen Verwaltung und in der Gesellschaft insgesamt die Patronage überdehnt. Parteien gelänge es, durch Personalrekrutierung fast alle Bereiche des öffentlichen Lebens zu durchdringen. Die Parteien säßen auf allen Ebenen des politischen und ökonomischen, des sozialen und kulturellen Lebens fest im Sattel. Natürlich seien Parteien immer auch Patronageorganisationen, nämlich Vereinigungen von Bürgern, die Ämter, Posten, Funktionen, Beförderungen und Karrieren zu vergeben hätten. Daran sei im Prinzip nichts Anrüchiges. Allerdings könne Patronage auch zu weit getrieben werden. „Warum bei der Ernennung von Theater- und Opernintendanten Parteizugehörigkeit eine Rolle spielt, ist der Öffentlichkeit ebenso wenig verständlich zu machen wie die Tatsache, dass in manchen Landstrichen der Bundesrepublik eine Beförderung vom Studienrat zum Oberstudienrat ohne ein bestimmtes Parteibuch nicht gelingen will. Auf der lokalen Ebene (...) scheinen Parteien allgegenwärtig zu sein: Sie mischen in den Vereinen mit, beim Sport- und Gesangsverein, beim Schützenverein und bei der freiwilligen Feuerwehr“ (Lösche 1999, S. 13 f.). Es ist nicht zu vermeiden, dass solche Aussagen eine über die Grenzen der Politikwissenschaft hinausgehende populärwissenschaftliche Diskussion in der breiten Öffentlichkeit nach sich zieht, bei der die Parteien nicht gut wegkommen. Dies hat zur Folge, dass bei einem Großteil der Bevölkerung ihr Ansehen kaum schlechter sein könnte.

Auf der Policy-Dimension kann man festhalten, dass Politikverdrossenheit hier vor allem die Unzufriedenheit der Bürgerinnen und Bürger mit dem realisierten Output des politischen Systems umfasst, d.h. sich auf die politischen Entscheidungen, die politisch-gesellschaftliche Probleme lösen sollen, oder auf politische Versprechungen, die die Lösung dieser Probleme ankündigen, und auf die Folgen von politischen Entscheidungen bezieht. Vereinfacht geht es um die Effizienz und die Effektivität des politischen Systems (vgl. Zeschmann 2000, S. 17). Empirisch wird dieser Aspekt häufig über die Demokratiezufriedenheit der Bevölkerung untersucht (vgl. Niedermayer 2005). Auch wenn damit eine Fülle theoretischer und empirischer Probleme verbunden ist und es gelegentlich unklar bleibt, ob es nur um die Performanz der Demokratie, das Demokratiekonzept des Grundgesetzes oder um eine Generalbewertung der Demokratie geht, scheint das Erscheinungsbild und die Funktionsweise der Demokratie zunehmend negativ bewertet zu werden. Dies wird dann wiederum als Symptom für Politikverdrossenheit interpretiert.

Zusammenfassend lässt sich sagen: Politikverdrossenheit beschreibt ein komplexes Bild negativer politischer Überzeugungen im Sinne einer Vielzahl diffuser Anti-Haltungen, die breitflächig und generalisierend vorgetragen, sich gegen die verschiedensten politischen Objekte richten, die in einem Spannungsverhältnis zueinander stehen, auf jeden Fall nicht säuberlich getrennt werden können, und die sich in unterschiedlichen politischen Verhaltensweisen äußern.

3. Politikverdrossenheit und politisches Verhalten

Die Konsequenzen von Politikverdrossenheit sind vielfältig, wobei nicht immer klar unterschieden wird, inwieweit sie Bestandteile von Politikverdrossenheit sind, Folgen von Politikverdrossenheit oder beides zugleich. Soweit Politikverdrossenheit als ein Zustand des Leidens an der Politik gesehen wird und nicht als eine aktive Handlungsform (Bürklin 1992), wird als Folge vor allem der Rückgang von politischer Unterstützung des politischen Systems genannt, verknüpft mit einem Vertrauensverlust gegenüber zentralen politischen Institutionen. Ebenso ein wachsendes Desinteresse gegenüber politischen Fragen und Problemen sowie Enttäuschung, Unzufriedenheit und Misstrauen gegenüber dem, was vage als „die Politik“ bezeichnet wird. Mündet Misstrauen in politisches Handeln, werden die Folgen unter anderem in Wahlverweigerung bzw. sinkender Wahlbeteiligung gesehen sowie in Protestwahl- oder Denkzettelwahlverhalten, indem extreme, populistische oder

„Spaßparteien“ gewählt werden (vgl. Hamm-Brücher 1993; Deinert 1996). Als Konsequenz von Politikverdrossenheit wird auch der Mitgliederverlust traditioneller Parteien oder gesellschaftlicher Großorganisationen interpretiert. Dazu gehört offensichtlich auch die Erhöhung der moralischen und gesellschaftlichen Schwelle des Beitritts in solche Organisationen – insbesondere in Parteien. Vor allem bei Jugendlichen werden Parteien als „Organisationssauriere“ (Elmar Wiesendahl) wahrgenommen. Aber auch das Aufkommen neuer Protestformen und die zunehmende aktive politische Selbstorganisation der Bürgerinnen und Bürger werden im Zusammenhang mit Politikverdrossenheit beschrieben (vgl. Czerwick 1996, S. 53).

Inhalte von, Reaktionen auf und Ursachen von Politikverdrossenheit sind analytisch nur schwer zu trennen. Im Bewusstsein dieser Schwierigkeit und ohne eine Lösung parat zu haben, soll kurz auf die Ursachen von Politikverdrossenheit eingegangen werden. Im Vordergrund stehen dabei die Ursachen, die Anhaltspunkte für die politische Bildung bilden können.

4. Ursachen von Politikverdrossenheit

Steigende Politikverdrossenheit kann ihre Ursache bei den Bürgerinnen und Bürgern haben, sie kann aber auch durch die Politik selbst verursacht sein. Bezogen auf die Bürgerinnen und Bürger scheint vor allem ein Zusammenhang zwischen soziodemografischen Merkmalen und Politikverdrossenheit zu bestehen. Jüngere, Frauen, Menschen mit geringem Einkommen, Angehörige aus der Unterschicht und vor allem Personen mit niedriger Bildung sind eher politikverdrossen (vgl. Maurer 2003, S. 37 ff.; Niedermayer 2005).

Niedrige Bildung und Politikverdrossenheit stehen aber noch in einem anderen Zusammenhang: Menschen, die wenig oder Falsches über die Aufgabe der Politik und die Funktionsweise des politischen Systems wissen, sind häufiger und stärker politikverdrossen (vgl. Herles 1993, S. 11). Politikfern und politikverdrossen sind die Ahnungslosen, schreibt Werner Patzelt. Er sieht den Schwachpunkt unserer Demokratie in den eklatanten Kenntnismängeln der Bürgerinnen und Bürger. Gerade wenn das politische System so funktioniere, wie es seiner Funktionslogik entspräche und wie es auch funktionieren solle, ziehe es die Kritik der Bürger auf sich und trage zur Politikverdrossenheit bei (vgl. Patzelt 1998, 1999, 2009).

Eine weitere Ursache für Politikverdrossenheit wird im gesellschaftlichen Wertewandel gesehen, der offensichtlich zu einem schwierigeren Bürger geführt hat. Dieser ist – nach Helmut Klages – zwar durch ein gesteigertes politisches Interesse gekennzeichnet, das aber gleichzeitig mit einer verminderten Frustrationstoleranz Hand in Hand gehe, verbunden mit einer vergrößerten Ungeduld, einer hohen Enttäuschungsanfälligkeit und einer vermehrten Kritikbereitschaft. Der politisch schwieriger gewordene Bürger schenke dem politischen System und seinen Institutionen kaum einen Sympathie- und Vertrauensvorschuss und betrachte Vertrauenszuweisung als ein jederzeit aufgrund eigener Enttäuschung widerrufbaren Akt (vgl. Klages 1996). Verschärft wird diese Situation noch dadurch, dass der „schwierige Bürger" keineswegs zu denen gehört, die politisch mehr wissen oder über angemessene Einsichten in das Politische verfügen. Gerade deshalb neigt er dazu, überbordende und auch falsche Erwartungen an die Leistungsfähigkeit demokratischer Politik und an die moralische Qualität des politischen Personals zu haben. Wenn diese dann nicht erfüllt werden, findet er es chic, sich der Politik enttäuscht zu verweigern, scheint sich doch seine Politikverdrossenheit von selbst zu rechtfertigen (vgl. Patzelt 1999).

Zu hohe Ansprüche – aus welchen Gründen auch immer – wurden schon sehr früh als Ursache für Politikverdrossenheit ausgemacht (vgl. Czerwick 1996, S. 64), womit gleichzeitig die Verbindung zu der Verdrossenheit hergestellt ist, die die Politik selbst verursacht. Die inflationäre Überhöhung der Ansprüche und Erwartungen der Bevölkerung an die Politik sind nicht nur die Folge von Wertewandel und mangelndem Wissen, sondern auch die Konsequenz der Selbstüberforderung der Politik (vgl. Maurer 2003, S. 43). Dazu gehört die zunehmende Diskrepanz zwischen behaupteter und beanspruchter Problemlösungskapazität der Politik und ihrer abnehmenden Leistungs- und Handlungsfähigkeit (z. B. durch Globalisierung und Internationalisierung). Die zunehmenden Vertrauens- und Glaubwürdigkeitsvorbehalte der Bürgerinnen und Bürger werden außerdem durch die häufigen Meldungen über Korruptionsfälle im politischen Raum noch weiter angeheizt. So entwickelt sich eine machtvolle negative Spiralbewegung, die auch dadurch Selbstverstärkungscharakter enthält, dass die Medien ins Spiel kommen und ihr Dramatisierungspotential einfließen lassen. Dabei ist die Frage, inwieweit die Medien die Hauptverursacher von Politikverdrossenheit sind, ein eigenes und komplexes Thema, dem hier nicht weiter nachgegangen werden kann. (vgl. Kepplinger 1996; Wolling 1999; Maurer 2003).

5. Politikverdrossenheit – Mode oder Signum der Zeit?

Nach den bisherigen Ausführungen sollte deutlich geworden sein, dass auf diese Frage eine einfache Antwort kaum möglich ist. Die beiden Begriffe „Mode“ und „Signum“ der Zeit suggerieren Aktualität und implizieren, dass es gewissermaßen einmal einen „unverdrossenen“ Zustand gegeben haben muss und dass irgendwelche Gründe den jetzigen verdrossenen Zustand herbeigeführt hätten. Dagegen sprechen Aussagen wie die, dass Politikverdrossenheit ein altes und immer wieder aufgewärmtes Thema sei oder dass man von Politikverdrossenheit sprechen könne, solange es Politik gäbe, auch wenn der Begriff selbst neueren Datums sei (vgl. Sontheimer 1990, S. 13). Die Frage, ob Politikverdrossenheit „Mode“ oder „Signum“ der Zeit ist, lässt sich in dieser alternativen Form nicht beantworten. Sie erfordert differenziertere Klärungen. Prinzipiell lassen sich drei Bewertungen von Politikverdrossenheit unterscheiden.

1. Auch wenn die wissenschaftliche Literatur insgesamt erstaunlich zurückhaltend ist, was die langfristigen Konsequenzen von Politikverdrossenheit für das politische System betrifft, finden sich auch hier Einschätzungen, die die Gefahr einer veritablen Demokratiekrise sehen und davor warnen, dass Politikverdrossenheit zur System- und Demokratieverdrossenheit eskalieren könne (vgl. Hamm-Brücher, 1993, S. 3; von Beyme 1994, S. 22). Damit werde die Stabilität der Demokratie schlechterdings in Frage gestellt, denn Demokratie benötige zur Stabilität „Kredit“, d.h. das Vertrauen der Regierten (vgl. Offe 1996, S.154).
2. Hartnäckig empirisch arbeitende Sozialwissenschaftler, die auch den Begriff Politikverdrossenheit am stärksten kritisieren und eher mit enger gefassten Begriffen wie z. B. „Politikerverdrossenheit“ (Niedermayer 2005, S. 39) arbeiten, kommen zu anderen Ergebnissen und Bewertungen. Zwar stellen auch sie fest, dass die politischen Institutionen – insbesondere die parteienstaatlichen – in jüngster Zeit immer kritischer beurteilt werden und ein Rückgang politischer Unterstützung auf unterschiedlichen Ebenen bemerkt werden kann. Sie betonen aber, dass die Deutschen, was ihr Verhältnis zur Politik betrifft, im Großen und Ganzen ein normales Volk sind und dass für Krisenszenarien in Bezug auf die demokratisch-politische Stabilität wenig Anlass besteht (vgl. Niedermayer 2005, S. 269).
3. Beide Positionen unterscheiden sich damit in der Einschätzung des Gefährdungspotentials, das Politikverdrossenheit beinhaltet. Die dritte Position nun sieht im Tatbestand der Politikverdrossenheit nicht nur eine selbstverständliche Normalsituation (vgl. Czerwick 1996, S.55), sie bewertet sie unter demokratietheoretischen Aspekten auch überwiegend positiv. Danach ist Politikverdrossenheit ein Ausdruck demokratischer Mündigkeit (vgl. Pickel 2002, S. 313) sowohl der Bürgerinnen und Bürger als auch gesellschaftlicher Gruppen, die ihre Stimme nicht mehr nur über die von ihnen gewählten Repräsentanten, sondern unmittelbarer zur Geltung bringen wollen (vgl. Czer-

wick 1996, S. 51). In diesem Sinne könne man Politikverdrossenheit nicht so ohne weiteres als Feind, sondern als „zweites Gesicht" der Demokratie betrachten. Denn Kritik, Unbehagen, Unmut und Verdruss sei ein demokratisches Grundmotiv, den Herrschenden eine Alternative entgegenzusetzen, sie zu kontrollieren und ihre Amtszeit zu begrenzen (vgl. Kerssenbrock/Bartels 1994, S. 44). Politikverdrossenheit sei notwendig als ein Stachel, der die politischen Akteure selbstkritisch stimme und davor schütze, in Erfolg und Routine selbstherrlich zu werden (vgl. Sontheimer 1990, S. 17).

Zwischen diesen Positionen finden sich noch eine Fülle von Modifikationen, die sich aber mehr oder weniger der einen oder anderen Position zuordnen lassen.

Daneben gibt es jedoch noch einen ganz anderen Umgang mit Politikverdrossenheit, den man als Instrumentalisierung des Begriffs bezeichnen kann. Dabei geht es gar nicht mehr darum, Politikverdrossenheit inhaltlich zu beschreiben oder ihre Konsequenzen zu analysieren, sondern in der politischen Auseinandersetzung „Politikverdrossenheit" als emotionalisiertes Schlagwort einzusetzen, dass als starkes Argument gilt, um den politischen Gegner zu attackieren und die eigenen Ziele zu rechtfertigen. Patzelt nennt in diesem Zusammenhang Politikverdrossenheit ein kommunikatives Statussymbol, mit dem man sich zieren müsse, um glaubhaft zu machen, man sei sensibel um die Demokratie besorgt. Er spricht von der „Doppelmode" der politischen Diskurseliten von einerseits zur Schau gestellten Politikverdrossenheit und offensiv demonstriertem Verständnis für Politikverdrossenheit (vgl. Patzelt 1999, S. 31). Kein Wunder, dass auch dann der Bürger selbst die Vorteile des Begriffs erkennt und ihn ebenfalls instrumentalisiert, wenn er sich selbst als politikverdrossen bezeichnet und damit droht, noch verdrossener zu werden, wenn bestimmten Missständen nicht abgeholfen werde. Politikverdrossenheit wird so zu einem Akt der Erpressung, der Politiker zu Geiseln eigener Interessenwahrnehmung macht (vgl. Bürklin 1992, S. 102).

In der Bewertung der Bedeutung von Politikverdrossenheit für das politische System unterscheiden sich die Positionen. Einigkeit besteht darin, dass sich auf jeden Fall mit dem Schlagwort „Politikverdrossenheit“ für unterschiedliche Zwecke Aufmerksamkeit sichern lässt. Auch die politische Bildung ist nicht frei davon, mit der angeblichen Verdrossenheit von Bürgerinnen, Bürgern und vor allem von Jugendlichen – auch gegen empirische Erkenntnisse (vgl. Pickel 2002, S. 419; Rijke u. a. 2006, S. 394) – zu argumentieren, wenn es darum geht, ihre Notwendigkeit zu rechtfertigen oder ihre besondere Bedeutung herauszustellen.

6. Politikverdrossenheit und politische Bildung

Dabei benötigt politische Bildung keinen Bezug zur Politikverdrossenheit, um öffentlich Anerkennung zu gewinnen und um ihre Rolle für die Demokratie herauszustellen. Es macht wenig Sinn, politische Bildung über Verfallsdiagnosen unserer Gesellschaft begründen zu wollen. Im Falle von Politikverdrossenheit birgt dies sogar Gefahren. Wenn die These von der zunehmenden Politikverdrossenheit richtig ist, würde politische Bildung sich selbst wieder bloß in ihrer „Feuerwehrfunktion“ anbieten. Sie müsste sich daran messen lassen, inwieweit es ihr gelingt, nicht nur Wege aus der Politikverdrossenheit aufzuzeigen, sondern Politikverdrossenheit tatsächlich und sichtbar zu vermindern – was politische Bildung überfordern würde. Wenn aber die empirische Sozialforschung Recht hat und von einer allgemeinen und dramatischen Politikverdrossenheit der Bürgerinnen und Bürger nicht gesprochen und auch bei den Jugendlichen nicht von einer „politikverdrossenen“ Generation die Rede sein kann und der Begriff „Politikverdrossenheit“ im Wesentlichen von medialen Konjunkturen abhängt, dann besteht die Gefahr, dass beim Abflauen der Konjunktur auch das Interesse an politischer Bildung abnimmt. Zur Begründung politischer Bildung reicht es aus, zu wissen, dass eine offene Gesellschaft und ihre demokratische Ordnung von ihren Bürgerinnen und Bürgern mehr als andere Gesellschaften verlangt und dass demokratische Bürgerinnen und Bürger nicht vom Himmel fallen und auch nicht geboren werden. Schon daraus ergibt sich die Notwendigkeit politischer Bildung.

Damit ist allerdings noch nichts darüber gesagt, wie diese politische Bildung aussehen muss. Der Gang durch die Politikverdrossenheitsdiskussion hat hier einige Anhaltspunkte ergeben. Sie reichen von der Rolle der Medienkompetenz bis zu Hinweisen auf die Bedeutung von Wissen, das allzu lange und wohl auch immer noch in der Politikdidaktik und der politischer Bildung unterschätzt wird (vgl. Massing 2008, S. 185 f.). Noch zu häufig wird vergessen, dass politische Bildung ihre Rechtfertigung auch daraus gewinnt, dass es ihr gelingt, erklärtes und gedeutetes Wissen über die Demokratie und das Politische zu vermitteln. Nicht nur Patzelt sieht den Schwachpunkt unserer Demokratie in einer ahnungslosen Bürgerschaft mit ihren fossilierten Vorurteilen und ihren durch Halbbildung überwucherten Wissenslücken. Auch Michael Greven schreibt: „Viel von der heute so wortreich beklagten Politikverdrossenheit beruht auf einem Wissensdefizit großer Bevölkerungsteile über die Funktionsweise, die Möglichkeiten und die Grenzen von Politik in Demokratien. In der politischen Gesellschaft von heute ist der angemessene Erwerb von Wissen eine, wenn nicht die wichtigste Voraussetzung der Wahrnehmung von Bürgerrechten in der Demokratie. Wo für die meisten alles unverstanden und undurchschaubar bleibt, wächst im Falle der Versagung individueller Interessen die Frustration gegenüber Politik insgesamt" (Greven 2000, S. 49). Diese Aussagen scheinen auch in der empirischen Sozialforschung tendenziell Bestätigung zu finden. Die durch formale Bildung erworbenen Kenntnisse und Fähigkeiten führen bei Bürgerinnen und Bürgern zu einem differenzierteren Urteil. Pauschalurteile werden hier am wenigsten gefällt und die Zahl der unreflektiert „Begeisterten" und der unreflektiert „Verdrossenen" ist hier am geringsten (vgl. Niedermayer 2005, S. 50). Vor diesem Hintergrund hat Siegfried Schiele jüngst für die schulische politische Bildung die Entwicklung von

Basiskonzepten gefordert, die u. a. folgende Fragen zu beantworten hätten: „Welche Grundeinsichten sind für politisches Lernen in einer demokratischen Gesellschaft unverzichtbar? Und wie kann ein Curriculum erarbeitet werden, das die Möglichkeit, solche Grundeinsichten zu erwerben, in den Mittelpunkt der Überlegungen stellt?“ (Schiele, 2009, S. 42). Dies sind die Fragen, die in letzter Zeit in der Politikdidaktik intensiv diskutiert wurden (vgl. Sander 2007, S. 95 ff; Weißeno 2008) und die jüngst zu einem Modell geführt haben, das nicht nur Mindeststandards formuliert, sondern auch aus politikdidaktischer Perspektive die Anforderungen an eine „civic literacy“ vorstellt. Es konkretisiert die Ansprüche an eine Grundbildung, die dazu befähigt, an der politischen Kultur der Bundesrepublik Deutschland teilzunehmen (Weißeno u. a. 2010). Genau an diesem Punkt muss die politikdidaktische Diskussion in Zukunft weitergeführt werden.

Literatur

Arnim, Hans Herbert von (1995): Politikerverdrossenheit, Wertewandel und politische Institutionen. In: Kreyher, Volker J./ Böhret, Carl (Hrsg.): Gesellschaft im Übergang. Problemaufrisse und Antizipationen. Baden-Baden, S. 31–37.

Arzheimer, Kai (2002): Politikverdrossenheit. Bedeutung, Verwendung und empirische Relevanz eines politikwissenschaftlichen Begriffs. Wiesbaden.

Beyme, Klaus von (1994): Politikverdrossenheit und Politikwissenschaft. In: Leggewie, Claus (Hrsg.): Wozu Politikwissenschaft? Über das Neue in der Politik. Darmstadt, S. 21–33.

Blome, Nikolaus (2008): Faul, korrupt und machtbesessen? Warum Politiker besser sind als ihr Ruf. Berlin.

Boher, Sylvia (1996): Parteienverdrossenheit. Ursachen und Lösungsstrategien. München.

Bürklin, Wilhelm (1992): Die deutsche Parteienkritik im Wandel. Die 1970er bis 1990er Jahre. In: Birke, Adolf M./Brechten, Magnus (Hrsg.): Politikverdrossenheit. Der Parteienstaat in der historischen und gegenwärtigen Diskussion. Ein deutsch-britischer Vergleich. München u. a.

Czerwick, Edwin (1996): Politikverdrossenheit – politische Selbstreferenz und die „Stimme des Volkes“. In: Klein, Josef/Diekmannshenke, Hajo (Hrsg.): Sprachstrategien und Dialogblockaden. Linguistische und politikwissenschaftliche Studien zur politischen Kommunikation. Berlin, New York, S. 49–72.

Deinert, Rudolf Günter (1998): Die PDS, die rechten Parteien und das Alibi der „Politikverdrossenheit“. In: Zeitschrift für Parlamentsfragen, 3/1998, S. 422–441.

Friedrichsen, Mike (1996): Politik- und Parteienverdruss durch Skandalberichterstattung? In: Jarren, Otfried/Schatz, Heribert/Weßler, Hartmut (Hrsg.): Medien und politischer Prozess. Politische Öffentlichkeit und massenmediale Politikvermittlung im Wandel. Opladen, S. 73-93.

Gabriel, Oscar W. (2005): Politische Einstellungen und politische Kultur. In: Gabriel, Oscar W./Holtmann Eberhard (Hrsg.): Handbuch Politisches System der Bundesrepublik Deutschland. 3. Auflage, München, S. 459-522.

Greven, Michael (2000): Kontingenz und Dezision. Beiträge zur Analyse der politischen Gesellschaft. Opladen.

Hamm-Brücher, Hildegard (1993): Wege in die und Wege aus der Politik- und Parteienverdrossenheit. Von der Zuschauerdemokratie zur demokratischen Bürgergesellschaft. In: Aus Politik und Zeitgeschichte, 31/1993, S. 3-6.

Herles, Helmut (1993): Geschlossene Gesellschaft in der Stimmungsrepublik. In: Herles, Helmut/Husemann, Friedrich W. (Hrsg.): Politikverdrossenheit. Schlagwort oder Zeichen der Krise. München/Landsberg am Lech, S. 11-16.

Kepplinger, Hans Mathias (1996): Skandale und Politikverdrossenheit - ein Langzeitvergleich. In: Jarren, Otfried/Schatz, Heribert/Weßler, Hartmut (Hrsg.): Medien und politischer Prozess. Politische Öffentlichkeit und massenmediale Politikvermittlung im Wandel. Opladen, S.41-58.

Kerssenbrock, Graf Trutz von/Bartels Hans-Peter (1994): Abgewählt. Wie den Parteien das Volk abhanden kam. Düsseldorf, Wien, New York.

Klages Helmut (1996): Der „schwierige Bürger" - Bedrohung oder Zukunftspersonal. In: Weidenfeld, Werner (Hrsg.): Demokratie am Wendepunkt. Die demokratische Frage als Projekt des 21. Jahrhunderts. Berlin, S. 233-253.

Lösche, Peter (1995): Parteienverdrossenheit ohne Ende? Polemik gegen das Lamentieren deutscher Politiker, Journalisten, Politikwissenschaftler und Staatsrechtler. In: Zeitschrift für Parlamentsfragen, 1/1995, S. 149-159.

Lösche, Peter (1999): Parteienstaat in der Krise: Überlegungen nach 50 Jahren Bundesrepublik Deutschland. Vortrag und Diskussion einer Veranstaltung des Gesprächskreises Geschichte der Friedrich-Ebert-Stiftung in Bonn am 19. August 1999. Bonn, 48 Seiten.

Massing, Peter (2008): Basiskonzepte für die politische Bildung. Ein Diskussionsvorschlag. In: Weißeno, Georg (Hrsg.): Politikkompetenz. Was Unterricht zu leisten hat. Wiesbaden, S. 184-198.

Maurer, Marcus (2003): Politikverdrossenheit durch Medienberichte. Eine Paneluntersuchung. Konstanz.

Niedermayer, Oskar (2005): Bürger und Politik. Politische Orientierungen und Verhaltensweisen der Deutschen. 2. aktualisierte und erweiterte Auflage, Wiesbaden.

Offe, Claus (1996): Bewährungsproben - Über einige Beweislasten bei der Verteidigung der liberalen Demokratie. In: Weidenfeld, Werner (Hrsg.): Demokratie am Wendepunkt. Die demokratische Frage als Projekt des 21. Jahrhunderts. Berlin, S. 141-157.

Patzelt, Werner J. (1998): Ein latenter Verfassungskonflikt? Die Deutschen und ihr parlamentarisches Regierungssystem. In: Politische Vierteljahresschrift, 4/1998, S. 725-757.

Patzelt, Werner J. (1999): Politikverdrossenheit, Populäres Parlamentsverständnis und die Aufgabe der politischen Bildung. In: Aus Politik und Zeitgeschichte, 7-8/1999, S. 31–38.

Patzelt, Werner J. (2009): Politikfern sind die Ahnungslosen. In: kursiv. Journal für die politische Bildung, 1/2009, S. 12–17.

Pickel, Gert (2002): Jugend und Politikverdrossenheit. Zwei politische Kulturen im Deutschland nach der Vereinigung? Opladen.

Rijke, Johann de/Gaiser, Wolfgang/Gille, Martina (2006): Wandel der Einstellungen junger Menschen zur Demokratie in West- und Ostdeutschland – Ideal, Zufriedenheit, Kritik. In: Diskurs Kindheits- und Jugendforschung, 3/2006, S. 335–352.

Sander, Wolfgang (2007) (Hrsg.): Politik entdecken – Freiheit leben. Didaktische Grundlagen politischer Bildung. 2. überarbeitete und erweiterte Auflage, Schwalbach/Ts.

Schedler, Andreas (1993): Das empirische Profil der „Politikverdrossenheit“. Ein Annäherungsversuch (auf der Grundlage von Austrian Life Style 1992) (= Forschungsberichte des Instituts für Höhere Studien, Reihe Politikwissenschaft, Bd. 7). Wien.

Schiele, Siegfried (2009): Elementarisierung politischer Bildung. Politische Bildung ohne Tiefen- und Breitenwirkung. In: kursiv. Journal für politische Bildung, 1/2009, S. 38–43.

Sontheimer, Kurt (1990): Politik- und Parteienverdrossenheit in der Bundesrepublik Deutschland – Analyse der Situation. In: Bundesvereinigung der Deutschen Arbeitgeberverbände (Hrsg.): Wirtschaften, Verantworten, Gestalten. Sonderhefte, Band 12. Berlin, S. 4–27.

Weißeno, Georg (2008) (Hrsg.): Politikkompetenz. Was Unterricht zu leisten hat. Wiesbaden.

Weißeno, Georg/Detjen, Joachim/Juchler, Ingo/Massing, Peter/Richter, Dagmar (2010): Konzepte der Politik – ein Kompetenzmodell. Schwalbach/Ts.

Weizsäcker, Richard von (1992): Richard von Weizsäcker im Gespräch mit Gunter Hoffmann und Werner A. Perger. Frankfurt/M.

Wolling, Jens (1999): Politikverdrossenheit durch Massenmedien? Der Einfluss der Medien auf die Einstellung der Bürger zur Politik. Opladen, Wiesbaden.

Zeschmann, Philip (2000): Wege aus der Politiker- und Parteienverdrossenheit. Demokratie für eine Zivilgesellschaft. Sinzheim.

Siegfried Schiele

Politische Bildung einmal anders

1. Politische Bildung ist nicht wirksam genug

Politische Bildung möchte die Menschen befähigen, in politischen Fragen ein eigenes begründetes Urteil zu treffen und in unserer Demokratie aktiv mitzuarbeiten. Das Ziel der mündigen Bürgerin und des mündigen Bürgers, das schon seit langem propagiert wird, ist immer noch aktuell.

Wenn wir jedoch schon seit Jahren eine Abkehr vieler Bürgerinnen und Bürger vom politischen Leben konstatieren, dann scheint die politische Bildung ihre Ziele deutlich zu verfehlen. Darum ist es gut, wenn das Thema im Rahmen der „Beutelsbacher Gespräche" aufgegriffen wird. In der Regel wird nämlich dieser negative Befund gar nicht zur Kenntnis genommen. Politische Bildung wird in der Schule sowie im außerschulischen Bereich wie gehabt weiterhin angeboten, als ob sich nichts geändert hätte. Dabei müssen wir doch zur Kenntnis nehmen, dass die Wahlbeteiligung auf allen Ebenen nach unten geht, dass die Parteien, Verbände und Kirchen Mitglieder verlieren, dass Menschen, die politische Mandate bekleiden, wie noch nie verachtet werden, dass wir insgesamt weit davon entfernt sind, eine aktive und vitale Demokratie zu sein, wie sie vielen Lehrbüchern der politischen Bildung vorschwebt.

Nun kann man natürlich nicht die politische Bildung für das Wohl und Wehe unserer Demokratie verantwortlich machen. Da müssen wir viele Faktoren heranziehen. In diesem Zusammenhang nenne ich nur den Politikbetrieb selbst, der im Guten wie im Bösen bei den Menschen Auswirkungen hinterlässt. Politiker, so der Eindruck von außen, unterschätzen diese Wirkungen oder machen sich darüber zu wenig Gedanken. Ebenso wichtig sind die Medien, die über Politik berichten und ganz wesentlich die Vorstellungen prägen, welche die Bürgerinnen und Bürger von der Politik haben. Nur in wenigen Fällen reicht die Mediennutzung aus, um zu einem fundierten politischen Urteil zu kommen. Im Fernsehen huschen die politischen Bilder – sofern sie überhaupt gesehen werden – zu schnell vorbei. Die Kost qualitätsvoller Zeitungen und Magazine ist in der Regel schwer verdaulich. So wäre es dringend erforderlich, dass möglichst viele Bürgerinnen und Bürger durch politische Bildung befähigt werden könnten, sich aktiv mit dem politischen Geschehen auseinandersetzen zu können. Davon sind wir allerdings weit entfernt.

Die politische Bildung in den Schulen unseres Landes steht auf schwachen Beinen. Es gibt zwar Unterschiede in den Stundentafeln verschiedener Bundesländer, aber es trifft den Kern der Sache, wenn man feststellt, dass das Fach Sozialkunde bzw. Gemeinschaftskunde viel zu wenig Gewicht im Schulleben eingeräumt bekommt. Dabei ist das Fach Gemeinschaftskunde in Baden-Württemberg sogar als Verfassungsfach ausgewiesen (Art. 21, Abs. 2 der Landesverfassung). Leider muss man den Eindruck gewinnen, dass die Unterrichtswirklichkeit weit hinter dem Anspruch der Verfassung zurückbleibt. Ich würde es begrüßen, wenn der Staatsgerichtshof einmal die Gelegenheit bekäme, zu prüfen, ob der Anspruch der Verfassung durch das „Schmalspurfach“ Gemeinschaftskunde noch erfüllt ist.

Nun mögen manche einwenden, in den letzten Jahren sei politische Bildung in den Schulen durch den Teilbereich Wirtschaftskunde verstärkt worden. Das ist in meinen Augen aber ein Trugschluss, weil in den meisten Fällen die bisherige „klassische“ politische Bildung gekürzt wurde und weil die Wirtschaftslehre eher als eine Vermittlung von Grundbegriffen des Wirtschaftslebens angesehen wird als eine Durchdringung des politisch-wirtschaftlichen Lebens auf nationaler, europäischer und globaler Ebene.

Seit der Pisa-Diskussion verschiebt sich ohnehin der Akzent politischen Lernens weg vom Erwerb eines begründeten eigenen Urteils hin zur Erreichung vorgegebener Standards und Kompetenzen, die relativ leicht überprüft werden können. Ausdruck dieses Trends ist das soeben erschienene Werk „Konzepte der Politik – ein Kompetenzmodell“ (Weißeno u. a. 2010). Zwar ist es zu begrüßen, dass nun ein Versuch vorliegt, politische Bildung in den Schulen in einem wissenschaftlichen Entwurf systematisch einzufangen. Läuft aber nicht das Ganze wieder in die Frühzeiten politischer Bildung zurück, wo man oft trotz hehrer Zielsetzungen beim abfragbaren Wissen stehen blieb? Dabei hatte doch schon Martin Buber dargestellt, dass der größte Lügner seiner Klasse den besten Aufsatz über die verderblichen Auswirkungen der Lüge schreiben konnte. Bloßes Wissen allein stärkt also unsere Demokratie kaum und führt auch nur sehr bedingt zu politisch gebildeten Bürgerinnen und Bürgern.

2. Politische Bildung war einmal breitenwirksam angelegt

In meinen Augen ist dringend eine Neubesinnung politischer Bildung auf der Tagesordnung. Wenn wir alles weiterschreiben, wie es schon immer war, dann bringt das keine frische Luft für eine Belebung unserer Demokratie. Dann handelt es sich im Kern nur um eine „verwaltete“ politische Bildung. Sie bedarf aber der ständigen Gestaltung, um fruchtbar werden zu können.

Es kann doch nicht sein, dass wir uns damit zufriedengeben, wenn politische Bildung in unseren Schulen ein Mauerblümchendasein fristet und wenn sich in der außerschulischen Bildung immer wieder diejenigen treffen, die sich schon gut kennen und politische Bildung gar nicht so dringend nötig haben.

Ein Blick zurück zu den Anfängen politischer Bildung nach dem Zweiten Weltkrieg zeigt uns, dass man in den Gründungszeiten an die Entwicklung politischer Bildung andere Erwartungen geknüpft hatte. So erklärte der bayerische Ministerpräsident

Wilhelm Högner anlässlich der Gründung der Akademie für politische Bildung Tutzing im Jahr 1956: „Das Problem im modernen Massenstaat besteht darin, einen vernünftigen Willen der Staatsbürger zustande zu bringen, Fehlentscheidungen möglichst zu vermeiden. Das setzt Urteilsfähigkeit der breiten Volksschichten voraus. Urteil bedeutet immer die Wahl zwischen verschiedenen Möglichkeiten und zwar eine richtige und gerechte Wahl. Richtige Urteile beruhen auf Erkenntnis und Erfahrung. Politische Erkenntnis kann nur durch politische Bildung gewonnen werden. Die Bildung eines politischen Bewusstseins der breiten Volksschichten ist eine Schicksalsfrage unserer Demokratie" (Akademie-Report 2005, S. 29).

Wenn wir die Worte des Ministerpräsidenten wörtlich nehmen würden, hätten wir das Schicksal unserer Demokratie verspielt. Denn breite Volksschichten haben wir mit politischer Bildung noch nie erreicht. Nach einer groben Schätzung erreichen wir in der außerschulischen politischen Bildungsarbeit – alle Träger politischer Bildung zusammen genommen – allenfalls fünf Prozent der Bevölkerung. Wenn nun in den Schulen allein schon wegen der geringen Stundenzahlen für politische Bildung kein ausreichendes Fundament gelegt werden kann und in späteren Jahren überhaupt keine politische Bildung mehr erfolgt, dann brauchen wir uns über eine ziemliche Distanz der meisten Bürgerinnen und Bürger zum politischen Leben nicht zu wundern.

Viele Leute, die in der politischen Bildung arbeiten, weisen mit Recht auf die geringe materielle und personelle Ausstattung der Einrichtungen politischer Bildung hin. Damit könne man doch keine Breitenarbeit betreiben. Ja, die Ressourcen reichen für eine wirkliche Breitenarbeit bei weitem nicht aus. Die Einrichtungen politischer Bildung haben sich aber auch in aller Regel um Breitenarbeit gar nicht gekümmert. Die didaktische Herausforderung wurde nie so richtig angenommen. Lieber hat man sich im vertrauten Bereich der Multiplikatoren aufgehalten. Auf sie waren und sind die Publikationen und Tagungen ausgerichtet.

Nun brauchen freilich diejenigen, die besondere Verantwortung in unserer Gesellschaft tragen, auch besondere Betreuung und Unterstützung. Politische Bildung für Multiplikatoren hat also ihre Berechtigung und ihren Sinn. Sie kann aber nicht dabei stehen bleiben, sondern muss Anstrengungen unternehmen, bei ihrer Arbeit auch neue Wege, die in die Breite führen, zu gehen. Selbst die bekannteste Publikation politischer Bildung in Deutschland, die von der Bundeszentrale herausgegebenen „Informationen zur politischen Bildung", ist von den Normalbürgerinnen und -bürgern schwer zu „verdauen".

Wenn wir ehrlich bilanzieren, müssen wir einräumen, dass die politische Bildung noch nicht über die geeigneten didaktischen und methodischen Instrumente verfügt, um das Riesenfeld „politische Bildung für alle" bestellen zu können.

Nun glaube ich nicht an den großen Wurf, um die schwierige Problematik lösen zu können. Mehr Erfolg verspricht die Methode der kleinen Schritte. Es gibt bestimmt schon Versuche bei unterschiedlichen Trägern, neue Zielgruppen zu erreichen und neue Wege zu beschreiten. Leider gibt es bislang keine umfassende Dokumentation über solche Projekte. Alle, die sich auf diesem Feld mühen, brauchen die Unterstützung von denen, die vielleicht schon Erfahrungen sammeln konnten.

3. Die Publikation „Vorsicht Politik" soll neue Leserkreise erreichen

Darum soll hier über einen Versuch mit einer Publikation berichtet werden. Gerade bei den Publikationen politischer Bildung kann man feststellen, dass der Durchbruch zu breiten Bevölkerungsschichten noch nicht gelungen ist. In der Regel ist die angebotene politische Materie zu trocken, zu anspruchsvoll und zu umfangreich. Deswegen habe ich mich zusammen mit Gotthard Breit darum bemüht, eine Schrift zu verfassen, die einem breiteren Publikum schmecken sollte. Wir haben deshalb mit viel Anschauung gearbeitet. So sollte schon beim Durchblättern

Appetit für die Lektüre geweckt werden. Ganz wichtig war für uns die leichte Lesbarkeit. Wir haben schwierige Begriffe völlig vermieden und der ganzen Schrift auch einen heiteren Unterton beigemischt.

Es war uns wichtig, die Menschen dort abzuholen, wo sie sind, also bei ihren kritischen Einstellungen gegenüber der Welt der Politik – auch bei ihren Vorurteilen. Darum haben wir dem Buch den Titel „Vorsicht Politik" gegeben, weil viele Leute Vorsicht walten lassen, wenn sie es mit der politischen Welt zu tun bekommen. Inzwischen sind wir nicht mehr so sicher, ob die feine Ironie des Titels von einem breiten Publikum wirklich verstanden werden kann.

Wichtige Probleme, mit denen die Politik konfrontiert ist, wollten wir so darstellen, dass die Leserinnen und Leser sie verstehen und spüren, dass es bei der Lösung der Probleme auch um ihre eigenen Belange geht. Die ganz großen Erfolge der Nachkriegspolitik wie das Grundgesetz, die Friedenszeit und die Wiedervereinigung sollten nicht ausgeblendet werden, um die prinzipielle Zustimmung – „Ich gehöre zu dieser demokratischen Gesellschaft!" – zu erleichtern. Freilich ging es uns nie um Affirmation. Das Leitbild der mündigen Bürgerin und des mündigen Bürgers sollte durchgehend Geltung haben. Schließlich haben wir im letzten Teil der Schrift kleine Bestände von Grundwissen aufgenommen. Dieser Teil ist bewusst schmal gehalten, weil wir auf keinen Fall ein Lehr- und Lernbuch vorsetzen wollten, das die Leserschaft, die wir im Auge hatten, bestimmt abgeschreckt hätte.

Die bislang publizierte Kritik bescheinigt dem Buch durchweg eine leichte Lesbarkeit. Es scheint also gelungen zu sein, die Welt der Politik so darzustellen, dass sie von einem breiten Publikum verstanden werden kann. Dennoch ist das Projekt bislang nur bedingt ein Erfolg. Es ist der Beweis erbracht, dass man Politik verständlich und anschaulich darstellen kann. Bei der Fülle von politischer Literatur, auch im Bereich der Didaktik, hat man bisweilen den Eindruck, dass ein gewisses Maß von schwerer Verständlichkeit geradezu als ein Qualitätsmerkmal gelten soll.

„Vorsicht Politik“ hat breite Volksschichten nicht erreicht. Und das war ein erklärtes Ziel. Die Bundeszentrale für politische Bildung und einige Landeszentralen haben zur Verbreitung beigetragen, aber das Buch wurde dort auch eher von der bewährten Kundschaft bestellt, die politisch schon stark interessiert ist. Denen hat die Lektüre sicher auch nicht geschadet.

Nur im Rahmen einer Straßenaktion zur Feier des Grundgesetz-Geburtstags in Stuttgart ist es gelungen, das Buch etlichen Passanten vorzustellen und auszuhändigen. Das war für begrenzte Zeit genau die Zielgruppe, die uns vorschwebte. Es ist klar, dass niemand von dieser Laufkundschaft in die nächste Buchhandlung ginge, um dort das Buch zu kaufen. Wer gesteht sich schon ein, dass er Zugangsschwierigkeiten zur Welt der Politik auf eigene Kosten reparieren müsse. Deshalb müsste das Buch in besonderen Aktionen an die Bevölkerung herangetragen werden.

Eine Idee, auf relativ einfache Weise ein breites Publikum zu erreichen, wäre die Auslage von „Vorsicht Politik“ in Wartezimmern von Ärzten bzw. Behörden. Das Buch muss ja nicht in einem Zug gelesen werden. Es macht auch Sinn, einen Abschnitt, der einen zufälligen Leser besonders anspricht, zur Kenntnis zu nehmen. Leider standen für einen solchen Versuch der „politischen Bildung in Wartezimmern“ bislang keine Mittel zur Verfügung.

Es ist allerdings ein Trost zu hören, dass das Buch mit Erfolg auch in der schulischen politischen Bildung eingesetzt wird. Das unterstreicht, dass die Absicht der Elementarisierung gelungen zu sein scheint.

Der Versuch mit „Vorsicht Politik“ hat jedenfalls ergeben, dass die Möglichkeit, breite Bevölkerungsschichten mit publizistischen Mitteln zu erreichen, nur begrenzt gegeben ist.

Allerdings scheint ein Befund dieser Feststellung zu widersprechen. Es gibt Bücher, welche die politische Welt verständlich erklären wollen und es sogar auf die Spiegel-Bestsellerliste schaffen wie das Buch von Thomas Wieczorek „Die verblödete Republik. Wie uns Medien, Wirtschaft und Politik für dumm verkaufen“ (Wieczorek 2009). Bücher von dieser Sorte machen unsere Demokratie so schlecht, dass kein gutes Haar mehr übrig bleibt. So heißt es zum Beispiel in diesem Werk: „Deshalb ist die Verblödung unausgesprochenes oberstes Staatsziel“ (Wieczorek 2009, S. 23). Der Autor schwimmt geradezu auf dieser Negativwelle und legt schon die nächsten Werke der gleichen Machart vor.

Ähnlich angelegt ist das Buch von Gabor Steingart „Die gestohlene Demokratie“, das ebenfalls großen Erfolg hatte und auch medial starke Beachtung fand (Steingart 2009).

Und selbst Beatrice von Weizsäcker, die Tochter des früheren Bundespräsidenten, springt auf diese destruktive Kritikwelle mit dem Titel „Warum ich mich nicht für Politik interessiere“ (von Weizsäcker 2009) auf.

Solche Bücher thematisieren lediglich vorhandene Vorurteile, arbeiten sie aber nicht kritisch auf, sondern bestärken sie und machen damit den schon vorhandenen Frust noch viel größer, ohne echte Lösungswege aufzuzeigen. Wenn diese Bücher von der Auflage her auch ziemlich erfolgreich sind, bleibt ihre Leserschaft doch eher im akademischen Rahmen. Breitere Schichten der Bevölkerung werden also auch nicht erreicht. Ein Umstand, über den man nur froh sein kann! Für mich sind solche Bücher ein Zeichen intellektueller Verirrung und Verarmung.

4. Wie erreichen wir neue Zielgruppen?

Es gibt Grund genug, auch nach andern Wegen zu suchen, um wesentlich mehr Menschen an politische Bildung heranzuführen, als es bislang der Fall ist. Einzelne Versuche verschiedener Träger haben gezeigt, dass das prinzipiell möglich ist. Ich möchte einige Beispiele aus der Arbeit der baden-württembergischen Landeszentrale kurz darstellen.

Schon seit über 25 Jahren gibt es das Instrument der „offenen Seminare“. Im Gegensatz zu den Seminaren mit festen Zielgruppen, die der Regelfall sind, können sich Bürgerinnen und Bürger aus dem ganzen Land zu den ca. 100 offenen Seminaren anmelden. Diese Seminare sind in der Regel immer ausgebucht, manche müssen sogar wegen der hohen Zahl von Anmeldungen wiederholt werden. Damit ist der Beweis erbracht, dass es außer den festen Zielgruppen in der Bevölkerung ein Potential von Menschen gibt, die Angebote politischer Bildung wahrnehmen. Allerdings handelt es sich dabei um Bürgerinnen und Bürger, die bereits politisches Interesse haben. Sonst würden sie sich nicht freiwillig melden. Aber immerhin ist mit diesem Weg das übliche Ghetto politischer Bildung verlassen.

Auch mit dem Angebot von Familienseminaren verlässt man das gewohnte Terrain. Wir haben immer wieder erlebt, dass ein Familienseminar Menschen erreicht hat, die zuvor noch nie Kontakte zur politischen Bildung gehabt haben. Diese Seminare sind zwar besonders kostenaufwändig, weil für die Kinder spezielle Angebote vorgesehen werden. Sie sind aber auch wesentlich nachhaltiger als die normalen Seminare und deshalb besonders wertvoll. Mich wundert, weshalb sie in ganz Deutschland so selten angeboten werden.

In diese Reihe gehören auch die Begegnungsseminare. Sie werden organisiert, weil viele Begegnungen, die unserer Gesellschaft gut täten, nicht von selbst stattfinden. Viele Gruppen leben in unserer Gesellschaft aneinander vorbei, obwohl sie sich viel zu sagen hätten. Das gilt z. B. für die jüngere und die ältere Generation. Von selbst kommen sie außerhalb des privaten Bereichs selten zusammen. Wie wir jedoch feststellen konnten, haben sie sich im Rahmen von Seminaren viel zu sagen. Wann treffen sich Gesunde und Kranke, Arme und Reiche, Ausländer und Deutsche, Wehrpflichtige und Zivildienstleistende? Die Organisation solcher Seminare ist aufwändig, aber es lohnt sich (Schiele 1988).

Die bislang beschriebenen Seminare sollen nur zeigen, dass es möglich ist, über die gängigen Seminare mit festen Zielgruppen hinauszukommen und dass sie viel Sinn machen. In wirklich breite Volksschichten kann man damit nicht eindringen.

Das ist schon eher möglich mit Straßenaktionen, wie sie zum Geburtstag des Grundgesetzes am 23. Mai stattfinden. Jahr für

Jahr laden Kolleginnen und Kollegen der Landeszentrale auf der belebten Königstraße in Stuttgart Passantinnen und Passanten zu einem Gläschen Sekt ein, der von Firmen gesponsert wurde. Das verwunderte Publikum nimmt in vielen Fällen die Einladung an und ist im Nu in interessante Gespräche über das Grundgesetz und über das politische Leben verwickelt. Außerdem bietet die Landeszentrale ihr gesamtes Arsenal an Publikationen und ihr Tagungsprogramm an.

Ähnliche Aktionen haben bereits auch in Karlsruhe und Freiburg stattgefunden. Kritiker fragen vielleicht nach der Nachhaltigkeit solcher Aktionen. Immerhin ist schon der eine oder andere „Geburtstagsgast" zum Kunden der Landeszentrale geworden. Und den vielen andern hat der Impuls sicher nicht geschadet, einmal über das Grundgesetz nachgedacht zu haben. Alle, die sich ansprechen ließen, erhalten übrigens ein Grundgesetz im Liliputformat – quasi als ständigen Begleiter. Würden solche Feiern in allen Städten Deutschlands durchgeführt werden, dann hätte unsere Verfassung im ganzen Volk einen höheren Stellenwert. (Was spricht eigentlich dagegen?)

In eine ähnliche Richtung gingen die Aktionen „Politik auf dem Markt", die in verschiedenen mittelgroßen Städten in Baden-Württemberg durchgeführt wurden. Die Landeszentrale ist bei diesen Aktionen mit Mann und Maus in die ausgewählten Städte aufgebrochen und hat dort zwei Tage lang in unterschiedlicher und ansprechender Form Angebote politischer Bildung bereitgehalten. Die Menschen wurden mit Musik, Luftballons und Marktständen angelockt. Es gab auch Einladungen für kleine Wettbewerbe zu politischen Themen.

Solche Aktionen, die auch stark durch die lokale Presse begleitet wurden, haben eine ganze Menge Neugieriger angelockt, die bislang noch nie etwas von politischer Bildung gehört hatten. In den meisten Fällen blieb es bei der flüchtigen Begegnung. Manchmal blieb der Kontakt zur Landeszentrale auch erhalten.

Man muss einräumen, dass die Nachhaltigkeit dieser Aktionen nicht gesichert ist. Auch ist der Aufwand beachtlich. Das war auch der Grund, weshalb wir die Aktionen nicht kontinuierlich weitergeführt haben.

Prinzipiell wurde aber aufgezeigt, dass es möglich ist, Menschen außerhalb der Seminarräume anzusprechen und in die Breite zu kommen. Könnten derartige Aktionen in regelmäßigen Abständen wiederholt und in vielen Städten durchgeführt werden, würden sich auch die nachhaltigen Effekte spürbar erhöhen.

Alle diese Beispiele, von denen ich kurz berichtet habe, sind kein handfester Beweis dafür, dass „politische Bildung für alle" möglich ist. Es sind aber eindeutige Hinweise darauf, dass wesentlich mehr Breitenwirkung als bislang erzielt werden könnte. Und solche Erfahrungen verschaffen dann auch die Legitimation für Forderungen nach größerer finanzieller Unterstützung.

5. Es fehlen didaktische Konzepte für Breitenarbeit

Die Beispiele zeigen, dass es geht. Es handelt sich aber um erste tastende Bemühungen ohne große Breitenwirkung. Trotz aller Erfolge bleibt unter dem Strich die Feststellung: Die politische Bildung hat ein riesiges Vermittlungsproblem. Sie hat noch nicht die Brücke zu den Menschen geschlagen, welche die Politik nicht (mehr) verstehen. Und was man nicht versteht, dem kann man (als mündige Bürgerin oder als mündiger Bürger) nur schwer vertrauen. Hartz IV, Kopfpauschale, Weltfinanzkrise, Globalisierung usw. sind schon vom Begriff her Nüsse, die auch für interessierte Zeitungsleser kaum zu knacken sind. Politikferne Bürgerinnen und Bürger sind zwangsläufig überfordert.

Die politische Bildung braucht also nicht nur neue Aktionsformen, sondern auch ein didaktisches Konzept, um die oft komplexe und komplizierte politische Wirklichkeit besser verständlich zu machen. Wir bräuchten umfassende didaktische Bemühungen, um das riesige Feld der Elementarisierung bearbeiten zu können. Leider werden aber didaktische Lehrstühle an unseren Hochschulen eher ab- als ausgebaut. Was nützt aber alles

Wissen der Welt, wenn es uns nicht gelingt, es breitenwirksam unter die Leute zu bringen?

Ich bin der festen Überzeugung, dass es nicht gelingen kann, die anstehenden nationalen, europäischen und weltweit drängenden Fragen wirklich voranzubringen und zu lösen, wenn sich ein großer Teil der Bürgerinnen und Bürger daran nicht beteiligt. Voraussetzung dafür ist, dass sie die Probleme mindestens im Kern verstehen. Nur so entsteht die Bereitschaft, mögliche Lösungen mitzutragen bzw. konstruktive Alternativen zu entwickeln. Davon sind wir aber noch weit entfernt. Ein Blick in die Welt der Leserbriefe offenbart (es gibt auch gute Gegenbeispiele) die Problematik. Es sind weniger die so genannten bildungsfernen Schichten, die mir Sorgen machen – hier sind eher sozialpädagogische Maßnahmen angebracht –, sondern Normalbürgerinnen und -bürger, die in ihrem Denken oft ziemlich weit weg sind von den Zielsetzungen des Grundgesetzes und den zur Lösung anstehenden Problemen.

In solchen Fällen nützt es wenig, die Menschen mit gelehrten und differenzierten Theorien zu konfrontieren. Damit räumt man die Vorbehalte, die heutzutage viele Menschen gegenüber der Welt der Politik und ihrer Akteure haben, nicht aus.

Wir müssen in der politischen Pädagogik an die Lehre vom Exemplarischen und der elementaren Einsichten anknüpfen. Es geht ja nicht um Spezialistenwissen, sondern um solides Grundwissen und um fundamentale Erkenntnisse.

In diesem Zusammenhang kann ich lediglich die Grundrisse einer Elementarisierung politischer Bildung vor Augen führen. Ich gehe von meiner täglichen Erfahrung aus, dass bei vielen Bürgerinnen und Bürgern der Blick zur Welt der Politik durch einige fast unerschütterbare Grundüberzeugungen verstellt ist.

Dazu gehört die Einstellung zum Parteienstreit. Viele Leute – meiner Meinung nach weit mehr als die Hälfte aller Wahlberechtigten – vertreten die Auffassung, dass der Streit unter den Parteien ein großes Übel sei. Die Parteien sollten vielmehr zum Wohl des Ganzen den Streit ad acta legen. Dann würde es in unserem Land so richtig vorangehen.

Es muss der politischen Bildung gelingen, solche bedenklichen Vorstellungen zu zerstreuen und Verständnis für die politischen Auseinandersetzungen der Parteien zu wecken. Wenn dies nicht gelingt, kann spezifisches Wissen zum Parlamentarismus, zur Parteiengeschichte und zu den Wahlen nicht auf fruchtbaren Boden fallen.

Man muss ja einräumen, dass die notwendige Auseinandersetzung der Parteien in der Sache immer wieder zu einem unschönen persönlichen Gezänk ausartet, aber die kultivierte politische Auseinandersetzung um die beste Lösung gehört zu den Wesenselementen unserer Demokratie. Darum wäre es ein Riesendienst für die demokratische politische Kultur unseres Landes, wenn die politische Bildung eine Fülle von Grundkursen zu dieser Thematik anbieten würde.

Ein weiteres Vorurteil ist die weit verbreitete Ansicht: Die Kleinen hängt man, die Großen lässt man laufen. Würde diese Aussage stimmen, dann könnten wir unsere Demokratie an den Nagel hängen. Demokratie geht doch gerade davon aus, dass sämtliche Bürgerinnen und Bürger gleich viel wert sind und gleiche Rechte haben. Der Rechtsstaat, auf den wir stolz sein könnten, ist ein entscheidender Garant unserer Demokratie. Nun gibt es immer wieder Beispiele, die den Menschen suggerieren, es gebe Ausnahmen und einige würden eben doch besser als andere behandelt oder bei Fehlverhalten ungestraft davonkommen. Darum ist es wichtig, in der politischen Bildung die Einsicht zu vermitteln, dass menschliches Fehlverhalten nicht auszuschließen ist. Die Demokratie hat aber eine ganze Reihe von Regelungen geschaffen, um Fehler zu erschweren bzw. Fehlverhalten aufzudecken und zu ahnden. Außerdem helfen die Medien, Missstände aufzudecken. Auch auf diesem zentralen Feld ist also Aufklärung durch die politische Bildung dringend geboten. Wer durchgängig davon überzeugt ist, dass in rechtlicher Hinsicht „die Großen" in unserem Staat besser behandelt werden, kann in unserem demokratischen System nicht richtig Heimat finden.

Es gibt noch weitere Blockaden, die für viele Menschen unüberwindbar zu sein scheinen, um bei aller notwendigen kritischen Distanz zu einer positiven Grundeinstellung zu unserer Demokratie zu kommen. Dazu gehört z. B. das Gefühl der Ohnmacht der Bürgerinnen und Bürger (Wir können ja doch nichts machen!), das schwierige Verhältnis zum Kompromiss, der für eine Demokratie mit ein Lebenselixier ist, dem aber oft die Vokabel „faul“ angeklebt wird, und noch viele andere Vorbehalte, die für manche Menschen die Distanz und Abkehr von der Mitarbeit in unserer Demokratie begründen.

Viele Leute können Mehrheit und Wahrheit nicht unterscheiden. Es wird nicht erkannt, dass die Mehrheitsentscheidung eine friedliche Streitlösung darstellt, die keine Aussage darüber macht, was nun wahr oder falsch ist.

Schließlich nenne ich noch die falsche Überfrachtung unserer Demokratie mit ständig überzogenen Erwartungen, die dann nicht erfüllt werden können. Im Wahlkampf erliegen Politiker mitunter der Versuchung, diese Erwartungen wider besseren Wissens noch zu verstärken. Das führt dann bei vielen Leuten, die solche Erwartungen haben, zum Dauerfrust.

Wenn es nicht gelingt, derartige Blockaden aufzubrechen, dann bleibt das Verhältnis vieler Bürgerinnen und Bürger dem politischen Leben gegenüber gestört. Wir sollten die hier kurz aufgelisteten Barrieren noch ergänzen und uns auf deren Abarbeitung konzentrieren. Geschieht das nicht, werden wir mit dem Schulfach Politische Bildung keine Tiefenwirkung erreichen können, weil das Haus der politischen Bildung dann ohne Fundament gebaut wird. Es kann bei jeder Störung im sozialen und politischen Bereich wie ein Kartenhaus zusammenfallen. Ebenso werden wir im außerschulischen Bereich politischer Bildung keine Breitenwirkung erzielen können, wenn wir mit unseren Angeboten nicht da arbeiten, wo der Schuh am meisten drückt.

Das erfordert von der politischen Bildung und ihren Akteuren – insbesondere in der Didaktik – eine schwere Entscheidung. Sie müssen aus dem schönen Haus der Wissenschaft ein Stück weit ausziehen, in dem man recht komfortabel lebt. Die Barrieren stehen weitgehend fest. Über sie muss nicht geforscht werden.

Von ihnen geht keine wissenschaftliche Attraktivität aus. Ihr Abbau erfordert vielmehr politische Bildungsanstrengungen in der rauen Wirklichkeit.

Leider gibt es keine Anzeichen, dass in diesen wichtigen Fragen ein Umdenken schon eingesetzt hätte. Es gibt dennoch kleine Lichtblicke. In der letzten Zeit wurde die Frage der Elementarisierung politischer Bildung immer wieder auf die Tagesordnung bei Konferenzen und Tagungen gesetzt. Damit wird eingeräumt, dass zumindest abgeklopft werden sollte, ob und wie eine Elementarisierung politischer Bildung möglich wäre.

Vielleicht geschieht doch noch das Wunder, dass die politische Bildung vom hohen Ross heruntersteigt.

Literatur

Akademie für Politische Bildung (Hrsg.) (2005): Akademie-Report 1/2005. Tutzing.

Patzelt, Werner (2004): Die Deutschen und ihre politischen Missverständnisse. In: Breit, Gotthard (Hrsg.): Politische Kultur in Deutschland. Eine Einführung. Schwalbach/Ts., S. 89–116.

Schiele, Siegfried (Hrsg.) (1988): Politische Bildung als Begegnung. Stuttgart.

Schiele, Siegfried/Breit, Gotthard (2008): Vorsicht Politik. Schwalbach/Ts.

Schiele, Siegfried (2008): Politische Bildung für alle – kein Traum, sondern eine Notwendigkeit. In: Außerschulische Bildung, 3/2008, S.280–287.

Schiele, Siegfried (2009): Elementarisierung politischer Bildung. In: kursiv. Journal für politische Bildung, 1/2009, S. 38–43.

Schiele, Siegfried (2009): Elementarisierung politischer Bildung – Überlegungen für ein Konzept. In: Oberreuter, Heinrich (Hrsg.): Standortbestimmung politische Bildung. Schwalbach/Ts., S. 349–363.

Steingart, Gabor (2009): Die gestohlene Demokratie. München.

Weißeno, Georg/Detjen, Joachim/Juchler, Ingo/Massing, Peter/Richter, Dagmar (2010): Konzepte der Politik – ein Kompetenzmodell. Bonn.

Weizsäcker, Beatrice von (2009): Warum ich mich nicht für Politik interessiere. Bergisch Gladbach.

Wieczorek, Thomas (2009): Die verblödete Republik. Wie uns Medien, Wirtschaft und Politik für dumm verkaufen. München.

Michael Wehner

Niedrigschwellig oder nachhaltig: Welche Form der politischen Bildung hätten Sie denn gerne?

1. Vorbemerkung: Niedrigschwellig oder nachhaltig...

Mir fällt dazu immer die Geschichte der netten alten Lady in Oxford ein. Auf die Frage, wie es komme, dass ihr wunderschöner englischer Rasen immer so samtweich und glatt und so wunderbar gepflegt sei, antwortete sie: „Das ist ganz einfach, Sie brauchen eben nur 300 Jahre lang regelmäßig zu mähen und zu düngen – dann wird der Rasen so."

Wachstumsbeschleunigungsgesetz; bürgerliches Lager; Endlagerung; Multikulti; Alt-68er; neoliberal; Gutmensch; Generationengerechtigkeit. Nicht nur die Politik – auch die politische Bildung kennt Kampfbegriffe und Modewörter, die die Diskussion prägen und ihre Ausrichtung bestimmen: Soll sie mehr standardisiert oder modernisiert werden? Geht es um Rationalität oder Emotionalität? Sollten ihre Methoden hauptsächlich informativ oder kreativ sein? Lautet das derzeitige Begriffspaar für eine Neujustierung der politischen Bildung nun: niederschwellig und/oder nachhaltig? Die Bilanz ist allerdings ernüchternd: Niederschwellige Ansätze können die Probleme der politischen Bildung nicht lösen, und Nachhaltigkeit ist eben überhaupt nicht „geil", sondern ein elitäres theoretisches Bildungskonzept, das dem Veränderungs- und Verbesserungswunsch einer offenen Gesellschaft nur bedingt gerecht wird.

2. Nachhaltigkeit ist geil ...?

Selbst wenn die UNO die Jahre 2005–2014 zur UN-Dekade „Bildung für nachhaltige Entwicklung" ausgerufen hat, zahlreiche wissenschaftliche Abhandlungen geschrieben und viele Projekte unter diesem Label durchgeführt wurden, bleibt eine gewisse Irritation darüber, was die besonderen und bereichernden Ansätze einer „Bildung für nachhaltige Entwicklung" denn nun sind. Selbstverständlich ist Nachhaltigkeit in der Bildungsarbeit notwendig. Sie wird zu Recht eingefordert, ist aber wohl vor allem eine begriffliche Modevokabel. Wer etwas auf sich hält, bezeichnet seine Arbeit als nachhaltig und verleiht sich damit (selbst) ein Image von Weitsichtigkeit. Bei genauerer Betrachtung und Konkretisierung fordern so genannte „nachhaltige Bildungskonzepte" allerdings nichts anderes ein, als das, was seit eh und je die ureigensten Anliegen der politischen Bildung sind. Und für diese Anliegen gibt es durchaus bessere Bezeichnungen und Definitionen.

Wenn der Systemstabilisierung und -erhaltung die erste Bedeutung von Nachhaltigkeit zukommt (Schüßler 2006, S. 2), dann kann das nicht für die politische Bildung gelten! Politische Bildung hat immer auch die Veränderungs- und Verbesserungsmöglichkeiten einer gesellschaftlichen Ordnung auf ihrer Agenda, und sie kann sich nicht nur mit dem Status quo zufrieden geben. Und wenn Peter Finke ein nachhaltiges System definiert als „ein solches, dessen Funktionen (also seine Leistungen und Nutzanwendungen) unbegrenzt oder doch sehr langfristig zur Verfügung stehen und dies deshalb, weil sich die hierfür benötigten Ressourcen (die Rohstoffe und Energien) vorher nicht erschöpfen" (2009, S. 2), dann ist zumindest zu problematisieren, ob diese Definition zum Beispiel auch für das baden-württembergische Bildungssystem oder die Institution Schule Anwendung finden kann.

Es zeugt von einer gewissen Naivität, wenn das Politische bei den einzelnen Dimensionen von Nachhaltigkeit nicht vorkommt oder schlicht vergessen wird (siehe Tabelle 1). Dabei kann gerade die Politik durch Gesetzgebungen, Gründung von Institutionen oder schlicht durch Zuweisung von Ressourcen die Nachhaltigkeit einer Gesellschaft entscheidend beeinflussen und gestalten. An diesem Beispiel zeigt sich leider einmal mehr, dass soziales Lernen etwas ganz anderes im Blick hat als die politische Bildung. Zudem tritt der gravierende Unterschied zwischen beiden deutlich zutage. Nachhaltigkeitskonzepte, die sich nur dem sozialen Lernen verpflichtet fühlen, greifen zu kurz und können ihren eigenen Anspruch gar nicht einlösen.

Tabelle 1: Dimensionen von Nachhaltigkeit

Ökonomische Dimension	Ökologische Dimension	Soziale Dimension	Kulturelle Dimension
vorsorgendes Wirtschaften; Kreislaufwirtschaft; Stoffstrom-Management; Umweltmanagement-system; umweltverträgliche, innovative Technologien; Eco-Design (Nutzungsdauer, Entsorgungs-freundlichkeit); ökologische und soziale Wahrheit der Preise; Verursacherprinzip; regionale und lokale Vermarktungsnetze; fairer Handel	sparsamer Umgang mit Ressourcen; Zeitmaße der Natur (Regenerationsfähig-keit, Eigenzeit); Biodiversität; ökologische Kreislauf-Systeme; regenerative Energie; Vorsorgeprinzip; Vermeidung der Belastung des Öko-systems (Reduzierung von Emissionen, Abfall)	Förderung der menschlichen Gesundheit; gleiche Ansprüche auf die Nutzung natürlicher Ressourcen und gleiche Rechte auf Entwicklung; innergesellschaftliche Gerechtigkeit; Berücksichtigung der Lebensinteressen zukünftiger Generationen; Demokratisierung, Partizipation aller Bevölkerungsgruppen in allen Lebensbereichen, Netzwerke; Lebensunterhalt durch Arbeit	ethische Vergewisserung; umweltgerechte Lebensstile; ganzheitliche Naturwahrnehmung; lokale und kulturelle Vielfalt der Wege zu einer nachhaltigen Entwicklung; traditionelles Wissen; Umgang mit Zeit; Kultur des Umgangs mit Dingen; Konsumenten-bewusstsein; lokale Öffentlichkeit; internationaler Austausch

Quelle: Stoltenberg, Ute (2009): Welche Bildung für eine nachhaltige Entwicklung? Vortrag gehalten im Kloster Neustift am 9. November 2009, Südtirol. URL: www.provincia.bz.it/kulturabteilung/download/Vortrag_Stoltenberg_Teil_1.pdf

3. Niedrigschwellig und dennoch wird die Schwelle zum Politischen oft nicht überschritten ...

„Wir müssen die Menschen dort abholen, wo sie sind." Das ist einer der Lieblingssätze politischer Bildner, die sich der Niedrigschwelligkeit verpflichtet fühlen. Dass sie sich damit etwas vornehmen, das bisher nicht einmal Schaffnern oder Busfahrern gelungen ist, liegt eigentlich auf der Hand. Stattdessen stellen sie munter Vermutungen darüber an, wo sich „die Menschen" gerade befinden und wie sie sie am besten von dort „mitnehmen" können. Wohin auch immer.

Unbefriedigend bleibt auch die Nichtdefinition des Begriffs „niedrigschwellig". Er „unterliegt keiner festen Definition. Er muss immer wieder neu ausgefüllt werden, indem er in Beziehung gesetzt wird zu einer genau eingegrenzten Zielgruppe und deren Lebenswelt, wobei bei der Angebotsgestaltung sowohl inhaltliche, als auch zeitliche und örtlich/räumliche Faktoren zu berücksichtigen sind" (Hartmann 2008, S. 3 f.).

So selten wie die Demokratie- oder Nachhaltigkeitspädagogen ihre Teilnehmer zu einer Politisierung des Denkens (Vielleicht weil für sie oft die Kategorien des Politischen gar nicht bekannt sind?) animieren, überschreiten die Anhänger der Niedrigschwelligkeit die Tür zur politischen Bildung: „Es muss schon gefragt werden, ob Demokratie-Lernen ohne fachliches Grundgerüst mehr bringen kann als ein Strohfeuer. Wenn die Kategorien des Politischen gar nicht bekannt sind, wie sollen dann die konkreten Erfahrungen, die z. B. im Rahmen von Projektlernen gemacht werden, eingeordnet werden?" (Schiele 2004, S. 302).

Nieder- oder niedrigschwellige Ansätze in der politischen Bildung sollen diejenigen erreichen, die traditionelle und bewährte Angebote – zum Beispiel Podiumsdiskussionen oder Seminare – aus Unwissenheit oder Angst nicht nutzen. Dabei gilt es nicht dem Fehler zu erliegen, sozialpädagogische Ansätze unkritisch auf die politische Bildung zu übertragen.[1] Menschen zu erreichen ist das eine, ihnen Bildungsanreize zu geben für die Auseinandersetzung mit politischen Fragen ist das andere. So begrüßenswert Großevents der Bundeszentrale für politische Bildung wie „Projekt P“ oder „Berlin 08 – ein Festival für junge Politik“ oder unsere eigenen – von der Außenstelle Freiburg auf konkrete Anlässe bezogene – Politikevents wie Wahlpartys, Public Viewing-Veranstaltungen von Fernsehduellen auch sind: Auch hier kann derjenige, der nur die Unterhaltung sucht, sich der Politik entziehen bzw. sich vor ihr „verstecken“. Eine Geburtstagsfeier für das Grundgesetz auszurichten ist schön und gut. Mit den Marktplatzbesuchern auf das Grundgesetz mit einem Glas Sekt anzustoßen, mag ein willkommener und notwendiger Eisbrecher sein.

Die politische Bildung beginnt aber erst mit der Information und Diskussion über zum Beispiel strittige Verfassungsfragen, den Afghanistan-Einsatz der Bundeswehr oder die Hartz IV-Regelsätze. Politisches Lernen bedeutet ja in einer vermutlich konsensfähigen Definition, kognitive Strukturen aufzubauen, zu verändern oder zu differenzieren. Oder um im Bild zu bleiben: Menschen nicht nur dort abzuholen, wo sie stehen, sondern weiterzuführen in Richtung Gemeinwesen, politischem Handeln oder gar „Institutionenkunde“. Oder aber in der klassischen Definition von Lernen, sie zu Verhaltensänderungen bewegen – also zu Wahl zu gehen, sich mit dem Lissabon-Vertrag zu beschäftigen oder eine Petition zu unterzeichnen.

Ziel und Bildungsanliegen auch so genannter niedrigschwelliger Formate bleibt die Vermittlung elementarer und vor allem emotionaler Einsichten und Kenntnisse – ganz in der Tradition von Wolfgang Klafki. Niedrigschwellige Ansätze in der Bildungsarbeit machen also nur dann Sinn, wenn sie nicht entgrenzt sind und das Politische auch in der kulturellen Bildung herausarbeiten. Klaus-Peter Hufer hat dies bereits vor fast zwanzig Jahren zutreffend eingefordert: „Für die politische Bildung jedenfalls wäre es kein Schaden, wenn sie sich der Konjunktur der kulturellen Bildung nicht vorbehaltlos anschließt. Denn dabei könnte der Teil ihrer Identität verloren gehen, der unabdingbar zu ihr gehört:

die Beschäftigung mit Interessen, Herrschaft, Regelungsfragen, Disparitäten, Ideologien. Dies sind politische Faktoren, die der durchschaut, der zur kritisch-rationalen Analyse befähigt ist. Zu ihr aber gehören nicht nur Standortsicherheit, die sich aus dem richtigen Empfinden ableitet, sondern auch die Kenntnis von differenzierten Fakten und das zähe Erarbeiten von hochkomplexen Zusammenhängen“ (Hufer 1992, S. 147).

Dennoch wird auch eine im engeren Sinne verstandene (niedrigschwellige) politische Bildung dem hohen, von Hufer formulierten Anspruch nicht gerecht werden können, falls sie in seinen Augen überhaupt eine solche ist. Machen politische Mobilisierungskampagnen Sinn, die 18- bis 29-Jährige erfolgreich animieren konnten, bei der Europa- und Kommunalwahl 2009 wählen zu gehen? Oder werden hier junge Menschen für Kampagnenziele der Zentralen politischer Bildung instrumentalisiert, ohne dass sie sich mit politischen Sachverhalten auseinandergesetzt haben? Oder noch schlimmer: Sie gehen wählen, wählen aber extremistische Parteien?

4. „Einfach machen“: Drei Beispiele aus der praktischen Bildungsarbeit der Außenstelle Freiburg

Stellen Sie sich

- vor, wie Sie seit Jahren üblich, schnell zum Tanken ins benachbarte Elsass fahren. Plötzlich wird Ihr Auto angehalten und ein Zöllner baut sich vor Ihnen auf…
- vor, wie Sie auf die Ihnen wohl vertraute Straßenbahnlinie 1 oder 3 warten und stattdessen kommt die „Linie 68“.
- einen lauen und lauschigen Abend vor, an dem Sie es sich draußen so richtig gemütlich gemacht haben und es klingelt gerade dann an Ihrer Haustür. Es sind keine Staubsaugervertreter, keine Zeugen Jehovas, sondern es ist ein Team junger Studierender, die an Sie appellieren, wählen zu gehen. Begeistert?

Der Verpflichtung und dem Auftrag, die politische Bildung „einfach“ zu machen, versucht die Außenstelle Freiburg der Landeszentrale für politische Bildung Baden-Württemberg (LpB) einmal im Jahr nachzukommen. Dabei wecken diese Aktionen bei den „Probanden“ nicht nur Begeisterung, sondern auch verärgertes Kopfschütteln, in wenigen Fällen auch Ablehnung hervor.

4.1 Die Aktion „Grenz-Gänge“ (2007)

Verstärkt auf emotionale Momente, Schockerlebnisse und Irritation setzte die Aktion „Grenz-Gänge“. „Grenz-Gänge“ ist ein Projekt aus dem Jahr 2007, welches das Bewusstsein für die europäische Einigung und ihre Erfolge stärken wollte. Anlässlich des 50. Jahrestages der Römischen Verträge wollte die Aktion am 25. März 2007 an die Zeit vor der Europäischen Wirtschaftsgemeinschaft (EWG) und der Europäischen Union (EU) erinnern. Zollkontrollen wie anno dazumal sollten den Autofahrern den Wert der Freizügigkeit vor Augen führen. An zwei Grenzstädten in Südbaden hätten symbolisch die Grenzen geschlossen werden sollen. In Absprache mit dem Zoll und der Bundespolizei sollten Autos gestoppt, Pässe kontrolliert und Kofferräume durchsucht werden. Zusätzlich sollten den Reisenden Fragen gestellt, Informationsmaterialien und Give-aways verteilt werden. An einem Informationsstand hätten Interessierte das Gespräch zum Thema Europa suchen oder sich mit europapolitischen Broschüren und Büchern versorgen können.

Die strenge, förmliche Kontrolle von Pässen und Fahrzeugen hätte befremdlich gewirkt und Aufmerksamkeit erzeugt, die mit Unsicherheit und Fragen verbunden gewesen wäre: Warum werde ich kontrolliert? Habe ich etwas falsch gemacht, etwas vergessen? Dieser Augenblick wäre von großer Bedeutung für den erwünschten Lerneffekt gewesen. Ziel der Aktion wäre es gewesen, Denkanstöße zu geben und ein Bewusstsein für das vereinte Europa zu schaffen. Die zunächst negative Erfahrung von Unsicherheit und Schock bei der unerwarteten Grenzkontrolle sollte umgewandelt werden in eine positive Verankerung der europäischen Idee.

Die Vorzüge des europäischen Einigungsprozesses zu vermitteln, ist nicht leicht. Knapp die Hälfte der Deutschen bewertete im Jahr 2007 die EU-Mitgliedschaft negativ[2], viele setzen die EU mit Bürokratie und Bürgerferne gleich. Mit Zahlen, sachlichen Argumenten und Gesetzestexten können politisch weniger Interessierte selten überzeugt werden. Deshalb wollte die Aktion der LpB einen Umweg über das emotionale Erlebnis nach dem Motto gehen: Irritation vor Information, Erleben vor Lernen. „Grenz-Gänge" hätte die Vorbeifahrenden gezwungen, die Geschichte nachzuerleben.

Solche Aktionen setzen sich nicht zum Ziel, das politische System der EU, ihre Vertragsgrundlagen und Entscheidungsprozesse zu erläutern. Europa ist politisch, gesellschaftlich und wirtschaftlich ein sehr vielschichtiger Bereich. Seiner Komplexität können niedrigschwellige Bildungsangebote nie hinreichend gerecht werden.

Politische Meinung und politisches Engagement setzen Kenntnisse über die Vergangenheit voraus. Zu wissen, wie sich Prozesse in Politik, Gesellschaft und Alltag entwickelt haben, ist Grundlage einer kritischen Auseinandersetzung mit der Gegenwart. Erst dann basieren Bewertungen auf einem kognitiven Fundament, erst dann lassen sich unterschiedliche Positionen begründen und diskutieren.

Durch die irritierende Erfahrung an den Grenzen will die LpB, dass Menschen die EU auf der Grundlage von Basiswissen über die europäische Einigung beurteilen. Die Bewertung selbst wird ihnen überlassen. Gemäß dem Indoktrinationsverbot des Beutelsbacher Konsenses darf politische Bildung keine Meinung aufzwingen. Mag die EU auch weitreichende Erfolge aufzuweisen haben, so ist eine begründete, negative Kritik an der EU ebenso vertretbar.

Auch in dieser Vor-Ort-Aktion lassen sich niedrigschwellige Ansätze ausmachen. Den Kern stellt dabei das unerwartete

Schockerlebnis dar. Der Vorteil einer provokativ verstandenen Didaktik liegt auf der Hand: Sie kommt ohne Umwege direkt zur Sache, ist auf inhaltlichen „Kollisionskurs“ und/oder „Frontalzusammenstoß“ mit den Adressaten ausgerichtet. Sie versucht, emotionale Erlebnismomente herzustellen und zu verdichten: Dramatisierung als Treibstoff politischen Erlebens, der intensives Lernen möglich machen kann.

Den didaktischen Hintergrund für „Grenz-Gänge“ bietet das Konzept des US-amerikanischen Sozialpsychologen Leon Festinger. Er geht davon aus, dass kognitive Konflikte eine besonders geeignete Methode des Lernens darstellen. Demnach bewirken Manipulationen gewohnter, alltäglicher Situationen Aufmerksamkeit und Dissonanzen. Herkömmliche Denk- und Handlungsmuster werden hinterfragt, weil sie das derzeitige Erlebnis nicht zu erklären vermögen. In diesem Moment können bisherige Deutungsschemata aufgelöst werden, dann ist effektives, langfristiges Lernen möglich. Eine solche Art des Lernens scheint für niedrigschwellige politische Bildung sehr geeignet, sofern es nicht um die Vermittlung von zusätzlichem Faktenwissen geht.

Selbst wenn die Aktion schlussendlich aus rechtlichen Gründen und Sorgen um das Image der Zollbehörden aufgrund der Intervention des Bundesfinanz- und Bundesinnenministeriums nicht durchgeführt werden konnte[3], wurde über die selbstreferentielle Berichterstattung der Medien[4] Aufmerksamkeit und Resonanz für das Anliegen erzeugt; eine Auseinandersetzung von Lesern und Politikern mit dem schwierigen Thema Europa hat stattgefunden. Der Medienvirus wurde gesetzt, die virale Europabildung hat funktioniert. Und mittlerweile findet ja sogar der ehemalige Bundespräsident Köhler es eine charmante Idee, an einem Tag symbolisch die Grenzen zu schließen.[5]

4.2 „Linie 68“ – Politik in der Straßenbahn (2008)

Politik in der Straßenbahn – damit rechnet wohl kaum ein Fahrgast. Verwirrend wird das Ganze dann auch noch, wenn nicht die erwartete Straßenbahnlinie an den Haltestellen ankommt, sondern eine ganz andere und alte aus dem Jahr 1968. Hier beginnt bereits der erste Lernprozess mit einer Erschütterung und Verunsicherung von Alltagsgewohnheiten. Menschen in ihrer Lebenswelt mit Politik zu konfrontieren, sie in der Freizeit oder auf dem Weg zur Arbeit auf unsere jüngste Geschichte aufmerksam zu machen, diese Ziele der politischen Bildung wurden von der „Linie 68" der Landeszentrale für politische Bildung Baden-Württemberg (LpB) und der Bundeszentrale für politische Bildung (BpB) erreicht. In diesem fahrenden Museum beschäftigten sich 3.500 Menschen mit den Ereignissen des Jahres 1968 und den Freiburger Fahrpreiskämpfen, durch die die 68er-Bewegung auch in dieser Stadt von sich reden machte. Schüler und Studenten waren im Februar 1968 auf die Straße gegangen, um gegen die neuen Fahrpreise der Verkehrsbetriebe zu protestieren. Die Strecke wurde so gewählt, dass eine möglichst große Zahl an Fahrgästen erreicht werden konnte. Der ÖPNV als Verkehrsmittel sorgte dafür, dass auch die sogenannten „bildungs-" oder „politikfernen Schichten" angesprochen wurden. Das niedrigschwellige Bildungsangebot einer kostenlosen Straßenbahnfahrt garantierte die Ansprache von Menschen, die sich freiwillig wohl selten oder nie über Politik informieren. Dabei galt es zunächst, die Geschichte erfahrbar und spannend aufzubereiten, komplexe Zusammenhänge anschaulich und verständlich darzustellen. Dabei bot der historische Straßenbahnwagen vielfältige Möglichkeiten, die historischen Ereignisse „nachzuerleben" und zu begreifen: An den Fenstern waren Fotos und Schlagzeilen zu sehen, verschiedene zeitgenössische Quellen versetzten die Fahrgäste in die damalige Zeit zurück. An der Decke fanden sich Materialien zu den Ereignissen auf nationaler und internationaler Ebene. Einzelne Textfelder informierten kurz über APO, SDS und Vietnamkrieg. In einfacher Sprache wurden die Forderungen der Außerparlamentarischen Opposition und der Vietnamkriegsgegner dargestellt. Zusätzliche Fotos und Plakate erhöhten die optische Attraktivität des Informationsangebots. Für einige Fahrgäste der „Linie 68" war diese Fahrt vielleicht der erste Kontakt mit der Protestkultur der 68er-Zeit, mit Benno Ohnesorg und Rudi Dutschke. Aus

Lautsprechern tönte zum Beispiel „Hey Jude“ von den Beatles, in Black Boxes konnten „typische“ Gegenstände der damaligen Zeit auch taktil erfühlt werden: Pflastersteine, die Pille, ein Hippie-Bus en miniature oder filterlose Roth-Händle-Zigaretten machen die Lebensart und Kultur dieser Zeit greifbar. Eindrucksvolle Bilder veranschaulichten die energiegeladene, teilweise aggressive Atmosphäre bei den Demonstrationen.

Quelle: Michael Wehner

Nun dürfen niedrigschwellige Bildungsangebote allerdings nicht an dem Punkt stehen bleiben, das Interesse von Jung und Alt zu wecken und ihnen einen, möglicherweise ersten, emotionalen Zugang zu Politik zu verschaffen. Politische Bildung zielt darauf ab, zu informieren und zu diskutieren, Menschen dazu anzuregen und anzuleiten, sich mit politischen Sachverhalten kritisch auseinanderzusetzen und sich eine eigene Meinung zu bilden. Auch wenn der Anstoß spielerisch geschieht, bedeutet niedrigschwellige politische Bildung darüber hinaus den Vermittlungsversuch, dass Politik mehr ist als Beatles, Barbies und bunte Banner.

Natürlich bedarf es bei solchen Formaten eines gehörigen Maßes an Komplexitätsreduktion. Doch die elementaren Prinzipien einer demokratischen Politik und einer freiheitlichen Gesellschaftsordnung sollten in angemessenem Rahmen dargestellt und problematisiert werden. Darum bestand in der „Linie 68" die Möglichkeit, sich bei Unklarheiten oder offenen Fragen an das „etwas andere Fahrpersonal" (Mitarbeiter der LpB) zu wenden. Aufklärung muss der Aufmerksamkeit nachfolgen, der Pflasterstein will schließlich nicht schlicht als optionales Wurfgeschoss in Erinnerung bleiben. Idealerweise sollten Gegenstände, Eindrücke und Fragen der Fahrgäste in einen logischen Zusammenhang mit dem eigenen persönlichem Bezug gebracht werden. Praktisch mag dieses Ziel nicht immer realisierbar sein, der Versuch wurde von den Machern der „Linie 68" unternommen. Hier wurden unter anderem Entstehung und Entwicklung der 68er-Proteste in Freiburg dargestellt, die in einer vom Gemeinderat beschlossenen Tarifpreis-Erhöhung für Straßenbahnfahrten ihren Anfang nahm. Das alltägliche Fahren zur Schule, zur Arbeit oder in die Stadt kann also Zündstoff für ein Aufbegehren von internationaler gesellschaftlicher und politischer Dimension sein, dem sich einst Schüler, junge Erwachsene und Menschen zahlreicher gesellschaftlicher Gruppen anschlossen. In der historischen Straßenbahn der LpB wurden Heftchen in handlichem Format ausgegeben. Kompakt erklärten sie verständlich formuliert und insbesondere anschaulich bebildert die Geschehnisse in der Stadt. Der Lesende sollte aus seiner passiven Rolle gelockt und mit Aussagen und Fragen konfrontiert werden, die ihm eine Positionierung und einen eigenen Standpunkt abverlangten. Sätze wie „Ein politisches Ereignis, das Sie besonders schockiert hat, war …", „Regeln lehnen Sie ab, wenn …" oder „Welche politischen Vorbilder haben Sie?" regten zum Nachdenken an. Auch wenn der Glaube naiv erscheinen mag, jeder hätte sich beim Lesen tatsächlich Antworten überlegt und über die eigenen Meinungen und Urteile reflektiert, so zeigen diese Fragen deutlich, dass diese historischen und regionalen Ereignisse Bezüge zum

Jetzt und zu jedem Einzelnen aufweisen. Die Aussagen nehmen eine Übertragung in die Gegenwart sowie eine Abstraktion auf allgemeine politische Einstellungen und Einschätzungen vor, die politisches Verständnis wecken und historisches Lernen ermöglichen können.

Die Badische Zeitung berichtete am 2. Februar 2008 über die „Linie 68" wie folgt: „Die Ausstellung, die die Landeszentrale für politische Bildung (LpB) in Kooperation mit den Freiburger Verkehrsbetrieben (VAG) und anderen Unterstützern ermöglicht hat, löste gar eine Doppelblockade aus. Protest Nummer eins galt den – auch 40 Jahre danach noch aktuellen – Forderungen nach einer sozial gerechten Stadt: Die Bürgerinitiative ‚Wohnen ist Menschenrecht' und der ‚Runde Tisch zu den Auswirkungen von Hartz IV' knüpften an den einstigen Wunsch nach Billigtickets für sozial Benachteiligte an – der Pappmachee-Goldesel war plakatiert mit der Aufschrift ‚Sozialticket jetzt!' (...) Die Protestierer beider Blockadeblöcke forderten gestern allerdings jeweils genau das: Die Verbindungslinien aus damaligen ernsten Anliegen und drängenden Fragen zu heutigen Nöten und Notwendigkeiten zu ziehen. Eine Absicht, die übrigens auch die Ausstellungsmacher bewegt: Mit sehenswerten Fotopanoramen, provokativen Wortassoziationen, Hintergrundtexten, Musik und Fühlkästen wollen sie die Erinnerung an die Anliegen der 68er nicht einfach nur mitten im Alltag erlebbar machen, sondern auch interaktiv die Fahr- und Ausstellungsgäste mitnehmen in Fragen und Bewertungen zu den damaligen und heutigen Vorgängen."

4.3 Das Aktivierungsprojekt „Waldkirch 09" (2009)

Mit dem ungewöhnlichen und für deutsche Verhältnisse bislang einzigartigen Aktivierungsprojekt „Waldkirch 09" versuchte ein 25-köpfiges studentisches Projektteam im Rahmen eines empirischen Feldversuchs, die Wahlbeteiligung von 1.257 Jungwählern (im Idealfall um fünf Prozent) gegenüber einer numerisch gleich starken und gleich alten Kontrollgruppe zu steigern.

Quelle: Michael Wehner

Dieser aufsuchende Ansatz der politischen Bildung setzte auf persönliche, zwischenmenschliche Interaktionen und machte die 20.000 Einwohner zählende Gemeinde Waldkirch zu einer Stadt des Sozialexperiments. Zweierteams junger Kampagnenhelfer versuchten in den acht Tagen vor der Kommunal- und Europawahl im Juni 2009 die Zielpersonen (junge Wahlberechtigte zwischen 18 und 29) zuhause aufzusuchen und in kurzen Gesprächen zur Teilnahme an der Wahl zu motivieren. Obwohl die Kampagne in der Ferienzeit stattfinden musste, um Kontakte möglichst nahe am Wahltermin zu generieren, wurden 399 oder 32 Prozent der 1.257 Zielpersonen persönlich erreicht. In weiteren 486 Fällen (39 Prozent) wurden andere Haushaltsmitglieder gebeten, die Kampagnenbotschaft weiterzugeben. Die Gespräche an der Haustüre waren in der Regel sehr kurz, im Durchschnitt nur eine Minute und dreißig Sekunden. Schlussendlich wurde das Fünf-Prozent-Ziel nicht erreicht. Die Wahlbeteiligung der Jungwähler Waldkirchs stieg um knapp vier Prozent. Immerhin![6]

Quelle: Michael Wehner

Die Experimente scheinen darauf hinzudeuten, dass Informationskostenreduktion zwar die Wirkung geringfügig verbessern kann, Mobilisierungskampagnen aber vor allem über das Zwischenmenschliche funktionieren. So spielt offenbar der Verpflichtungscharakter des persönlichen Kontaktes eine ebenso zentrale Rolle wie das Empfinden, dass es jemand wichtig ist, ob ich Wählen gehe. In diese Richtung gehen auch erste Befunde, dass Nachbarn oder zumindest Menschen aus den gleichen Bezirken wirkungsvoller mobilisieren als Ortsfremde (vgl. Green/Gerber 2008). Mobilisierungseffekte wirken offenbar über die zunächst anvisierte Wahl hinaus weiter, da das Wählen selbst verhaltensprägend wirkt und eine einmalige Mobilisierung die Wahrscheinlichkeit zukünftiger Wahlteilnahmen erhöht (vgl. Green/Gerber/Shachar 2003).

Außerdem scheinen Wahlberechtigte, die von einer Mobilisierungskampagne angesprochen wurden – zumindest innerhalb des eigenen Haushaltes – als Multiplikatoren dieser Kampagne weiterzuwirken und zusätzliche Wahlberechtigte zur Stimmabgabe zu animieren (vgl. Nickerson 2008). Das Canvassingprojekt zeigte, dass Kampagnen zu Kommunalwahlen „politische Schläfer“, nicht aber chronische Nichtwähler mobilisieren. Sie erreichen den unentschlossenen, unentschiedenen – nicht aber den desinteressierten Bürger. Die Kluft zwischen „Wählerhochburgen“ („Dorfcharakter“ bei gleichzeitiger hoher sozialer Kontrolle) und Stimmbezirken mit geringer Wahlbeteiligung ist durch diese Form von Mobilisierungskampagnen nicht zu verringern. Aufsuchende politische Bildungsarbeit braucht Verstetigung. Es spricht vieles für eine Ergänzung der traditionellen Bildungsangebote und eine „Sozialpädagogisierung“ der politischen Bildung zum Beispiel im Rahmen von zielgruppengenaueren Ansprachen und Dialogmöglichkeiten. Um größere Nachhaltigkeitseffekte zu erzielen, müsste die Kampagne institutionalisiert bzw. bei kommenden Wahlen erneut durchgeführt werden.

Der Feldversuch zur politischen Bildung hat sich gelohnt, es gibt zu ihm keine „empirische Alternative“: Der Mut der Kampagnenmacher Sebastian Reinkunz und Felix Steinbrenner mit ihrem Team, Wähler persönlich an ihrer Haustüre anzusprechen, ist lobenswert und eine außergewöhnliche Basisarbeit für die Demokratie, die wichtige Erkenntnisse für eine intervenierende politische Bildungsarbeit lieferten. Dennoch bleiben Fragen: Die Studierenden fallen gleichsam mit dem Wahlaufruf ins Haus, wenn sie die jungen Erwachsenen an der Türe ansprechen. Darf politische Bildung so stark und so penetrant in die Privatsphäre von Menschen eindringen, sie in ihren eigenen vier Wänden ansprechen, an ihrem Rückzugsort, fernab der Öffentlichkeit? Hier muss sich politische Bildung im Sinne einer pluralistischen, freiheitlichen Gesellschaftsordnung die Frage stellen, ob die Bürgerinnen und Bürger dazu gezwungen werden können, sich mit Politik auseinanderzusetzen? Oder bleibt den „Hütern der Demokratie“ gar nichts anderes übrig, als solche Kampagnen und andere Formen der innovativen Wähleransprache auf überparteilicher Grundlage zu versuchen, wenn man sich nicht weiter vom „Mehrheitsprinzip“ entfernen oder gar verabschieden möchte?

5. Plädoyer für eine aufsuchende und eine „subversive" Bildungsarbeit oder: Das Unerwartete ist das, worauf wir warten...

Bildungskonzepte sind Antworten auf gesellschaftliche Entwicklungen. Allzu häufig bewerten viele Menschen politische Prozesse negativ, haben keinen Zugang zu politischen Fragestellungen und kein Interesse an politischen Auseinandersetzungen. Klassische Formate politischer Bildung gehen an diesen Zielgruppen vorbei. Der Charme und die Notwendigkeit niedrigschwelliger Projekte und mobiler Bildungsangebote bestehen vor allem darin, dass die Anbieter von Bildung nicht warten, bis Menschen Kontakt zu ihnen aufnehmen, sondern sich unmittelbar an den Schauplätzen alltäglichen Geschehens präsentieren. Nicht immer beruht die Begegnung mit Politik auf dem Prinzip der Freiwilligkeit. Es muss auch darum gehen, Politik so zu präsentieren, dass die Menschen ihr nicht ausweichen können, sie sozusagen „subversiv" zu bilden.

Wenn sachlich-rationale Erwägungen allein die Aversionen gegenüber der Politik nicht mehr bestimmen, muss es darum gehen, emotionale Befindlichkeiten und Erlebnisdimensionen anzusprechen und demokratiedistanzierte Menschen zur Begegnung mit Politik zu „verführen" oder zu zwingen: Verfremdung und Irritation als herausforderndes Element einer kognitiven Verunsicherung. So überzogen das auch klingen mag, wir brauchen eine didaktische „Auf- bzw. Nachrüstung" und Eskalation von Lernreizen. Wir brauchen mehr Veranstaltungsexperimente, mehr „unstetige Formen der Erziehung" (Bollnow 1959), mehr Lernen an kurzfristigen (inszenierten) Krisen und kognitiven Konflikten wie sie Daniel E. Berlyne und Leon Festinger bereits in den 1970er Jahren eingefordert haben.

Bildung, die im Rahmen (der Konventionen) bleibt, wird in aller Regel unverbindlich bleiben, wird wenig bewegen. Provokativ formuliert: Bildung, die niemandem weh tut, wird auch nichts verändern. Die organisierten und institutionalisierten

Bemühungen um das „Allgemeine Gute" dürfen uns nicht davor zurückschrecken, „verantwortlich zu verführen", die Suggestivität und Selbstreferentialität der Medien zum Beispiel für Guerilla-Marketing und „Bildungsviren" zu nutzen, Wissen emotional abzusichern und Lernerlebnisse zu schaffen.

Gut gemachte, einfache Mobilisierungskampagnen und Aktionen wie sie hier beschrieben worden sind, können mitunter lehrreicher sein, als seriös aufgemachtes aber inhaltsleeres „Nachhaltigkeitsblabla", das sich hinter einer pseudo-intellektuellen Maskerade versteckt, den Verhaltensweisen der Bürgerinnen und Bürger aber nicht entspricht. Wir verschwenden allzu oft einen großen Teil unserer Arbeitsenergien für zu anspruchsvolle Partizipationskonzepte, wie das Beispiel Beteiligungshaushalt beweist. Es geht zunächst einmal nicht darum, Experten für die Aufstellung kommunaler Haushalte zu qualifizieren, sondern darum, dass in einer repräsentativen Demokratie mehr Menschen ihr Wahlrecht ausüben, um ihre parlamentarischen Vertreter zu bestimmen. Wenn dann – wie in Freiburg geschehen – mit beträchtlichem finanziellem Aufwand in einer Stadt mit 200.000 Einwohnern gerade einmal 1.863 Personen[7] (das sind nicht einmal ein Prozent; und dann vor allem Personen mit akademischem Abschluss) sich an der Haushaltsdiskussion beteiligen, dann ist das Ziel zu anspruchsvoll formuliert und erfordert zu viel Ressourceneinsatz von den Bürgerinnen und Bürgern.

Bei dieser Argumentation leistet Ernst Fraenkel argumentative Schützenhilfe. Auch er geht davon aus, „dass der Einzelne selber nicht zur Konzeption von Politik befähigt ist, mit der Stimmabgabe am Tag der Wahl aber Zustimmung oder Ablehnung getroffener bzw. beabsichtigter politischer Entscheidungen ausdrücken kann" (Fraenkel 1991, S. 330 f.). Aus diesem Grund ist und bleibt das Wahlrecht das Kernrecht der Demokratie – so Altbundespräsident Roman Herzog.

Joachim Detjen ist zwar zuzustimmen, wenn er formuliert: „Es muss zur Kenntnis genommen werden, dass die Demokratie den politischen Aktivbürger, der sich ständig um die Angelegenheiten der res publica kümmert, nicht als Regelfall annehmen kann" (Detjen 2000, S. 12). Wünschens- und erstrebenswert ist diese Zielvorstellung der politischen Bildung allemal. Wir benötigen das Leitbild des Aktivbürgers: Möglichst viele Bürgerinnen und Bürger zu befähigen, sich bewusst, kompetent und engagiert am politischen Leben zu beteiligen.

Deshalb lohnt ein Blick auf niedrigschwellige, „sich in den Weg stellende" Ansätze einer aufsuchenden politischen Bildungsarbeit, will man der viel geforderten Elementarisierung in der Praxis einen Schritt näher kommen. Selbst wenn bei einer nüchternen Betrachtungsweise viel Skepsis gegenüber einer Ansprache von „Menschen aus der Mitte der Gesellschaft" bleibt. Wir werden den Widerspruch nicht lösen können, Politik einerseits als sexy und als Erlebnis darzustellen und andererseits der Realität gerecht zu werden, dass man in einer Demokratie einen langen Atem braucht und Veränderungen viel schwerer zu erreichen sind als in anderen politischen Systemen. Es gibt aber zu diesen Versuchen keine Alternative. Unsere Demokratie braucht die Akzeptanz und die Mitwirkung aller.

Anmerkungen

1 Auch die Bundeszentrale für politische Bildung (BpB) widmet sich dem Thema niedrigschwelliger Angebote. Im Jahr 2007 sie einen eigenen Fachbereich „Politikferne Zielgruppen" eingerichtet.

2 Vgl. Eurobarometer 2006, S. 10. URL: http://ec.europa.eu/public_opinion/archives/eb/eb66/eb66_highlights_de.pdf

3 Das Bundesministerium der Finanzen teilte hierzu in einem Schreiben vom 9. Januar 2007 mit, dass die „geplanten Zollkontrollen als umständlich und schikanös" dargestellt werden würden und damit dem Ansehen der Zollbehörden abträglich wären.

4 Vgl. http://www.lpb-freiburg.de/lpb_presse.html

5 Vgl. Stuttgarter Zeitung vom 13.10.2009.

6 Eine genauere Auswertung der Kampagne von Sebastian Reinkunz ist zu finden unter: www.lpb-freiburg.de/waldkirch09/

7 URL: www.beteiligungshaushalt.freiburg.de; vgl. hierzu auch den Bericht der Stuttgarter Zeitung vom 29. März 2010 über das kaum festzustellende Interesse von Bürgerinnen und Bürgern an öffentlichen Haushaltsberatungen der Gemeinde.

Literatur

Arceneaux, Kevin/Nickerson, David W. (2009): Who is Mobilized to Vote? A Re-Analysis of 11 Field Experiments. In: American Journal of Political Science, 1/2009, S. 1–16.

Berlyne, Daniel E. (1974): Konflikt, Erregung, Neugier. Stuttgart.

Bollnow, Otto Friedrich (1959): Existenzphilosophie und Pädagogik – Versuch über unstetige Formen der Erziehung. Stuttgart.

Detjen, Joachim (2000): Die Demokratiekompetenz der Bürger. Herausforderung für die politische Bildung. In: Aus Politik und Zeitgeschichte, B 25/2000, S. 11–20.

Festinger, Leon (1978): Theorie der kognitiven Dissonanz. Bern.

Finke, Peter (2009): Nachhaltigkeit und Bildung – Merkmale zukunftsfähiger Kulturen. Vortrag gehalten im Kloster Neustift am 9. November 2009, Südtirol. URL: www.provincia.bz.it/kulturabteilung/download/Referat_Finke.pdf

Fraenkel, Ernst (1991): Deutschland und die westlichen Demokratien. Hrsg. von Alexander von Brünneck. Frankfurt/M.

Green, Donald P./Gerber, Alan S. (2008): Get Out The Vote. How to Increase Voter Turnout. 2. erweiterte und überarbeitete Auflage, Washington, D.C.

Green, Donald P./Gerber, Alan S./Schachar, Ron (2003): Voting May Be Habit-Forming. Evidence from a Randomized Field Experiment. In: American Journal of Political Science, 3/2003, S. 540–550.

Hartmann, Mirjam (2008): Gesundheitschancen verbessern! Strategien und Handlungsansätze der Gesundheitsförderung bei sozial Benachteiligten. URL: www.fes.de/integration/inhalt/d_080626.htm

Hufer, Klaus-Peter (1992): Politische Erwachsenenbildung. Strukturen, Probleme, didaktische Ansätze – eine Einführung. Schwalbach/Ts.

Nickerson, David W. (2008): Is Voting Contagious? Evidence from Two Field Experiments. In: American Political Science Review, 1/2008, S. 49–57.

Rushkoff, Douglas (1995): Media virus: die geheimen Verführungen in der Multi-Media-Welt. Frankfurt/M.

Schiele, Siegfried (2004): Politische Bildung neu vermessen? In: Schiele, Siegfried (Hrsg.): Politische Mündigkeit – Zehn Gespräche zur Didaktik politischer Bildung. Schwalbach/Ts., S. 293–304.

Schüßler, Ingeborg (2006): Nachhaltigkeit – nachhaltiges Lernen – Bildung für eine nachhaltige Entwicklung – Gestaltungskompetenz. URL: www.kbe-bonn.de/fileadmin/Redaktion/Bilder/Projekte/Schuessler_Nachhaltigkeit_Begriffskl_rung_Endversion.pdf

Stoltenberg, Ute (2009): Welche Bildung für eine nachhaltige Entwicklung? Vortrag gehalten im Kloster Neustift am 9. November 2009, Südtirol. URL: www.provincia.bz.it/kulturabteilung/download/Vortrag_Stoltenberg_Teil_1.pdf

Wehner, Michael: Niedrigschwelligkeit statt Nachhaltigkeit als Ziel politischer Bildung. Vortrag gehalten im Kloster Neustift am 9. November 2009, Südtirol. URL: www.provincia.bz.it/kulturabteilung/download/Referat_Wehner.pdf

Weitere Internetseiten

www.bmbf.de/pub/bericht_fuer_nachhaltige_entwicklung_2009.pdf

www.efbsalzgitter.de/bund/downloads/empfehlung.pdf

www.kbe-bonn.de/fileadmin/Redaktion/Bilder/Projekte/Schuessler_Nachhaltigkeit_Begriffskl_rung_Endversion.pdf

www.politische-bildung-brandenburg.de/programm/veranstaltungen/2009/jan29a.html

www.politische-bildung-brandenburg.de/programm/veranstaltungen/2009/jan29_politikfernegruppen.pdf

Harald Keller

Das Fernsehen im Dienst der politischen Bildung

„Das Fernsehen ist ein Leitmedium. Wenn etwas passiert, ein Ernstfall wie der 11.9., dann geht man nicht ins Theater, man fängt nicht ein Philosophiestudium an, sondern man dreht den Fernseher an, um zu sehen, was los ist. Man guckt aus dem Fenster in die Gesellschaft."

Alexander Kluge bei der 46. Verleihung des Adolf-Grimme-Preises am 26.3.2010 in Marl

1. Traditionen und Vorformen: Der Hörfunk als Bildungsanstalt

Die Nutzung der publizistischen Funk- und Kabelmedien für Ziele der Volksbildung hat eine lange Tradition, die bereits zu Weimarer Zeiten ihren Anfang nahm. Insbesondere die Deutsche Welle, der spätere Deutschlandsender, fungierte als ein Institut der Erwachsenenbildung. Das landesweit verbreitete Programm bot thematisch eng gefasste Sendungen für bestimmte Berufsgruppen, aber auch politische Bildung im Allgemeinen, die freilich im Bereich der aktuellen Politik erst Schritt für Schritt gegen drückende Zensurbestimmungen durchgesetzt werden musste.

Die 1927 verfassten programmatischen Ideen des Rundfunkpioniers Hans Bredow sprechen für sich: „Die ‚Deutsche Welle' nimmt den Gedanken der Volkshochschule in ganz neuer, umfassender Weise auf. In einen Wettbewerb mit vorhandenen Lehranstalten irgendwelcher Art will sie nicht treten, sondern sich darauf beschränken, die Kenntnisse aufzufrischen, die durch das natürliche Vergessen verloren gegangen sind, vorhandene Bildungslücken auszufüllen und letzten Endes auch berufsfördernd zu wirken" (Bredow 1950, S. 41).[1]

Die Deutsche Welle kooperierte unter anderem mit dem Zentralinstitut für Erziehung und Unterricht (Pohle 1955, S. 79), beschäftigte aber auch an führender Stelle erfahrene Pädagogen und Didaktiker, die wertvolle Impulse für die Herausbildung „funkischer", so der damalige Sprachgebrauch, also hörfunkspezifischer Formate lieferten (vgl. Keller 2009, S. 60 ff.). Die Programmschaffenden handelten dabei getreu der Erkenntnis, dass „Rundfunkdarbietungen eine eigene Note haben müssen. Sie sind im besonderen Maße darauf angewiesen, anziehend zu sein. Somit beantwortet sich die Frage, ob das Vortragswesen unterhalten oder belehren soll, dahin, daß es in unterhaltender Form belehren soll" (Schubotz 1950, S. 269).

2. Nützlichkeit und Unterhaltungswert: Das Kontaktmedium Fernsehen

Längst hat das Fernsehen den Hörfunk als reichweitenstärkstes Medium abgelöst. Im Rahmen klassischer Schulfunksendungen findet die politische Bildung einen festen Platz. In Zeiten einer so genannten Politikverdrossenheit stellt sich aber die Frage, ob und wie Sendungen des übrigen Programms in die Bemühungen um politische Bildung insbesondere der so genannten bildungs-, vor allem aber wohlstandsfernen Schichten einbezogen werden können. Heinz Ulrich Brinkmann von der Bundeszentrale für politische Bildung (BpB) notierte 2007: „‚*Einheimische Deutsche*' (Hervorhebung im Original) aus der Unterschicht sind nur mit elementaren Formen politischer Bildung erreichbar und über Formate, die entweder absolut im Zentrum ihrer Lebenswelten (also: Nützlichkeit oder Unterhaltungswert) liegen, oder aber über verpflichtende Bildungsformen, denen nicht ausgewichen werden kann" (Brinkmann 2009, S. 81). Unter den chancenträchtigen Strategien steht für Brinkmann das „Fernsehen als absolut wichtigstes Medium für passive Außenkontakte" (a. a. O.) an erster Stelle. Äußerungen aus Kreisen jugendlicher Nutzer bestätigen dies: „Wie wäre es beispielsweise, mehr Politikinteresse durchs

Fernsehen schaffen [sic!]? Immerhin zählt Fernsehen ja zu den Lieblingsbeschäftigungen der Deutschen. (...) Die Privatsender sind gefragt, denn sie werden geschaut. 20-sekündige Werbespots mit Inhalten à la ‚Geh wählen!‘ sind allerdings nicht besonders sinnvoll“, schrieben zwei 16-jährige Schüler im März 2010 im Rahmen eines Schulzeitungsprojekts (Lüderwaldt/Pfeiffer 2010).

3. Ideen und Beschränkungen: Probleme mit der Praxis

Der 2007 von Brinkmann umrissene damalige Planungsstand der BpB sah ambitionierte Projekte vor: „In Übereinstimmung mit dem Fernsehkonsum unserer Zielgruppen sollen *Serien in einem festen Rhythmus über Privatsender ausgestrahlt* (Hervorhebung im Original) werden, die die zentralen Interessen ebenso treffen wie das Unterhaltungsbedürfnis. Soaps, Sitcoms sowie Quizsendungen kommen hierbei in Frage. (...) In Arbeit ist ein Nachrichtenformat mit einem hohen Comedy-Faktor“ (Brinkmann 2009, S. 88).

Zwei Jahre später, Brinkmann ist mittlerweile in den Ruhestand getreten, fällt die Bilanz bescheiden aus. Das Projekt „Schulstunde als Talkshow“, eine Kooperation mit WDR und SWR, weist in die angestrebte Richtung, findet aber im klassischen Unterrichtsrahmen statt. Es ist wenig wahrscheinlich, dass die begleitenden Internetangebote ausgerechnet von bildungsfernen Jugendlichen aufgerufen werden. Gegenwärtig ist der Fachbereich „politikferne Zielgruppen“ der BpB hauptsächlich damit befasst, Unterrichtsmaterialien für Lehrer zu erstellen.

In der Praxis hat sich gezeigt, dass die Nutzung gerade der von Brinkmann favorisierten TV-Genres erhebliche Schwierigkeiten bereitet. So darf die BpB als Bundesanstalt auf fernsehpublizistische Inhalte keinen Einfluss nehmen. Zugleich müssen etwaige Medienproduktionen den Auftrag der politischen Bildung klar erkennen lassen. Damit riskiert man jedoch einen Reichweitenverlust bei jenen Zuschauersegmenten, die auf Präsentationsformen deutlich didaktischen Charakters mit Trotz und Abwehr reagieren.

Des Weiteren unterliegt die BpB dem Gebot der politischen Neutralität[2] – für alle medialen Formen mit einer Spannungsdramaturgie, ob nun in fiktionalem oder unterhaltsam-spielerischem Zusammenhang, eine denkbar schlechte Voraussetzung. Schließlich stellt sich die Frage der Platzierung. Sender, Sendezeit, auch das Programmumfeld müssen dem Nutzerverhalten entsprechen. Diesbezüglich wirft vor allem die Ansprache der Heranwachsenden einige Probleme auf. Mag es gegen alle widrigen Umstände gelingen, eine jugendorientierte Sendung mit zielgruppengerecht verpackten Inhalten herzustellen, so sind die Produktionsmittel doch vergeudet, wenn sich für die Ausstrahlung kein von der Jugend akzeptierter Sender finden lässt.

4. Musterbeispiel I: „Die TV total Bundestagswahl"

Allen Unkenrufen zum Trotz ist es sehr wohl möglich, eine junge Zuschauerschaft mit politischen Inhalten zu erreichen. ProSieben bewies dies erstmals 2005 mit der Sendung „Die TV total Bundestagswahl" und erneut mit der Neuauflage im Jahr 2009 am Vorabend der damaligen Bundestagswahl.

Bei der „TV total Bundestagswahl" handelt es sich um eine Sonderausgabe der dienstags bis donnerstags im Spätprogramm gezeigten ProSieben-Reihe „TV total". Durch die Beibehaltung von Titelmelodie, Ouvertüre und Kulisse einschließlich Live-Band wird bereits mit der ersten Anmutung ein positiver Imagetransfer erzielt. Der Moderator Stefan Raab, zugleich Initiator und Produzent der „TV total Bundestagswahl", eröffnet seine Sendung nach dem Muster einer klassischen Late-Night-Show (vgl. Keller 2009, S. 37 ff.) mit einem pointierten, im vorliegenden Falle ausnahmsweise monothematischen Monolog. Ein Auszug: „Eines kann ich Ihnen heute versprechen: Es wird spannender als beim Kanzlerduell. Gut, das ist leicht, weil das Sandmännchen ist ja schon spannender als das Kanzlerduell." Mit Blick auf die kommende Telefonabstimmung juxt Raab, wenn es gut laufe, werde das Resultat gleich als amtliches Endergebnis übernommen, fügt aber unmittelbar an: „Das war natürlich ein Scherz. Sie sollten natürlich morgen zur Wahl gehen. Egal wen Sie wählen – nehmen Sie Ihre Stimme ernst und auf jeden Fall: Gehen Sie zur Wahl!" (ProSieben 2009a).

Häufig wiederholte Kamerablicke auf die Zuschauerränge zeigen einen Unterschied zu den regulären „TV total"-Sendungen: An diesem Abend sind junge Parteigänger jener Politiker, die im Rahmen der Sendung miteinander diskutieren werden, in Blöcken versammelt und durch T-Shirts in den Parteifarben leicht zu identifizieren. Sie beteiligen sich hörbar, bejubeln „ihre" Kandidaten, äußern lautstark ihre Ablehnung der politischen Gegner oder skandieren Parolen. Im Verlauf der Sendung müssen sie von den Moderatoren einige Male gedämpft werden. Die Geräuschkulisse und auch der Habitus der Versammelten wecken Assoziationen an Schlachtenbummler in Fußballstadien oder auch an die Fangruppierungen in Sendungen wie „Deutschland sucht den Superstar".

Der Modus der Sendung sieht vor, dass sich zunächst Vertreter der fünf Parteien SPD, CDU, FDP, Bündnis 90/Die Grünen und Die Linke den Fragen Stefan Raabs und seines Co-Moderators Peter Limbourg, seines Zeichens Chefredakteur des zur ProSiebenSat1-Gruppe gehörenden Nachrichtensenders N24, stellen. Unterdessen ist es bereits möglich, per Telefon oder SMS die favorisierte Partei zu wählen. Staatsbürgerschaft und Alter sind dabei nicht ausschlaggebend, auch darf mehrfach abgestimmt werden. Im zweiten Teil der Sendung wird dann das Ergebnis nach Bundesländern aufgeschlüsselt präsentiert, wobei der Moderator Matthias Opdenhövel, unter anderem bekannt aus der ProSieben-Erfolgs-Show „Schlag den Raab", die aus konventionellen Wahlsendungen bekannte Rolle des Statistikexperten einnimmt, dabei aber den ihm eigenen trockenen Humor erkennen lässt.

5. Erfolgsfaktoren

In den Wochen vor der Bundestagswahl 2009 hatten insbesondere die öffentlich-rechtlichen Sender diverse jugendorientierte Formate politischen Inhalts in ihre Programme aufgenommen. Von allen Angeboten war die „TV total Bundestagswahl 2009" die erfolgreichste. ProSieben erzielte in der Altersgruppe der 14- bis 29-Jährigen einen Marktanteil von 25,3 Prozent. Vier Jahre zuvor hatte die „TV total"-Sonderausgabe zur damaligen Bundestagswahl in dieser Skala ebenfalls den Spitzenrang eingenommen (Quelle: AGF/GfK/ProSieben).

Ursache dieses Erfolges ist ein Zusammentreffen mehrerer günstiger Faktoren. Zunächst einmal stellte ProSieben mit dem Sendeplatz am Samstag um 20.15 Uhr den optimalen Termin zur Verfügung, den das angestammte Publikum mit populären Formaten wie „Schlag den Raab" oder dem „TV total Turmspringen" verbindet. Entscheidend für die Ansprache des jungen Publikums aber war der Gastgeber selbst. Der 1966 geborene Stefan Raab hat sich im Laufe einer seit 1993 währenden Medienkarriere als „Markenpersönlichkeit" etabliert. Seinen Einstand in der Fernsehbranche gab Raab bei dem damaligen Musiksender „Viva" mit der Sendereihe „Vivasion", nebenher moderierte er zeitweilig auch im WDR-Hörfunk. Raabs Beliebtheit bei der jungen Zielgruppe verdankte sich seiner gepflegten Präpotenz – respektlos bis hin zur Unverschämtheit gerade auch gegenüber prominenten Gästen, auf spielerische Weise unverfroren im Umgang mit Konventionen und Traditionen der Fernsehproduktion. Der junge Raab übertrug Merkmale populärer Kinderbuchfiguren in den popkulturellen Rahmen zeitgemäßer Medieninszenierungen: Er stellte die lebenslustige, von erwachsenem Einfluss befreite Ungezwungenheit einer Pippi Langstrumpf zur Schau und verübte bösartige Streiche wie Max und Moritz, ohne deren trübes Schicksal zu teilen. Raab etablierte sich als Bildschirmpersönlichkeit und durfte sich belohnt sehen, als er 1999 mit einer eigenen Show-Reihe von ProSieben eingekauft wurde. Für Raabs Karriereprofil ist entscheidend, dass er sich beziehungsweise dem einmal etablierten Image weiterhin treu blieb. Seine Show-Tätigkeiten hat er diversifiziert, seine antiautoritäre Lümmelhaftigkeit dabei behalten. Er pflegt ironisch lächelnd, aber konsequent den Frechdachs-Habitus, tritt gern und oftmals provokant in Opposition zum gängigen Unterhaltungsgeschehen und gefällt sich in der Außenseiterrolle, was ihm weitere Sympathien einträgt. Raab folgt insofern der Tradition eines Groucho Marx, der einst sagte, er wolle keinem Verein angehören, der ihn als Mitglied akzeptiert. Diese Haltung verschafft Raab die Achtung der jungen Zuschauer, im Szenejargon „Credibility". Paradoxerweise ist er darüber für sein Publikum selbst zu einer Autorität geworden – seine Zuschauer folgen ihm sogar dann, wenn er eine wenig mondäne Sportart wie das Turmspringen in sein „TV total"-Universum integriert.

In jüngster Zeit – spätestens seit „Unser Star für Oslo", dem Vorentscheid für den Eurovision Song Contest 2010 – gewann Raab Ansehen auch bei der bürgerlichen Programmkritik, die ihm lange Zeit mit harscher Ablehnung begegnete. Mittlerweile wurde registriert, dass Raab mehr ist als ein clownesker Fernsehunterhalter. Hinter den Kulissen, als TV-Produzent wie als Musiker, verfolgt Raab seine Ziele mit Ambition, Können und großem Ideenreichtum.

Die von Raab initiierte „TV total Bundestagswahl" wies die für sein Fernsehschaffen typischen Merkmale auf: parodistische Elemente, Kontroverse als Spaßmoment, die telefonische Parteienwahl als „audience participation", als Mitspielmöglichkeit mit Spannungsfaktor, der profilierte Gastgeber als Mittelsmann, der der politischen Sphäre – zumindest in seiner fernsehöffentlichen Rolle – ansonsten fern steht. Umso größer die Heiterkeit, als Raab in einer Szene die wild durcheinander redenden Politiker in Lehrermanier zur Ordnung rief und damit die gefühlten Machtverhältnisse einmal umkehrte.

6. Musterbeispiel II: „Sido geht wählen"

Am 26. September 2010 leistete sich ProSieben einen regelrechten Themenabend, denn auf die „TV total Bundestagswahl" folgte in direktem Anschluss um 23:04 Uhr die Sendung „Sido geht wählen". Mit einem Marktanteil von 21,9 Prozent war auch dieses Programm im Segment der 14- bis 29-Jährigen außerordentlich erfolgreich. „Sido geht wählen" war eine in Zusammenarbeit mit der BpB entstandene unterhaltsame Dokumentation, in deren Verlauf der umstrittene Berliner Rapper Sido in der Rolle eines politisch Desinteressierten junge und etablierte Politiker aufsucht, sie nach ihren politischen Programmen befragt und gute Gründe genannt haben möchte, warum er denn wählen gehen solle. Den Autoren gelingt ein geschickter Einstieg, indem sie Sido vor dem Reichstagsgebäude zeigen, wo er auf eine Gruppe von Schülern trifft, die gerade eine Besichtigungstour absolviert haben. Sido will wissen: „Warum zur Hölle seid ihr da reingegangen?" Die Antwort eines Schülers: „Weil es unsere Lehrerin vorgeschrieben hat." Zum größten Vergnügen der Schülerinnen und Schüler stellt Sido die Lehrerin zur Rede: „Die soll mal antanzen. Komm mal ran hier auf'n Meter" (ProSieben 2009b).

Aus eigener Beobachtung lässt sich berichten, dass Zuschauer aus gehobenen Bildungsschichten, diesen ersten Auftritt völlig missverstehend, mit reflexartiger Aversion reagierten. Genau diese Mischung aus Unverfrorenheit und Ruppigkeit aber ist es, die das anvisierte Publikum vor dem Fernseher hält. Auch bei dieser Produktion kam es darauf an, dass der Protagonist bereits über Akzeptanz bei der Zielgruppe verfügte. Innerhalb der Sendung musste Sido dem bestehenden Image des unverblümt formulierenden Szene-Kommentators weiterhin entsprechen, weil er ansonsten unglaubwürdig geworden wäre.

Sido, bürgerlich Paul Hartmut Würdig, stammt aus einfachen Verhältnissen, wuchs laut seiner offiziellen Biografie in einem Asylbewerberheim und im Berliner Märkischen Viertel auf und brach sowohl die Schule wie auch die Ausbildung vorzeitig ab.

Als Rapper machte er sich mit drastischen und auch obszönen Texten einen Namen, gilt aber unter den Puristen der deutschen HipHop-Kultur nach etlichen Chart-Erfolgen und Medienauftritten wie der Moderation des Musikpreises Echo 2007 und der Teilnahme an mehreren Stefan-Raab-Shows als Vertreter des „Mainstreams".

In der Sendung „Sido geht wählen" begegnet Sido als erstes der Linken-Politikerin Petra Pau in ihrer Funktion als Vizepräsidentin des Deutschen Bundestages. Ihren Namen, so sagt er vorweg, hat er schon einmal gehört, aber kein Gesicht vor Augen. Sido begrüßt die Gesprächspartnerin mit den Worten: „Von vornherein: Ich habe keine Ahnung von Politik. Ich muss von Null anfangen, und mir muss alles erklärt werden. Dafür treffe ich mich jetzt mit Ihnen und lass mir erklären, von welcher Gang Sie sind, für was Sie so stehen und warum ich unbedingt Ihre Partei wählen sollte."

Ähnlich direkt geht Sido auch Vertreter anderer Parteien an und reagiert ausgesprochen allergisch, wenn diese in eine aufgeblasene Politrhetorik verfallen. Kathrin Henneberger von der Grünen Jugend beispielsweise wird in ihrem Redeschwall schnell gebremst: „'schuldigung, ich bin schon wieder gar nicht mehr bei dir. Das ist genau das Problem, warum ich noch nie in meinem Leben wählen war. Wenn so viel hintereinander geredet wird und wenn so Wörter benutzt werden, die ich nicht verstehe – wie Reform, Bachelor, Master, Popaster, Desaster – das sind alles Wörter, die verstehe ich nicht. Und dann schaltet sich mein Gehirn von alleine aus."

Mit dieser frechen Riposte dürfte Sido vielen Vertretern der politikfernen Schichten aus dem Herzen sprechen. In Habitus und Duktus erscheint er authentisch: Der Rapper, der sich über seine Devianz definiert, bleibt der Kundschafter auf fremdem Terrain, eine glaubwürdige Stellvertreterfigur. Nur so wird es möglich, im Umfeld von Sidos Auftritten zusätzliche Informationen unterzubringen. In Animationsfilmen werden politische Stichworte erläutert, Sido selbst lässt sich vom Landeswahlleiter den Stimmzettel erklären. Außerdem besucht er einen Kindergarten, ein Altenheim und eine Berufsschulklasse, fragt nach dem Wahlverhalten seiner Gegenüber und nach den Erwartungen an die Politik. Zusätzlich kommen Jugendliche in einer „Talkbox" zu Wort.

Durch ihre Personalwahl und auch durch die teils an die Ästhetik von HipHop-Videos angelehnte Gestaltung wird eine solche Produktion ältere Zuschauer verschrecken. Das aber ist kein Manko, sondern vielmehr ein Vorzug und folgt einer Erfahrung Brinkmanns, die sich über die genannten Gruppen hinaus verallgemeinern lässt: „Mit ‚klassischen' Themen und Methoden sind bestimmte Migrantengruppen (...) kaum anzusprechen. Akzeptiert werden jedoch Personen, die aus ihrer eigenen Community kommen und durch Amt bzw. besondere Position in Politik, Wirtschaft, Medien oder Sport präsent sind; sie werden sogar i. d. R. bewundert und als Vorbild genommen" (Brinkmann 2009, S. 84).

Die Produzenten von „Sido geht wählen" stehen mit ihrem Ansatz nicht allein. Der Hamburger Rapper Samy Deluxe, der mit Crossover e. V. ein Jugendhilfeprojekt betreibt, reiste 2009 mit fünf Jugendlichen durch die Republik, um das eigene Land, dessen Kultur und Geschichte zu erkunden. Die Reise wurde gefilmt und in Form einer Doku-Soap, einer dokumentarischen Fortsetzungsreihe also, zwischen dem 5. und 9. Oktober unter dem – einem Samy-Deluxe-Album entlehnten – Titel „Dis wo ich herkomm" jeweils um 21.00 Uhr auf ZDFinfo gesendet. Eine einmalige Zusammenfassung lief im Nachtprogramm des ZDF. Diese an sich sehenswerte Produktion blieb somit im Programmabseits und fand kaum Resonanz. Prominenter platziert wurde die Reihe „Die Mädchengang", die im März 2010 montags um 20.15 Uhr von RTL II gezeigt wurde. In der Folge vom 29. März war der kurdischstämmige Frankfurter Rapper Azad zu Gast, um mit der titelgebenden Gruppe von extrem gewalttätigen, teils drogenerfahrenen Mädchen intensive Gespräche zu führen und Tipps zum Aggressionsabbau zu geben. Azads eigene Biografie weist gewaltsame Übergriffe auf; eines seiner Alben wurde als

„jugendgefährdend“ indiziert. Gerade deshalb fand er auf Anhieb die Aufmerksamkeit der Delinquentinnen, die sich bislang anderen Formen pädagogischer Ansprache trotzig verweigert hatten. „Die Mädchengang“ widmet sich nicht der politischen Bildung im engeren Sinne, zeigt aber wiederum, dass abwehrende Haltungen junger Vertreter aus prekären Milieus mit Hilfe geeigneter, das heißt authentischer Protagonisten aufgeweicht und durchbrochen werden können. Wer solche Sendungen pauschal als „Trash-Fernsehen“ diskreditiert und vom Bildschirm verbannt wissen möchte, hat schlicht die Wissensdefizite beträchtlicher Bevölkerungsgruppen und zugleich die Probleme einer allgemeinen Unterrichtung in Sachen Lebensführung und der politischen Bildung im Speziellen noch nicht erkannt.

7. Idealisierte Vergangenheit, verteufelte Gegenwart

Wie die oben angeführten Programmbeispiele zeigen, entstehen auch abseits der institutionalisierten politischen Bildung Fernsehangebote, die sich im Bildungswesen nutzen lassen. Um das Potential des Fernsehens für den Einsatz (nicht nur) im Dienst der politischen Bildung angemessen einschätzen zu können, ist es notwendig, sich von gewissen Ressentiments und Vorbehalten der programmbegleitenden Kritik zu lösen. Insbesondere vermeintlich oder tatsächlich neuere Programmformen, die sich mit Stichworten wie Infotainment, Historytainment, Doku-Soap, Reality-TV etc. verbinden, stoßen in einer in hochkulturellem Zusammenhang argumentierenden Kritik auf Ablehnung. Das Fernsehen und der Bildungsgedanke – für manche bedeutet diese Kombination einen krassen Widerspruch. In Feuilletons wird das Fernsehen eher für den Bildungsnotstand verantwortlich gemacht, eine These, die sogar Bestseller abwirft. Bücher wie „Generation Doof“ (Bonner/Weiss 2008), „Dummgeglotzt“ (Kissler 2009), „Seichtgebiete“ (Jürgs 2009) machen das Fernsehen durchgängig oder zumindest kapitelweise zum Thema, und weil die Autoren gezielt nach fragwürdigen Formaten suchen, werden sie unweigerlich fündig.

Ungeachtet ihrer absichtsvollen Selektion ist aber immer von „*dem* Fernsehen" schlechthin die Rede – ein komplexes Medium mit einer überbordenden Fülle an Inhalten aller Art wird auf zwar spektakuläre, aber quantitativ, nämlich in Relation zum gesamten Programmaufkommen, weit weniger relevante Angebote reduziert. Mit der gleichen Methodik ließe sich unter der Überschrift „Dummgelesen" ohne weiteres auch „*das* Buch" als solches diskreditieren. Gedruckten Unfug gibt es schließlich sonder Zahl.

In einem emotionalen, von persönlichen Befindlichkeiten und übrigens auch wirtschaftlichen Eigeninteressen nicht freigehaltenen medienkritischen Diskurs bleibt völlig außer Acht, dass die deutschen Fernsehprogramme nie als Institutionen einer elitären Hochkultur gedacht waren. Die kommerziellen Sender und die mit ihrem Aufkommen entwickelte Konvergenztheorie waren noch in weiter Ferne, als folgende Zeilen verfasst wurden: „Das Fernsehen ist heute das wichtigste Instrument der Erwachsenenbildung geworden. (...) Der jeweilige Stoff muß so allgemeinverständlich wie möglich dargeboten werden. Sendungen, die eine höhere Schulbildung voraussetzen, verfehlen den Sinn des Massenmediums Fernsehen" (ZDF 1965, S. 65).

In der ARD sah man die Dinge anno 1965 nicht anders: „Als Minderheitenprogramme sind in diesem Zusammenhang grundsätzlich alle Sendungen zu betrachten, die weniger als zwanzig Prozent der Zuschauer ansprechen – unabhängig von der Qualität der Sendungen. Den Interessen solcher Zuschauerminderheiten können das Erste und das Zweite Fernsehprogramm nur in begründeten Ausnahmefällen und zumeist nur zu später Stunde dienen, denn sie haben die Interessen großer Zuschauermehrheiten zu berücksichtigen" (zit. n. F. Jasmin Böttger 1994, S. 83).

Insofern geht eine Programmkritik völlig in die Irre, die, oftmals allein auf vage Erinnerungen bauend, dem Fernsehprogramm eine hochkulturelle Vergangenheit attestiert. Da heißt es dann zum Beispiel: „Von den ‚Kulturzumutungen' ganzer Opern und Schauspiele der 50er Jahre ist es [das Infotainment, Anm. H.K.] mittlerweile quantitativ und qualitativ bei den geringfügigeren Anforderungen der Spielshow angelangt, die sich von ihrer Intention her kaum noch von den sie umgebenden Werbespots unterscheiden (...). Mit den Serien (...) hat sich eine weitere Form der begrenzten Anforderung durchgesetzt" (Schmitz 1995, S. 174).

So fragwürdig wie Schmitz' Grammatik sind auch seine Ausführungen zur Programmhistorie. Denn schon in den 1950ern waren Opern und Schauspiele eher rar im Programmangebot und ohnehin nur eine Übergangslösung, weil das deutsche Fernsehen mangels entsprechender Budgets keine aufwändigen Filme herstellen konnte, während die Entwicklung fernsehgerechter Formate zwar noch in den Kinderschuhen steckte, aber mit großem Eifer betrieben wurde. Deshalb gehörten Spielshows und Serien bereits zu Zeiten des Versuchsprogramms fest zum Repertoire (vgl. Hallenberger/Kaps 1991; für das Genre der Hochzeitsshows sowie das Themenfeld Privatheit im Fernsehen vgl. Keller 2007).

Im Bereich der Bühnenübertragungen fanden übrigens bis in die Folgejahrzehnte hinein Aufführungen aus den Sparten Volkstheater und Boulevard den größten Publikumszuspruch. Von „Kulturzumutung" kann da kaum die Rede sein.

Die von Schmitz angewandte affektive Methode findet sich insbesondere in der tagesaktuellen Programmkritik verblüffend häufig. Rezensiert wird im Abgleich mit einem imaginären vergangenen Programmangebot, das es in der geschilderten Form nie gegeben hat. Dabei argumentieren die Autoren mit einem unterschwelligen und äußerst nebulösen „Früher war alles besser" und ersparen sich damit eine gründliche Bestandsaufnahme und durchdringende Analyse.

Hinter dieser Chronistenhaltung verbergen sich nicht zuletzt Elemente des Aufmerksamkeitsmarketings. Ob brachial oder subtil, Empörung und Skandalisierung verkaufen sich immer besser als Lob und Preis. Nicht zuletzt von Pädagogen und Didaktikern hört man Einstellungen zum Fernsehen, wie sie sich im folgenden Auszug aus einem Leserbrief an „Die Zeit" spiegeln, dessen Verfasser auf Hape Kerkelings Bestseller „Ich bin dann mal weg“ Bezug nahm: „Ich (...) wollte mir das Buch – süffiger Titel – kaufen. Meine Frau hat mir dann gesagt, das sei ein Fernsehmensch, da habe ich es doch sein lassen.“

8. Von Pestalozzi bis RTL II: Eine kurze Geschichte des Infotainments

Das Infotainment, verstanden als Mixtur aus Unterhaltung und Unterrichtung, ist vermutlich so alt wie die Menschheit. Knüpft man das Aufkommen des Infotainments an den Eintritt der Massenmedien in die Geschichte, fällt der Blick zwangsläufig auf die „Moralischen Wochenschriften“ aus der Phase der bürgerlichen Aufklärung in der zweiten Hälfte des 18. Jahrhunderts. Gottsched empfahl – und viele zeitgenössische Herausgeber äußerten sich ähnlich –: „Wer für unstudierte, oder höchstens für mittelmäßig gelehrte Personen schreibt: der darf sich nicht aller der Gründlichkeit und Ordnung bedienen, die in anderen Werken, für tiefsinnige Meister in den Wissenschaften, herrschen muß. Genug, wenn er deutlich, lehrreich und angenehm schreibt; seine Lehren in allerley Gestalten verkleidet; seine Strafen und Warnungen übergüldet und verzuckert; und also die bittere Wahrheit auch denen unvermerkt beybringet, die sie sonst nicht würden ertragen können“ (Gottsched, zitiert nach Schneider 1976, S. 87; zu den Parallelen von Moraljournalismus und Infotainment ausführlich Maar 1995)

1762 definierte Johann Heinrich Pestalozzi die Eckpfeiler breitenwirksamer Bildungsarbeit, als er den Wunsch notierte, „dass doch jemand einige Bogen voll einfältiger, guter Grundsätze der Erziehung, die auch für den gemeinsten Bürger oder Bauern verständlich und brauchbar wären, drucken liess; und dass dann einige grossmüthige Personen (...) verschafften, dass diese sehr wenige Bogen umsonst, oder nur etwa für einen einzigen Schilling an das Publikum überlassen würden“ (Pestalozzi 1927–1996, zitiert nach Böning 2007, S. 95 f.).

Abstrahiert man den Kern dieser Aussage, hat sich wenig geändert: Es braucht demnach, neben basalen Voraussetzungen wie der Armutsbekämpfung (vgl. Böning 2007, S. 96, Fußnote 11), ein breit gestreutes und kostengünstiges, niederschwelliges und vom Adressaten gern akzeptiertes Medium.

Die damaligen Vorstellungen finden sich heute als Leitbild jener Infotainment-Produzenten, die ihrerseits Bildungsabsichten in engerem oder weiterem Sinne verfolgen. Die feuilletonistische und teils auch die fachliche Kritik monieren bei derartigen TV-Produktionen nach wie vor die Vermischung der zentralen Programmaufgaben Information, Bildung und Unterhaltung, die in den Satzungen des Nachkriegsrundfunk angelegt worden waren und bis heute konstitutiven Rang besitzen.[3] Nominell, organisatorisch und personell hat es die scharfe Separierung dieser Programmsäulen gegeben, in der Praxis aber war eine solche Trennung schlechterdings unmöglich. Die „Tagesschau“ der 1950er-Jahre beispielsweise enthielt oft leichtgewichtige Beiträge, die heutzutage auf größte Verwunderung stoßen würden, so 1958 den Bericht des Japan-Korrespondenten, der im Bade hockend die Hygienegewohnheiten seines Gastlandes beschreibt. Die ersten „Heute“-Ausgaben des 1963 gegründeten ZDF orientierten sich mit ihrem magazinartigen Charakter an US-amerikanischen Vorbildern und boten neben tagesaktueller Politik auch mancherlei Kuriosa. Sie hätten damit eine ähnliche Kritik auf sich ziehen müssen, wie sie 2007 gegen die „Sat.1 News“ gerichtet wurde: „Unterm Strich sind diese ebenso lieblos wie unbeholfen gestrickten Sat-1-Nachrichten in ihrer jetzigen Verfassung ein Gemischtwarenladen aus aktuellem Tagesgeschehen minus Politik plus Meldungen aus der Welt der Katastrophen und des Boulevards. Als ernsthafte Informationsquelle eines Vollprogramms lässt sich so etwas beim besten Willen nicht bezeichnen“ (Braun 2007, S. 26).

Solchen Rezensionen liegt eine Idealvorstellung von einem tagesaktuellen Nachrichtenformat zugrunde, die vor allem die Interessenslage des Verfassers erkennen lässt. Programmhistorisch aber gibt es keine Nachrichtensendung, die gleich einem Ur-Meter als Maßstab für alle nachfolgenden herhalten kann. Gleiches gilt für die politischen Magazine, deren Redaktionen heute in der Kritik stehen, weil angeblich die Zahl der investigativen Reportagen nachgelassen habe. Aber schon das „Panorama" der frühen 1960er-Jahre war ein bunt bestücktes Magazin, das die Qualität deutscher Damenstrümpfe zum Thema machte, mit einem videoclipartigen Filmessay zum Thema Muttertag überraschte oder Konrad Adenauer im Stile Richard Leacocks porträtierte, ereignisorientiert, mit einer hautnah filmenden Kamera und nur wenigen Stichworten als Kommentierung.

Im Übrigen: Die fraglos berechtigte Forderung nach einer im Sinne demokratischer Kontrolle kritischen Fernsehpublizistik hat auch eine Schattenseite. Hans Mathias Kepplinger und Helga Weißbecker gelangten nach ausgiebigen Studien zur Entwicklung der Nachrichtenauswahl zu der Erkenntnis, dass bei der redaktionellen Selektion Themen mit negativem Anklang Vorrang besitzen. Mit unerwünschten Folgen: „Die Menschen gewinnen im Laufe der Zeit anhand der aktuellen Berichterstattung immer mehr den Eindruck, die neuen Entwicklungen würden die vorhandenen Probleme eher vergrößern als verkleinern. Dieser Sachverhalt besitzt zwei wesentliche Konsequenzen: Zum einen fördert er eine negative Weltsicht; die Dinge entwickeln sich zunehmend zum Schlechten. Zum anderen stärkt er Zweifel an der Problemlösungskapazität; die verantwortlichen Institutionen sind nicht in der Lage, die anstehenden Probleme zu lösen" (Kepplinger/Weißbecker 1991, S. 341). Die Autoren fanden schon damals in der deutschen Gesellschaft weithin angelegt, was mittlerweile zu einer massiven Politikverdrossenheit ausgewachsen ist, wie Marcus Maurer ermittelt hat: „Die fortwährende Kritik deutscher Medien an Politikern und Parteien führt (...) zunehmend auch bei denjenigen zu Politikverdrossenheit, die der Politik traditionell positiv gegenüberstanden – höher Gebildeten, politisch interessierten Vielnutzern politischer Informationen" (Maurer 2009, S. 154).

Spätestens vor diesem Hintergrund muss man zu einer Neubewertung von Angeboten wie der jugendorientierten Nachrichtensendung „RTL II News" kommen, wo man, wenngleich fraglos noch Verbesserungsmöglichkeiten bestehen, Maurers Lösungsvorschläge bereits befolgt: „Wünschenswert wäre (...) eine objektive Berichterstattung, die sich nicht auf die negativen Seiten der Politik kapriziert, auf übereilte Vorverurteilungen verzichtet, sachlich und umfassend informiert, Sachthemen in den Vordergrund stellt und bei aller Notwendigkeit zur Verkürzung das relevante politische Wissen allgemeinverständlich vermittelt" (Maurer 2009, S. 154). Dabei versteht es die RTL II-Nachrichtenredaktion im Besonderen, jugendkulturelle Anknüpfungspunkte zu offerieren, bis hin zum samstäglichen „Wochen-Rap-Blick" des Rap-Duos „Kunstrasen" (vgl. Keller 2010a).

9. Sieben abschließende Thesen

1. Mit dem Fernsehen und ihm angeschlossenen Internet-Angeboten stehen wirkungs- und wertvolle Instrumente für die politische Bildung bereit.
2. Eine sinnvolle Nutzung kann durch Kooperationen bei der Herstellung von Sendungen bzw. Sendereihen erreicht werden, aber auch bereits gegebene Programmangebote diverser Sparten wie Daily Soaps (vgl. Götz 2002), Talkshows, Unterhaltungsformate sind im Rahmen der politischen Bildung, beispielsweise für Unterrichtszwecke, nutzbar.
3. Bei den Nutzungserwägungen darf es keine Berührungsängste gegenüber dem so genannten „Unterschichten-" bzw. „Trash"-Fernsehen geben. Jedes Angebot muss unabhängig von eigenen ästhetischen Vorlieben differenziert auf seine Wirksamkeit hin geprüft werden.
4. Diesbezüglich ist auch beim Personal der pädagogischen Bereiche Lernbereitschaft und Eigeninitiative gefordert. Zum Teil lassen sich in diesen Kreisen erschreckende Wissensmängel und Ressentiments und damit verbunden eine mitunter unbegründete Abwehrhaltung ausmachen.

5. Programmzeitschriften und Medienredaktionen der Tages- und Wochenzeitungen können durch begleitende Berichterstattung den Nutzen einschlägiger TV-Angebote befördern und sollten insofern in entsprechende Überlegungen einbezogen werden.
6. Vor allem in der jugendorientierten Bildungsarbeit ist es unabdingbar, sich mit Ikonographien und Soziolekten tribalistischer Subkulturen zu befassen. Einschlägige Fernsehangebote namentlich der Sparte „Reality-TV", aber auch Kulturmagazine wie „Yourope" und „Tracks" (Arte) ermöglichen diesbezüglich zumindest einen ersten Zugang.
7. Bildungsmaßnahmen für politikferne Schichten sind freizuhalten von Sendungsbewusstsein, Missionarshaltung und fordernden Attitüden, vor allem vom expliziten oder impliziten Ansinnen, die betreffenden Zielgruppen müssten sich auf ein vorgegebenes idealisiertes Niveau begeben. Politische Bildung kann nur auf Augenhöhe der Adressaten beginnen.

Anmerkungen

1 Die Schreibweise der Zitate folgt den Originalen.

2 Vgl. Erlass über die Bundeszentrale für politische Bildung vom 24. Januar 2001, Paragraf 6, Absatz 1.

3 Im Staatsvertrag für Rundfunk und Medien vom 31. August 1991, Seite 12, werden diese Aufgaben mit den Begriffen „Bildung, Information, Beratung, Unterhaltung" zusammengefasst.

Literatur

Böning, Holger (2007): Der politische Pestalozzi und das „Volk" in der Spätaufklärung. In: Schmitt, Hanno u. a. (Hrsg.): Pädagogische Volksaufklärung im 18. Jahrhundert im europäischen Kontext: Rochow und Pestalozzi im Vergleich. Bern, Stuttgart, Wien, S. 92–111.

Böttger, F. Jasmin (1994): N3 – Ein Programm zwischen Kulturauftrag und Medienalltag. Sinzheim.

Bonner, Stefan/Weiss, Anne (2008): Generation Doof. Bergisch Gladbach.

Braun, Rainer (2007): Hohe Acrylamid-Werte bei Kartoffelchips. In: Funkkorrespondenz 32, 2007, S. 25–26.

Bredow, Hans (Hrsg.) (1950): Aus meinem Archiv. Probleme des Rundfunks. Heidelberg.

Brinkmann, Heinz Ulrich (2009): „Politikferne Zielgruppen" in der politischen Bildungsarbeit. In: Drews, Albert (Hrsg.): Politisch nicht mehr erreichbar? Politikverdrossenheit und soziale Milieus. Loccumer Protokolle 74/07. Rehburg-Loccum, S. 69–99.

Dehm, Ursula (1984): Fernsehunterhaltung – Zeitvertreib, Flucht oder Zwang? Eine sozialpsychologische Studie zum Fernseherleben. Mainz.

Döveling, Katrin u. a. (Hrsg.) (2007): Im Namen des Fernsehvolkes. Neue Formate für Orientierung und Bewertung. Konstanz.

Friedrich, Hans (Hrsg.) (o. J.): Politische Medienkunde I. Politische Prägung durch Unterhaltung. Akademie für politische Bildung, Materialien und Berichte Nr. 53. Tutzing o. J. [1972].

Gäbler, Bernd (2006): Die Unterschicht und das Fernsehen. In: Stern.de, 21.11.2006. URL: http://www.stern.de/kultur/tv/die-medienkolumne-die-unterschicht-und-das-fernsehen-576861.html [Zugriff 16.2.2010]

Götz, Maya (Hrsg.) (2002): Alles Seifenblasen? Die Bedeutung von Daily Soaps im Alltag von Kindern und Jugendlichen. München.

Gottsched, Johann Christoph: Vorrede zur zweyten Auflage der Vernünftigen Tadlerinnen. Zitiert nach: Schneider, Ute (1976): Der moralische Charakter. Ein Mittel aufklärerischer Menschendarstellung in den frühen deutschen Wochenschriften. Stuttgart, S. 87.

Hallenberger, Gerd/Kaps, Joachim (Hrsg.) (1991): Hätten Sie's gewußt? Die Quizsendungen und Game Shows des deutschen Fernsehens. Marburg.

Huber, Joachim (2010): Der diskrete Zynismus von DSDS. In: Der Tagesspiegel, 22.3.2010. URL: http://www.tagesspiegel.de/weltspiegel/Helmut-Orosz-DSDS-RTL;art1117,3063848 [Zugriff 22.3.2010].

Jürgs, Michael (2009): Seichtgebiete. Warum wir hemmungslos verblöden. München.

Keller, Harald (2007): Geht mehr ins Intime. Ideale Brautpaare. In: Freitag, Ausgabe 27–28, 6.7.2007, S. 14 sowie URL: http://www.freitag.de/2007/27-28/07281401.php [Zugriff 18.3.2010].

Keller, Harald (2008): Zurück in die Vergangenheit? In: Funkkorrespondenz, 49/2008 (5.12.2008), S. 7–12.

Keller, Harald (2009): Die Geschichte der Talkshow in Deutschland. Frankfurt/M.

Keller, Harald (2010a): „Das war ganz schön kess, Mann". Jugendliche holen sich ihre News lieber bei den Privatsendern. In: Rheinischer Merkur Nr. 11 (18.3.2010) S. 21.

Keller, Harald (2010b): Proleten? Nein danke! URL: http://untergeschoss.wordpress.com/2010/03/05/proleten-raus/

Keller, Harald (2010c): Sie müssen draußen bleiben. URL: http://untergeschoss.wordpress.com/2010/03/29/sie-mussen-drausen-bleiben/

Kepplinger, Hans Mathias u. a. (1989): Der Einfluss der Fernsehnachrichten auf die politische Meinungsbildung. München

Kepplinger, Hans Mathias/Weißbecker, Helga (1991): Negativität als Nachrichtenideologie. In: Publizistik, 3/1991, S. 330–342.

Kissler, Alexander (2009): Dummgeglotzt. Wie das Fernsehen uns verblödet. München.

Krüger, Udo Michael (2010): InfoMonitor: Fernsehnachrichten bei ARD, ZDF, RTL und Sat.1. In: Media Perspektiven, 2/2010, S. 50–72.

Langenbucher, Wolfgang R. (o. J.): Unterhaltung als Publizistik. In: Friedrich, Hans (Hrsg.) (o. J.): Politische Medienkunde I. Politische Prägung durch Unterhaltung. Akademie für politische Bildung, Materialien und Berichte Nr. 53. Tutzing o. J. [1972], S. 33–41.

Lüderwaldt, Maximilian/Pfeiffer, Moritz B. (2010): Neun Minuten reichen nicht. Junge Leute beschäftigen sind [sic!] zu wenig mit politischen Themen: Eine Analyse. In: Frankfurter Rundschau, Nr. 68 (22.3.2010), S. 23.

Maar, Elke (1995): Bildung durch Unterhaltung: Die Entdeckung des Infotainment in der Aufklärung. Pfaffenweiler.

Maurer, Marcus (2009): Wissensvermittlung in der Mediendemokratie. Wie Medien und politische Akteure die Inhalte von Wahlprogrammen kommunizieren. In: Politische Vierteljahresschrift, Sonderheft 42/2009 (Politik in der Mediendemokratie), S. 151–173.

Neugebauer, Gero (2009): Politische Milieus in Deutschland sowie ihr Interesse an Politik und politischer Kommunikation. In: Drews, Albert (Hrsg.): Politisch nicht mehr erreichbar? Politikverdrossenheit und soziale Milieus. Loccumer Protokolle 74/07. Rehburg-Loccum, S. 57–68.

Paus-Haase, Ingrid (2001): Schlussfolgerungen: Daily Talks und Daily Soaps als Foren der Alltagskommunikation. In: Göttlich, Udo u.a. (Hrsg.) (2001): Daily Soaps und Daily Talks im Alltag von Jugendlichen. Opladen, S. 311–329.

Pestalozzi, Johann Heinrich (1927–1996): Sämtliche Werke. 29 Bände. Berlin, Leipzig, Zürich.

Pöttker, Horst (2002): Unterhaltsame Politikvermittlung. Was von der deutschen Volksaufklärung des 18. Jahrhunderts zu lernen ist. In: Schicha, Christian/Brosda, Carsten (Hrsg.) (2002): Politikvermittlung in Unterhaltungsformaten. Medieninszenierungen zwischen Popularität und Populismus. Münster, S. 61–72.

Pohle, Heinz (1955): Der Rundfunk als Instrument der Politik. Zur Geschichte des deutschen Rundfunks 1923/38. Hamburg.

ProSieben 2009a: „Die TV total Bundestagswahl“, 26. September 2009. Transkription des Verfassers.

ProSieben 2009b: „Sido geht wählen“, 26. September 2009. Transkription des Verfassers.

Saxer, Ulrich (1974): Publizistik und Unterhaltung. In: Kurzrock, Ruprecht (Hrsg.): Medienforschung. Forschung und Information. Band 16. Berlin.

Schmitz, Manfred (1995): Fernsehen zwischen Apokalypse und Integration. Zur Instrumentalisierung der Fernsehunterhaltung. Baden-Baden.

Schnitzler, Manfred (2007): Elementarisierung – Bedeutung eines Unterrichtsprinzips. Neukirchen-Vluyn.

Schubotz, Hermann (1950): Welche Forderungen stellen wir an den Rundfunkvortrag? In: Bredow, Hans (Hrsg.) (1950): Aus meinem Archiv. Probleme des Rundfunks. Heidelberg, S. 267–272.

Vester, Michael (2009): Soziale Milieus und die Schieflagen politischer Partizipation. In: Drews, Albert (Hrsg.): Politisch nicht mehr erreichbar? Politikverdrossenheit und soziale Milieus. Loccumer Protokolle 74/07. Rehburg-Loccum, S. 9–56.

Wolling, Jens (1999): Politikverdrossenheit durch Massenmedien? Opladen.

ZDF (Hrsg.) (1965): Jahrbuch 1962/64. Mainz.

Joachim Detjen

Elementarisierung

Grundsätzliche Überlegungen zur Brauchbarkeit eines didaktischen Schlüsselbegriffs für die politische Bildung

1. Einleitung

In der politischen Bildung, aber nicht nur dort, wird schon lange die Forderung vertreten, sich nicht in der Fülle möglicher Gegenstände zu verlieren, sondern sich auf das Wesentliche zu konzentrieren. Dieses Wesentliche wird begriffen als das den oberflächlichen Erscheinungen Zugrundeliegende und deshalb Elementare. Weiterhin mehren sich seit geraumer Zeit Stimmen, die auf eine Elementarisierung im Sinne einer Vereinfachung der Bildungsgegenstände drängen. Für die Forderung nach Vereinfachung werden zwei Argumente angeführt.

Das erste Argument lautet, dass die Politik kompliziert sei. Die meisten Menschen verstünden sie gar nicht mehr richtig. Viele fühlten sich von der Komplexität politischer Prozesse einfach überfordert. So sei der Satz: „Manchmal ist Politik so kompliziert, dass jemand wie ich gar nicht versteht, was vor sich geht", im Jahre 2003 von 55 Prozent der Befragten bejaht worden (Köppl 2007, S. 510). Vielen Menschen fehle damit eine nötige politische Orientierung. Es sei dann auch wenig sinnvoll, an der Politik teilzunehmen. Eine weitere Folge sei ein Vertrauensverlust in die Politik und die sie betreibenden Akteure. Eine didaktisch gesteuerte Vereinfachung politischer Themen könne das Verstehen erleichtern und damit große Gruppen der Gesellschaft mit der Politik versöhnen (Schiele 2009b, S. 350 ff.).

Das andere Argument nimmt Bezug auf den Sachverhalt, dass es nicht wenige Menschen gibt, die der politischen Bildungsbemühung mit Desinteresse oder gar völliger Ignoranz begegnen. Das Desinteresse lasse sich sozialstrukturell verorten: Während junge Menschen aus eher intellektuellen Milieus ein Interesse an der Politik hätten, gehörten Haupt- und Realschüler überproportional zu den desinteressierten Jugendlichen (Schneekloth 2006, S. 118). Darüber hinaus müsse man feststellen, dass sich in Deutschland eine neue Unterschicht aus politisch uninformierten, sozial wenig engagierten und partizipatorisch passiven Personen herausgebildet habe. Ihr Kernmerkmal sei die Bildungsferne. Die Angehörigen der bildungsfernen Milieus sprächen noch nicht einmal auf die politischen Artikel in den Boulevardzeitungen an.

Mit guten Gründen kann man annehmen, dass die politische Stabilität eines Landes gefährdet ist, wenn einem nicht unerheblichen Teil seiner Bürger die politische Ordnung des Staates fremd bleibt und Apathie sowie möglicherweise antidemokratische Ressentiments weit verbreitet sind. Die politische Bildung muss folglich der Problemgruppe der Desinteressierten Aufmerksamkeit schenken. Sie ist gefordert in der Aufgabe, die bildungsfernen Schichten wieder an die demokratische Verfassungsordnung heranzuführen. Sie steht dabei allerdings vor der Schwierigkeit, komplexe politische Probleme und institutionelle Zusammenhänge vereinfacht darzustellen. Schafft sie diese Elementarisierung jedoch nicht, dann grenzt sie erhebliche Teile der Bevölkerung von der Vermittlung politischer Themen und Inhalte aus (Detjen 2007b, S. 3 f.).

Die nachfolgenden Ausführungen thematisieren das Anliegen der Elementarisierung in der politischen Bildung und die damit verbundenen Probleme. Zu Beginn werden die verschiedenen Bedeutungsschichten der Elementarisierung geklärt. Danach werden einige empirische Erkenntnisse über den auslösenden Grund der Elementarisierungsforderung referiert. Dieser Grund ist der unbefriedigende Stand des politischen Wissens der Deutschen sowie die problematische mentale Verfasstheit zahlenmäßig nicht unwichtiger Bevölkerungsgruppen. In einem dritten und vierten Schritt werden diverse Ansätze der beiden wichtigsten Varianten der Elementarisierung – Elementarisierung als Vereinfachung und Elementarisierung als Konzentration auf das Wesentliche – vorgestellt und kritisch erörtert. In einem fünften Schritt wird das Elementarisierungsprinzip als solches einer didaktischen Prüfung unterzogen. Denn so eingängig die Forderung nach Elementarisierung auch klingt, ihre Durchführung ist mit beträchtlichen Schwierigkeiten verbunden: Was ist beim Vereinfachen und was bei der Konzentration auf das Wesentliche zu beachten? Was ist in einem konkreten Gegenstand überhaupt das Elementar-Wesentliche? Der Elementarisierung begegnen weiterhin diverse Vorbehalte, die man nicht verschweigen darf. In einem knappen Resümee am Schluss soll das Elementarisierungsprinzip noch einmal auf die politische Bildung angewendet werden.

2. Was meint Elementarisierung?

Das Wort Elementarisierung kann Verschiedenes bedeuten. Die Bedeutung hängt davon ab, was jeweils als das Elementare verstanden wird. Das Elementare kann das Anfängliche sein. Es kann auch das Einfache sein. Und es kann schließlich das Wesentliche oder Allgemeingültige sein.

Elementarisierung meint daher zum einen die Fokussierung auf das *Anfängliche*, d.h. auf das zu Beginn des Bildungsganges eines Menschen zu Vermittelnde, da hierauf alle anderen kognitiven Gehalte aufbauen (Sünkel 2007, S. 18). Elementar in diesem Sinne ist mithin das, „womit man anfängt“ (Spranger 1958, S. 97). Dem entspricht es, dass Grundschüler zunächst Elementarunterricht erhalten (Glöckel 1996, S. 210).

Das Anfängliche kann aber auch bedeuten, dass eine Sache auf ihren Anfangsgrund zurückgeführt wird, der in der Regel weniger Komplexität aufweist als die nachfolgende Entwicklung. Das Anfängliche weist in dieser Bedeutung eine Nähe zum Einfachen auf.

Elementarisierung meint zum anderen die *Vereinfachung* komplexer und abstrakter Zusammenhänge. Die Abstraktheit eines Inhaltes muss vermindert und seine Komplexität abgebaut werden, um das kognitive Niveau der Lernenden zu treffen. Elementarisierung bedeutet somit ein Absenken von einem höheren auf ein niedrigeres kognitives Niveau. Die Vereinfachung bezieht sich mithin auf die Sache. Sie kann sich aber auch auf die Sprache beziehen, indem die Dinge „einfach", d.h. vor allem anschaulich dargestellt werden. Der Lehrende kann folglich mit einem Transformator verglichen werden, der die letztlich aus der Wissenschaft stammenden Inhalte mit „niedrigerer Spannung" an die Lernenden weiterleitet (Grüner 1967, S. 416).

Die sachliche Vereinfachung basiert auf einer Annahme, die Eduard Spranger einmal in den folgenden Satz fasste: „Alle großen Wahrheiten sind einfach." Zwar sei es fraglich, ob die Welt selbst so klar und durchsichtig gefügt sei, wie der Satz voraussetze. Aber dem menschlichen Geist sei es eigen, dass er einfacher Grundrisse bedürfe, um sich in der Welt zurechtzufinden. Deshalb arbeite er gerne mit Denkmodellen, die komplizierte Sachverhalte prägnant und übersichtlich darstellten (Spranger 1960, S. 87). Für Spranger ist das Elementare jedenfalls das der Sache nach Einfache, zu dem sich die in der Wirklichkeit auftretenden Fälle als das Kompliziertere verhalten (Spranger 1958, S. 97). Allerdings bedeutet das sachlich Einfache nicht zwangsläufig, dass es – vom Lehrenden aus gesehen – leicht auffindbar ist. Und es bedeutet auch nicht automatisch, dass es – von der Seite der Lernenden aus gesehen – leicht verständlich ist (Klafki 1961, S. 132). Die sprachliche Vereinfachung muss also im Regelfall noch hinzukommen.

Elementarisierung meint zum Dritten *Konzentration*, *Beschränkung* oder *Reduktion* umfangreicher Stoffkataloge auf das Wesentliche. Als Ausgleich für den Verzicht auf die meistens oberflächlich bleibende Thematisierung vieler Gegenstände ist das Wesentliche der wenigen Gegebenheiten dann gründlich zu erarbeiten. Es versteht sich, dass bei der Konzentration der wesentliche Kern der betreffenden Sache, das sogenannte Elementare, getroffen werden muss. Das Elementare kann etwa in einer fundierenden Idee, in einem Grundprinzip, in einer Gesetzmäßigkeit oder in einem funktionslogischen Zusammenhang bestehen.

Niemand fand einen besseren Ausdruck für Gehalt und Intention dieser Elementarisierung als Wolfgang Klafki: „Unterricht im Sinne des Elementaren strebt in die Tiefe, nicht in die Breite, er ist intensiv, nicht extensiv. Er zielt auf das ‚Wesen' der Phänomene, Probleme, Sachverhalte. Er will das Geistige in den Inhalten erfahren und verstehen lassen. Er bleibt nicht bei den bloßen Tatsachen und Gegebenheiten stehen, ja er begnügt sich zunächst mit einem Minimum solchen Tatsachenwissens. Er nimmt diesen Verzicht auf eine Fülle sogenannten ‚positiven' Wissens auf sich, um die in den Tatsachen und Gegebenheiten waltenden Gesetze, Wirkungszusammenhänge, Strukturen, Prinzipien, Bedeutungen, Sinngehalte zugänglich zu machen" (Klafki 1961, S. 130).

Klafki unternahm vielfältige Anläufe, das Elementare im Sinne des Wesentlichen näher zu bestimmen. Er stellte dabei heraus, dass das Elementare die Anschaulichkeit oder die Erfahrbarkeit des Besonderen mit dem darin enthaltenen allgemeinen Gehalt verbindet, sei dieser Gehalt nun ein Gesetz, ein Typus, ein Symbolgehalt oder ein bedeutsamer Wert (Klafki 1963, S. 59). Das Elementare ist somit eng verwandt mit dem Exemplarischen: Während das Besondere nämlich immer ein konkretes „Exempel" sei, auf das man gleichsam hinweisen oder hinzeigen könne, sei das Allgemeine immer ein rein gedanklicher Zusammenhang. Im Durchdenken des Besonderen müsse deshalb von der Besonderheit abstrahiert werden, damit das Allgemeine am Besonderen in den Blick treten könne (Klafki 1964, S. 443 f.).

Das Elementare setzt sich nach Klafki aus drei Schichten zusammen: *Fundamentalia* sind die allgemeinsten, in philosophische Tiefen hinabreichenden Prinzipien, Kategorien und Grunderfahrungen. Sie konstituieren einen geistigen Bereich und damit häufig ein Unterrichtsfach. *Elementaria* im eigentlichen Sinne sind die innerhalb eines geistigen Bereiches angesiedelten wesentlichen Zusammenhänge, Sinngehalte, Ideen und Prinzipien. Das Allgemeine des *Geschichtlich-Elementaren* schließlich liegt in gewissen relativ konstanten Zügen, in typischen wiederkehrenden Phänomenen und Situationen, in charakteristischen Gebilden von Staat, Gesellschaft und Wirtschaft in einer bestimmten geschichtlichen Lage (Klafki 1964, S. 326 ff., 387 ff.).

Der Didaktiker Hugo Möller differenzierte den Begriff des Elementaren etwas anders aus. Er unterschied das Sachelementare vom Sinnelementaren. Das *Sachelementare* ist hiernach eine Abwandlung von Goethes Begriff des Urphänomens. Als das „ganz Einfache" repräsentiert es so etwas wie den „reinen Fall", auf den alle komplizierten Verhältnisse zurückgeführt werden können. Das *Sinnelementare* bezeichnet einen einfachen Sachverhalt, in den menschliche Intentionalität eingeschlossen ist. Das Sinnelementare liegt damit allen Einrichtungen und Institutionen zugrunde, die von Menschen gestiftet wurden (Möller 1962, S. 101 ff.).

Das Elementarisierungsprinzip weist eine große pädagogische Tradition auf. Johann Heinrich Pestalozzi bezog sich auf das Elementare als das Anfängliche: „Auch die verwickeltste Anschauung besteht aus einfachen Grundteilen; wenn du diese in der Hand hast, so wird dir das Verwickelteste einfach" (Pestalozzi 1978, S. 105).

Wilhelm Dilthey, der Begründer der geisteswissenschaftlichen Pädagogik, verstand die Elementarisierung vor allem als Vereinfachung: „Die Aufgabe einer wirklich modernen Pädagogik wäre nun, die Methoden zu finden, durch welche die einzelnen Fächer so in den inneren Zusammenhang einer möglichst einfachen Repräsentation der Wirklichkeit gebracht werden können. Der Fortgang der modernen Wissenschaften und der des Erziehungswesens arbeiten hier nach demselben Ziele: Vereinfachung des Zusammenhangs, welcher die Wirklichkeit repräsentiert, sowie die Begründung desselben aus der Wirklichkeit. In dem Maße, in welchem wir uns diesem Ziele nähern, löst sich die pädagogische Frage. Die Wissenschaft hat durch die Ausdehnung und Verwicklung ihrer Sätze die Schwierigkeit herbeigeführt: sie muss durch Vereinfachung im Fortgang sie mindern. So wird sie die Wunde heilen, die sie geschlagen!" (Dilthey 1974, S. 218)

Im Jahr 1951 trafen sich in Tübingen Vertreter der Hochschulen und höheren Schulen, um nach Möglichkeiten der Stoffbewältigung zu suchen. Bedingt durch die Gefahr für die Lernenden, an der Fülle des Stoffes zu ersticken, forderten sie, dass ursprüngliche Probleme und Phänomene der geistigen Welt am Beispiel des einzelnen, für die Lernenden wirklich erfassten Gegenstandes sichtbar gemacht werden. Das Ergebnis der Beratungen waren die „Tübinger Beschlüsse". Sie weisen in die Richtung des exemplarischen Lehrens und Lernens und verstehen Elementarisierung in erster Linie als Konzentration: „Leistung ist nicht möglich ohne Gründlichkeit, und Gründlichkeit nicht ohne Selbstbeschränkung. Arbeiten-Können ist mehr als Vielwisserei. Ursprüngliche Phänomene der geistigen Welt können am Beispiel eines einzelnen, vom Schüler wirklich erfassten Gegenstandes sichtbar werden, aber sie werden verdeckt durch eine Anhäufung von bloßem Stoff, der nicht eigentlich verstanden ist und darum bald wieder vergessen wird. (...) Die Durchdringung des Wesentlichen der Unterrichtsgegenstände hat den unbedingten Vorrang vor jeder Ausweitung des stofflichen Bereichs."

Geisteswissenschaftlich orientierte Pädagogen wie Eduard Spranger, Theodor Litt, Herman Nohl, Erich Weniger und Wilhelm Flitner hatten in ihren Schriften die Tübinger Beschlüsse schon vorweggenommen. Ihre Forderungen lauteten „Stoffbeschränkung" und „Mut zur Gründlichkeit". Sie vertraten das Prinzip der repräsentativen Erkenntnis, was auf die Auswahl des Typischen oder des Elementar-Wesentlichen und das Lernen am prägnanten Fall hinauslief.

Abhängig vom Vereinfachungs- und Konzentrations- oder Reduktionsgrad kann die vorgenommene Elementarisierung in eine mehr oder weniger starke Spannung zum Bildungsauftrag der politischen Bildung geraten. Diesen Bildungsauftrag darf man folglich nicht außer Acht lassen, wenn über Elementarisierungsmöglichkeiten nachgedacht wird. Noch stärker formuliert: Der Bildungsauftrag setzt der Elementarisierung Grenzen, deren Überschreitung nicht zulässig ist.

Die schulische wie auch die außerschulische politische Bildung sind nun der politischen Mündigkeit des Individuums verpflichtet. Diese Mündigkeit setzt einen Kernbestand an politischem Wissen, politische Urteilskompetenz sowie politische Handlungsfähigkeiten voraus.

Die Elementarisierung betrifft naturgemäß in erster Linie das zu vermittelnde Wissen über die Politik. Jeder Versuch einer Elementarisierung hat dabei zu berücksichtigen, dass zum Wissensbestand des mündigen Bürgers Einsichten in das Funktionieren der Politik im Rahmen einer offenen, d.h. freiheitlichen Gesellschaft sowie eines parlamentarischen Regierungssystems, zusammengefasst: eines demokratischen Verfassungsstaates, gehören.

Einsichten über die Politik selbst basieren auf der analytischen Unterscheidung in die Dimensionen Polity, Politics und Policy und daraus abgeleitet auf dem Wissen der Bedeutung einschlägiger Kategorien wie Macht, Recht, Interessen, Ideologie, Konflikt, Konsens und Gemeinwohl. Über dieses kategoriale Wissen muss verfügen, wer politische Konflikte und politische Entscheidungen rational analysieren oder verstehen will.

Das Verstehen einer offenen Gesellschaft setzt Kenntnisse ihrer Integrations- und Regelungsmechanismen voraus. Hiervon müssen junge Menschen etwas verstanden haben, wenn sie sich später als Bürger systemadäquat verhalten können sollen. Also müssen Konzepte wie gesellschaftliche Selbststeuerung, Autonomie gesellschaftlicher Gruppen, Pluralität der Weltanschauungen und Interessen, Konkurrenz, Subsidiarität und Solidarität in den Verständnishorizont der Lernenden gebracht werden (Detjen 2002, S. 84).

Vor allem aber muss die Funktionslogik des parlamentarischen Regierungssystems verstanden werden, wenn dieses Regierungssystem nicht aufgrund von Verständnismängeln mit einer schwerwiegenden Hypothek belastet werden soll. Zu dieser Funktionslogik gehören an erster Stelle der „neue Dualismus" zwischen der als Handlungseinheit auftretenden Regierung und Parlamentsmehrheit auf der einen und der Opposition auf der anderen Seite, dann die Notwendigkeit von Fraktionsdisziplin, weiterhin die arbeitsteilige Organisation der parlamentarischen Willensbildung, die enge Verzahnung von Regierungs- und Parteiämtern und das Erfordernis geschlossen auftretender Parteien (Patzelt 2003, S. 69 ff.).

Von großer Bedeutung ist schließlich auch das Verstehen der zentralen Konzepte des demokratischen Verfassungsstaates. Zu diesen Konzepten gehören etwa die Volkssouveränität, das Repräsentationsprinzip, die Grundsätze eines demokratischen Wahlrechts, das Mehrheitsprinzip, die Legitimität von Opposition, die diversen Aspekte der Gewaltenteilung, das Prinzip der Herrschaftsbegrenzung, die Herrschaft des Rechts und die Grundrechte (Detjen 2007a, S. 214, 296 ff., 309 ff.).

3. Bildungsferne, Desinteressierte und Vorurteilsbeladene: Existentielle Herausforderung der politischen Bildung

Auf die Frage, ob die politische Bildung erfolgreiche Arbeit leistet, gibt es keine einfache Antwort. Zwar ist jeder Erwachsene als Schüler mit einem der politischen Bildung gewidmeten Unterricht in Berührung gekommen, was bedeuten müsste, dass es mit politischem Wissen und politischem Verständnis gut bestellt ist. Empirische Untersuchungen zeigen jedoch, dass die Deutschen nicht gut über Politik informiert sind. Zwischen dem Ideal des gut informierten – und damit prinzipiell zu rationalen politischen Entscheidungen fähigen – Bürgers und der Realität besteht eine erhebliche Diskrepanz (Maier/Glantz/Bathelt 2009, S. 561, 577 f.). Hinzu kommt, dass es in der Bevölkerung verschiedene Problemgruppen gibt, die der politischen Bildung das Geschäft zusätzlich erschweren.

Was Elementarisierung hinsichtlich der Vereinfachung wie auch der Konzentration auf das Wesentliche im Extremfall bedeuten kann, zeigt sich am Profil der bildungsfernen Milieus. Bei den Angehörigen dieser Milieus korreliert ein niedriges Bildungsniveau mit einem gewissen Maß an Sprach- und Gesprächsarmut sowie einer niedrigen politischen Urteilskompetenz. Es ist nicht erstaunlich, dass Kinder aus diesen Milieus häufig Sprachbarrieren und Lernschwierigkeiten, mithin schlechte Schulleistungen aufweisen. Hinzu kommt ein geringes politisches Interesse, das aus dem nur sporadisch vorhandenen Wissen über Politik resultiert. Wer nicht weiß, was sich hinter der politischen Oberfläche verbirgt, der wird von diesem Bereich auch nicht angezogen.

Die verschiedenen Milieus entstammenden politisch Desinteressierten verstehen sich als unpolitisch und machtlos. Sie nehmen daher für sich das Recht in Anspruch, von der Politik in Ruhe gelassen zu werden. Charakteristisch für sie ist ebenso die Aussage, dass politische Betätigung eine nutzlose Angelegenheit sei. Hierin spiegelt sich sowohl der fehlende kognitive Bezug zur Politik als auch die Einschätzung, dass man durch politische Aktivität keinen Einfluss nehmen kann.

Aufgrund fehlenden politischen Wissens neigen Desinteressierte zum Mitläufertum. Aus demselben Grund sind sie in politisch aufgewühlten Situationen anfällig für demagogische Verführungen. Unter dem Deckmantel des Desinteresses können sich so vorurteilsbeladene politische Vorstellungen entwickeln, sich bei passender Gelegenheit entladen und in Gestalt populistischer Bewegungen den demokratischen Verfassungsstaat in seinen Grundfesten erschüttern (Detjen 2007a, S. 223).

Eine noch größere Herausforderung als die Desinteressierten bilden die Vorurteilsbeladenen. Damit sind Bürger gemeint, die der Politik durchaus eine gewisse Aufmerksamkeit widmen, deren Wissen über Politik aber gleichwohl so lücken- und fehlerhaft ist, dass sie die bestehende politische Ordnung mit in der Regel destruktiven Vorurteilen überschütten. Nicht ohne Berechtigung lässt sich nämlich feststellen, dass die Institutionen des demokratischen

Verfassungsstaates sowie die Mechanismen des parlamentarischen Regierungssystems gut und die gewählten Politiker brauchbar sind. Den Schwachpunkt der Demokratie bilden dafür die Bürger mit ihren Vorurteilen und ihren durch Halbbildung überwucherten Wissenslücken. Demoskopische Erhebungen fördern immer wieder zutage, dass Kenntnislücken oft nur durch Vorurteile überbrückt werden. Viele Bürger leben mit ihren politischen Meinungsbekundungen weit über den Verhältnissen ihres politischen Bildungsniveaus (Patzelt 2003, S. 63 ff.).

Zu den verbreiteten Vorurteilen über die politischen Verhältnisse in Deutschland gehören folgende Aussagen: Die Parteien stritten ständig miteinander, anstatt sich um das Wohl des Volkes zu kümmern. Die Politiker predigten Wasser und tränken Wein. Der „kleine Mann" könne nichts ausrichten, also empfehle sich Passivität. Wer habe, dem werde gegeben. Wer wenig habe, dem werde dies auch noch genommen. Die Kleinen hänge man, die Großen lasse man laufen. Es gehe also nicht gerecht zu. In der Politik werde eigentlich nur gekungelt. Die Folge seien faule Kompromisse. Es sei sinnlos, zum Wählen zu gehen, da die eigene Stimme ohne wirklichen Einfluss sei. Die Bundestagsabgeordneten seien faul, denn das Plenum sei fast immer leer. Anstatt Vorbild zu sein, seien die die Politiker korrupt. Dies sehe man an den vielen Affären (Schiele/Breit 2008, S. 14 ff.; Schiele 2009a, S. 40; Schiele 2009b, S. 356 ff.; Blome 2009, S. 13 ff.).

Neben den Vorurteilen gibt es Fehlverständnisse oder Misskonzepte, die den demokratischen Verfassungsstaat entweder mit unberechtigter Kritik oder mit unerfüllbaren Erwartungen belasten. Vor allem mit dem parlamentarischen Regierungssystem und den davon bestimmten politischen Prozessen verbinden die Bürger viele falsche Konnotationen und Assoziationen. Sie zeigen mithin Verständnismängel ausgerechnet dort, wo es um die langfristig gleich bleibende Maschinerie der Demokratie geht, also um die Strukturen und die Funktionslogik von Institutionen, welche die Demokratie konstituieren. Die Fehlverständnisse sind sehr weit verbreitet. Sie lassen sich keinen bestimmten Milieus zuordnen.

Werner Patzelt nennt die Diskrepanz zwischen der tatsächlichen Funktionsweise des parlamentarischen Regierungssystems und den Vorstellungen, anhand welcher die Bürger beurteilen, ob ihr Regierungssystem ordnungsgemäß funktioniert, einen „latenten Verfassungskonflikt": Bürgerinnen und Bürger beurteilten ihr parlamentarisches Regierungssystem in den Kategorien eines konstitutionellen Regierungssystems, wie es für das Kaiserreich oder, unter demokratischen Vorzeichen, für die Vereinigten Staaten kennzeichnend sei. Patzelt ergänzt, dass dieser letztlich auf politischen Bildungsmängeln beruhende Verfassungskonflikt ein wichtiger Hintergrundfaktor der weithin kultivierten Parteienverdrossenheit und Politikdistanz sein dürfte (Patzelt 1998, S. 728 f.; Patzelt 2003, S. 66 ff.; Patzelt 2009, S. 13 ff.).

Aufgrund einer dünnen Kenntnisgrundlage über das parlamentarische Regierungssystem, so Patzelt, verschmölzen manche richtigen Einzelbeobachtungen zu einem falschen Gesamtbild. So werde, um Beispiele zu nennen, das leere Parlamentsplenum als öffentliches Ärgernis wahrgenommen und daraus die Forderung abgeleitet, die Abgeordneten sollten zur Teilnahme verpflichtet werden. Als Sternstunden des Parlaments gälten Plenardebatten ohne vorausgegangene fraktionsinterne Konsensbildung, da hier das Ergebnis der Abstimmung nicht von vornherein feststehe. Dazu passe, dass viele meinten, es könne nicht der Sinn von Plenardebatten sein, feststehende Meinungen vorzutragen. Im Plenum müsse vielmehr mit offenem Ausgang debattiert werden.

Abgelehnt werde die aus dem parlamentarischen Regierungssystem folgende natürliche Konsequenz, dass die Führer der siegreichen Parteien vom errungenen Parlamentsmandat aus in Regierungsämter einrückten und Minister würden. Verkannt werde, dass es die zentrale Aufgabe der Parlamentsmehrheit sei, die Regierung gemäß dem parlamentarischen Mehrheitswillen kontrollierend auf Kurs sowie, ganz wichtig, im Amt zu halten. Viele meinten, dass der Opposition die Pflicht zukomme, der gegnerischen Regierung beim Regieren zu helfen. Obwohl das parlamentarische Regierungssystem von den Fraktionen so etwas wie „Mannschaftsdisziplin", also Fraktionsdisziplin, verlange, werde das geschlossene Abstimmen im Fraktions- oder Koalitionsverbund von den meisten Bürgern abgelehnt.

Schließlich fassten es viele Bürger als politische Pathologie auf, wenn die Parteien auf die Stimmung im Wahlvolk achteten. Denn es dürfe nicht sein, dass sich parlamentarische Politik vom Blick auf den nächsten Wahltermin beeinflussen lasse. Schließlich wolle man nicht Parteipolitik, sondern Staatspolitik (Patzelt 1998, S. 751 ff.; Patzelt 2003, S. 69 ff.; Patzelt 2009, S. 14 f.).[1]

Es ist davon auszugehen, dass die Bürger auch hinsichtlich anderer Komponenten des demokratischen Verfassungsstaates Misskonzepten folgen, zumal sich diese zum Teil in eingeführten Schulbüchern befinden und somit von Schülergeneration zu Schülergeneration weiter vererbt werden.

So wird häufig behauptet, die Demokratie ermögliche dem Individuum Selbstbestimmung. Demokratie bedeutet jedoch Selbstbestimmung des Volkes, nicht des Einzelnen. Viele meinen auch, der Sinn von Demokratie bestehe darin, die politischen Gestaltungsmöglichkeiten des Einzelnen zu vergrößern. In Wirklichkeit ist es aber genau andersherum: Demokratische Institutionen machen die Einflussmöglichkeiten des jeweils Einzelnen äußerst gering. Denn man benötigt Mehrheiten. Das aber heißt, dass man sich mit anderen arrangieren und Kompromisse eingehen muss. Man kann sehr häufig also nur wenig von den eigenen Vorstellungen durchsetzen.

Ein typisches Misskonzept dürfte auch über die Gewaltenteilung bestehen, das sich bei vielen darauf reduziert, in Anlehnung an das von Montesquieu stammende Schema die Exekutive mit der Bundesregierung, die Legislative mit dem Bundestag und die Judikative mit dem Bundesverfassungsgericht zu identifizieren. Die Wirklichkeit des parlamentarischen Regierungssystems lässt sich mit dem Schema jedoch nicht erfassen.

Schließlich ist die Repräsentation bei vielen Bürgern mit dem Fehlverständnis belastet, die gewählten Abgeordneten müssten die Interessen ihrer Wähler vertreten. Dies unterstellt, dass den Repräsentanten die Bildung eines eigenständigen politischen Willens gar nicht zusteht. Häufig findet sich auch die Vorstellung, die Repräsentationsfunktion des Parlaments bedeute, dass sich die Sozialstruktur der Bevölkerung spiegelbildlich im Parlament abbilden müsse (Weißeno/Detjen/Juchler/Massing/Richter 2009, S. 63, 70 f., 89).

4. Elementarisierung als Vereinfachung: Verständnishilfe für Problemgruppen

Elementarisierung als sprachliche und sachliche Vereinfachung, verbunden mit einer erheblichen Reduktion des Umfanges der dargebotenen Inhalte, könnte die Zauberformel sein, um die Chancen politischer Bildungsbemühungen bei denjenigen zu erhöhen, die der Politik verständnislos, uninteressiert oder gar ablehnend gegenüberstehen. Man muss den Elementarisierungsprozess in Abhängigkeit von der jeweiligen Problemgruppe allerdings differenziert anwenden.

So bedeuten die begrenzten intellektuellen Fähigkeiten der Angehörigen der bildungsfernen Milieus relativ geringe Informationsaufnahme -und Informationsverarbeitungskapazitäten. Hierauf müsste sich die politische Bildung einstellen. Sie müsste einen Weg finden, der sowohl die Psychologik dieser bestimmten Adressatengruppe als auch die Sachlogik des Realitätsbereiches Politik berücksichtigt. Die Vereinfachung politischer Inhalte müsste wahrscheinlich bis an die Grenze des sachlich gerade noch Zumutbaren vorangetrieben werden (Detjen 2007b, S. 3, 7).

Die Bundeszentrale für politische Bildung nimmt sich seit einiger Zeit der Bildungsfernen an. Ausgangspunkt ihrer Konzeption ist die Überlegung, dass die Bildungsfernen von der politischen Bildung nur angesprochen würden, wenn deren Angebote auf einem sehr „niederschwelligen“ Niveau erfolgten. Denn die klassischen Ansatzpunkte und Formate, insbesondere solche, die auf die Vermittlung von Wissen oder auf die Entwicklung von analytischen Fähigkeiten und Diskursbereitschaft zielten, gingen an den bildungsfernen Milieus völlig vorbei.

Bildungsferne ließen sich beispielsweise auf Veranstaltungen nur erreichen, wenn sie dabei ihr Milieu nicht verlassen müssten und sie zugleich unterhalten würden. Ihnen müsse Politik als eine Art Unterhaltung, als Edutainment, sowie in einer auf sie zugeschnittenen Form und Sprache begegnen. So kämen ihnen Festivals mit starkem Konsum- und Eventcharakter, bei denen sich politische Bildung gleichsam „nebenbei" und ohne Anstrengung konsumieren ließe, entgegen. Akzeptiert würden auch Computerspiele sowie Nachrichtenformate im Fernsehen mit einem hohen Comedy-Faktor. Gedruckte Materialien würden dagegen nur angenommen werden, wenn sie stark bebildert seien.

Den Angehörigen bildungsferner Milieus sei es grundsätzlich wichtig, dass die Bildungsangebote einen Nutzen für ihr alltägliches Leben abwürfen. Die politische Bildung müsse sich deshalb auf Themenfelder konzentrieren, die einen direkten Zusammenhang mit der Lebenswelt aufwiesen. Eine direkte Betroffenheit liege vor bei Fragen der Verschuldung, der Suche nach einem Ausbildungsplatz, des interkulturellen Zusammenlebens und alltäglicher Gewalt. Passende Themenfelder seien folglich der Sozialstaat mit seinen diversen Unterstützungsmöglichkeiten, wirtschaftspolitische Themen, die vom Konsum über Arbeitsmarktfragen bis zur beruflichen Ausbildung reichten, sowie innenpolitische Themen, insbesondere Fragen der inneren Sicherheit, des Rechtsextremismus, der Fremdenfeindlichkeit und des Rassismus.

Daneben benötigten die Angehörigen bildungsferner Milieus eine sogenannte „vorpolitische politische Bildung" im Sinne eines Beitrages zur Lebenshilfe. Ziel dieser speziellen Form politischer Bildung sei die Erhöhung des Selbstwertgefühls und des Selbstbewusstseins der betreffenden Jugendlichen. Das Mittel seien Tanz- bzw. Theaterprojekte, in denen sich soziale Kompetenzen erlernen ließen (Brinkmann 2009, S. 80 ff.).

Dem Ansatz der Bundeszentrale für politische Bildung ist zugute zu halten, dass er dem Problem, wie überhaupt ein Zugang zu den Bildungsfernen gewonnen werden kann, beträchtliche Aufmerksamkeit widmet. Es ist allerdings die Frage, ob die Fokussierung auf bestimmte, im Interessenhorizont der Bildungsfernen liegende Politikfelder dem Auftrag der politischen Bildung genügt, grundlegende Prinzipien des politischen und gesellschaftlichen Lebens zu vermitteln. Die vorgenommene thematische Verengung wird eher dazu führen, bei den Adressaten ein sehr selektives Bild der Politik zu erzeugen.

Den Desinteressierten muss anders als den Bildungsfernen begegnet werden. Zunächst ist einzuräumen, dass politisches Interesse nicht mit Gewalt zu erzwingen ist. Dennoch könnte ein möglicher Weg zur Verminderung der hohen Zahl Desinteressierter darin bestehen, die Inhalte der politischen Bildung so zu elementarisieren, dass die politischen Inhalte vereinfacht und darüber hinaus veranschaulicht werden. Die Veranschaulichung, die wenigstens zum Teil als Visualisierung auftreten sollte, könnte im geglückten Fall die Aufmerksamkeit der Desinteressierten wecken und sie an die Politik heranführen.

Verbreiteten Vorurteilen und Fehlverständnissen zu begegnen, ist eine sehr schwierige Aufgabe. Denn mit Vorurteilen insbesondere über Politiker lässt es sich gut leben. Da sich mit Fehlverständnissen durchaus viele Ereignisse in Politik und Gesellschaft bequem und vordergründig plausibel erklären lassen, hält man gerne an ihnen fest. Vorurteile und Fehlverständnisse könnten möglicherweise mit einer Elementarisierung im Sinne einer sprachlich einfachen Darstellung des Entscheidungshandelns von Politikern und der von ihnen zu berücksichtigenden verfassungsrechtlichen Vorgaben und politischen Machtkonstellationen bekämpft werden.[2]

Die Elementarisierung im Sinne einer sprachlichen Vereinfachung ist jedoch eine anspruchsvolle Aufgabe. Es ist für manchen wissenschaftlich gebildeten Autor leichter, sich in einer abstrakten Fachterminologie auszudrücken als die Informationen so zu gestalten, dass sie von einem breiten Publikum verstanden werden können. Gleichwohl ist der Versuch, die politische Welt verständlich darzustellen, aller Mühen wert. Verständlichkeit ist dann erreicht, wenn die Komplexität des politischen Entscheidungshandelns auf anschauliche Weise so in Einzelelemente zerlegt worden ist, dass diese von den Adressaten möglichst selbstständig wieder zu einem Gesamtbild zusammengefügt werden können. Eine einfache Sprache muss dem Sachanspruch jedenfalls nicht im zwingend Wege stehen (Schiele 2009b, S. 351, 355).

5. Elementarisierung als Konzentration: Fokussierung auf das Wesentliche der Politik

Die Politik im demokratischen Verfassungsstaat ist in ihrer prozessualen Gestalt, in ihren institutionellen Gefügen wie in ihren Aufgabenmomenten in jeweils komplexe Zusammenhänge eingebunden. Damit die Adressaten der politischen Bildung nicht an der Komplexität ersticken, bietet sich eine Elementarisierung dergestalt an, dass auf eine Thematisierung von Aspekten verzichtet wird, die möglicherweise interessant, zum Verständnis des Wesentlichen jedoch nicht notwendig sind.

5.1 Die didaktische Konzeption von Kurt Gerhard Fischer

Die allgemeindidaktischen Überlegungen insbesondere Klafkis griff der Politikdidaktiker Kurt Gerhard Fischer Anfang der sechziger Jahre des vergangenen Jahrhunderts auf. Fischer verknüpfte seine didaktische Konzeption explizit mit dem Elementarisierungsprinzip. Im Gegenzug lobte Klafki an dieser Konzeption ausdrücklich, dass sie die politisch-gesellschaftliche Wirklichkeit auf einen Kanon von unterrichtlich zu vermittelnden Elementarerkenntnissen und Grundeinsichten reduziert habe (Klafki 1964, S. 371).

Fischer begründete seinen Ansatz damit, dass die politische Bildung diejenigen Probleme erörtern müsse, die ins Fundamentum allen menschlichen Zusammenlebens vorstießen und die man deshalb als das *Sinnelementare* der politischen Bildung bezeichnen dürfe. Das fundamentale Problem des menschlichen Zusammenlebens sei nun die Frage, ob Menschen ohne gemeinsame Grundüberzeugungen koexistieren könnten. Die Frage sei zu verneinen. Die Gesellschaft bedürfe solcher Konsens stiftenden Grundüberzeugungen. Und es sei von jedem Staatsbürger zu verlangen, diese Grundüberzeugungen als unaufgebbare Bedingungen verantwortlichen politischen Denkens, Handelns und Entscheidens einzusehen, was heiße, sich dazu zu bekennen. Diese Grundüberzeugungen bildeten das Sinnelementare der politischen Bildung (Fischer 1993, S. 16, 19, 27).

Das *Sachelementare* der politischen Bildung bestehe demgegenüber in wertneutralen Strukturmerkmalen von Politik und Gesellschaft. Politische Konflikte und gesellschaftliche Ungleichheiten gehörten etwa dazu. Über das Sachelementare lasse sich viel leichter Übereinstimmung herstellen als über das Sinnelementare.

Während sich das Sachelementare der Politik in Erkenntnissen zeige, kristallisiere sich das Sinnelementare in Einsichten. Diese Einsichten enthielten Grundwerturteile, hinter denen die Normen des gesellschaftlich-politischen Lebens und Überlebens stünden. Die Einsichten trügen mithin präskriptiven Charakter (Fischer 1999, S. 168f.).

Die Sinnelementaria der politischen Bildung in einer Demokratie wurzelten in Überzeugungen einer politischen Anthropologie, die naturrechtlichem Denken verpflichtet sei (Fischer 1993, S. 45). Die Sinnelementaria beruhten damit auf Evidenzurteilen. Das aber bedeute, dass sie weder bewiesen noch widerlegt werden könnten. Jede irgendwie beschaffene politische Ordnung basiere jedoch auf metaphysischen Urteilen. Der entscheidende Unterschied zwischen Demokratie und Diktatur liege folglich in der diametralen Entgegensetzung der jeweils zugrunde gelegten metaphysischen Überzeugung. In den Verfassungen der Staaten seien metaphysischen Überzeugungen jedenfalls unausgesprochen verankert (Fischer/Herrmann/Mahrenholz 1965, S. 25ff., 36).

Das eigentliche Ziel der politischen Bildung heiße folglich, dass metaphysisch fundierte elementare Einsichten zu wecken und derart verständlich zu machen seien, dass sie als Maßstäbe zukünftiger politischer Meinungs- und Willensbildungen sowie als Grundlage politisch-vernünftigen Handelns der Staatsbürger dienen könnten.

In mehreren Anläufen versuchte Fischer, eine Antwort auf die schwierige Frage zu finden, welche elementaren Inhalte die politische Bildung denn nun zu vermitteln habe. Am umfassendsten ist sein „Entwurf von sinnelementaren und sachelementaren Aussagen als Grund und Ziel des politischen Unterrichts" von 1970. Dieser Entwurf differenziert vier Gruppen elementarer Einsichten:

Zu den *Einsichten philosophisch-anthropologischer Relevanz* gehören als wichtigste Aussagen: Alle Menschen sind von Natur aus gleich. Mensch zu denken ist unmöglich, ohne seine natürliche Freiheit mitzudenken. Der Mensch ist ambivalent: Er ist zu Gutem wie zu Bösem fähig.

Die maßgeblichen *Einsichten soziologisch-sozialphilosophischer Relevanz* sind: Der Mensch ist von Natur aus ein „zoon politikon". Die Befriedigung der menschlichen Bedürfnisse verlangt Institutionen, Regelungen und Werkzeuge. Die Menschen sind empirisch ungleich.

Zu den *definitorischen, fundamentalen Erkenntnissen spezifisch-politischer Relevanz* zählen: Der Staat ist eine Kulturschöpfung. Politik ist der Versuch der Durchsetzung von Interessen auf den unterschiedlichen Ebenen. Interessen sind bewusst gewordene Ansprüche von Einzelnen und gesellschaftlichen Gruppen zwecks Bedürfnisbefriedigung und Gestaltung der politischen Ordnung.

Aus den philosophischen und soziologischen Einsichten sowie den politischen Erkenntnissen folgen *einsichtenhaltige Grundsätze für die Demokratie.* Die wichtigsten Einsichten sind: Eine Interessenformulierung ist dann human, wenn sie die erwähnten anthropologischen und sozialphilosophischen Einsichten berücksichtigt. Ein Staat ist demokratisch, wenn er die anthropologischen und sozialphilosophischen Einsichten für jedermann respektiert.

Demokratische Politik strebt nach maximaler Mitwirkung aller Bürger. Ihr oberster Maßstab ist die Respektierung von Gleichheit und Selbstbestimmung. Demokratische Politik bemüht sich um die Daseinsvorsorge für jedes Mitglied der Gesellschaft. Demokratische Politik bemüht sich ständig um die Integration unterschiedlicher Interessen in der Gesellschaft. Demokratische Politik bewältigt vorfindliche Antagonismen. Demokratische Politik respektiert folgende Grundsätze: Der Zweck heiligt nicht die Mittel. Es gibt verschiedene Meinungen. Die „richtige“ Meinung gibt es nicht. Niemand darf zu einer Gesinnung gezwungen werden. Schließlich: Demokratische Politik zielt auf die Überflüssigkeit des Staates ab. Das heißt: Sie baut Fremdbestimmung und Herrschaft zugunsten von Selbstbestimmung ab (Fischer 1970, S. 111 ff.).

Fischer verband die Elementarisierung ausdrücklich mit dem exemplarischen Lernen. Das exemplarische Lernen erlaube nämlich Gründlichkeit, und Gründlichkeit sei die Voraussetzung, zum Einfach-Elementaren zu gelangen. An exemplarischen Fällen seien also die Elementaria herauszuarbeiten. Diese seien dann in neuen exemplarischen Zusammenhängen zu wiederholen und dergestalt zu verfestigen (Fischer 1993, S. 19, 44 ff.). Die Analyse von Fällen gestatte es jedenfalls, den richtigen Augenblick zu erkennen, in dem sich aus den ausgebreiteten Informationen sowie aus Rede und Widerrede der Weg zu einer der elementaren Einsichten öffne. Exemplarischer Unterricht werde die Lernenden zum Nachdenken veranlassen, so dass plötzlich dem einen oder anderen das Wesentliche „einleuchte“ oder eine Einsicht „aufleuchte“ (Fischer/Herrmann/Mahrenholz 1965, S. 30). In einem Satz: Das exemplarische Lernen setzt auf „fruchtbare Momente“.

Im didaktischen Ansatz Kurt Gerhard Fischers meint Elementarisierung ganz offensichtlich nicht Vereinfachung der zur Vermittlung anstehenden Inhalte. Vielmehr bedeutet Elementarisierung, auf dem Wege exemplarisch untersuchter Fälle das Elementare, d.h. das Wesentliche demokratischer Politik, aufzuspüren. Man wird Fischer zubilligen können, dass die herausgestellten Elementaria großenteils zur Demokratie, wenn auch in einem sehr weit verstandenen Sinne, passen.[3] Die Elementaria markieren auch gut den Gegensatz von freiheitlichen und diktatorischen Ordnungen. Dies gilt insbesondere für diejenigen Einsichten, die zur philosophischen Tiefendimension gehören.

Die meisten Elementaria Fischers treffen jedoch nicht die Konzepte des demokratischen Verfassungsstaates und des parlamentarischen Regierungssystems. Gemessen an den Mechanismen des Verfassungsstaates und der parlamentarischen Regierungsweise sind Fischers Elementaria nämlich um viele Grade grundsätzlicher, d.h. abstrakter. Das Verstehen seiner Elementaria hat deshalb nicht zur Folge, dass sich der Verfassungsstaat und das parlamentarische Regierungssystem ohne Mühe erschließen ließen. Die Demokratie als generelle politische Ordnungsgestalt liegt nämlich auf einer anderen Konstruktionsebene als die institutionellen Gefüge des Verfassungsstaates und des Regierungssystems. Anders formuliert: Der demokratische Verfassungsstaat und das parlamentarische Regierungssystem enthalten eine Fülle konstitutiver Elemente, die sich nicht einfach aus dem Demokratiegedanken ableiten lassen, sondern die zur Demokratie hinzutreten und ihr eine bestimmte Prägung verleihen. Gerade diese Elemente verdienten aufgrund ihrer Bedeutsamkeit ein gründliches Verstehen, d.h. eine Elementarisierung im Sinne der Konzentration auf Wesentliches.

Fischers Ansatz einer auf die abstraktesten politischen Gehalte zielenden Elementarisierung nimmt das Nichtverstehen von Elementaria in Kauf, die auf einer konkreteren Ebene liegen. Dabei bestimmen die konkreteren Elementaria die Geschicke des Gemeinwesens und damit das Leben der Bürger viel unmittelbarer als ihre abstrakten Gegenstücke. Daher müssten eigentlich sie den Gegenstand der Elementarisierungsbemühung bilden. Fischers Konzeption weist den weiteren Nachteil auf, dass die Elementaria aufgrund ihrer Abstraktheit zwar notwendig in den demokratische Politik thematisierenden Fällen enthalten sind, aufgrund eben dieser Abstraktheit aber möglicherweise gar nicht das Bewusstsein der Lernenden erreichen. Die Distanz zwischen den Details der konkreten Fälle und den auf hoher Abstraktionsebene liegenden Elementaria dürfte in der Regel so groß sein, dass sie sich im Unterricht wohl kaum überbrücken lässt.

Wenn, wie bei Fischer, Elementarisierung als Konzentration auf das Wesentliche verstanden wird, dann lassen sich auch andere didaktische Überlegungen als Beiträge zur Elementarisierung der politischen Bildung interpretieren. In erster Linie kommen hierfür *Kategorien* der Politik in Betracht.

5.2 Die Kategorien von Hermann Giesecke

Ein Ensemble von Kategorien wurde erstmalig von Hermann Giesecke unter dem Anspruch zusammengestellt, auf ihrer Basis Politik sachlich erschöpfend analysieren zu können.[4] Giesecke ging es ähnlich wie Fischer um die Formulierung von Grundeinsichten. Diese sollten sich aus den Kategorien ableiten lassen. Gieseckes Grundeinsichten kreisen allerdings nicht um die Demokratie, sondern um die Politik. Die Politik wird jedoch als offen ausgetragener Konflikt begriffen, was bedeutet, dass es sich um Politik innerhalb freiheitlicher Demokratien handelt. Es gibt also durchaus eine Gemeinsamkeit mit Fischer.

Gieseckes auf elf Kategorien bezogene Grundeinsichten nehmen für sich in Anspruch, für alle politischen Auseinandersetzungen zu gelten. Insofern drücken sie Elementares über die Politik aus. Zwei Beispiele sollen dies demonstrieren: Aus der Kategorie Konflikt lässt sich nach Giesecke folgende Einsicht ableiten: Politik resultiert aus der sozioökonomischen Ungleichheit in der Gesellschaft. Die Ungleichheit führt zu Konflikten. Benachteiligte führen Konflikte in der Absicht, das Maß an Ungleichheit zu verringern. Die Kategorie Ideologie führt nach Gieseckes Auffassung zur folgenden Einsicht: Politisches Handeln basiert immer auf Vorstellungen darüber, wie das gesellschaftliche Zusammenleben geordnet werden soll. Solche Vorstellungen dienen aber auch dazu, „dem notwendigen Egoismus des politischen Handelns den Mantel des Allgemeinwohls umzuhängen" (Giesecke 1973, S. 179 ff.).

5.3 Die Kategorien von Bernhard Sutor

Ausdrücklich dem Gedanken des Elementaren gemäß den Vorgaben Klafkis verpflichtet ist die kategoriale Didaktik Bernhard Sutors. Ganz im Sinne Klafkis misst Sutor den Kategorien die Funktion zu, die Wirklichkeit, also die Politik, zu erschließen und damit die Voraussetzung für ihre kognitive Aneignung zu schaffen.[5] (Sutor 1984, S. II 70 ff.). Sutor verbindet mit den Kategorien ein bestimmtes, nämlich dialektisches Verständnis der Politik. Die Lernenden müssen Einsichten in die Dialektik der Politik gewinnen, wenn sie die politischen Verhältnisse freiheitlicher demokratischer Ordnungen angemessen verstehen wollen.

Einige Beispiele sollen die aus der Dialektik der Politik zu erlangenden Einsichten veranschaulichen: Die Spannung zwischen Macht und Recht legt die Einsicht nahe, dass Recht ohne Macht unwirksam ist, Macht aber zugleich die größte Bedrohung des Rechts darstellt. Aus der Polarität von Interessen und Gemeinwohl folgt die Einsicht, dass Interessen immer partikular sind, auch wenn sie von mitgliederstarken Interessenverbänden artikuliert werden. Weiterhin stehen Interessen in Spannung zum Gemeinwohl, obwohl dieses Interessen in sich aufnimmt. Das Gemeinwohl bringt die Interessen gleichwohl nach sozialethisch geprägten übergeordneten Kriterien zum Ausgleich. Die Dialektik von Dissens und Konsens führt zu der Einsicht, dass die Pluralität der Interessen, Überzeugungen und Weltanschauungen zwar einen Dissens hinsichtlich politischer Problemdefinitionen und Problemlösungen mit sich bringt, die Gesellschaft aber auseinander brechen würde, gäbe es nicht einen Konsens über Spielregeln der Politik und über Grundwerte des Gemeinwesens. Aus der Spannung zwischen Freiheit und Gleichheit resultiert die Einsicht, dass der Freiheitsgebrauch zu sozialer Ungleichheit führen kann, die Gleichheit aber insofern mit der Freiheitsverbürgung verbunden ist, als allen Individuen die gleiche Freiheit zukommt. Gleichheit darf jedoch nur rechtliche Gleichheit sein. Ein Verständnis der Gleichheit im Sinne wirtschaftlicher Ergebnisgleichheit würde die Freiheit aufheben (Sutor 1984, S. I 85 ff.).

Sutor favorisiert das Lernen an exemplarischen Fällen. Wie er betont, sei es dabei gleichgültig, ob es sich um Ereignisse, Konflikte oder Ereignisse handle. Entscheidend sei, dass die Fälle gemäß dem Anspruch der Elementarisierung etwas Allgemeingültiges repräsentierten (Sutor 1984, S. II 96f.).

5.4 Das genetische Prinzip

Eine weitere didaktische Konzeption versucht, mit Hilfe des *genetischen Prinzips* bestimmte politische Elementaria in das Zentrum des Unterrichts zu rücken. Das genetische Vorgehen besteht darin, Lernende in eine Ursprungssituation zu versetzen. Seine besondere methodische Eignung steht außer Frage: Indem der betreffende Gegenstand in seinen Werdensprozess aufgelöst wird, wird ihm gegenüber die ursprünglich menschliche Situation und damit die vitale Interessiertheit, aus der er einst hervorgegangen ist, hergestellt. Durch die pädagogische Rückführung in die Originalsituation wird er wieder das, was er einst war: Frage, Problem, Not, Herausforderung (Roth 1961, S. 124).

Die klassische Anwendung des genetischen Prinzips in der politischen Bildung sind sogenannte Inselgeschichten: Menschen treffen auf einer unbewohnten Insel zusammen und müssen nunmehr ihr Zusammenleben organisieren. Das Urmodell der Inselgeschichten bildet die Gemeinwesengründung der Pilgerväter im Jahre 1620 an der Ostküste Nordamerikas.

Die Lernenden werden also mit der Situation konfrontiert, dass sie als eine zahlenmäßig überschaubare Gemeinschaft erwachsener Menschen an einem neuen Ort zusammenkommen. Da es an diesem Ort noch keine Regeln gibt, müssen sie ganz allein auf sich gestellt Institutionen erfinden und rechtliche Verfahrensweisen sowie materielles Recht schaffen. Das bedeutet: Sie müssen sich eine Art Gemeindeverfassung geben und Regelungen etwa über die Eigentumsordnung, das Erbrecht, die Schulverfassung, soziale Anspruchsrechte und das religiöse Zusammenleben treffen.

Das genetische Lernen anhand der Bewältigung von Gründungssituationen kann wichtige Erkenntnisse über elementare politische Phänomene hervorbringen, auch wenn sich diese zunächst auf den mikropolitischen Zusammenhang eines räumlich begrenzten Gemeinwesens beziehen. Vermittelt werden die elementaren Phänomene über die Erfahrung demokratischer Aushandlungsprozesse, die Entdeckung dabei eingebrachter politischer Grundauffassungen über das gute Zusammenleben sowie die Einsicht in die Notwendigkeit formellen Verfahrensrechts und rechtlicher Regelungen diverser Sachbereiche. Vor allem aber entdecken sich die Lernenden als politische Wesen (Petrik 2007, S. 108 ff., 295 ff.).

Das genetische Lernen weist insofern eine besondere Nähe zum Elementarisierungsprinzip auf, als es alle drei Bedeutungen der Elementarisierung aktiviert: So ist die das Denken herausfordernde Ursprungssituation zugleich eine Grund- oder Anfangssituation. Damit ist der Aspekt des Anfänglichen gegeben. Zugleich fehlt dieser Situation jegliche Komplexität, so dass auch Einfachheit vorliegt. Da die Lernenden gehalten sind, die Grundzüge ihres politischen Zusammenlebens zu konstruieren, befassen sie sich schließlich mit Problemen, denen zweifellos das Prädikat des Wesentlich-Allgemeinen zukommt.

6. Elementarisierung auf dem didaktischen Prüfstand

Die in der Regel unausgesprochene Voraussetzung der Elementarisierung als Vereinfachung lautet, dass man es mit einem schwierigen und komplizierten Sachverhalt zu tun habe, der dem Verständnis der Lernenden nicht ohne weiteres zugänglich sei. Der betreffende Sachverhalt bedürfe deshalb einer didaktischen Transformation, die eben eine Vereinfachung sein müsse.

Mit der Forderung nach Vereinfachung betritt man aber didaktisches Glatteis, wie sich den sehr unterschiedlich Bezeichnungen entnehmen lässt, die für die Vereinfachung benutzt werden. Zwar gibt es eine Reihe positiver Benennungen, wie die folgenden Verben anzeigen: popularisieren, gemeinverständlich darstellen, jugendgemäß darstellen, elementar darstellen, fasslich machen und reduzieren. Es gibt aber auch negativ-kritische Namen für das Vereinfachen. Es ist dann die Rede vom Verdünnen, Verflachen, Verwässern, Verniedlichen, Vergröbern und Simplifizieren (Grüner 1967, S. 417).

Elementarisierung heißt nun tatsächlich im Kern, dass ein schwieriger Sachverhalt so vereinfacht wird, dass er für die Lernenden ohne Verfälschung erfasst und in die vorhandene kognitive Struktur eingearbeitet werden kann (Wiater 2007, S. 25). Sie bedeutet, den Unterrichtsgegenstand in der Absicht zu verändern, ihn den Lernenden leichter zugänglich oder überhaupt erst zugänglich zu machen.

Die Vereinfachung muss dabei das Kriterium der Sachgerechtigkeit und zugleich das Kriterium der Fasslichkeit erfüllen. Die Sachgerechtigkeit verlangt, dass der vereinfachte Lehrinhalt unter allen Umständen wahr sein muss. Er darf die Wirklichkeit nicht verfälschen. Fasslichkeit trägt der Forderung nach einer Schülergemäßheit des transformierten Lehrinhaltes Rechnung. Der Lehrinhalt muss der Individuallage der Lernenden entsprechend fasslich sein (Fehm/Lerch 1984, S. 124 f.). Das erfordert, jedenfalls im Prinzip, die Berücksichtigung der Eigenart eines jeden Schülers, damit die Elementarisierung passgenau erfolgen kann und weder zu hoch noch zu niedrig angesetzt wird.

Die Elementarisierung besteht nicht einfach nur in einer Reduzierung kognitiver Gehalte. Sie ist kein ausschließlich quantitativ ausgerichtetes Verfahren. Sie muss vielmehr mehreren didaktischen Ansprüchen genügen: Ganz generell muss sie auf das betreffende Unterrichtsziel abgestimmt sein. Dann soll sie nach Möglichkeit Betroffenheit und Problembewusstsein in der jeweiligen Lerngruppe hervorrufen sowie Kommunikation ermöglichen. Sie muss mithin auf Alter, geistige Entwicklung sowie Vorstellungen und Vorkenntnissen der Lernenden abgestimmt sein. Insofern gibt es kein Elementares „an sich“. Es gibt nur ein Elementares „wofür“ und „für wen“ (Glöckel 1996, S. 211).

Die Vereinfachung kommt in zwei Varianten vor, nämlich als horizontale und als vertikale Transformation.

Bei der *horizontalen didaktischen Transformation* wird die ursprüngliche, aus der Wissenschaft stammende Aussage lediglich konkreter – oft unter Zuhilfenahme von Analogien, Metaphern und Beispielen – dargestellt und damit leichter verständlich gemacht. Der Gültigkeitsumfang der Aussage bleibt gewahrt. Es handelt sich also lediglich um den Übergang von einer abstrakten wissenschaftlichen Aussage zu einer leichter fasslichen Aussage.

Die *vertikale didaktische Transformation* verändert hingegen den Gegenstand. Sie verengt ein ursprünglich komplexes Ganzes auf einen Ausschnitt oder konstruiert ein Modell des Ganzen. Jedenfalls vereinfacht sie durch zunehmende Abstraktion von Einzelheiten den Gegenstand. Damit mindert sie im Verhältnis zum originären Gegenstand den Gültigkeitsumfang der Aussage. Es kann sogar geschehen, dass ein komplizierter Gegenstand in mehreren Stufen vereinfacht werden muss. Auf diese Weise kann dann eine Reduktions- oder Vereinfachungsreihe entstehen. Die Einengung des Gültigkeitsumfanges einer Aussage bedeutet eine starke Herausforderung des didaktischen Gewissens des Lehrenden (Grüner 1967, S. 419, 421, 426 f.).

Die Elementarisierung soll neben der Vereinfachung das Wesentliche eines Sachverhaltes zum Vorschein bringen. Die Auffindung des Wesentlichen ist jedoch alles andere als einfach. Sie verlangt die Konzentration auf den Kern einer Sache, also eine gedankliche Abstraktionsleistung. Eine solche Leistung gelingt nur bei fundierter Sachkenntnis und zugleich unter Berücksichtigung der didaktischen Intentionen, die mit dem Gegenstand verbunden werden. Die Auffindung des Elementaren bedeutet in jedem Falle eine didaktische Entdeckung (Glöckel 1996, S. 211, 301).

Eine Elementarisierung als Konzentration auf das Wesentliche lässt sich auf verschiedenen Wegen erreichen: Das klassische Vorgehen ist die Abstraktion, d.h. das Weglassen von Details aus komplexen Gebilden. Dann gibt es die Verdichtung, d.h. die Zusammenfassung disparater Elemente eines Wissensbereiches zu einem Ganzen. Möglich ist auch die Auswahl, d.h. die bewusste

Entscheidung für einen Kanon als relevant eingeschätzten Wissens. In Betracht kommt weiterhin die Konstruktion sogenannter „reiner Fälle“, deren Basis eine sorgfältige Beobachtung und Analyse der betreffenden Gegebenheit ist. Schließlich bietet sich bei unanschaulichen oder abstrakten Gegenständen die Konstruktion von Modellen, Grundrissen oder Strukturschemata an (Spranger 1958, S. 98 f.; Flitner 1965, S. 206 ff.).

Die Elementarisierung sieht sich in ihren beiden Varianten einer Reihe kritischer Fragen ausgesetzt. Vor allem die Vereinfachung steht auf dem Prüfstand. So wird zu bedenken gegeben, dass die Schule doch eigentlich gegen die „terribles simplificateurs“ zu Felde ziehe, denn es gehe ihr aus guten Gründen um eine Verminderung der menschlichen Anfälligkeit für Simplifikationen, Vorurteile und Stereotypen. Das verlange im Grunde mehr und intensiveren Schulunterricht, nicht jedoch Vereinfachungen. Weiterhin verdränge das nachdrückliche Plädoyer für eine Vereinfachung die Frage, ob die Grenze zwischen Vereinfachung und Verfälschung einer Sache präzise bestimmbar sei und an welchen Merkmalen Lehrende feststellen könnten, dass diese Grenze nicht überschritten worden sei. Die Vereinfachung bewege sich zudem ständig in der Grenzzone zur Verniedlichung. Daneben gebe es auch die Gefahr, dass Vereinfachung in Vereinseitigung umschlage. Gerade in der politischen Bildung könnten sich dann leicht Klischeevorstellungen, ideologische Verhärtungen und Vorurteile bilden. Generell dürfe man darüber hinaus fragen, ob sich denn alle Gegenstände so ohne weiteres vereinfachen ließen. Es könne doch Gegenstände geben, die sich gegenüber einer Vereinfachung beharrlich sperrten (Grüner 1967, S. 430; Salzmann 1984, S. 98, 103 ff.; Rumpf 1984, S. 82).

Gegen die Elementarisierung als Konzentration auf das Wesentliche werden folgende Bedenken vorgebracht: Lehrende wie Lernende stünden in Versuchung, bei dem Elementaren stehen zu bleiben und es für die gesamte Wirklichkeit zu halten. Die isolierte Betonung des als zentral Erachteten könne aber leicht zu seiner Verabsolutierung führen. Gewichtiger ist jedoch der Einwand, dass man nie sicher sein könne, das Wesentlich-Elementare getroffen zu haben. Die Elementarisierung wolle die vielschichtige Realität übersichtlich machen und vom Zufälligen abstrahieren: Was aber bleibe in der Schule von der unübersichtlichen Realität übrig, nachdem sie alles dessen entblößt worden sei, was die Lehre „für zufälliges Beiwerk" gehalten habe? Nach welchen Kriterien werde hier „übersichtlich" gemacht und für „zufällig" erklärt? Könne als apriorisch entschieden gelten, dass das übersichtlich Gemachte auch immer schon das Nichtzufällige oder das Wesentliche sei? Die Elementarisierungsdiskussion werde seit Klafki von der nur spekulativ zu beantwortenden Frage geprägt, ob und in welchem Sinn ein im Unterricht behandeltes Einzelnes ein Universales in sich berge. Dahinter stehe letztlich eine Art von Drang nach Rationalisierung mit der Folge, dass nur nach rational fassbaren Strukturen gesucht werde (Salzmann 1984, S. 102 f.; Rumpf 1984, S. 84 ff.).

Damit die Wirklichkeit nicht verloren gehe, bedürfe die Elementarisierung jedenfalls eines Komplementärprinzips. Dieses bestehe in der *didaktischen Restitution*, welche verlange, die Sache in ihrer ganzen Wahrheit sichtbar zu machen durch Ausweitung auf schwierige und unübersichtliche Fälle, Hinzufügung weggelassener Elemente und gegebenenfalls Überführung in eine anspruchsvollere Sprache (Glöckel 1996, S. 303).

7. Schluss

Sofern die Elementarisierung in der politischen Bildung eine vereinfachte Darstellung der Politik anstrebt, ist hiergegen nichts einzuwenden. Die Vereinfachung darf auch mit veranschaulichenden Beispielen und Visualisierungen verbunden sein. Sie muss allerdings streng auf eine authentische Darlegung des Gegenstandsfeldes Politik bedacht sein. Der Versuchung, Vorurteile über die Politik aufzubauen, muss sie mit Nachdruck widerstehen. Denn Vorurteile und Ressentiments gegenüber Politikern lassen sich besonders eingängig formulieren. Die Vereinfachung unterliegt also einem strikten Fairnessgebot.[6] Die Frage, ob sich auf diesem Wege Vorurteile und Fehlvorstellungen in den Köpfen der Menschen wirksam bekämpfen lassen, lässt sich jedoch nicht beantworten. Die politische Bildung hat bei Befolgung der Vorgabe aber wenigstens das in ihrer Macht Stehende getan.

Die wichtige Frage, ob die Vereinfachung von Texten abhängig vom Adressatenkreis unterschiedlich weit vorangetrieben werden darf, kann prinzipiell bejaht werden. Es ist didaktisch gerechtfertigt, auf das unterschiedliche Auffassungsvermögen der Leser Rücksicht zu nehmen. Allerdings sollten die dergestalt differenzierten Textangebote ausnahmslos dasselbe Spektrum politischer Gegenstände thematisieren. Das Gleichheitsgebot verbietet es, bestimmte Aspekte der Politik für Teile der Gesellschaft auszusparen, weil sie etwa als bildungsfern oder desinteressiert gelten.

Ein schwieriges Problem wirft die Frage auf, welche inhaltlichen Elementaria die politische Bildung kennzeichnen sollen. Auf diese Frage kann zunächst nur differenziert geantwortet werden. Denn die Antwort hängt von der eingenommenen Perspektive ab.

So lassen sich auf der Ebene der dem demokratischen Verfassungsstaat zugrunde liegenden politischen Anthropologie und Politiktheorie fundamentale Elementaria benennen, die bei der Thematisierung eines jeden Unterrichtsgegenstandes wenigstens im Ansatz zum Vorschein kommen müssten. So das Personsein des Menschen, die rechtliche Gleichheit der Menschen, der gesetzlich geregelte Freiheitsraum eines jeden Individuums, die Notwendigkeit des Staates als Garant von innerer sowie äußerer Sicherheit und existentieller Grundversorgung.[7] Die Elementaria der nächsten Ebene sollten sich auf die Politik selbst, die Logik des parlamentarischen Regierungssystems, die Regulative einer freiheitlichen Gesellschaft und die institutionelle Mechanismen des demokratischen Verfassungsstaates beziehen. Ein Blick in die Curricula der schulischen politischen Bildung zeigt schnell, dass hierüber weitgehend Einverständnis herrscht.

Die Curricula nennen allerdings noch viele weitere als bedeutsam deklarierte Inhalte. Erwähnt seien nur bestimmte Politikfelder wie Sozial-, Wirtschafts- und Sicherheitspolitik. Zu denken ist aber auch an Gegenstände aus dem Bereich der Internationalen Politik, wie Krieg und Frieden, Globalisierung, Terrorismus und internationale Organisationen. Es müsste darüber nachgedacht werden, ob sich in diesen zum Teil sehr zeitgebundenen Gegenständen Einsichten verbergen, die den Rang von Elementaria beanspruchen können. Als Elementaria sollten eigentlich nur Einsichten in Betracht kommen, die strukturell aktuell sind, also über einen sehr langen Zeitraum Gültigkeit besitzen. Gerade im Bereich der Internationalen Politik können sich die Verhältnisse aber abrupt ändern, wie das Ende des Kalten Krieges und das Aufkommen des Terrorismus demonstrieren.

Eine quantitative Beschränkung der Elementaria auf die Prinzipien der bestehenden politischen Ordnung bietet sich also an. Es ist jedoch sehr schwierig, die elementare Einsicht genau zu bestimmen. Was genau ist das Elementare eines Parlamentes? Die Funktionen eines Parlamentes hängen stark vom Regierungssystem ab. Bei einer Abstrahierung vom Regierungssystem erschöpfen sich die elementaren Bestimmungen möglicherweise in Trivialitäten. Also dürfte man im Grunde nur bis zum Parlament im parlamentarischen Regierungssystem abstrahieren. Aber vielleicht geht selbst schon dieser Schritt zu weit. Schließlich hängt das parlamentarische Verhalten nicht unwesentlich davon ab, ob in Konkordanz- oder in Konkurrenzdemokratien agiert wird. Abstrahiert man jedoch zurückhaltend, vernachlässigt man möglicherweise vor lauterer Differenzierung die tiefere Schicht, auf die es eigentlich ankommt.

Ähnliche Probleme tauchen auf, wenn es um das Elementare der Demokratie, der Repräsentation, der Gewaltenteilung oder der Volkssouveränität geht. Alle diese Konzepte weisen zwar eine ideelle Gestalt auf, sind jedoch in starkem Maße historisch gebunden und deshalb verschieden ausgeprägt. Immer wieder stellt sich daher die Frage, wieweit der Elementarisierungsprozess voranzutreiben ist. Hierauf gibt es aber keine allgemeingültige Antwort. Dies kann man eine nichtaufhebbare Schwäche des Elementarisierungsprinzips nennen.

Anmerkungen

1 Patzelts These vom latenten Verfassungskonflikt erfuhr durchaus Kritik. Der Vorwurf lautet, dass Patzelt allzu kritiklos den institutionellen Status quo der Bundesrepublik Deutschland überhöhe. Unterschiedliche Vorstellungen über die Politik zwischen Bevölkerung und Berufspolitikern seien nicht mit den Kategorien „richtig" und „falsch" zu beurteilen, da sie unterschiedliche Perspektiven repräsentierten. Die Kluft zwischen den Verständnissen sei daher nicht durch politische Bildung zu schließen, sondern durch eine Anpassung der Institutionen an die Wunschvorstellungen der Bürger (Köppl 2007, S. 516).

2 Als vorbildlich in dieser Hinsicht kann das von Siegfried Schiele und Gotthard Breit verfasste Werk „Vorsicht Politik" (2008) gelten. Ebenso anerkennenswert ist Nikolaus Blomes „Faul, korrupt und machtbesessen? Warum Politiker besser sind als ihr Ruf" (2009). Empfehlenswert ist auch die von Wolf Wagner verfasste, an Zwölf- bis Vierzehnjährige gerichtete Broschüre „20 Fragen an die Demokratie", die seit 2008 von der Landeszentrale für politische Bildung Hamburg vertrieben wird.

3 Keinesfalls kann man jedoch der Behauptung Fischers zustimmen, dass demokratische Politik auf die Überflüssigkeit des Staates abziele. Fischer folgte mit dieser Behauptung unkritisch den emanzipatorischen Tendenzen, die den akademischen Diskurs der siebziger Jahre dominierten. Die beanspruchte evidente Gültigkeit kommt der Aussage jedenfalls nicht zu.

4 Giesecke listete die folgenden Kategorien auf: Konflikt, Konkretheit, Macht, Recht, Interesse, Solidarität, Mitbestimmung, Funktionszusammenhang, Ideologie, Geschichtlichkeit und Menschenwürde (Giesecke 1973, S. 159 ff.).

5 Sutors wichtigste Kategorien sind: Problem, Konflikt, Interessen, Ideologie, Geschichtlichkeit, Macht, Recht, Beteiligung oder Mitbestimmung, Koalition, Kompromiss, Konsens, Grundwerte (wie Menschenwürde, Freiheit, Gerechtigkeit und Friede), Gemeinwohl sowie Wirksamkeit, Folgen und Verantwortbarkeit von Entscheidungen (Sutor 1984, S. II 72 ff.).

6 Möglicherweise erweisen sich die Bemühungen um eine sachliche und faire Würdigung der Politiker jedoch als vergeblich, wenn man an Veröffentlichungen denkt, die die populären Ressentiments über Politiker bedienen und sogar noch verstärken. Typisch hierfür ist Thomas Wieczoreks „Die verblödete Republik. Wie uns Medien, Wirtschaft und Politik für dumm verkaufen" (2009). Dieses in einfacher und flüssiger Sprache geschriebene Buch entwickelte sich gar zu einem Bestseller.

7 Bernhard Sutor und Kurt Gerhard Fischer haben sich ausführlich zu den fundamentalen Elementaria geäußert.

Literatur

Blome, Nikolaus (2009): Faul, korrupt und machtbesessen? Warum Politiker besser sind als ihr Ruf. Bonn.

Brinkmann, Heinz-Ulrich (2009): „Politikferne Zielgruppen" in der politischen Bildungsarbeit. In: Drews, Albert (Hrsg.): Politisch nicht mehr erreichbar? Politikverdrossenheit und soziale Milieus. Rehburg-Loccum, S. 69–99.

Detjen, Joachim (2002): Die gesellschaftliche Infrastruktur der Demokratie kennen und sich gesellschaftlich beteiligen – Gesellschaftslernen im Rahmen des

Demokratie-Lernens. In: Breit, Gotthard/Schiele, Siegfried (Hrsg.): Demokratie-Lernen als Aufgabe der politischen Bildung. Schwalbach/Ts., S. 72–94.

Detjen, Joachim (2007a): Politische Bildung. Geschichte und Gegenwart in Deutschland. München.

Detjen, Joachim (2007b): Politische Bildung für bildungsferne Milieus. In: Aus Politik und Zeitgeschichte, 32-33/2007, S. 3–8.

Dilthey, Wilhelm (1974): Pädagogik. Geschichte und Grundlinien des Systems (1894). Dilthey, Gesammelte Schriften, IX. Band. 4. Auflage, Göttingen.

Fehm, Kurt/Lerch, Bernd (1984): Positive Kritik der didaktischen Transformation. In: Kahlke, Jochen/Kath, Fritz M. (Hrsg.): Didaktische Reduktion und methodische Transformation. Quellenband. Darmstadt, S. 123–132.

Fischer, Kurt Gerhard (1970): Einführung in die Politische Bildung. Ein Studienbuch über den Diskussions- und Problemstand der Politischen Bildung in der Gegenwart. Stuttgart.

Fischer, Kurt Gerhard (1993): Das Exemplarische im Politikunterricht. Beiträge zu einer Theorie politischer Bildung. Schwalbach/Ts.

Fischer, Kurt Gerhard (1999): Exemplarisches (das Sach- und Sinnelementare, Einsichten und Erkenntnisse). In: Mickel, Wolfgang W. (Hrsg.): Handbuch zur politischen Bildung. Grundlagen, Methoden, Aktionsformen. Schwalbach/Ts., S. 167–171.

Fischer, Kurt Gerhard/Herrmann, Karl/Mahrenholz, Hans (1965): Der politische Unterricht. 2. Auflage, Bad Homburg v. d. Höhe, Berlin, Zürich.

Flitner, Wilhelm (1965): Grundlegende Geistesbildung. Studien zur Theorie der wissenschaftlichen Grundbildung und ihrer kulturellen Basis. Heidelberg.

Giesecke, Hermann (1973): Didaktik der politischen Bildung. 8. Auflage, München.

Glöckel, Hans (1996): Vom Unterricht. Lehrbuch der Allgemeinen Didaktik. Bad Heilbrunn.

Grüner, Gustav (1967): Die didaktische Reduktion als Kernstück der Didaktik. In: Die Deutsche Schule 59, S. 414–430.

Klafki, Wolfgang (1961): Die didaktischen Prinzipien des Elementaren, Fundamentalen und Exemplarischen. In: Blumenthal, Alfred u. a. (Hrsg.): Handbuch für Lehrer. Band 2: Die Praxis der Unterrichtsgestaltung. Gütersloh, S. 120–139.

Klafki, Wolfgang (1963): Das Problem der Didaktik. In: Zeitschrift für Pädagogik 9, Beiheft 3, S. 19–62.

Klafki, Wolfgang (1964): Das pädagogische Problem des Elementaren und die Theorie der kategorialen Bildung. 3./4. Auflage, Weinheim.

Köppl, Stefan (2007): Das politische System zwischen Unkenntnis, Missverständnis und Aufklärungsbedarf. In: Oberreuter, Heinrich (Hrsg.): Politische Bildung im Wandel der Zeit. 50 Jahre Akademie für Politische Bildung. München, S. 507–524.

Maier, Jürgen/Glantz, Alexander/Bathelt, Severin (2009): Was wissen die Bürger über Politik? Zur Erforschung der politischen Kenntnisse in der Bundesrepublik Deutschland 1949 bis 2008. In: Zeitschrift für Parlamentsfragen 40, S. 561–579.

Möller, Hugo (1962): Was ist Didaktik? Bochum.

Patzelt, Werner (1998): Ein latenter Verfassungskonflikt? Die Deutschen und ihr parlamentarisches Regierungssystem. In: Politische Vierteljahresschrift 39, S. 725–757.

Patzelt, Werner (2003): Die Deutschen und ihre politischen Missverständnisse. In: Politische Bildung, 3/2003, S. 58–74.

Patzelt, Werner (2009): Politikfern sind die Ahnungslosen. In: kursiv – Journal für politische Bildung, 1/2009, S. 12–17.

Pestalozzi, Johann Heinrich (1978): Wie Gertrud ihre Kinder lehrt (1801) und Ausgewählte Schriften zur Methode. 2. Auflage, Paderborn.

Petrik, Andreas (2007): Von den Schwierigkeiten, ein politischer Mensch zu werden. Konzept und Praxis einer genetischen Politikdidaktik. Opladen und Farmington Hills.

Roth, Heinrich (1961): Pädagogische Psychologie des Lehrens und Lernens. Berlin, Hannover, 5. Auflage, Darmstadt.

Rumpf, Horst (1984): Zum Problem der didaktischen Vereinfachung. In: Kahlke, Jochen/Kath, Fritz M. (Hrsg.): Didaktische Reduktion und methodische Transformation. Quellenband. Darmstadt, S. 81–95.

Salzmann, Christian (1984): Die Vereinfachung als didaktisch-methodisches Problem. In: Kahlke, Jochen/Kath, Fritz M. (Hrsg.): Didaktische Reduktion und methodische Transformation. Quellenband. Darmstadt, S. 97–109.

Schiele, Siegfried (2009a): Elementarisierung politischer Bildung. Politische Bildung ohne Tiefen- und Breitenwirkung. In: kursiv – Journal für politische Bildung, 1/2009, S. 38–43.

Schiele, Siegfried (2009b): Elementarisierung politischer Bildung. Überlegungen für ein Konzept. In: Oberreuter, Heinrich (Hrsg.): Standortbestimmung Politische Bildung. Schwalbach/Ts., S. 349–363.

Schiele, Siegfried/Breit, Gotthard (2008): Vorsicht Politik. Schwalbach/Ts.

Schneekloth, Ulrich (2006): Politik und Gesellschaft: Einstellungen, Engagement, Bewältigungsprobleme. In: Shell Deutschland Holding (Hrsg.): Jugend 2006. Eine pragmatische Generation unter Druck. Frankfurt/M., S. 103–144.

Spranger, Eduard (1958): Der Eigengeist der Volksschule. 3. Auflage, Heidelberg.

Spranger, Eduard (1960): Pädagogische Perspektiven. Beiträge zu Erziehungsfragen der Gegenwart. 6. Auflage, Heidelberg.

Sünkel, Wolfgang (2007): Zum Problem der Elementarisierung von Unterrichtsgegenständen überhaupt. In: Matthes, Eva/Heinze, Carsten (Hrsg.): Elementarisierung im Schulbuch. Bad Heilbrunn, S. 17–23.

Sutor, Bernhard (1984): Neue Grundlegung politischer Bildung. Band I: Politikbegriff und politische Anthropologie, Band II: Ziele und Aufgabenfelder des Politikunterrichts. Paderborn.

Weißeno, Georg/Detjen, Joachim/Juchler, Ingo/Massing, Peter/Richter, Dagmar (2009): Konzepte der Politik – ein Kompetenzmodell. Bonn.

Wiater, Werner (2007): Elementarisierung als Problem der Didaktik. In: Matthes, Eva/Heinze, Carsten (Hrsg.): Elementarisierung im Schulbuch. Bad Heilbrunn, S. 25–33.

Wibbing, Siegfried (1991): Erzählen und Elementarisierung – ein synoptisches exegetisch-didaktisches Beispiel. In: Andre, Karl (Hrsg.): Psychologisch-pädagogische Beiträge. Forschungsberichte und Diskussionen zu aktuellen Themen. Hamburg, S. 58–70.

Wieczorek, Thomas (2009): Die verblödete Republik. Wie uns Medien, Wirtschaft und Politik für dumm verkaufen. München.

Andreas Petrik

Zwischen Abstraktion und Analogie

Grundformen politikdidaktischer Elementarisierung – aufgezeigt an Unterrichtsbeispielen

1. Zur Notwendigkeit der Elementarisierung

Bei den Beutelsbacher Gesprächen des Jahres 2010 wurde die Frage der „Chancen und Gefahren" der Elementarisierung diskutiert. Ähnlich fragen diverse Veröffentlichungen. Skepsis ist bekanntlich eine Mutter der Wissenschaft, dennoch scheint mir die Frage so falsch gestellt. Etwas als potentiell gefährlich zu bezeichnen bedeutet ja, sich bei Bestätigung dieser Befürchtung vernünftigerweise dagegen entscheiden zu müssen. Dies ist aber bei der Elementarisierung unmöglich: Didaktisches Handeln kann nicht *nicht* elementarisieren. Jede didaktische Transformation elementarisiert. Gefahren ergeben sich aus Verkürzungen, die den Gegenstand entstellen – und eben *keine* Elementarisierungen wären. Eine „Gefahrendiskussion" muss also das „Wie" der Elementarisierung anpacken, nicht das „Ob". Hier allerdings weist die politikdidaktische Landkarte ihre bekannten weißen Flecken auf: Didaktische Prinzipien werden häufiger diskutiert, als sie an konkreten Unterrichtsmodellen zu dimensionieren und zu prüfen. Auch das ist eine Komponente des „riesiges Vermittlungsproblems" der politischen Bildung: ihr Überhang an „wissenschaftlichen Sachdarstellungen" (Schiele 2009, S. 350). Daher sind wir, im Gegensatz zur Physikdidaktik (vgl. Kircher 2010), noch weit entfernt von didaktischen Lehrbüchern, die an Unterrichtsbeispielen Formen der Elementarisierung und andere didaktische Operationen vorexerzieren. Mein Beitrag möchte dazu beitragen, diese Lücke zu schließen.

Das didaktische Konzept der Elementarisierung wurde maßgeblich ausgearbeitet vom Physikdidaktiker Martin Wagenschein, der wiederum um 1953 seinen Tübinger Freund Eduard Spranger zur Entwicklung politischer Elementarphänomene anregte: In dessen berühmter Schrift „Gedanken zur staatsbürgerlichen Erziehung" errichtet Spranger elementare „Brücken zu der staatlichen Sphäre" (Spranger 1963, S. 12; vgl. auch Petrik 2010a). Wagenschein und Spranger werden in der aktuellen politikdidaktischen Debatte über Elementarisierung als mögliche Antwort auf bildungsferne Milieus erwähnt (vgl. Detjen 2009; Schiele 2009). Es gilt nun, ihr zukunftsweisendes Potential herauszustellen. Das Elementare gewinnt mit ihnen Kontur als Bestandteil des exemplarischen und genetischen Prinzips.

Wagenschein hat in den 1950er Jahren die Tübinger Beschlüsse mitgeprägt, die angesichts der modernen Wissensexplosion eine exemplarische Beschränkung der Lehrpläne forderten. Er warnte damals schon vor einer „Spaltung in eine dünne unverständliche Expertenschicht und die große Masse der nur scheinbar Verstehenden (seien sie nun wissenschaftsfeindlich oder wissenschaftsgläubig statt wissenschaftsverständig)" (Wagenschein 1991, S. 23). Er nannte seinen Ansatz zunächst exemplarisches Lehren und prägte den Slogan „Mut zur Lücke" (ebenda, S. 30 ff.). Um dem Missverständnis vorzubeugen, man müsse einfach nur irgendetwas aus dem Lehrpan „weglassen", „subtrahieren", statt qualitativ neu zu unterrichten, änderte er ihn zunächst in „Mut zur Gründlichkeit", um schließlich mit „Mut zur Ursprünglichkeit" seine genetische Orientierung anzudeuten. Den Zusammenhang zwischen dem Elementaren, Exemplarischen und Genetischen erläutert er so: „So notwendig nun bei der Wahl eines Problems darauf zu achten ist, dass seine Lösung Elementares freilegt, so ist das doch noch nicht hinreichend, wenn wir bilden wollen. Denn man kann sich einen vorzüglich ausgebildeten Physiker und auch schon einen Primaner vorstellen, der ‚Kraft = Masse mal Beschleunigung' souverän anzuwenden versteht, und der doch nicht gebildet genannt werden dürfte. Der Unterricht kann nicht mit dem Elementaren beginnen, er muss darauf zusteuern. Vom Einstieg muss er zum Elementaren hinabsteigen und es freilegen. Sind dann die elementaren Sätze angeeignet, so bedeuten sie beherrschende Schlüsselstellungen“ (Wagenschein 1991, S. 40).

Ein Gegenstand ist genau dann exemplarisch, wenn er elementare Erkenntnisse der Domäne enthält bzw. freilegen kann. Darin liegt, wie Wolfgang Klafki (1964) später (auf Basis von Wagenschein, Spranger, Nohl, Weniger, Litt u. a.) ausführt, die Gegenwarts- und Zukunftsbedeutung, kurz: der Bildungsgehalt von Gegenständen. Die Elementaria selbst sind nicht der eigentliche Unterrichtsgegenstand, sie repräsentieren nicht einfach dessen Anfänge oder Ursprungsformen. Vielmehr sind ursprüngliche Situationen (auf die Wissensgenese bezogen) oder Varianten (auf die Sachgenese bezogen) besser geeignet, elementare Erkenntnisse freizulegen. Solche Situationen oder Gegenstände sind dann wiederum „elementar“.

Spranger erläutert diesen Zusammenhang in seinem Aufsatz „Die Fruchtbarkeit des Elementaren“ (vgl. Spranger 1958). Grundlegende Erkenntnisse ließen sich in „grundlegenden Denkmodellen“ darstellen, um sie „von innen heraus“ zu verstehen. So basiere der komplizierteste Motor immer noch auf relativ einfachen „Urformen“ der Krafterzeugung, Bewegungslenkung und Antriebsübertragung. In der Physikdidaktik (vgl. Kircher 2010, S. 117) finden wir dieses Beispiel wieder: *keine* Elementarisierung wäre die Zerlegung eines Motors in seine Einzelteile (Spulen, Achsen, Magnete, Gehäuse usw.), die einzeln funktionsuntüchtig sind. Elementaria sind vielmehr Sinneinheiten als „kleine Ganze“ (Diesterweg), beispielsweise das Phänomen des Magnetismus, ohne das weder der klassische noch der computergesteuerte Elektromotor sich in Bewegung setzen würde.

Um dem Vorurteil zu begegnen, Elementarisierung habe etwas mit Zerstückelung oder Trivialisierung zu tun, sprechen wir heute nicht mehr von didaktischer Reduktion, sondern von didaktischer Transformation oder Rekonstruktion (vgl. Kattmann 1997). Der zu elementarisierende Gegenstand wird nicht zerlegt, sondern derart umgestaltet oder genetisch zurückverfolgt, dass er Elementares offenbart. Das Elementare bezeichnet also prozessauslösende Eigenschaften oder Komponenten eines Unterrichtsgegenstands. Es zeigt sich deutlicher in früheren und damit oft einfacheren Entwicklungsstadien.

Elementarphänomene, schreibt Wagenschein, nehmen, sobald angeeignet, „beherrschende Schlüsselstellungen" ein: Sie werden zu Erschließungswerkzeugen für weitere Gegenstände. Spranger sieht in zentralen Kategorien des Politikzyklus wie Macht, Recht, Interesse, Freiheit, Gleichheit und Vertrag die „Trittsteine" für den Übergang von lebensweltlicher Erfahrung zur „staatlichen Sphäre" (vgl. Spranger 1963, 14, S. 24 ff.). Wagenschein und Spranger nehmen damit Wolfgang Hilligens „Pulsschlagtheorem" (Konkretion – Abstraktion – Rekonkretisierung) vorweg. Zudem ähnelt diese Definition von Elementarphänomenen derjenigen von Basiskonzepten als „Grundvorstellungen zur Domäne, die zwischen den Phänomenen und theoretischen Modellbildungen vermitteln" (Richter 2007, S. 39). Kurt Gerhart Fischers Einsichten verkörpern ein komplementäres Modell (vgl. Fischer/Herrmann/Mahrenholz 1965, S. 38 ff.): Im Gegensatz zu Wagenschein und Spranger elementarisieren die Einsichten nicht initiale politische Denkbewegungen, die in Ursprungssituationen ausgelöst werden und brückenbildend wirken. Fischer skizziert mögliche Endpunkte des politischen Lernprozesses als Meta-Erkenntnisse.

Ich werde im Folgenden mehrere Unterrichtsbeispiele auf gelungene und misslungene Elementarisierungen untersuchen. Ich lege dabei die drei Kriterien zugrunde, die auch die Physikdidaktik verwendet (vgl. Kircher 2010, S. 119): Elementarisierungen sollen (1.) *fachgerecht* sein, was nicht richtig oder (vorübergehend) falsch, sondern fachlich relevant bedeutet. Sie sollen (2.) *schülergerecht*, also lernpsychologisch angemessen sein und Raum für Fehlkonzeptionen und Konzeptwechsel bieten. Sie sollen schließlich (3.) *zielgerecht* sein, also derart methodisch ausgestaltet, dass sie das jeweilige Unterrichtziel unterstützen.

Die Physikdidaktik setzt folgende Elementarisierungs-Verfahren ein (Kircher 2010, S. 122 ff.): Abstrahieren, Idealisieren, Symbolisieren, theoretische Modelle entwickeln, gegenständliche Modelle (Struktur- und Funktionsmodelle) bauen und Analogiebildung. Es ist unschwer zu erkennen, dass diese Verfahren unterschiedlich komplexe kognitive Operationen darstellen. Mithilfe von Jerome S. Bruners kognitivistischer Lerntheorie (vgl. Bruner 1970; Kircher 2010, S. 126 f.) können sie in eine lernpsychologisch („schülergerecht") sinnvolle Reihenfolge gebracht werden. Demnach sollte Unterricht von enaktiven über ikonischen bis zu symbolischen Formen voranschreiten – ganz im Sinne Wagenscheins und Sprangers.

1. Enaktives Muster: Erfahrungsbildung durch Experimente, Simulationen, Analogien
2. Ikonisches Muster: Bildhafte Darstellung durch konkrete oder logische Visualisierungen
3. Symbolisches Muster: Sprachliche Darstellung durch Kategorien und Begriffsnetzwerke

Auch Jean Piagets genetische Lerntheorie (Piaget 1974) setzt die interaktive Erfahrung an den Beginn eines Lehrgangs, um sinnvoll an Alltagskonzepte anzuknüpfen – dazu unten mehr.

Meine Untersuchung der politischen Domäne auf Elementarisierungsmöglichkeiten strukturiere ich mit dem „Modell der Wissensformen" (vgl. Grammes 1998, S. 70). Dieses elementare Ordnungsmodell für sozialwissenschaftliche Gegenstände verdeutlicht die Eigenständigkeit und Verschränkung dreier politikrelevanter gesellschaftlicher Handlungskontexte. Aus lebensweltlicher Perspektive geht es um Normsetzungsprozesse in Alltagssituationen in Wechselwirkung mit politischen Rahmensetzungen. Aus institutioneller Perspektive steht die Aushandlung und allgemeinverbindliche Lösung politischer Konflikte im Mittelpunkt. Aus sozialwissenschaftlicher Perspektive werden gesellschaftliche Problemlagen empirisch und normativ analysiert, um Lösungskonzepte zu entwickeln. Der Überblick zeigt, welche Elementarisierungsvarianten ich welchem Wissenskontext zuordne:

Abb. 1: Elementarisierungsvarianten politischer Wissensformen

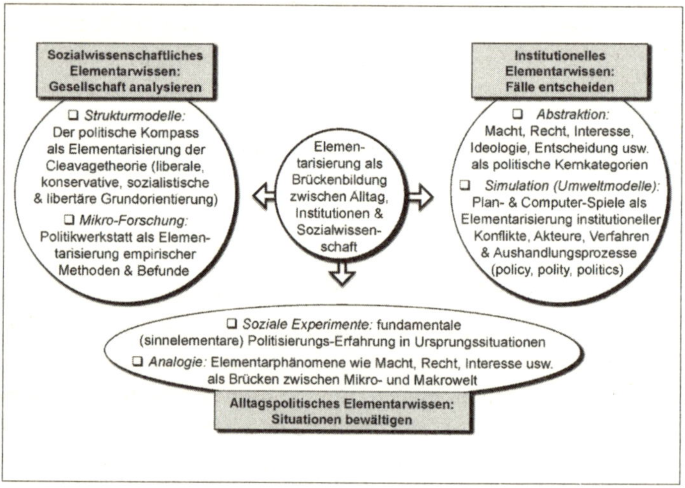

Ich beginne mit institutionellem Elementarwissen, um dann über sozialwissenschaftliches zu alltagspolitischem Elementarwissen zu gelangen.

Zentrale Begriffe:

Elementare Erkenntnisse, Elementaria: Grundlegende Einsichten, Basiskonzepte einer Domäne.

Elementarer Gegenstand, Elementarsituation: Unterrichtsgegenstand, der Elementaria möglichst unmittelbar in den Horizont der Lernenden bringt.

Exemplarischer Gegenstand, Exempel: Komplexer (nicht zwingend elementarer) Gegenstand, der verdichtet möglichst viele elementare Erkenntnisse enthält.

Elementarisierung: Didaktisches Verfahren zur Transformation bzw. Rekonstruktion a) der Domäne zur Definition von Elementaria, b) eines Gegenstands zur besseren Zugänglichkeit von Elementaria.

Genetische Methode: Zentrales Elementarisierungsverfahren der Rückführung eines Gegenstands auf frühere Entwicklungsstadien oder in Ursprungssituationen, in denen der Gegenstand entdeckt oder erfunden wurde.

2. Institutionelles Elementarwissen: Abstraktion (Kategorisierung) und Simulation (Umweltmodell-Bildung)

2.1 Die Abstraktion (Kategorisierung)

Ich beginne mit dem Elementarisierungs-Verfahren, das den Zielhorizont des Politikunterrichts absteckt: Abstraktion. Hier geht es um die Frage, was der elementare begriffliche „Kern des Politischen" sei. Diese Frage drängte sich insbesondere nach ersten empirischen Befunden der 1990er Jahre über „unpolitischen Politikunterricht" auf: Nicht nur Schülerinnen und Schüler, auch Lehrerinnen und Lehrer zeigten demnach große Schwierigkeiten im Umgang mit politischen Kategorien (vgl. Massing/Weißeno 1995). Sie konnten also, wie Wagenschein sagen würde, kaum von konkreten politischen Fällen zu elementaren Erkenntnissen hinabsteigen.

Joachim Detjen (2009, S. 343 ff.) definiert den abstrakten „Wissensbestand des mündigen Bürgers" mithilfe der zentralen Kategorien des Politikzyklus (Situationsanalyse, Möglichkeitserörterung, Entscheidung): Macht, Recht, Interesse, Ideologie, Konflikt, Konsens, Gemeinwohl. Gleichzeitig entfaltet er die Kategorie „Recht" durch Konzepte des freiheitlichen Verfassungsstaates: Volkssouveränität, Repräsentation, Wahlgrundsätze, Mehrheitsprinzip, Funktion der Opposition, Gewaltenteilung, Herrschaftsbegrenzung, Herrschaft des Rechts, Grundrechte, gesellschaftlicher Pluralismus. Die Neuerscheinung „Konzepte der Politik" (vgl. Weißeno/Detjen/Juchler/Massing/Richter 2010) erweitert diesen Kanon leicht:

Ordnung (polity): Staat, Gewaltenteilung, Repräsentation, Demokratie, Rechtsstaat, Sozialstaat, Grundrechte, Markt, Internationale Beziehungen, Europäische Integration;

Entscheidung (politics): Europäische Akteure, Interessengruppen, Konflikt, Legitimation, Macht, Massenmedien, Öffentlichkeit, Opposition, Parlament, Parteien, Regierung, Wahlen;

Gemeinwohl (policy): Freiheit, Frieden, Gleichheit, Gerechtigkeit, Menschenwürde, Nachhaltigkeit, Sicherheit, öffentliche Güter.

Dieser Kanon erscheint mir fachgerecht für die Analyse politisch-institutioneller Handlungen. Den engen Politikbegriff, der hier vertreten wird, werde ich weiter unten erweitern. Aber inwiefern ist dieser Begriffs-Kanon schülergerecht und methodisch einsetzbar?

Kategorien sind abstrakte Kondensate des politischen Geschehens, die wiederum als Werkzeuge zu seiner Erschließung dienen. Die klassische kategoriale Methode ist die Konfliktanalyse nach Hermann Giesecke, die sich exemplarischen Konflikten in und mit Institutionen widmet. Diese Methode steht und fällt jedoch mit dem Verständnis der Kategorien, wie Giesecke selbstkritisch einräumt: „Selbst wenn (...) für die Analyse solcher Konflikte Kategorien (...) zur Verfügung stehen, würde die Konfliktanalyse ständig im Widerspruch stehen zum ‚Gesellschaftsbild'. Und in diesem Widerspruch würde überwiegend das ‚Gesellschaftsbild' siegen, weil dieses das für die soziale Selbstbehauptung nötige Bewusstsein verkörpert, während die Konfliktanalyse selbst gar kein Bewusstsein ist, sondern nur seine Anwendung" (Giesecke 1976, S. 149).

Im Sinne des Kognitivismus Bruners und des genetischen Strukturalismus Piagets sollten politische Kategorien möglichst „enaktiv", also handlungsorientiert eingeführt werden.

2.2 Die Simulation (Umweltmodell-Bildung)

Die enaktive Königsmethode ist das Planspiel, weil es mit elementaren Umweltmodellen arbeitet. Es stellt konkrete institutionelle Handlungskontexte, Akteure und Konflikte nach, die ohne Modell für Schülerinnen und Schüler nicht von innen heraus zugänglich wären. Der institutionelle Handlungsrahmen mit seinen Verfahrensregeln und Hintergrundinformationen veranlasst Schülerinnen und Schüler dazu, private Deutungen und Aushandlungsgewohnheiten aus der Perspektive von Funktionsträgern zu überdenken. Insbesondere politics-Kategorien wie Interesse, Ideologie, Konflikt, Macht, Entscheidung werden unmittelbar erfahrbar – und kognitiv verfügbar, sofern die Auswertungsphase diese „symbolische Ebene" angemessen herausarbeitet. Planspiele erschließen elementare Kategorien auf elementare Weise und arbeiten so der kognitiveren, weniger elementareren Konfliktanalyse zu. Computer-Simulationen wie *Genius* behaupten, einen Planspielähnlichen elementaren Zugang zu institutionellen Strukturen zu ermöglichen. Ich werde daher neben zwei Planspielen auch das Spiel *Genius* betrachten.

1. Planspiel „Europa neu gestalten" (Rappenglück/Stegmann 2002; neueste „Balkan-Version" unveröffentlicht): Das Szenario stellt die Beitrittsverhandlungen mit osteuropäischen Staaten in Kommission, Ministerrat und Europaparlament nach. Es handelt sich also um eine echte politische Ursprungssituation, bei der die Zugehörigkeit bestimmter Akteure und der zukünftige supranationale Entscheidungsmodus zum Politikum werden. Die Elementarisierung betrifft einmal die Beschränkung auf bestimmte Beitrittskandidaten, die exemplarisch für bestimmte nationale bzw. regionale Interessen und Probleme stehen. Die neueste Version behandelt die Balkanstaaten und die Türkei. Auch den Ministerrat kann man entsprechend exemplarisch zusammensetzen, sofern man die Konfliktlinien der bestehenden EU nicht herauskürzt: Neben den „Motoren" Deutschland und Frankreich sollten „Skeptikerstaaten" wie England, strukturschwächere westeuropäische Staaten wie Portugal oder Griechenland sowie besser gestellte osteuropäische wie Polen oder Tschechien und Schlusslichter wie Rumänien oder Bulgarien beteiligt werden. Nicht Vollständigkeit wäre also hier das Kriterien der Modellbildung, sondern die Exemplarizität elementarer nationaler Perspektiven auf die EU. Hier wird deutlich, dass eine didaktische Entscheidung über elementare Zugänge den Blick auf das Ganze voraussetzt. Die notwendige zeitliche Verkürzung und inhaltliche Verdichtung muss als Realitätsabgleich in der Auswertungsphase explizit thematisiert werden.

2. Planspiel „POL&IS – Politik und internationale Sicherheit“ (vgl. Rosenkranz 2008): Dieses exklusiv von Jugendoffizieren der Bundeswehr durchgeführte Planspiel macht die Spielerinnen und Spieler zu weltpolitischen Akteuren. Sie werden mit Schlüsselproblemen wie Bevölkerungsentwicklung, Rohstoff- und Energieverbrauch, Ernährung, Rüstung und Abrüstung konfrontiert. Momentan besteht die POL&IS-Welt aus elf Regionen (West- und Osteuropa, Nord- und Südamerika, Ozeanien, Asien, Japan, China, Afrika, Arabien und GUS). Die Spielerinnen und Spieler vertreten diese Regionen als Regierungschefs, Staatsminister, Oppositionsführer oder Wirtschaftsminister. Beobachtet und überwacht werden die Regionen von der UN-Generalversammlung, der Weltpresse und den NGOs (z. B. Greenpeace oder amnesty international). Dieses Szenario ist ein Beispiel für eine nur teilweise gelungene Elementarisierung: Zwar können kaum alle 192 Mitgliedsstaaten der UNO integriert werden. Doch deren Zusammenfassung zu elf Regionen kürzt unabdingbare weltweite Konfliktlinien heraus. So hat in „Arabien“ der Iran teilweise ganz andere außenpolitische Interessen und interne politisch-kulturelle Strukturen als Saudi-Arabien. So ist die Türkei aus geostrategisch-militärischer Sicht der NATO zwar ein Teil Westeuropas, jedoch in Wirklichkeit gerade durch ihre Scharnierstellung zwischen westeuropäischen und arabischen Staaten weltpolitisch bedeutsam. Ähnlich wie im Planspiel zur Osterweiterung der EU müssten hier also (wie schon mit Japan und China geschehen) exemplarisch ausgewählte Staaten – oder reale Staatenbünde wie die EU und die GUS – agieren.

3. *Computerspiel „Genius – Im Zentrum der Macht"* (Cornelsen 2007; vgl. Krüger 2007). Dieses Spiel wurde von zahlreichen Pädagoginnen und Pädagogen hoch gelobt und erhielt sogar den „Tommi", den Deutschen Kindersoftwarepreis. Es simuliert den Aufstieg eines Lokalpolitikers zum Bundeskanzlerkandidaten – also eine institutionelle Genese aus der Bürgerperspektive. Die vier Levels und die dort jeweils zu bearbeitenden Schlüssel-Probleme elementarisieren grundsätzlich sinnvoll die polity- und policy-Dimension:

Level 1: Ziel: Bürgermeister der bayerischen Gemeinde Künzelsbach werden, dabei vor allem das Problem der Abwanderung durch den Bau von Kindergärten, Schulen, Wohn- und Gewerbegebieten lösen.

Level 2: Ziel: Als Bezirksvorsteher im Ruhrpott-Stadtteil Hagenau-Ost, einem sozialen Brennpunkt, verlassene Industrieanlagen in Parks und Wohnanlagen umwandeln, eine Umgehungsstraße bauen, den Mangel an Bildungseinrichtungen und Freizeitmöglichkeiten beheben und damit letztlich die hohe (Jugend-) Kriminalitätsrate beseitigen.

Level 3: Der Bezirksvorsteher kandidiert schließlich für den Posten des Ministerpräsidenten von Nordrhein-Westfalen und muss sich nach erfolgreicher Wahl mit dem hohen Verkehrsaufkommen, dem Bau eines Flughafens und von Naherholungsgebieten beschäftigen.

Level 4: Als Ministerpräsident bzw. Ministerpräsidentin des neu fusionierten Bundeslands Berlin-Brandenburg die Infrastruktur attraktiver gestalten und sich der hohen Verschuldung stellen. Meistert die Spielerin bzw. der Spieler diese Aufgabe, wird sie bzw. er Kanzlerkandidat bzw. Kanzlerkandidatin (Ziel des Spiels).

Die Spielerin bzw. der Spieler muss Entscheidungen treffen über die Gebietsentwicklung, durch Flächenausschreibungen, Steuern, Haushaltspolitik, öffentliche Termine, Debatten, Anträge und Ähnliches. Sie bzw. er muss Wahlversprechen einhalten, Interessenkonflikte lösen, Mehrheiten organisieren und Projekte durchsetzen. Zusätzlich stehen virtuelle Berater zur Verfügung: Ein Verwaltungsangestellter, der mit „Turbos" (Aktenübersichten) versorgt, eine Parteifreundin, ein Medienberater, (kritische) Journalisten. Insbesondere die polity-Dimension wird so deutlich.

Das Grundproblem des Spiels liegt in der mangelhaften Konstruktion von Kontroversität. Das Spiel ist 2015 angesiedelt, um aktuellen Konflikten aus dem Weg zu gehen. Auch die Parteien sind fiktiv, um „Überparteilichkeit" zu gewährleisten:

1. Demokratisches Bündnis Deutschland: konsequente Familienpolitik, traditionelle Wertvorstellungen;
2. Partei für Familie und Bildung: Bildungspolitik, kulturelle Einrichtungen, Sicherheit;
3. Zukunft Soziales: Kultur, Sport, Freizeit;
4. Ökologische Liberale Union: Sicherheit, Gesundheits- und Umweltpolitik.

Jede Spielerin/jeder Spieler entscheidet sich zu Beginn für „ihre/seine" Partei. Zusätzlich gibt es zwei (nicht wählbare) Gegnerparteien als vorgegebene Opposition: Demokratie Direkt als konkurrierende Volkspartei, die angeblich „alle wesentlichen Politikfelder optimal besetzt" und die Freie Soziale Partei, die stets mit der Fünfprozenthürde kämpfen muss.

Diese fiktiven Parteien sind geschichtslos konzipiert und operieren mit nichtssagenden, häufig gleich klingenden Schlagwörtern (Familie, Sicherheit usw.), die an austauschbare Wahlplakatslogans erinnern. Die elementaren Unterschiede realer Parteien bestehen nicht darin, *ob* sie beispielsweise Familienpolitik machen, sondern *welche* familienpolitischen Ziele, Werte und Strategien sie verfolgen. Das wird hier aber nicht deutlich. Wirtschafts- und sozialpolitische Zielsetzungen, die in der realen Politik das größte Konfliktpotential in sich tragen, kennen die Programmprofile nicht. Zwar kann man die Parteien mit etwas gutem Willen der CDU, der FDP, der SPD und den Grünen zuordnen (die hier jedoch durch den konservativen Fokus „Sicherheit" entstellt wurden). Doch werden die realen politischen Konfliktlinien Deutschlands kaum deutlich und es ist keine Linkspartei-ähnliche Partei wählbar. Ebenso schwer wiegt, dass die Wahl einer Partei eben nicht das Handlungsprofil der Spielerin/des Spielers beeinflusst! Auch eine Vertreterin/ein Vertreter der Ökologisch Liberalen Union *muss* letztlich die Umgehungsstraße und den Flughafen bauen.

Die „richtigen" Lösungen des Spiels tragen also teilweise eine politische Richtung. Beim Flughafenbau fehlt die Position einer grundsätzlich ökologischen Verkehrspolitik. Der Flughafen erscheint als Sachzwang der Mobilität und Arbeitsplatzbeschaffung, dessen Kollateralschäden (Lärm, Flächenverbrauch) es nur zu minimieren gelte. Verhinderungen von Großprojekten werden nicht als positive Beispiele, als real existierende Möglichkeit eingebracht. Die grundsätzliche linke Position einer stärkeren demokratischen Kontrolle der Wirtschaft wird ausgeblendet, das Kontroversitätsgebot des Beutelsbacher Konsens massiv verletzt. Damit kann die Wahrnehmung Jugendlicher verstärkt werden, dass alle Bundestagsparteien sich sowieso ähneln, dass bestimmte politische Großvorhaben in Hinterzimmern unkontrolliert durchgewunken werden und daher die eigene Wahlbeteiligung unnötig sei.

Ähnlich wie die Spiele *Sims* und *Civilization* (vgl. Bevc 2008) bleibt Genius – wenn auch auf deutlich höherem Niveau – über weite Strecken „affirmativ" und „ontologisch", indem es bestimmte Interessen als alternativlose Sachzwänge fixiert. Insgesamt sind Computersimulationen Planspielen strukturell unterlegen: Sie können die Komplexität von Aushandlungsprozessen (politics) nicht elementarisieren, weil das virtuelle Gegenüber der Spielerinnen und Spieler nur schablonenhaft „reagieren" kann. Der konstruktive Beitrag von Computerspielen könnte allerdings in der intensiven Übernahme institutioneller Perspektiven und damit in einer virtuellen Ermunterung zum Interventions- oder Aktivbürger liegen.

3. Sozialwissenschaftliches Elementarwissen: Strukturmodell-Bildung und Mikro-Forschung

Analysekategorien sind theoriegeladen, repräsentieren komplexe wissenschaftliche Konzepte (dazu grundlegend Aebli 1994). Hinter einer Kategorie wie „Macht" stehen Theorien der Machtbildung, hinter der Kategorie „Konflikt" Theorien der Konfliktentstehung und -lösung usw. Solche normativen und empirischen Erklärungstheorien gesellschaftlicher Problematiken bilden (im Gegensatz zum institutionell-funktionellen) den sozialwissenschaftlichen Kern des Politischen. Was es heißt, solche Theorien zu elementarisieren, möchte ich exemplarisch am Beispiel der Kategorie „Ideologie" zeigen, indem ich sie zum Basiskonzept „politische Grundorientierungen" ausbaue. Es geht hierbei um nichts Geringeres als die elementaren Grundlagen des wertbezogenen politischen Urteils, um den fehlenden „Kompass" zur Orientierung „im Getümmel des gesellschaftlichen Meinungsspektrums" zwischen Freiheit und Gleichheit, Fortschritt und Bewahrung (vgl. Schiele 2009, S. 356).

3.1 Strukturmodell-Bildung

Erstens müssen, wie schon an den Kategorien des Politikzyklus gezeigt, aus den verschiedenen wissenschaftlichen Konzepten diejenigen herausgegriffen werden, die einen fachlichen Konsens darstellen oder von vielen Wissenschaftlerinnen und Wissenschaftlern als potentiell konsensfähig angesehen werden. Zweitens müssen diese Kernkonzepte zu kognitiven Landkarten verdichtet werden, die der Forderung der Lernpsychologie nach (hier abstrakt-logischer, nicht bildlich-konkreter) ikonographischer Darstellung gerecht werden. Im Kontrast zu Umweltmodellen, die konkrete Situationen elementarisieren, haben wir es hier also mit theoretischen Strukturmodellen zu tun – als Advanced Organizer (d.h. Lehr- und Lernstrategien zur Verbesserung der strukturierten Aufnahme eines Inhalts) oder zur Ergebnissicherung. Der Politikzyklus oder das Sigma- bzw. Sinus-Milieumodell sind Beispiele für solche Strukturmodelle.

Es gilt also, den Horizont möglicher politischer Werturteile abzustecken. Aus der Milieuforschung wissen wir, dass bestimmte Lebenslagen, Arbeitsbedingungen und Zugänge zu kulturellem Kapital verantwortlich sind für die Ausbildung unserer Werte. Die Cleavage-Theorie zeigt, zu welchen Hauptkonfliktlinien sich kontroverse Wertvorstellungen verdichten. Vergleicht man zentrale Befunde der Wertewandelforschung (Welzel 2009, S. 133 f.), der Parteienforschung (vgl. Alemann 2003, S. 100 f.; Jun 2009, S. 243) und der Ideologieforschung (Arzheimer 2009, 99), so konvergieren diese Ansätze explizit im Modell des US-amerikanischen Parteienforschers Herbert Kitschelt (1994). Das Modell wurde entwickelt, um die neuen demokratischen Parteien in Osteuropa nach 1989 ideengeschichtlich einzuordnen. Kitschelt geht von zwei prägenden gesellschaftlichen Konfliktlinien aus: Der „klassische" Links-Rechts-Konflikt betrifft den Gegensatz aus marktlogischen, „freiheitlichen" und politisch gesteuerten, „Gleichheit" anstrebenden Varianten der Verteilung gesellschaftlichen Reichtums. Daneben existiert der Konflikt aus autoritären und libertären bzw. postmateriellen Vorstellungen der Organisation und des Aufbaus einer funktionierenden Gesellschaft. Analog ist der Wertewandel im Sigma-Milieumodell (vgl. Ascheberg 2006) bestimmt durch Werte-Gegensätze aus Bewahrung traditioneller Werte versus Selbstbestimmungswerte sowie aus materieller Eigentumsorientierung versus postmaterielle Teilungsbereitschaft.

Zu einem Koordinatensystem zusammengefügt, bilden diese beiden Konfliktlinien einen „politischen Kompass" mit einer (im weiteren Sinn) wirtschaftspolitischen und einer (im weiteren Sinn) gesellschaftspolitischen Achse. Kitschelt spricht von der „distributiven" und der „prozeduralen" Dimension. Die Extrempole beider Konfliktlinien stellen laut Kitschelt „ultimative", also elementare politische Werte dar. Es sind Endpunkte der graduellen Positionierungsmöglichkeiten zu elementaren politischen Grundfragen, die *jede* Gesellschaft regeln muss:

1. *Entscheidung*: Welche Instanzen entscheiden mit welchen Verfahren?
2. *Konfliktlösung:* Wie werden Regelverstöße geahndet und (inter-) nationale Konflikte gelöst?
3. *Wertebasis:* Welche religiösen Glaubensrichtungen und säkulare Lehren werden besonders gefördert?
4. *Inklusion:* Wie viel politische Macht erhalten kulturelle Minderheiten und Regionen?
5. *Privatleben:* Welche Formen privaten Zusammenlebens werden besonders gefördert?
6. *Natur:* Wie stark darf das Wirtschaften die natürlichen Lebensgrundlagen verändern?
7. *Besitzverhältnisse:* Wer sind die übergeordneten Wirtschaftsakteure und -kontrolleure?
8. *Güterverteilung:* Wer entscheidet nach welchen Kriterien über die Verteilung von Gütern, Reichtum und Einkommen?
9. *Wirtschaftsprinzipien:* Welche Grundsätze bestimmen und motivieren wirtschaftliches Handeln?
10. *Wirtschaftsziele:* Nach welchen Kriterien wird wirtschaftlicher Erfolg gemessen?

Die folgende Übersicht (Abb. 2) zeigt die elementaren Items zur Operationalisierung des politischen Werturteils, nummeriert nach den zehn politischen Grundfragen.

Die Felder des Koordinatensystems in Abb. 3 beheimaten vier idealtypische politische Grundorientierungen als elementare Antworten auf die politischen Grundfragen (vgl. Petrik 2007, S. 200).

Die liberale, libertäre (bzw. anarchistische), sozialistische und konservative Haltung hat schon der Wissenssoziologe Karl Mannheim 1929 (1952) als die relevanten „historisch-sozialen Bewusstseinstypen“ beschrieben, die – historisch variabel und zum Teil als Mischformen – bis heute individuelle Orientierungen, soziale Bewegungen und politische Parteien prägen.

Abb. 2: Ultimative Werte als elementarer Horizont des politischen Urteils

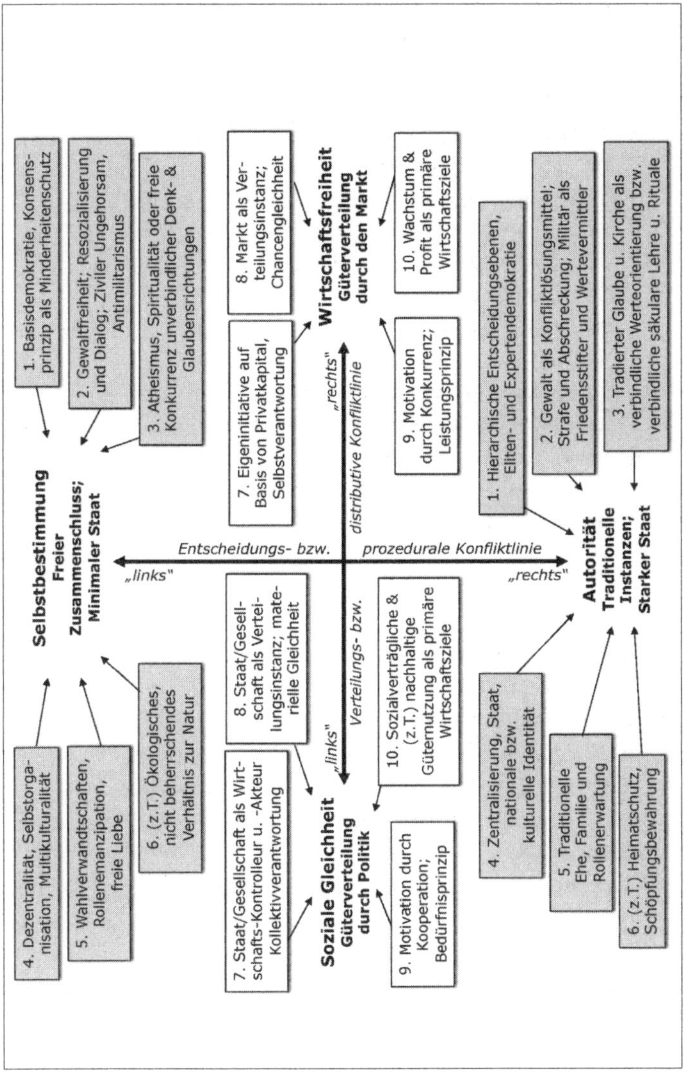

Abb. 3: Der Kompass der politischen Grundorientierungen

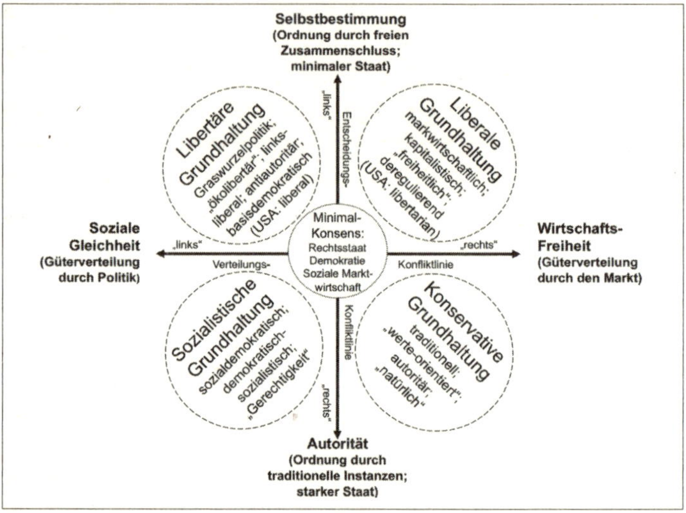

Auch Spranger (1963) geht implizit von ihnen aus (vgl. Petrik 2010a). Sie teilen sich im Modell jeweils einen Pol und haben je spezifische Varianten der ultimativen Werte ausgeprägt. So ist die Einschränkung „z. T." bei manchen Positionen gemeint (vgl. Abb. 2): Der Konservatismus vertritt einen heimatverbundenen Umweltschutz, während der Sozialismus eher dem liberalen Wachstumsbegriff folgt. Für die libertäre Auffassung ist direkte Demokratie unabdingbar, aus liberaler Sicht sind professionelle Volksvertreterinnen und Volksvertreter notwendig.

Der Verfahrenskonsens ist im politischen Kompass (Abb. 3) als demokratische Entscheidungsfindung, Rechtsstaat und soziale Marktwirtschaft gekennzeichnet, als Grundlage, die jedes Gesellschaftskonzept auf seine Weise variiert. Es geht also nicht um die undemokratischen Potentiale, die jedes von ihnen historisch hervorgebracht hat: Manchester-Liberalismus, Anarchistisches (Bomben-)Chaos, Stalinismus, Nationalsozialismus. Dirk Langes (2008) Modell des Bürgerbewusstseins aus fünf formalen Sinnbildern lässt sich mithilfe der vier Grundorientierungen inhaltlich konkretisieren: Jede Grundorientierung enthält Vorstellungen von Vergesellschaftung, Wertbegründungen, Bedürfnisbefriedigung, Gesellschaftswandel und Herrschaftslegitimation.

Ohne ein solches ideenbezogenes Koordinatensystem lässt sich übrigens die Frage, inwiefern bestimmte Parteien oder Politikerinnen und Politiker oder Positionen heute noch „links" oder „rechts" seien, logischerweise gar nicht diskutieren. Abweichungen müssen stets auf Normen bezogen sein.

3.2 Mikro-Forschung

Neben der Modellbildung auf der Basis „fertiger" sozialwissenschaftlicher Erkenntnisse lässt sich die Erkenntnisgewinnung selbst elementarisieren. Die Methode der Problemstudie in der Tradition Hilligens (vgl. Reinhardt 2007, S. 93 ff.) leistet dies. Die meines Erachtens überzeugendste Ausgestaltung dieser Methode übernimmt die sogenannte Politikwerkstatt (vgl. Moegling 2003). Das Projekt DEUREX (Demokratie und Rechtsextremismus; ebenda, S. 64 ff.) verdeutlicht exemplarisch, wie Schülerinnen und Schüler selbst zu kleinen Forschern werden, die u. a. mit eigenen narrativen Interviews und kodierten Fragebögen elementare qualitative und quantitative sozialwissenschaftliche Verfahren zur Wissensproduktion anwenden – und damit vorhandenes Wissen nicht mehr so leicht ontologisch deuten.

4. Alltagspolitisches Elementarwissen: Soziale Experimente und Analogiebildung

Alltagspolitische Zugänge zielen darauf ab, die Genese des Politischen in sozialen Aushandlungsprozessen deutlich werden zu lassen. Mit Giesecke gesprochen werden also die Ursprünge individueller Gesellschaftsbilder und Analysekategorien untersucht. Schon Spranger stellte fest, dass die institutionelle Politik zweifellos derart unübersichtlich sei, dass deren Erarbeitung nicht ohne einen analytisch ausgelegten Politikunterricht auskomme.

Doch wer schon die ebenso „verwickelten“ alltäglichen Zusammenhänge nicht verstehe, werde auch mit der Funktionslogik des Systems wenig anfangen können (Spranger 1963, S. 13). Abstrakte Kategorien wie Macht, Recht, Interesse, Freiheit, Gleichheit usw. sind aus Schülersicht zumeist verdinglichte Begriffshülsen, deren Herleitung aus historischer, sozialer und eigener gesellschaftlich-argumentativer Praxis undeutlich bleibt. Sie müssen als „politische Elementarphänomene“ erkennbar werden. Ähnlich wie Spranger konstatiert Walter Gagel, dass „Schüler sozialwissenschaftliche Abstraktionen und Generalisierungen lernen“, „indem man ihnen die Möglichkeit gibt, in der Mikrowelt die Makrowelt zu entdecken“ (Gagel 1983, S. 63). Der Aha-Effekt eines solchen elementaren Lernprozesses besteht in der Erkenntnis, selbst bereits politisch zu sein, die „Grundfaktoren des Staatlichen“ also in sich „wiederfinden“ zu können (Spranger 1963, S. 64) – und zwar Analysekategorien des Politikzyklus wie Urteilskategorien des politischen Kompasses gleichermaßen. Spranger schlägt dazu zwei Methoden vor: Fallanalysen (vgl. dazu die Unterrichtsbeispiele von Gotthard Breit) und soziale Experimente, wie eine fiktive Staatsgründung auf einer Insel.

4.1 Soziale Experimente

Die Arbeit mit mikropolitischen Experimenten ist nicht unumstritten. Dabei haben wir es hier mit einer der wirkungsmächtigsten sozialwissenschaftlichen Methoden zu tun. Das weltberühmte Milgram-Experiment beispielsweise elementarisiert einen Erklärungsfaktor für das breite Mitläufertum im Nationalsozialismus: die milieu-übergreifende Bereitschaft vieler Menschen, auch gegen ihre Überzeugungen unmenschlich zu handeln, wenn Autoritäten dies gutheißen oder anordnen. Soziale Experimente arbeiten, wie Planspiele, mit Umweltmodellen. Jedoch mit dem entscheidenden Unterschied, dass (außer im Rollenspiel) zumeist nicht fremde Rollen eingenommen werden, sondern das eigene Ich in eine fiktive fremde Lage, die realistische Erfahrungsmöglichkeiten bietet, versetzt wird. Die Individualgenese elementarer politischer

Werte steht also im Fokus. Neben dem Sachelementaren, das sich z. B. in Politikzyklus und politischem Kompass manifestiert, berühren soziale Experimente das Sinnelementare. Darunter versteht Klafki in seiner Elementarlehre (dazu ausführlich Petrik 2007, S. 108 ff.) die Inhaltsqualität des Fundamentalen, das als „Grunderlebnis“ existiert (vgl. Klafki 1964, S. 442 ff.). Ein Beispiel wäre die Grunderfahrung der Kategorie „Macht“ als eigene Ohnmacht oder Mächtigkeit: „Fundamental sind solche Erfahrungen, welche die gemeinsame Basis des Menschen und der Sache (mit der er sich auseinandersetzt) erzittern lassen“ (Wagenschein 1991, S. 42).

Ich habe Sprangers Vorschlag einer Staatsgründung auf der Insel zum „Lehrstück Dorfgründung“ weiterentwickelt, das mehrfach empirisch erprobt wurde (vgl. Petrik 2007, 2010b): Schülerinnen und Schüler besiedeln ein imaginäres verlassenes Bergdorf und werden veranlasst zu klären, wie sie Entscheidungen treffen, Güter verteilen, wirtschaftliche Prozesse organisieren, plurale Sinnvorstellungen in *einen* Kirchenraum integrieren wollen usw. Die traditionell ungleichen Dorfstrukturen (Ober-, Mittel- und Unterschicht) sind zwar noch sichtbar. Die Schülerinnen und Schüler können sie jedoch frei gestalten, abhängig von ihren politischen Präferenzen. Sie entdecken dabei ihre latenten Wertorientierungen, lernen sie zu politischen Grundorientierungen auszubauen, argumentativ auszuhandeln und mit demokratischen Verfahren zu koordinieren. Sie entwickeln dann verschiedene Varianten eines politischen Kompasses. Schließlich üben sie den schwierigen Transfer auf *analoge* makropolitische Fälle, die sich mit denselben elementaren Fragen beschäftigen, wie sie das Dorfszenario anfänglich aufwirft: Die Frage nach einem machtvollen Bürgermeister erweitert sich zu einer Debatte pro oder kontra Volksentscheide auf Bundesebene. Die Frage der Kirchennutzung leitet über zur Debatte um konfessionellen Religionsunterricht. Die Frage, ob ein Investor ein Hotel errichten darf, weitet sich zur Privatisierungsdebatte (Strom, Telefon, Bahn) aus. Die Frage einer Gemeinschaftskasse im Dorf baut die Brücke zur aktuellen steuerpolitischen Debatte.

Zwei Kritikpunkte begleiten solche nahräumlichen Elementarisierungen: (1.) die angebliche Künstlichkeit solcher Modelle sowie (2.) die angebliche Parallelisierungsfalle zwischen Mikro- und Makrowelt. Beide weisen durchaus auf mögliche Gefahren unsauberer Elementarisierung hin, sind jedoch grundsätzlich weder politikwissenschaftlich und soziologisch noch lernpsychologisch haltbar.

Zum ersten Kritikpunkt sei angemerkt: „Künstlich konstruierte hypothetische Grundsituationen" wie Inselsimulationen seien didaktisch nicht hilfreich, da Wissen „gänzlich losgelöst von der politischen Realität" vermittelt würde (vgl. Weißeno 2005, S. 46). Hinter dieser Analyse verbirgt sich ein enger Politikbegriff, der explizit „Alltagspolitik" und die „Politik der Lebensstile" (Ulrich Beck) aus dem Kern des Politischen ausschließt. Alltagspolitische Aushandlungsprozesse „schlagen sich institutionell überhaupt nicht nieder und ereignen sich jenseits aller Verfasstheit" (vgl. Weißeno/Detjen/Juchler/Massing/Richter 2010, S. 28).

Diese Kritik an der „Loslösung" von der politischen Realität übersieht, dass in simulierten Extremsituationen alltagspolitisches Handeln zwischen realen Menschen stattfindet, die realistische Probleme lösen müssen. Der Rahmen solcher Situationen wird zwar „künstlich" modelliert, ihr Inhalt ist jedoch keineswegs „hypothetisch" und die Reaktionen der beteiligten Akteurinnen und Akteure fallen dementsprechend „echt" aus. Die politische Dimension des scheinbar rein Privaten bringt der Politikwissenschaftler Michael Greven folgendermaßen auf den Punkt: „Private Konflikte in Ehen und Lebensgemeinschaften über die Aufteilung der Hausarbeit und andere Fragen der Regulierung des Alltags werden damit zu politischen Auseinandersetzungen. Das Kriterium für dieses Politischsein ist also nicht die Beteiligung des Staates oder seiner Agenturen und Institutionen, sondern der Bezug des Handelns auf eine gesamtgesellschaftliche Herrschaftsstruktur – die geschlechtsspezifische Arbeitsteilung und Ungleichheit – und die Intention, über den ‚privaten' Konflikt des Augenblicks hinaus auf eine gesamtgesellschaftlich wirksame Neuregelung hinzuwirken" (Greven 2000, S. 43).

Alltagsweltliche Normsetzungen sind zugleich Politikermöglichungen und Gesetzesfilter. Nehmen wir das Beispiel des 2001 von Rot-Grün in §1631 BGB explizit verankerten Verbots jeglicher Prügelstrafe. Lange Zeit vorher kein Thema, das Öffentlichkeit oder Bundestag interessierte. Erste politische Vorstöße scheiterten am öffentlichen Gegendruck bzw. führten zu unverbindlich bleibenden Neuformulierungen des Paragraphen. Erst um das Jahr 2000 herum erreichte der Wertewandel bestimmter sozialer Milieus hin zu postmateriell-antiautoritären Werten eine ausreichend kritische Masse, so dass eine Regierung das Thema „Gewalt in der Erziehung" a) für prioritär bearbeitungswürdig hielt, und b) erfolgreich in ein Gesetz gießen konnte. An diesem Fall zeigt sich zugleich die zweite alltagspolitische Begrenzung institutionellen Handelns, der Gesetzesfilter: Die Gegner des rot-grünen Gesetzes argumentierten a) *liberal* mit der Freiheit der Eltern vor staatlichen Eingriffen und b) *konservativ* mit der Unschädlichkeit bis Notwendigkeit von Klapsen und Ohrfeigen. Es ist kaum zu erwarten, dass die Kritiker nun unmittelbar ihr Wertesystem der neuen Gesetzeslage anpassen. Sie werden sich ihren Normen gemäß verhalten, also gemäß der „Gesetze" der Alltagspolitik als Teil der „gesamtgesellschaftlichen Herrschaftsstruktur" (Greven). Daher sollte ein moderner Politikbegriff „polizentrisch" sein, also die wechselseitige Abhängigkeit von alltagspolitischer Normsetzung und institutioneller Gesetzgebung bei der Herstellung von allgemeiner Verbindlichkeit herausstellen. Die These, Alltagspolitik wirke sich nicht auf die Verfasstheit eines Systems aus, kann an zahlreichen weiteren Fällen widerlegt werden.

Diesen elementaren Zusammenhang von Mikro- und Makroebene verdeutlicht James S. Colemans einflussreiche soziologische Handlungstheorie (wegen der grafischen Form des Modells auch als „Colemansche Badewanne" bekannt). Demnach lassen sich nachhaltige Veränderungen eines sozialen Makrosystems nur herbeiführen oder erklären, wenn man von der Makroebene (Staats-, Wirtschafts- oder kollektives Wertesystem usw.) „hinabsteigt" auf die individuelle Handlungsebene und die dortige „interaktive

Emergenz" makrosozial relevanter Phänomene einbezieht (vgl. Coleman 1991, S. 2 ff.).

Was heißt das für nahräumliche Experimente? Sie verdeutlichen die Alltagsbasis des Politischen und gehören damit zwingend zum Kern des Politikunterrichts. Nur, wer die kategoriale Reflexion der Mikrowelt auf makropolitische Zusammenhänge auslässt, wird realitätsfernen, unpolitischen Politikunterricht betreiben. Auch die Befunde zu partizipativen Projekten, wie sie z. B. das BLK-Programms „Demokratie lernen und leben" organisierte, zeigen, dass Demokratiekompetenz mit der politisch-institutionellen Reflexion der schul- oder kommunalpolitischen Primärerfahrungen steht und fällt (vgl. Reinhardt 2010).

4.2 Analogiebildung

Damit komme ich zum zweiten Kritikpunkt: Wer aus mikroweltlichen Zusammenhängen makroweltliche Erkenntnisse analog ableiten wolle, müsse unweigerlich in eine „Parallelisierungsfalle" geraten und „Kurzschlüsse" produzieren (vgl. z. B. Pohl 2004). Selbstverständlich existieren neben übergreifenden Elementarphänomenen zahlreiche Unterschiede zwischen Mikro- und Makrowelt (Komplexität, Rollen, Handlungsmotive, Verantwortlichkeiten, Sichtbarkeit von Handlungskonsequenzen usw.). Es geht aber eben nicht um eine trivialisierende Gleichsetzung, sondern um differenzierte Analogiebildung. Analogiebildung bedeutet, Gemeinsames in Verschiedenem zu entdecken – ohne dessen Verschiedenheit zu leugnen. In der Kognitionspsychologie gelten Analogien als Voraussetzung für problemlösendes und innovatives Lernen (vgl. Oerter/Montada 2002, S. 489 ff.). Assimilation – wie Piaget (1974) die Anpassung des Fremden an individuelle Wahrnehmungskonzepte nannte – ist also notwendig, um dieses Fremde zu verstehen. Entscheidend für analogisierende Lernprozesse ist, dass auf die Anpassung des Neuen (Assimilation) eine Perturbation (Störung) erfolgt, die wiederum eine Anpassung der bisherigen Wahrnehmungs-Konzepte (Akkommodation, Konzeptwechsel) auslöst. Dazu muss die fundamentale Erfahrungen a) krisenhaft sein und b) der Transfer zur Makrowelt ebenfalls als bewusste Krise gestaltet werden, um zu zeigen, dass „die Bescheidenheit der Modelle in fühlbarem Missverhältnis zu der Größe des Gegenstands“ steht (Spranger 1963, S. 51). Wendet man Piagets Lerntheorie auf Sprangers Konzeption an, so gelangt man zu folgendem elementaren Lernweg:

Nahräumliche Exempel (wie das Dorf) ermöglichen einen Zugang zum Politischen, indem sie Deutungskrisen und Handlungsschwierigkeiten (Missverständnisse, destruktive Wertekonfrontation) erzeugen, die wiederum durch elementare politische Einsichten (Diskussionsregeln, demokratische Entscheidungsverfahren, argumentative Grundlagen politischer Grundorientierungen) positive Erfahrungen im gegenseitigen Umgang ermöglichen. Der entlastende Sinn von Regelungen und Institutionen zeigt sich also schon im Nahraum. Piaget zufolge sind solche interpersonalen Orientierungsräume der Ort, an dem Wahrnehmungs- und Handlungskonzepte ihre „Eignungsprüfung“ und „Elaborierung“

Abb. 4: Der elementare Lernweg von der Mikro- zur Makrowelt (Petrik 2007, S. 131)

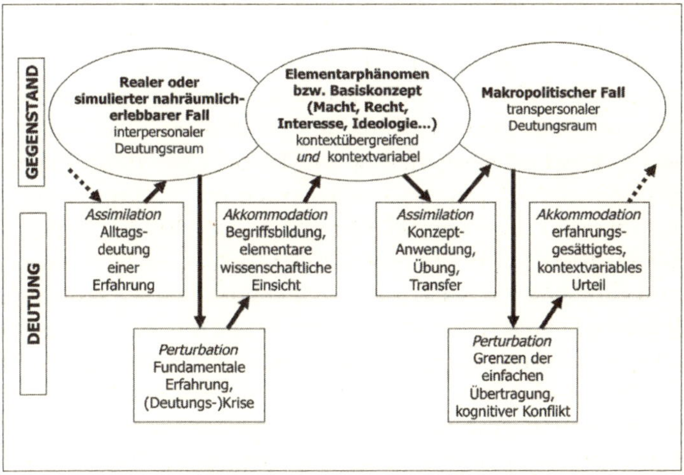

erfahren, an dem vorrangig Akkommodation stattfindet, weil die systemischen Zusammenhänge bereits vertraut oder überschaubar sind. Die so erworbenen Erkenntnisse erleichtern zunächst die Annäherung an makropolitische Fälle über Assimilation. Die einmal an einfachen Exempeln gewonnene Analysekompetenz, Urteilssicherheit, Konfliktlösungs- und Handlungsfähigkeit muss jedoch beim Übergang zu transpersonalen Räumen auf ein neues Argumentationsniveau gehoben, angepasst und stabilisiert werden (erneute Akkommodation). Die Brückenfunktion des Elementarphänomens besteht also in seiner Flexibilität – darin, dass es gleichzeitig kontextübergreifend und kontextvariabel ist.

5. Fazit

Um den abstrakten symbolhaften Kern institutioneller Politik zu schülergerecht zu lehren, sind verschiedene Elementarisierungen notwendig. Umweltmodelle wie Planspiele verdeutlichen enaktiv den Zusammenhang aus policy-, polity- und politics-Kategorien. Strukturmodelle als kognitive Landkarten zeigen ikonographisch Begriffsvernetzungen einzelner oder verschiedener sozialwissenschaftlicher Theorien. Sie dienen als Advanced Organizer der Theorieerarbeitung oder zur abschließenden Ergebnissicherung. Der politische Kompass mit seinen ultimativen Werten und vier politischen Grundorientierungen fügt den Analysekategorien des Politikzyklus wertende Urteilskategorien hinzu. Soziale Experimente schaffen Erfahrungsräume, die subjektive Anbindungsmöglichkeiten an das Politische spürbar werden lassen. Sie klären, inwiefern mikro- und makropolitische Handlungskontexte sich gegenseitig beeinflussen. Analogiebildung über politische Elementarphänomene schließlich fördert einen flexiblen und kontextbewussten Umgang mit Kategorien. Ohne solche Elementarisierungen riskieren wir, dass institutionelle Wissensbestände, vom Standpunkt und Erleben der Schülerinnen und Schüler aus betrachtet, einen künstlichen und hypothetischen Charakter erhalten, weil sie undurchschaubar und unerreichbar wirken. Das

Wissen um Makropolitik bleibt träge Begriffsakrobatik, wenn die zwischen Gesellschaftsbild und Fall vermittelnden Kategorien bzw. Basiskonzepte nicht in elementaren Situationen erworben werden können.

Politische Elementaria als Grundlage der Gegenstandsbestimmung und -Analyse

Basiskategorien bzw. -Konzepte: Macht, Recht, Interesse, Ideologie, Recht, Freiheit, Gleichheit, Vertrag u. a.;

Grundfragen: Entscheidungsfindung, Konfliktlösung, Wertebasis, Inklusion, Gestaltung des Privatlebens, Naturgestaltung, Besitzverhältnisse, Güterverteilung, Wirtschaftsprinzipien, Wirtschaftsziele;

Schlüsselprobleme: Krieg, Terrorismus, Nationalismus, Umweltzerstörung, Bevölkerungsexplosion, soziale Ungleichheit, Technologie-Missbrauch, Geschlechterverhältnis (nach Klafki);

Grundorientierungen: Liberale, konservative, sozialistische und libertäre Werte und Gesellschaftsmodelle als elementare Urteilskategorien sowie Lösungsperspektiven auf Schlüsselprobleme;

Handlungsebenen: Alltags-, Kommunal-, Regional-, Landes-, Bundes-, Europa- und Weltpolitik;

Umweltmodelle: Elementare institutionelle oder alltagspolitische Konflikte, Akteure, Verfahren und Lösungen;

Strukturmodelle: Modell der Wissensformen, Politikzyklus, Milieumodell, Colemansche Badewanne, politischer Kompass, Toulmins Argumentationsmodell u. a.;

Sozialwissenschaftliche Basismethoden: Interview, Erhebung, Beobachtung, Modellbildung u. a.

Literatur

Aebli, Hans (1994): Zwölf Grundformen des Lehrens. Eine allgemeine Didaktik auf psychologischer Grundlage. 4. Auflage, Stuttgart.

Alemann, Ulrich von (2003): Das Parteiensystem der Bundesrepublik Deutschland. Opladen.

Arzheimer, Kai (2009): Ideologien. In: Kaina, Viktoria/Römmele, Andrea (Hrsg.): Politische Soziologie. Ein Studienbuch. Wiesbaden, S. 83–108.

Ascheberg, Carsten (2006): Milieuforschung und Transnationales Zielgruppenmarketing. In: Aus Politik und Zeitgeschichte, B 44–45/2006, S. 18–25.

Bevc, Tobias (2008): Gesellschaft und Geschichte in Computerspielen. In: Einsichten und Perspektiven. Bayerische Zeitschrift für Politik und Geschichte, 1/2008. URL: http://www.km.bayern.de/blz/eup/01_08/4.asp

Bruner, Jerome S. (1970): Gedanken zu einer Theorie des Unterrichts. In: Dohmen, Günther/Maurer, Friedemann/Popp, Walter (Hrsg.): Unterrichtsforschung und didaktische Theorie. München, S. 188–218.

Coleman, James S. (1991): Grundlagen der Sozialtheorie. Band 1: Handlungen und Handlungssysteme. München.

Detjen, Joachim (2009): Bildungsferne Milieus als Herausforderung der politischen Bildung. In: Oberreuter, Heinrich (Hrsg.): Standortbestimmung Politische Bildung. Tutzinger Schriften zur Politischen Bildung. Schwalbach/Ts., S. 335–348.

Fischer, Kurt Gerhard/Herrmann, Karl/Mahrenholz, Hans (1965): Der politische Unterricht. 2. Auflage, Bad Homburg u. a.

Gagel, Walter (1983): Einführung in die Didaktik des politischen Unterrichts. Studienbuch politische Didaktik I. Opladen.

Genius – Im Zentrum der Macht. Politik-Aufbausimulation auf DVD. Cornelsen-Verlag 2007.

Giesecke, Hermann (1976): Didaktik der politischen Bildung. 10. Auflage, München.

Grammes, Tilman (1998): Kommunikative Fachdidaktik. Politik – Geschichte – Recht – Wirtschaft. Opladen.

Greven, Michael Th. (2000): Kontingenz und Dezision. Beiträge zur Analyse der politischen Gesellschaft. Opladen.

Jun, Uwe (2009): Politische Parteien als Gegenstand der politischen Soziologie. In: Kaina, Viktoria/Römmele, Andrea (Hrsg.): Politische Soziologie. Ein Studienbuch. Wiesbaden, S. 235–265.

Kaina, Viktoria/Römmele, Andrea (Hrsg.) (2009): Politische Soziologie. Ein Studienbuch. Wiesbaden.

Kattmann, Ulrich/Duit, Reinders/Gropengießer, Harald/Komorek, Michael (1997): Das Modell der Didaktischen Rekonstruktion – Ein Rahmen für naturwissenschaftsdidaktische Forschung und Entwicklung. In: Zeitschrift für Didaktik der Naturwissenschaften, 3/1997, S. 3–18.

Kircher, Ernst (2010): Elementarisierung und didaktische Rekonstruktion. In: Kircher, Ernst/Girwidz, Raimund/Häußler, Peter: Physikdidaktik. Theorie und Praxis. 2. Auflage. Berlin u. a., S. 115–148.

Kitschelt, Herbert (1994): The Transformation of European Social Democracy. Cambridge (U.K.) u. a.

Klafki, Wolfgang (1964): Das pädagogische Problem des Elementaren und die Theorie der kategorialen Bildung. 4. Auflage, Weinheim.

Krüger, Roland (2007): Auf ins Kanzleramt! Das Spiel „Im Zentrum der Macht" macht Jugendliche mit den Regeln der Demokratie vertraut. Radiofeuilleton elektronische Welten, 13.12.2007. URL: http://www.dradio.de/dkultur/sendungen/ewelten/710178/

Lange, Dirk (2008): Kernkonzepte des Bürgerbewusstseins. Grundzüge einer Lerntheorie der politischen Bildung. In: Weißeno, Georg (Hrsg.): Politikkompetenz. Was Unterricht zu leisten hat. Bonn, S. 245–258.

Mannheim, Karl (1952): Ideologie und Utopie. 3. Auflage, Frankfurt/M. (1929).

Massing, Peter/Weißeno, Georg (Hrsg.) (1995): Politik als Kern der politischen Bildung. Wege zur Überwindung unpolitischen Politikunterrichts. Opladen.

Moegling, Klaus (2003): Die Politikwerkstatt: ein Ort politischen Lernens in der Schule. Schwalbach/Ts.

Oberreuter, Heinrich (Hrsg.) (2009): Standortbestimmung Politische Bildung. Tutzinger Schriften zur Politischen Bildung. Schwalbach/Ts.

Oerter, Rolf/Montada, Leo (Hrsg.) (2002): Entwicklungspsychologie. 5. Auflage, Weinheim u. a.

Petrik, Andreas (2007): Von den Schwierigkeiten, ein politischer Mensch zu werden. Konzept und Praxis einer genetischen Politikdidaktik. Studien zur Bildungsgangforschung. Band 13. Opladen/Farmington Hills.

Petrik, Andreas (2010a): Politische Elementarphänomene – Genetische Brücken von der Mikro- zur Makrowelt bei Eduard Spranger. In: May, Michael/Schattschneider, Jessica: Politikdidaktische Denkweisen. Klassiker der Politikdidaktik neu gelesen. Schwalbach/Ts. (im Druck).

Petrik, Andreas (2010b): Regiebuch zum Lehrstück Dorfgründung. Eine praxiserprobte Simulation zur Einführung in das demokratische System, politische Theorien, Debattieren und Urteilsbildung sowie in handlungsorientierte Methoden. Für Sek. I u. Sek. II. Mit CD-ROM. Schwalbach/Ts.

Piaget, Jean (1974): Theorien und Methoden der Erziehung. Frankfurt/M. (1964/1969).

Pohl, Kerstin (2004): „Demokratie-Lernen" als Aufgabe des Politikunterrichts? Die Rezeption von Deweys Demokratiebegriff und die Parallelisierungsfalle. In: Breit, Gotthard/Schiele, Siegfried (Hrsg.): Demokratie braucht politische Bildung. Schwalbach/Ts., S. 166–180.

Rappenglück, Stefan/Stegmann, Bernd (2002): Europa neu gestalten. Die Europäische Union zwischen Vertiefung und Erweiterung. Materialien der Forschungsgruppe Jugend und Europa. Band 5. 5., neu bearbeitete u. aktualisierte Auflage, München.

Reinhardt, Sibylle (2007): Politik-Didaktik. Praxishandbuch für die Sekundarstufe I und II. Berlin.

Reinhardt, Sibylle (2010): Was leistet Demokratie-Lernen für die politische Bildung? Gibt es empirische Indizien zum Transfer von Partizipation im Nahraum auf Demokratie-Kompetenz im Staat? Ende einer Illusion und neue Fragen. In: Himmelmann, Gerhard/Lange, Dirk (Hrsg.): Demokratiedidaktik. Impulse für die politische Bildung. Wiesbaden, S. 127–143.

Richter, Dagmar (Hrsg.) (2007): Politische Bildung von Anfang an. Demokratie-Lernen in der Grundschule. Schwalbach/Ts.

Rosenkranz, Susanne (2008): Planspiel POL&IS – Schüler simulieren Entscheidungsprozesse im internationalen Kontext (Sek. I, 10. Klasse). In: Backhaus, Kerstin/Moegling, Klaus/Rosenkranz, Susanne: Kompetenzorientierte politische Bildung. Kompetenzen, Standards, Indikatoren in der politischen Bildung der Schulen. Hohengehren, S. 56–97.

Schiele, Siegfried (2009): Elementarisierung politischer Bildung. Überlegungen für ein Konzept. In: Oberreuter, Heinrich (Hrsg.) (2009): Standortbestimmung Politische Bildung. Tutzinger Schriften zur Politischen Bildung. Schwalbach/Ts., S. 349–363.

Schoen, Harald (2009): Wahlsoziologie. In: Kaina, Viktoria/Römmele, Andrea (Hrsg.) (2009): Politische Soziologie. Ein Studienbuch. Wiesbaden, S. 181–208.

Spranger, Eduard (1958): Die Fruchtbarkeit des Elementaren. In: Spranger, Eduard: Pädagogische Perspektiven. Heidelberg, S. 87–92.

Spranger, Eduard (1963): Gedanken zur staatsbürgerlichen Erziehung. 4. Auflage, Bochum.

Wagenschein, Martin (1991): Verstehen lehren. Genetisch – sokratisch – exemplarisch. Weinheim und Basel (1968).

Weißeno, Georg (2005): Testaufgaben für die politische Bildung. Ergebnisse einer Pilotstudie. In: GPJE (Hrsg.): Testtaufgaben und Evaluationen in der politischen Bildung. Schwalbach/Ts., S. 41–60.

Weißeno, Georg/Detjen, Joachim/Juchler, Ingo/Massing, Peter/Richter, Dagmar (2010): Konzepte der Politik – ein Kompetenzmodell. Schwalbach/Ts.

Welzel, Christian (2009): Werte- und Wertewandelforschung. In: Kaina, Viktoria/Römmele, Andrea (Hrsg.) (2009): Politische Soziologie. Ein Studienbuch. Wiesbaden, S. 109–140.

Dagmar Richter

Elementarisierung der politischen Bildung in der Grundschule

1. Vorbemerkungen

Politische Bildung in der Grundschule dient nicht vorrangig dazu, präventiv gegen eine mögliche Politikdistanz der nächsten Generation zu arbeiten. Sie dient keinem instrumentalisierten Interesse, sondern dem der Grundschülerinnen und Grundschüler. Dass bei Didaktikerinnen und Didaktikern die Hoffnung besteht, mit früh beginnender politischer Bildung eine spätere Politikdistanz verhindern zu können, ist verständlich. Diese Hoffnung kann aber bislang durch keine empirische Untersuchung gestützt werden. Doch gibt es Hinweise, die Hoffnungen an eine früh einsetzende politische Bildung nähren.

Das Bildungspotential wird (1) zunächst skizziert und die Notwendigkeit der politischen Bildung in der Grundschule im Interesse der Schülerinnen und Schüler begründet. (2) Das Erfordernis der Elementarisierung in der Grundschule wird danach lernpsychologisch begründet. (3) Die verschiedenen Formen der Elementarisierung müssen den „Charakter" des Politischen bewahren. Sie lassen sich analytisch trennen in methodische und inhaltliche Formen. Erstere haben schon eine längere Tradition in der Grundschuldidaktik bzw. im Sachunterricht. (4) Vergleichsweise neu im didaktischen Diskurs ist die Elementarisierung auf der inhaltlichen Ebene, die im Zusammenhang mit den Diskussionen um Bildungs- und Minimalstandards steht (4). Hierauf wird der Schwerpunkt gelegt.

2. Zum Potential der politischen Bildung in der Grundschule

Ziel dieses Lernbereichs bzw. der sozialwissenschaftlichen Perspektive des Sachunterrichts ist es, Kompetenzen der Schülerinnen und Schüler für das Zusammenleben in einer demokratischen Gesellschaft zu fördern. Die Kompetenzen sollen den Schülerinnen und Schülern dazu dienen, am demokratischen Leben aktiv teilnehmen zu können sowie für sie relevante gesellschaftliche Aufgaben und Probleme zu erkennen, zu reflektieren und gegebenenfalls zu ihrer Lösung beizutragen. Politische Bildung in der Grundschule soll die personalen Ressourcen des Kindes stärken und entfalten, so dass sie ihre demokratischen Beteiligungsrechte wahrnehmen können. Wesentlich ist dabei, dass der Kindeswillen berücksichtigt und gestärkt wird, so wie es die Kinderrechte vorsehen, die zu den wichtigen Elementen in einer demokratischen Gesellschaft zählen. Diese Ziele aus primär bildungstheoretischer Sicht lassen sich durch verschiedene empirische Befunde aus dem Bereich des Wissens, der demokratischen Werte sowie der politischen Ängste von Kindern unterstützen und konkretisieren.

Es konnte vielfach nachgewiesen werden, dass Grundschülerinnen und Grundschüler politische Phänomene wahrnehmen und sich zum Beispiel an Details der Tagespolitik erinnern. Als Beispiel sei hier auf die Untersuchung von Jan W. van Deth u. a. hingewiesen, in der festgestellt wird, dass die meisten Kinder am Schulanfang schon zwischen verschiedenen politischen Problemen unterscheiden und Kenntnisse über politische Parteien, Politiker, Demokratie, Wahlen, Europa oder den Euro zeigen (Deth u. a. 2007). Diese Ergebnisse bestätigen frühere internationale Studien (vgl. Moore u. a. 1984), die in letzter Zeit erneut rezipiert werden (Götzmann 2007) sowie laufende Untersuchungen (Kalcsics/Raths/Dätwyler 2010). Das Wissen der Kinder ist jedoch meist fragmentarisch, d.h. die Begriffe werden nicht richtig miteinander verknüpft, und es ist mit falschen Vorstellungen (Fehlkonzepten) vermengt. „Misconceptions arise when children's theories cannot fill the gaps in their information, and they necessarily turn to inappropriate analogies and generalisations“ (Berti 2002, S. 95). Daher eignet sich ihr in latenten Sozialisationsprozessen erworbenes Wissen in der Regel nicht zum Verstehen politischer Phänomene. Neben Fehlkonzepten sind oftmals noch gar keine Konzepte vorhanden, beispielsweise fehlen meist Konzepte zu politischen Organisationen, da sie sich der Anschauung der Kinder entziehen. Insofern sind für intendierte Bildungsprozesse mit Konzeptbildung vielfach keine pädagogischen Strategien zum conceptual change nötig (vgl. Möller 2007), was das Unterrichten erleichtern kann.

Des Weiteren verfügen Kinder über konsistente normative Einstellungen bezüglich Politik und den Umgang der Menschen miteinander (Deth u. a. 2007). Auch dieses Ergebnis entspricht früheren Studien zur politischen Sozialisation (vgl. Hepburn/Niemi 1995; Ohlmeier 2007), wobei die Studien unterschiedlichen Interessen folgen. Wurde in den 1970er Jahren vorrangig darüber gestritten, wie nachhaltig früh erworbene politische Einstellungen für spätere Orientierungen sind (vgl. Redaktion betrifft: erziehung 1973), galt in den 1990er Jahren die These, dass Kinder der politischen Ordnung und den Politikern gegenüber einen „Vorschuss an Vertrauen“ haben, der zu relativieren sei (Fend 1991). Zahlreiche Studien beziehen sich seit den 1990er Jahren zudem auf „auffällige Abweichungen in Form und Inhalt politischen Handelns“ bei Jugendlichen und deren Ursachen in der Kindheit (Hopf/Hopf 1997, S. 7). Heute wird eher nach der Akzeptanz demokratischer Werte gefragt, die bei Jugendlichen durchaus vorhanden sei (Watermann 2005). Allerdings gibt es Hinweise darauf, dass in den Medien für Kinder (z. B. in der Kinderliteratur) ein negatives Image der Politik und der Politiker vermittelt wird (Strohmeier 2005). Ob sich dies nachhaltig auf politische Einstellungen auswirkt, ist empirisch nicht geklärt. Jedoch spricht auch dieser Aspekt für einen frühen politischen Unterricht, der den festgestellten Einseitigkeiten bei den Darstellungen von Politik entgegenwirken und Zugänge zu Medien für Kinder mit angemessenen Darstellungen eröffnen kann.

Die generelle Akzeptanz demokratischer Werte bei Kindern (vgl. Helwig 1998) kann im Unterricht weiter gefördert und das Interesse der Schülerinnen und Schüler für gesellschaftliche Fragen geweckt bzw. gestärkt werden. Zwar steigt das politische Interesse bei Jugendlichen erst ab dem 14. Lebensjahr signifikant an (Fend 1991), doch interessieren sich schon Grundschülerinnen und Grundschüler für die Politik, die direkte Auswirkungen auf ihr Alltagsleben hat, wie zum Beispiel für Bebauungspläne in der Gemeinde, oder die eine besondere mediale Aufmerksamkeit erfährt. Dieses Interesse sollte in der Schule früh aufgegriffen und unterstützt werden, denn das Lern- und Leistungsmotivsystem, welches entscheidend für Erfolgs- und Misserfolgsattributionen und damit für das Selbstkonzept einer Person ist, wird bereits vor dem zwölften Lebensjahr grundlegend gebildet (Hasselhorn/ Gold 2006, S. 166). Während von „Schulanfängern die eigenen Fähigkeiten in der Regel übermäßig optimistisch eingeschätzt werden“, macht dieses Wunschdenken „mit etwa acht Jahren einer realistischeren Selbsteinschätzung Platz“, was sich „auch in einem Rückgang der allgemeinen Lernfreude bemerkbar“ mache (ebd., S. 167). Jetzt entwickeln sich bereichsspezifische Fähigkeits(selbst) konzepte aus den Erfahrungen mit eigenen Handlungsergebnissen (ebd.). Werden in der Domäne Politik keine Erfahrungen gemacht, wird auch kein politisch-relevantes Selbstkonzept entwickelt. Zudem ist im Unterricht darauf zu achten, dass den Kindern beim politischen Lernen eine Erfolgszuversicht vermittelt wird, wozu sich u. a. auch pädagogische Ansätze zur Partizipation eignen (vgl. Burk u. a. 2003), wenn sich der Unterricht nicht darin erschöpft. Ansätze zur Partizipation sind mit politischem Lernen zu verknüpfen, da sie ansonsten lediglich zum sozialen Lernen beitragen (vgl. Reinhardt 2010).

Aus dem Bereich der politischen Ängste, zu denen heute vorrangig Angst vor Arbeitslosigkeit und Krieg gehören, betont die Studie um van Deth vor allem das Thema Krieg, das viele Kinder seiner Studie bewegt hat. Hier zeigen diverse Studien, dass Kinder reale und fiktive Gefahren nicht trennen können (vgl. z. B. Berti/Vanni 2000). Ein entsprechender Unterricht könnte helfen, fiktive Gefahren zu entlarven, die insbesondere durch elektronische Spiele kennen gelernt werden, und insofern Ängste abzubauen. Ein weiterer Bildungsbereich bezieht sich auf das Lernen in heterogenen Gesellschaften. Schon früh übernehmen Kinder diskriminierende Kategorisierungen und scheinbare Normalitäten, die andere ausgrenzen, Dominanzen festigen und zu Vorläufern von Vorurteilen werden (vgl. Wagner 2007). Da die Vorurteile von Grundschülerinnen und Grundschülern noch nicht in viele Deutungsmuster eingebunden sind, besteht eine Chance, in dieser Altersstufe erfolgreich diskriminierende Vorurteile zu hinterfragen.

3. Notwendigkeit der Elementarisierung in der Grundschule

Grundschulkinder haben kognitive Fähigkeiten, die ihnen bis vor einigen Jahren mit Bezug auf die Studien Jean Piagets oftmals noch nicht zugetraut wurden. Neueren Forschungen zufolge können Kinder beispielsweise in einem Alter von vier Jahren zwischen eigenen Überzeugungen und der Realität unterscheiden (Wellman/Gelman 1998), mit fünf Jahren entwickeln sie ein Verständnis von Interpretationsperspektiven und können Perspektivenwechsel vornehmen (Sturzbecher/Langner/Waltz 2000) und mit sechs Jahren haben sie ein Verständnis von Wissensquellen, wie die Theory of Mind herausfand (vgl. Sodian 2005). Anspruchsvolle Lernprozesse sind daher möglich und nötig.

Die kindspezifischen Entwicklungsvoraussetzungen bedingen, dass Lernprozesse in der Grundschule jedoch anders zu gestalten sind als bei Jugendlichen oder Erwachsenen. Zu diesen Voraussetzungen gehören die Entwicklung u. a. einer selektiven Aufmerksamkeit, des Arbeitsgedächtnisses, des Vorwissens, der Lernstrategien und ihrer metakognitiven Regulation: Die Behaltensleistung für zentrale Informationen nimmt mit dem Alter zu, während die für inzidentelle (zufällige) Informationen sich nur unwesentlich verändert. Kinder müssen also lernen, ihre Aufmerksamkeit den relevanten Informationen zuzuwenden. In der Regel gelingt ihnen dies zum Zeitpunkt des Schuleintritts, jedoch brauchen sie hierfür mehr Zeit als Ältere. Schwer fällt es Jüngeren bis zum zehnten Lebensjahr, irrelevante Informationen zu ignorieren. Dies gilt auch für den Wissensabruf aus dem Langzeitgedächtnis (Hasselhorn/Gold 2006, S. 155 f.). Des Weiteren verbessert sich die Funktionstüchtigkeit des Arbeitsgedächtnisses mit zunehmenden Alter, d.h. die Gedächtnisspanne nimmt zu (ebd., S. 161). Der Umfang des individuellen Vorwissens nimmt altersunabhängig, aber aufbauend auf frühere Lernprozesse bereichsbezogen zu, d.h. Fakten, Begriffe, Konzepte usw. einer Domäne werden zunehmend miteinander verknüpft und das individuelle Wissensnetz wird dichter (ebd.). Schulkinder setzen angemessene Lern- und Problemlösestrategien oftmals nicht spontan und von sich aus ein. Nutzen sie ihnen bekannte Strategien, kann es sein, dass die „Ausführung der Strategie (bereits) so viel der verfügbaren Kapazität des Arbeitsgedächtnisses verbraucht, dass die Lernleistung hinsichtlich der gestellten Aufgabe letztendlich deutlich hinter den Erwartungen zurückbleibt" (ebd., S. 163; vgl. dazu auch Hellmich/Wernke 2009).

Die grundschuldidaktischen Formen der Elementarisierung, die sich aus den skizzierten Lernvoraussetzungen von Grundschülerinnen und Grundschülern ergeben, sind in der Regel bei Lehrkräften bekannt. Sie lassen sich zudem mit verschiedenen etablierten Lerntheorien stützen: Aufgaben sollten in einer vergleichsweise kurzen Arbeitszeit zu bewältigen sein, d.h. komplexe Aufgaben sind von den Lehrenden in mehrere Teilaufgaben zu zerlegen. Robert M. Gagné (1969) zufolge ist vom Einfachen zum Komplexen vorzugehen. Aufeinander folgende Aufgaben sollten abwechselnd visuell-räumliche und phonologische Bereiche des Arbeitsspeichers ansprechen. Jerome S. Bruner (1974) verwies auf die Bedeutung der enaktiven, symbolischen und ikonischen Darstellung von Unterrichtsgegenständen. Die Komplexität von Aufgaben ist des Weiteren je nach individuellem Leistungsstand der Schülerinnen und Schüler zu begrenzen, indem einige Lösungsstrategien benannt, die Zahl der irrelevanten Informationen in der Aufgabe reduziert oder auch Hinweise auf inhaltlich oder methodisch vergleichbare frühere Aufgaben gegeben werden. Zum Ausbilden von Routinen beim Einsatz von Lernstrategien sind Wiederholungen entsprechender Aufgabentypen nötig (vgl. die Basismodelle des Lernens bei Oser/Baeriswyl 2001). Da die Lernvoraussetzungen der Grundschülerinnen und Grundschüler in einer Klasse in der Regel heterogen sind, sind von den Lehrkräften Differenzierungen in den Lehr- und Lernangeboten zu leisten; es ist oftmals bezogen auf die jeweiligen Schülerinnen und Schüler hin zu elementarisieren: Es sind individuell angemessene (adaptive) Lernumgebungen zu schaffen.

Für die Schülerinnen und Schüler muss erkennbar sein, ob sie die Aufgaben richtig gelöst und damit das Kompetenzziel erreicht haben. Sollten sie eine Aufgabe nicht bearbeiten können, muss ihnen verdeutlicht werden, wie die fehlende Kompetenz zu erwerben ist. Dies setzt Diagnosefähigkeiten über die domänenspezifischen Lernprozesse der Kinder bei den Lehrkräften voraus. Die Diagnosen gelingen umso besser, je klarer die Elementarisierung der Lernaufgaben erfolgte. Für diesen Bereich besteht noch ein großer Forschungsbedarf.

4. Elementarisierungen mit Hilfe der Methodik

Elementarisierungen müssen den „Charakter" des Politischen bewahren. Dies leisten bekannte Methoden wie Konflikt- und Fallanalysen oder Dilemma-Methoden. Inhaltlich wird beispielsweise die Komplexität der Fälle reduziert, indem „Rand-Akteure" weggelassen werden und somit der Konfliktcharakter pointiert wird. Für den Sachunterricht bedeutet dies oftmals, dass fiktive Fälle für den Unterricht zu konstruieren sind. Im Prinzip eignen sich kommunale Konflikte, wobei aber auch sie sich nicht stets sinnvoll auf „Grundstrukturen" reduzieren lassen und sie für Kinder nicht immer „lebensnah" sind. Zudem ist eine ständige Aufmerksamkeit der Lehrenden für regionale politische Ereignisse erforderlich, indem sie zum Beispiel regelmäßig die Lokalzeitung lesen.

Beliebt sind Reduktionen der Komplexität gemeinsam mit der Lerngruppe, da diese Prozesse zugleich ein Lehrziel sein können, das zu üben ist. Vorerfahrungen, Interessen oder Fragen der Schülerinnen und Schüler können als Ankerpunkte für die Unterrichtsthemen genommen werden. Mit Hilfe von strukturierenden Hilfestellungen (vgl. Duit 1981, S. 48 ff.) der Lehrkraft arbeitet die Lerngruppe die zentralen Fragestellungen des Unterrichtsgegenstands heraus, die danach zerlegt in Teilaufgaben bearbeitet und am Ende der Unterrichtseinheit wieder zu einer Gesamtheit zusammengeführt werden können.

Elementarisierungen sind des Weiteren möglich durch den Einsatz von Bildern (ikonische Präsentationen), die das Elementare präsentieren. Hierzu eignen sich im Prinzip sowohl realistische als auch symbolische oder logische Bilder. Möglich ist es auch, den Gegenstand in eine bildhaft-symbolische Darstellung zu überführen, also zum Beispiel in logische Bilder. Solche Strukturbilder, wozu Mind Maps und Concept Maps gehören, werden zur visuellen Unterstützung im Politikunterricht empfohlen (Arndt 2006; Frech 2006). Sie strukturieren das Wissen, was zur Qualität des Unterrichts beiträgt (vgl. Klieme/Rakoczy 2008). Dies ist insbesondere im sozialwissenschaftlichen Sachunterricht hilfreich, da Sozialwissenschaften als eher „schwach strukturiert" und damit oft als „unübersichtlich" gelten. Concept Maps sind Begriffsnetze, die Begriffe und Beziehungen bildhaft in nicht linearer Verzweigung darstellen. Sie repräsentieren Wissen, indem die Wissenselemente (Konzepte) und ihre Beziehungen zueinander in Form von beschrifteten Pfeilen (Verknüpfungen) dargestellt werden. Arbeiten zu Mapping-Techniken haben das kognitionspsychologische Modell aufgegriffen, dass deklaratives Wissen (dazu gehören Faktenwissen und Konzepte) in Form von Netzwerken im Gedächtnis gespeichert wird (vgl. Mandl/Fischer 2000). Lerntheoretisch orientiert sich das Arbeiten mit Mapping-

Aufgaben an der Theorie von David P. Ausubel (1974). Lernen finde statt durch die Assimilation neuer Konzepte und Propositionen in bereits existierende Konzepte und Propositionen. Des Weiteren können die Schülerinnen und Schüler ihren eigenen Lernerfolg im Bereich des konzeptuellen Wissens durch ein Vergleichen ihrer Concept Maps gut kontrollieren. Positive Effekte des Unterrichtens mit Hilfe von Concept Maps zeichnen sich insbesondere dann empirisch ab, wenn die verbalen Fähigkeiten der Schülerinnen und Schüler nicht so gut entwickelt sind, also zum Beispiel bei Schülerinnen und Schülern mit Migrationshintergrund (vgl. Richter 2009).

5. Elementarisierung auf der Ebene der Inhalte

Seit jeher werden für Curricula Auswahlkriterien bestimmt, mit denen sich die Fülle an möglichen Unterrichtsthemen reduzieren lässt. Im Zusammenhang mit den Diskussionen über Bildungsstandards ist die Idee der Anordnung nach Basis- und Fachkonzepten in den Vordergrund gerückt, mit deren Hilfe sich Inhalte theoretisch-empirisch begründet elementarisieren lassen.

Schon Kindergartenkinder verfügen über Konzepte und entsprechende Wissensstrukturen, wobei insbesondere die Domänen Biologie und Psychologie untersucht wurden (vgl. Wellman/Gelman 1998). Konzeptuelles Wissen besteht aus Verknüpfungen von Begriffen bzw. Konzepten (definitorisches Wissen) eines Wissensbereichs. Es geht hier nicht um Faktenwissen (z. B. Namen von Parteien kennen), sondern um konzeptuelles Wissen, das sich als „Vorstellung" über ein Phänomen bzw. eine Sache beschreiben lässt. Das Konzept „Partei" bildet sich beispielsweise bei Lernenden, indem Begriffe wie Interessen, Wählerinnen, Wähler und Wahlkampf damit verbunden werden. Die Bedeutung von Begriffen erschließt sich nach Beate Sodian (1998, S. 633) in der Regel erst aus ihrem Stellenwert innerhalb eines begrifflichen Apparates. Konzeptuelles Wissen kann sich über die Kenntnis von mehreren konkreten Beispielen generieren; die Übergänge zwischen Faktenwissen und Konzepten scheinen im Lernprozess fließend zu sein. Beim Lernen wird Wissen auf der Basis bereits bestehender Konzepte aktiv konstruiert und vernetzt (vgl. Duit 1995). Das Konzept „Partei“ sollte daher mit schon gelernten Konzepten wie Repräsentation, Demokratie und Gewaltenteilung verknüpft werden, damit die Lernenden das Wissen nutzen, also zum Beispiel auf konkrete Fälle anwenden können.

Zur Unterstützung der Lernprozesse ist das Wissen daher zu strukturieren. Basiskonzepte bezeichnen einige wenige zentrale Prinzipien bzw. Paradigmen der Domäne, ohne deren Kenntnis Politik nicht in ihrer Bedeutung und ihren Funktionen verstanden werden kann. Im hier vorgestellten, konsensuell entstandenen Modell werden Ordnung, Entscheidung und Gemeinwohl als Leitideen für Politik begründet (vgl. Weißeno u. a. 2010). Basiskonzepte müssen durch Fachkonzepte konkretisiert werden – oder, metaphorisch ausgedrückt – mit Fachkonzepten angereichert zum Leben erweckt werden. Denn die politische Ordnung ist beispielsweise anders zustande gekommen, anders begründet und aufgebaut als eine biologische. Die Auswahl der Fachkonzepte für die Primarstufe richtet sich wiederum nach den bekannten Strategien der Elementarisierung: Welche Konzepte sind für die Kinder zugänglich und verständlich? Welche Konzepte eröffnen ihnen konkrete Chancen der Partizipation? Der Konzeptaufbau erfolgt mit Hilfe von konstituierenden Begriffen – so dass ein Netz mit Begriffen und Konzepten entsteht. Im Laufe der Schuljahre werden zahlenmäßig mehr Fachkonzepte eingeführt und die schon eingeführten Konzepte werden zunehmend komplexer, indem sie mit weiteren Konzepten und Begriffen verknüpft werden. Für die Primarstufe wird das Kompetenzmodell im Folgenden skizziert (vgl. dazu Weißeno u. a. 2010). Die Themenbeispiele dienen zur Illustration, d. h. sie sind austauschbar.

5.1 Themenbereiche zur politischen Ordnung

Die politische Ordnung stellt den Rahmen dar, innerhalb dessen politische Handlungs- und Entscheidungsprozesse verlaufen können. Sie schafft Verlässlichkeit, macht politische Prozesse zumindest in Grenzen berechenbar und voraussehbar und setzt absoluter Beliebigkeit Schranken.

Konzepte	Konstituierende Begriffe	Themenbeispiele
Repräsentation	Klassensprecher Bürgermeister Gemeinderat	Welche Aufgaben hat der Klassensprecher?
Demokratie	Mehrheitsprinzip Abstimmung Diskussion	Wie funktioniert ein Klassenrat?
Staat	Polizei Grenze	Welche Aufgaben hat die Polizei?
Rechtsstaat	Gesetz (Regeln) Ankläger Verteidiger Richter	Klassen- und Verkehrsregeln – wie unterscheiden sie sich?
Grundrechte	Meinungsfreiheit Schutz der Privatsphäre	Darf man immer alles sagen? Gute und schlechte Geheimnisse Kinderrechte

5.2 Themenbereiche zu politischen Entscheidungen

Politik ist gekennzeichnet durch Entscheidungen. Die politische Entscheidung ist eine bewusste oder unbewusste Wahl zwischen Alternativen oder Varianten von Zielen, Gestaltungs- und Handlungsmöglichkeiten im Hinblick auf Wertmaßstäbe und/oder sonstiger Präferenzen (z. B. Interessen).

Konzepte	Konstituierende Begriffe	Themenbeispiele
Macht	Autorität Gewalt Führung Gehorsam Verhandlung	Hat ein Klassensprecher Macht?
Öffentlichkeit	Zugang Partizipation Privatheit Amt vs. Person	Warum gibt es ein Briefgeheimnis? Welche Themen eignen sich für den Klassenrat?
Wahlen	frei allgemein gleich geheim	Wahl des Klassensprechers
Parteien	Wählerinnen, Wähler Wahlkampf Interessen	Ein Konflikt zwischen zwei Gemeinden

5.3 Themenbereiche zum Gemeinwohl

Der Begriff Gemeinwohl kennzeichnet die allgemeinen Zwecke oder die gemeinsam erwünschten Ziele und Werte, um deretwillen Menschen sich in einem politischen Gemeinwesen zusammenschließen bzw. zusammengeschlossen sind. Das Gemeinwohl verweist damit auf den Sinn und den Zweck von Politik überhaupt. Es ist ein Gegenbegriff zu egoistischen Partikularinteressen.

Konzepte	Konstituierende Begriffe	Themenbeispiele
Gerechtigkeit	Tausch Leistung	Was ist ein gerechter Tausch? Gibt es gerechte Noten?
Nachhaltigkeit	Umweltpolitik Armut/Reichtum Generationengerechtigkeit	Aktuelle Themen aus den Medien
Frieden	Waffenstillstand Krieg	Aktuelle Themen aus den Medien

Dieses Kompetenzmodell gilt es in den kommenden Jahren empirisch zu prüfen. Die bereits vorhandenen Studien geben Hinweise, die im Hinblick auf dieses Modell Erfolg versprechend sind. So sind beispielsweise Veränderungen der Konzeptualisierungen von Kindern im Bereich Politik schon durch zeitlich recht kurze Lehr-Interventionen möglich. Danach zeigten neunjährige Kinder in Follow-up-Tests Wissen, das ansonsten erst bei 13- und 14-jährigen Kindern festgestellt wurde (Berti 2002, S.103). Dieses Wissen ist nicht träge, sondern wenn es auf der Basis von Konzepten erworben wurde, können sie es erfolgreich nutzen. Das erworbene domänenspezifische Wissen erweitert die Leistungen des Gedächtnisses und ermöglicht es den Kindern, in entsprechenden Berichten (z. B. Nachrichten) die bedeutenden Informationen zu erkennen und eigene Folgerungen zu ziehen (Allen/Kirasic/Spilich 1997, S.173).

Zur Illustration von möglichem Unterricht, der sich fachdidaktisch an das skizzierte Kompetenzmodell anlehnt, und seinem Erfolg können Ergebnisse aus einer kleinen Studie zum Unterrichtsthema „Regeln und Gesetze – wie unterscheiden sie sich?" mit 153 Drittklässlern präsentiert werden, die in acht Schulklassen in Braunschweig stattfand (vgl. zum Unterricht Richter/Burda/Lindemann 2008; zur Studie Richter 2009). Es zeigte sich, dass vor der sechsstündigen Einheit insgesamt ca. 90 Schülerinnen und Schüler (55 Prozent) fehlende oder falsche Vorstellungen darüber hatten, was Gesetze sind. Sie gaben an: „Bürger machen Gesetze" (27 Schülerinnen und Schüler); „Gericht macht Gesetze" (10 Schülerinnen und Schüler); „Polizei macht Gesetze" (22 Schülerinnen und Schüler); „Bürger wählen Gesetze" (13 Schülerinnen und Schüler). 20 Schülerinnen und Schüler konnten keine Angaben machen. Dieses Ergebnis spiegelt Befunde aus anderen Staaten, wobei zum Beispiel in Italien die Kinder Ähnliches glauben, während die Kinder in den USA mehrheitlich annehmen, dass der Präsident die Gesetze macht (Berti/Andrioli 2001, S. 349).

In der Unterrichtseinheit wurden u. a. die Begriffe Polizei, Gesetz und Regeln geklärt, was eine Voraussetzung darstellt für den Konzeptaufbau von Staat und Rechtsstaat. Zudem wurden die Konzepte Wahlen und Parlament eingeführt. Nach dem Unterricht wussten 101 Schülerinnen und Schüler, dass das Parlament Gesetze macht; lediglich 26 Schülerinnen und Schüler machten falsche Angaben. Da ein Viertel der Schülerinnen und Schüler aufgrund ihres Migrationshintergrunds nur schlechte Deutschkenntnisse hatten, ist dies ein Beispiel für erfolgreichen politischen Unterricht, der zudem durch die sorgfältige Beachtung der Begriffe Sprachförderung betreibt. Die Schülerinnen und Schüler mit Migrationshintergrund profitierten besonders von dem Einsatz von Concept Maps, da sie die Wissensebene mit Begriffen und Konzepten gut strukturiert präsentiert. Andere Studien bestätigen einen solchen Befund (vgl. den Überblick bei Nesbit/Adesope 2006). Die Strukturierung des Wissens erleichterte die Durchführung des Unterrichts auch für die insgesamt acht beteiligten Lehrkräfte, die das Fach Sachunterricht fachfremd unterrichten – eine übliche Situation in Niedersachsen. Für sie ist es hilfreich, wenn die wichtigen Konzepte im Kompetenzmodell so geklärt werden, dass sie die Antworten für die Grundschülerinnen und Grundschüler vorbereiten können. Zugleich ist die Anschlussfähigkeit des Grundschulunterrichts an die weiterführenden Schulen gewährleistet, da das Modell als Spiralcurriculum aufgebaut ist.

Die inhaltliche Ebene der Elementarisierung wurde in Deutschland in den letzten Jahrzehnten vernachlässigt. In der Folge wurde den „kleinen Kindern" im Bereich der Politik wenig zugetraut und insbesondere fachfremd unterrichtende Lehrkräfte empfanden es als Hürde, einem Viertklässler die Bedeutung von Parteien zu erklären, im Unterricht ein Machtkonzept zu vermitteln oder mit Drittklässlern die Herkunft von Gesetzen zu klären. Angesichts der sehr heterogenen Lernvoraussetzungen in der Grundschule gibt es dort ein breites Leistungsspektrum und Kinder mit großem Förderbedarf besonders auch im sprachlichen Bereich. Die Herausforderung eines adäquaten Politikunterrichts mit der nötigen Differenzierung ist den Lehrkräften nicht allein aufzubürden, sondern theoretisch fundiert und empirisch abgesichert von Fachdidaktikerinnen und -didaktikern mit zu tragen, indem sie Kompetenzmodelle entwickeln. Dort, wo die Strategien der Elementarisierung insbesondere auch zur Differenzierung in einer Jahrgangsstufe kompetent genutzt werden, zeigen empirische Untersuchungen, dass Grundschülerinnen und Grundschüler erfolgreich politisch lernen können. Wissen ist zwar keine ausreichende Grundlage für Loyalität gegenüber Demokratie und späterer politischer Partizipation, aber zumindest eine Quelle für demokratische Einstellungen und Verhaltensweisen, so dass auf die Vermittlung von Wissen nicht verzichtet werden kann – auch nicht in der Grundschule.

Literatur

Allen, Gary L./Kirasic, Kathleen C./Spilich, George J. (1997): Children's Political Knowledge and Memory for Political News Stories. In: Child Study Journal, 3/1997, S. 163–176.

Arndt, Holger (2006): Strukturbilder im Politikunterricht. In: Gesellschaft. Wirtschaft. Politik, 4/2006, S. 553–566.

Ausubel, David P. (1974): Educational Psychology: A Cognitive View. New York.

Berti, Anna E. (2002): Children's Understanding of Society: Psychological Studies and Their Educational Implications. In: Näsman, Elisabet/Ross, Alistair (Hrsg.): Children's Understanding in the New Europe. Stoke on Trent, S. 89–107.

Berti, Anna E./Andriolo, Alessandra (2001): Third Graders' Understanding of Core Political Concepts (Law, Nation-State, Government) Before and After Teaching. In: Genetic, Social and General Psychology Monographs, 4/2001, S. 346–377.

Berti, Anna E./Vanni, Edi (2000): Italian Children's Understanding of War: A Domain-specific Approach. In: Developmental Science, 9/2000, S. 478–496.

Bruner, Jerome S. (1974): Entwurf einer Unterrichtstheorie. Düsseldorf.

Burk, Karlheinz/Speck-Hamdan, Angelika/Wedekind, Hartmut (Hrsg.) (2003): Kinder beteiligen – Demokratie lernen? Beiträge zur Reform der Grundschule, Band 116. Frankfurt/M.

Deth, Jan W. van/Abendschön, Simone/Rathke, Julia/Vollmar, Meike (2007): Kinder und Politik. Politische Einstellungen von jungen Kindern im ersten Grundschuljahr. Wiesbaden, S. 83–118.

Duit, Reinders (1995): Zur Rolle der konstruktivistischen Sichtweise in der naturwissenschaftlichen Lehr- und Lernforschung. In: Zeitschrift für Pädagogik, 6/1995, S. 905–923.

Duit, Reinders/Häußler, Peter/Kircher, Ernst (1981): Planung und Analyse von Sachstrukturen für den Physikunterricht. In: Unterricht Physik, Band 4. Köln, S. 35–58.

Fend, Helmut (1991): Identitätsentwicklung in der Adoleszenz. Lebensentwürfe, Selbstfindung und Weltaneignung in beruflichen, familiären und politisch-weltanschaulichen Bereichen. Bern.

Frech, Siegfried (2006): Folien und Folieneinsatz. In: Breit, Gotthard/Eichner, Detlef/Frech, Siegfried/Lach, Kurt/Massing, Peter (Hrsg.): Methodentraining II für den Politikunterricht. Schwalbach/Ts., S. 133–144.

Gagné, Robert M. (1969): Die Bedingungen menschlichen Lernens. Hannover.

Götzmann, Anke: Naive Theorien zur Politik – lernpsychologische Forschungen zum Wissen von Grundschüler/innen. In: Richter, Dagmar (Hrsg.): Politische Bildung von Anfang an. Demokratie-Lernen in der Grundschule. Schwalbach/Ts., S. 73–88.

Hasselhorn, Marcus/Gold, Andreas (2006): Pädagogische Psychologie. Erfolgreiches Lernen und Lehren. Stuttgart.

Hellmich, Frank/Wernke, Stephan (Hrsg.) (2009): Lernstrategien im Grundschulalter. Konzepte, Befunde und praktische Implikationen. Stuttgart.

Helwig, Charles C. (1998): Children's Conceptions of Fair Government and Freedom of Speech. In: Child Development, 2/1998, S. 518–531.

Hepburn, Mary A./Niemi, Richard G. (1995): The Rebirth of Political Socialization. In: Perspectives on Political Science: Incorporating Perspective and Teaching, 24. Washington DC, S. 7–16.

Hopf, Christel/Hopf, Wulf (1997): Familie, Persönlichkeit, Politik. Eine Einführung in die politische Sozialisation. Weinheim.

Kalcsics, Katharina/Raths, Kathleen/Dätwyler, Beatrice (2010): Was Schülerinnen und Schüler unter Politik verstehen. In: Giest, Hartmut/Pech, Detlef (Hrsg.): Anschlussfähige Bildung im Sachunterricht. Bad Heilbrunn, S. 109–117.

Klieme, Eckhard/Rakoczy, Katrin (2008): Empirische Unterrichtsforschung und Fachdidaktik. Outcome-orientierte Messung und Prozessqualität des Unterrichts. In: Zeitschrift für Pädagogik, 2/2008, S. 222–237.

Mandl, Heinz/Fischer, Frank (Hrsg.) (2000): Wissen sichtbar machen: Wissensmanagement mit Mapping-Techniken. Göttingen.

Möller, Kornelia (2007): Genetisches Lernen und Conceptual Change. In: Kahlert, Joachim/Fölling-Albers, Maria/Götz, Margarethe/Hartinger, Andreas/v. Reeken, Dietmar/Wittkowske, Steffen (Hrsg.): Handbuch Didaktik des Sachunterrichts. Bad Heilbrunn, S. 258–266.

Moore, Stanley W./Lare, James/Wagner, Kenneth A. (1984): The Child's Political World. A Longitudinal Perspective. New York u. a.

Nesbit, John C./Adesope, Olusola O. (2006): Learning With Concept and Knowledge Maps: A Meta-Analysis. In: Review of Educational Research, 3/2006, S. 413–448.

Ohlmeier, Bernhard (2007): Politische Sozialisation von Kindern im Grundschulalter. In: Richter, Dagmar (Hrsg.): Politische Bildung von Anfang an. Demokratie-Lernen in der Grundschule. Schwalbach/Ts., S. 54–72.

Oser, Fritz K./Baeriswyl, Franz J. (2001): Choreographies of Teaching: Bridging Instruction to Learning. In: Richardson, Virginia (Hrsg.): Handbook of Research on Teaching. 4. Auflage, New York, S. 1031–1065.

Redaktion betrifft: erziehung (Hrsg.) (1973): Politische Bildung – Politische Sozialisation. Weinheim

Reinhardt, Sibylle (2010): Was leistet Demokratie-Lernen für die politische Bildung? Gibt es empirische Indizien zum Transfer von Partizipation im Nahraum auf Demokratie-Kompetenz im Staat? Ende einer Illusion und neue Fragen. In: Himmelmann, Gerhard/Lange, Dirk (Hrsg.): Demokratiedidaktik. Impulse für die Politische Bildung. Wiesbaden (i. E.).

Richter, Dagmar (Hrsg.) (2007): Politische Bildung von Anfang an. Demokratie-Lernen in der Grundschule. Schwalbach/Ts.

Richter, Dagmar (2009): Politisches Lernen mit und ohne Concept Maps. In: Zeitschrift für Grundschulforschung. Bildung im Elementar- und Primarbereich. 1/2009, S. 91–103.

Richter, Dagmar/Burda, Sebastian/Lindemann, Eva-Maria (2008): Regeln und Gesetze – wie unterscheiden sie sich? In: Demokratie verstehen lernen. Elf Bausteine zur politischen Bildung in der Grundschule. Baustein 2. Reihe: Themen und Materialien/Bundeszentrale für politische Bildung. Bonn, S. 33–50.

Sodian, Beate (1998): Entwicklung bereichsspezifischen Wissens. In: Oerter, Rolf/ Montada, Leo (Hrsg.): Entwicklungspsychologie. Ein Lehrbuch. 4. Auflage, Weinheim, S. 622–654.

Sodian, Beate (2005): Theory of Mind. The Case for Conceptual Development. In: Schneider, Wolfgang/Schumann-Hengsteler, Ruth/Sodian, Beate (Hrsg.): Young Children's Cognitive Development: Interrelationships among Executive Functioning, Working Memory, Verbal Ability, and Theory of Mind. Hillsdale, S. 95–130.

Strohmeier, Gerd (2005): Politik bei Benjamin Blümchen und Bibi Blocksberg. In: Aus Politik und Zeitgeschichte, 41/2005, S. 7–15.

Sturzbecker, Dietmar/Langner, Winfried/Waltz, Christine (2000): Wie viel Autonomie besitzen Kinder? Ein Vergleich der Perspektiven von Kindern und ihren Erziehungspersonen. In: Kuhn, Hans-Peter/Uhlendorff, Harald/Krappmann, Lothar (Hrsg.): Sozialisation zur Mitbürgerlichkeit. Opladen, S. 197–217.

Wagner, Petra (2007): Vielfalt respektieren, Ausgrenzung widerstehen – Politisches Lernen in der Einwanderungsgesellschaft. In: Richter, Dagmar (Hrsg.): Politische Bildung von Anfang an. Demokratie-Lernen in der Grundschule. Schwalbach/ Ts., S. 260–274.

Watermann, Rainer (2005): Politische Sozialisation von Kindern und Jugendlichen. Aus Politik und Zeitgeschichte, 41/2005, S. 16–24.

Weißeno, Georg/Detjen, Joachim/Juchler, Ingo/Massing, Peter/Richter, Dagmar (2010): Konzepte der Politik – ein Kompetenzmodell. Schwalbach/Ts.

Wellman, Henry M./Gelman, Susan A. (1998): Knowledge Acquisition in Foundational Domains. In: Kuhn, Deanna/Siegler, Robert S. (Hrsg.): Handbook of Child Psychology. 5. Auflage, Vol. 2: Cognition, Perception and Language. New York u. a., S. 523–573.

Wibke Renner-Kasper

Elementarisierung im Hauptschulbereich – Chancen und Gefahren

1. Vorbemerkungen

Die Aufgabe einen, Beitrag über Chancen und Gefahren der Elementarisierung zu formulieren, legt es nahe

- sich mit Untersuchungsergebnissen zu politischen Einstellungen von Kindern und Jugendlichen zu befassen;
- einen Blick in die empirische Unterrichtsforschung der Politikdidaktik, insbesondere im Hinblick auf Schülerinnen- und Schülervorstellungen und die Generierung und Erforschung von Basiskonzepten vorzunehmen;
- die Auswirkungen dieser Ergebnisse auf das Unterrichtsfach Politik – hier mit Bezug auf die Hauptschule – zu erörtern;
- mögliche Reaktionen der Politikdidaktik auf diese Entwicklung zu diskutieren.

Ich möchte ein Zitat des „Forums für die Zukunft der Demokratie“ an den Anfang meiner Ausführungen stellen: „Es ist ungeheuer wichtig, unter Kindern und Jugendlichen eine Kultur der Demokratie und Menschenrechte zu fördern, denn Einstellungen und Verhaltensweisen werden schon früh geprägt und können entscheidenden Einfluss darauf haben, wie sie sich später in öffentliche Angelegenheiten einmischen“ (zitiert nach Deutsches Institut für Menschenrechte u. a. 2009, S. 234). Nancy Flowers, Autorin des Handbuchs „Compasito. Handbuch zur Menschenrechtsbildung mit Kindern“, betont, dass „demokratiepolitische Bildung bedeutet, Kinder auf ein Leben als Bürger/innen vorzubereiten, die die Demokratie in Zukunft bewahren und gestalten werden“ (a. a. O., S. 237). Ihre Forderung ist, dass

Demokratie so früh wie möglich zentrales Element jeder Art von Bildung sein soll.

2. Milieustudien, Begrifflichkeiten und Konnotationen

In den Jahren 2006 und 2007 hat der Begriff „Prekariat" Karriere gemacht.

In diesem Zusammenhang sei auf die im Auftrag der Friedrich Ebert Stiftung durchgeführte Erhebung „Gesellschaft im Reformprozess" verwiesen, die 2006 nach Werten und politischen Einstellungen fragte. Hintergrund dieser Untersuchung war die Frage, ob sich neue politische Milieus ausmachen lassen. Insbesondere drei (vgl. Kasten) der neun ermittelten Milieus lösten eine heftige Diskussion über die so genannte „Unterschicht" aus.

Die selbstgenügsamen Traditionalisten:

a. Orientierung an Konventionen;
b. fordern einen regulierenden Staat;
c. Vertrauensverlust gegenüber der Politik, weil sie viele Prozesse nicht mehr verstehen.

Die autoritätsorientierten Geringqualifizierten:

a. kommen aus einfachen Verhältnissen;
b. Aufstieg im Kleinen erreicht;
c. überdurchschnittliche Zustimmung zur SPD;
d. fundamentalistische Ablehnung der Grünen.

Das abgehängte Prekariat:

a. Prägung durch sozialen Ausschluss und Abstiegserfahrungen;
b. hoher Anteil Arbeitsloser;
c. hoher Anteil an Nichtwählern wie Wählern der Linkspartei und rechtsextremer Parteien (vgl. Neugebauer 2007, S. 80 ff.)

Die „Unterschichtenthematik" wurde durch den damaligen SPD-Parteivorsitzenden Kurt Beck zusätzlich angeheizt.[1] Begriffe wie „Prekariat", „bildungsferne Zielgruppen" oder „Unterschichten" müssen kritisch betrachtet werden. Schon in der Bezeichnung „bildungsferne Jugendliche" wird die starke Defizitorientierung deutlich: „Die diesen Milieus zugehörigen Personen haben meist eine einfache Formalbildung genossen (Hauptschule, zum Teil ohne Abschluss) und verfügen relativ selten über eine abgeschlossene Berufsausbildung. Die beruflichen Chancen sind dementsprechend häufig eingeschränkt, und der Anteil der Arbeitslosen ist hoch" (Loerwald 2007, S. 30). Die Agentur „JUGEND für Europa"[2] versucht dies durch die Bezeichnung „Jugendliche mit besonderem Förderbedarf" zu umgehen. Dieser Begriff bezieht sich zwar auf die Notwendigkeit spezifischer Ansätze und Arbeitsweisen, ist aber wiederum sonderpädagogisch konnotiert. Seit Beginn der Integrationsdebatte fordern zum Beispiel die Bundeszentrale für politische Bildung und die EU-Jugendprogramme, Jugendliche mit Migrationshintergrund verstärkt anzusprechen und zu fördern. Bei aller Relevanz beinhaltet dieser Zielgruppenbegriff jedoch die Gefahr, diese Jugendlichen vor allem kulturell und als Fremde zu charakterisieren, was auch in der Semantik des Worts „Hintergrund" (nicht sichtbar/verdeckt) angelegt ist. Sie als homogene Gruppe zu betrachten, fördert deren Stigmatisierung zusätzlich.

Im wissenschaftlichen wie öffentlichen Alltag „ist die Bezeichnung ‚bildungsfern' für (junge) Menschen, die ihre Schulzeit (maximal) mit dem Hauptschulabschluss beendet haben, geläufig" (Wiezorek 2009, S. 181). Christine Wiezorek verweist auf Ergebnisse biographischer Interviews, die sie mit Jugendlichen einer Hauptschule durchführte. Sie wurde aufgrund dieser Interviews für die Diskrepanz zwischen den einzelnen Bildungsbiographien der Jugendlichen und ihren Bildungsaspirationen einerseits sowie ihrer Wahrnehmung als „bildungsferne" Jugendliche durch die wissenschaftliche Fachöffentlichkeit andererseits sensibilisiert. Für Wiezorek legt der Begriff der Bildungsferne nahe, „dass nicht nur die Standardisierungsprozesse der Schule und des Bildungswesens insgesamt, sondern ebenso die wissenschaftlich gebräuchlichen und in diesem Sinne Standard gewordenen Erklärungsmuster und Kategorisierungen eine ungleichheitsreproduzierende Logik in sich tragen, die es zu reflektieren gilt" (a. a. O.). Schulleistungsstudien wie PISA untermauern das Argument einer Ungleichheit produzierenden Logik. Am signifikanten Zusammenhang zwischen sozialem Hintergrund und Bildungsniveau hat sich bis heute nichts geändert: „Immer noch ist mangelnde Bildung vor allem ein Problem der sozialen Unterschicht. Ein niedriger Bildungsstand der Eltern hat in der Regel auch schwache Leistungen ihrer Kinder zur Folge. Jugendliche aus bildungsfernen Familien nehmen signifikant weniger an höheren Bildungsmaßnahmen teil als Jugendliche, die in bildungsnahen Haushalten aufwachsen" (Loerwald 2007, S. 2). Besonders besorgniserregend wurde bei den drei skizzierten Milieus die Politik- und Politikerverdrossenheit angemahnt (vgl. Kasten auf Seite 290).

3. Untersuchungen zum politischen Engagement Jugendlicher

Im Gegenzug dazu zeigen Untersuchungen, dass andere Formen der Beteiligung innerhalb von Interessenverbänden, Kampagnen, Ad-hoc-Bürgerinitiativen oder beratenden Organen im Anwachsen begriffen sind (vgl. Kovacheva 2005). Zu ähnlichen Aussagen gelangt auch Colin Crouch in seinen Ausführungen über die Postdemokratie. Auch er attestiert eine Bewegung weg von Parteien hin zum Engagement in Nichtregierungsorganisationen (NGOs). Durch die Arbeit in diesen Organisationen könne man aktiver werden als in Parteien: „Man könnte sagen, dass Organisationen für die Menschenrechte, die Obdachlosen, die Dritte Welt, den Umweltschutz und viele andere Anliegen zu einer wesentlich reicheren Demokratie beitragen, da sie uns befähigen, einzelne Themen auszuwählen, während die Arbeit in einer Partei uns nötigt, ein komplettes Paket an Positionen zu übernehmen" (Crouch 2007, S. 24). Auch Bundestagspräsident Norbert Lammert forderte unlängst in einem Vortrag, dass Parteien sich mehr auf punktuelle Themen konzentrieren müssten, die momentan im Bewusstsein der Bevölkerung sind. Man könne kein „Rundum-Interesse" erwarten. Die Aktivierung dieser punktuellen Interessen sei der große Pluspunkt der Nichtregierungsorganisationen (NGOs). Nachteilig daran sei allerdings, dass sich mit diesem punktuellen Interesse kein politischer Prozess gestalten ließe.[3]

Joachim Detjen konstatiert, dass ein Segment unserer Gesellschaft, die so genannten „bildungsfernen Schichten", immer weiter abdriftet (vgl. Detjen 2007). Detjen attestiert ebenfalls, dass es der politischen Bildung immer weniger gelingt, Angehörige dieser unteren Sozialschichten zu erreichen. Dieser Anteil der Bevölkerung entzieht sich den Bemühungen der politischen Bildung. Detjen verweist darauf, dass es einen engen Zusammenhang zwischen Bildungsniveau und politischem Interesse gibt (vgl. Detjen 2007, S. 3). Des Weiteren korreliert nach seinen Aussagen das niedrige Bildungsniveau der „Bildungsfernen" mit einer eher niedrigen politischen Urteilskompetenz. Ausschlaggebende Gründe dürfen jedoch nicht nur in der Zugehörigkeit zu einem bestimmten sozialen Milieu gesucht werden. Weitere Erklärungsansätze bietet Michael Schipperges in den Studien des Sinus-Instituts an. In Anlehnung an Schipperges bleibt festzuhalten, dass „in den postindustriellen Dienstleistungs- und Wissens-Gesellschaften das Merkmal Bildung, also das kulturelle Kapital, einen immer wichtigeren Beitrag zur Erklärung der vertikalen Schichtung liefert. Die zunehmende Spaltung der Gesellschaft in oben und unten ist daher nur zum Teil auf mangelnden Zugang zu materiellen Mitteln, auf die hohe Arbeitslosigkeit und den Abbau von Sozialtransfers zurückzuführen; die im letzten Jahrzehnt unterbliebenen Investitionen in ein zeitgemäßes Bildungssystem spielen dabei eine mindestens ebenso große Rolle."[4]

4. Politikunterricht an Hauptschulen

4.1 Zur Methode der Gruppendiskussion/ des Gruppeninterviews

In meinen weiteren Überlegungen möchte ich mich explizit auf den Politikunterricht an Hauptschulen konzentrieren. Die eingangs erörterten Punkte hinsichtlich des Abdriftens der „bildungsfernen Schichten" zeigen deutlich, dass der Politikunterricht an Hauptschulen neu gedacht werden muss. Im Folgenden möchte ich mich auf drei Transkriptionsauszüge aus einer Gruppendiskussion mit Hauptschülern im Anschluss an ihre Projektprüfung im Schuljahr 2003/04 beziehen. Siegfried Lamnek verweist darauf, dass „hinsichtlich der Terminologie (...) (zur Gruppendiskussion) keine Einigkeit und Einheitlichkeit in den Vorstellungsinhalten (existieren), die mit dem Begriff der Gruppendiskussion assoziiert werden" (Lamnek 2005, S. 26). Als Arbeitsdefinition wird folgende Definition der Methode zugrunde gelegt: „Bei einem Gruppeninterview werden mehrere Personen in einem Raum gleichzeitig befragt. Der Interviewer notiert dabei die gegebenen Antworten. Diese Vorgehensweise kann als Variante der Einzelbefragung angesehen werden, die sich v. a. durch erhöhte Zeitersparnis auszeichnet. Die Gruppensituation ist jedoch methodisch und methodologisch nicht Teil der Erhebung" (Loos/Schäffer 2001, S. 12; zitiert nach Lamnek 2005, S. 28).

Ralf Bohnsack und Burkhard Schäffer (2001, S. 324) führen aus, dass mit dem Einsatz der Methode der Gruppendiskussion die Erwartung verbunden wird, interaktive und kollektive Phänomene in erziehungs- und sozialwissenschaftlichen Feldern zu erfassen. Als Begründung führen sie an, dass sich Sinn- und Bedeutungszuschreibungen oder Lebensorientierungen primär sozial oder interaktiv konstituieren. Gruppendiskussionen werden in Anlehnung an Bohnsack und Schäffer von außen initiiert. Gruppendiskussionen sind kommunikative Interaktionen in Situationen, aus denen sich der gemeinte Sinn der Handlungen leichter erschließen lässt als in „artifiziellen bilateralen" (a. a. O.)

Interviewsituationen. Das Fremdverstehen beruht auf der Annahme, „dass andere Personen (aus dem gleichen Kulturkreis) zumindest über mehr oder weniger ähnliche Bewusstseinslagen verfügen, also ein genügend großer Vorrat gemeinsamer Symbole existiert, zum anderen auf der Annahme einer Reziprozität der Perspektiven, d.h. dass Interaktionspartner in der Lage sind, sich gedanklich in die Positionen der jeweils anderen hineinzuversetzen“ (Lamnek 2005, S. 39). Somit scheint die Gruppendiskussion für Schülerinnen und Schüler der gleichen Jahrgangsstufe geeignet zu sein, um deren politische Vorstellungsbilder offen zu legen, da sie in der Lage sein werden, sich mit ihren Mitschülerinnen und Mitschülern austauschen zu können. Beachtung muss allerdings der Umstand finden, dass ausländische Schülerinnen und Schüler über andere Vorstellungen verfügen als ihre deutschen Mitschülerinnen und Mitschüler. Dennoch sollten sie aufgrund ihrer gemeinsam erlebten Unterrichtszeit in der Lage sein, sich gedanklich auf die Aussagen des jeweils anderen einzulassen und diese mit in die eigenen Überlegungen einzubeziehen.

4.2 Transkriptionsauszüge aus den Gruppendiskussionen

Die angeführten Gruppendiskussionen fanden mit einem sechszehnjährigen (A) und fünfzehnjährigen (B) männlichen Hauptschüler deutscher Herkunft statt. In dieser Gruppendiskussion wurden die Schüler zu ihren Vorstellungen über Politik im Allgemeinen und zu den beiden politischen Konzepten „Macht“ und „Gemeinwohl“ befragt. Das Forschungsziel der Erhebung, aus der die vorliegenden Transkriptionsauszüge entnommen sind, lässt sich in der Zusammenführung der beiden politikdidaktischen Forschungslinien (1) der Schülervorstellungen als didaktischer Grundkategorie und (2) den Basis- und Fachkonzepten als Fachstruktur verorten.

An diesen Transkriptionsauszügen kann exemplarisch festgelegt werden, welche Chancen eine fundierte Elementarisierung des Politikunterrichts an Hauptschulen mit sich bringen könnte.

Transkriptionsauszug I

Gruppe 1: Medien – ein Vergleich zwischen „Stern“ und „Spiegel“ (Thema der Projektprüfung)

Vorstellungen über Politik im Allgemeinen

I: „Was ist denn für euch Politik?“
Pause
A und B müssen lachen.
B: „Die Frage ist wirklich richtig gut.“ (leicht sarkastischer Unterton)

In diesem Transkriptionsauszug offenbaren die beiden Jugendlichen ihre Vorstellungen über Politik im Allgemeinen. Die Frage der Interviewerin nach ihrem Wissen über Politik löst bei den zwei Schülern Lachen aus. Mit dem Lachen möchten sie eventuell ihre subjektiv empfundene Unwissenheit bzw. Unsicherheit verstecken. Die Befragende erahnt diese Unsicherheit, dieses Unbehagen auf Seiten der Schüler und führt ihr Anliegen noch einmal aus. Es geht nicht um Definitionen, sondern sie möchte in Erfahrung bringen, was Politik für die Jugendlichen persönlich bedeutet. Diese Ausführungen bewegen die Jugendlichen allerdings zu keiner Äußerung. Befragt zum Begriff der Politik, offenbaren die Aussagen der Neuntklässler Unsicherheiten. Es fällt ihnen schwer, Aussagen zum abstrakten Begriff der Politik zu treffen. Die beiden Schüler versuchen, ihre Unsicherheit durch Lachen zu kaschieren. Die Darlegung und Auswertung der gesamten Gruppendiskussionen würden den Rahmen dieses Beitrages sprengen. Es lässt sich allerdings festhalten, dass die Auswertung der gesamten Gruppendiskussionen (nach der dokumentarischen Methode in Anlehnung an Bohnsack) bei allen interviewten Schülern ein negativ besetztes Selbstkonzept ihrer individuellen politischen Kompetenzen zu Tage förderte. Es wäre zu kurz gegriffen, hier von politikuninteressierten Jugendlichen auszugehen. Im weiteren Verlauf der Erhebung machten die Schüler weitere Aussagen zu ihrer Vorstellung zum Begriff „Politik“.

Transkriptionsauszug II

Gruppe 1: Medien – ein Vergleich zwischen „Stern“ und „Spiegel“ (Thema der Projektprüfung)

Vorstellungen über Politik im Allgemeinen

I: Also keine Definitionen, sondern was ist es für euch persönlich?
Pause
A: Ob es mich interessiert oder nicht?
I: Nein, was du mit dem Begriff Politik in Verbindung bringst.
A: Politik ähm Bundestag.
B: Mmh.
A: Schröder
B: Ja, ich denk auch gleich an all die Politiker und...
A: Ja, genau
B: Was die so machen, wie die so diskutieren (...) Bundestagswahlen.

Die Interviewerin insistiert erneut. Es entsteht eine Pause. Die Nachfrage von Schüler A, ob er sein Interesse an Politik ausführen solle, offenbart, dass die Interviewerin ihr Anliegen nicht verständlich vermitteln konnte. Sie zeigt erneut auf, dass sie interessiert, was die beiden Jugendlichen mit dem Begriff „Politik“ in Verbindung bringen. Dieses Abgleichen der Überlegungen mit denen der Interviewerin ist für die beiden Schüler wichtig. Sie möchten der Interviewerin keine falschen Vorstellungen vermitteln, sondern auf ihre Forschungsfragen angemessene Antworten liefern. Die beiden Schüler liefern Schlagworte, die sie mit Politik in Verbindung bringen: „Bundestag“; „Schröder“, „Politiker“, „Was die so machen, wie die so diskutieren“ und „Bundestagswahlen“. Hier werden Begriffe wie in einem Brainstorming angeboten. Es handelt sich um Zuschreibungen, die die Schüler in einem bestimmten Kontext aufgenommen haben und mit Politik in Verbindung bringen. Es werden Institutionen („Bundestag“) und Akteure („Politiker“) genannt. Die beiden Schüler wählen hier sowohl einen abstrakten („die Politiker“) als auch einen personalisierten

(„Schröder") Zugang zu den politischen Akteuren. Schüler B führt Handlungsweisen der Politiker an. („Was die so machen, wie die so diskutieren.") Diese „Schlagworte" zeigen, dass die beiden Schüler Vorstellungen über Politik entwickelt haben. Die Aussagen der Schüler sind lückenhaft und fragmentarisch. Ihre unsicheren Aussagen zeigen deutlich, dass sie zunächst von der Begriffswelt der Politik überfordert sind und der Aufklärung und Instruktion bedürfen. Findet diese nicht statt, so tendieren die Jugendlichen im Rahmen dieser Erhebung einheitlich zu der Aussage, dass Politik sie nicht interessiere.

Ähnliche Befunde fand Carla Schelle in ihrem Forschungsvorhaben „Schülerdiskurse über Gesellschaft" heraus. Schelle zeigt auf, dass Schülerinnen und Schüler in ihrem Politikunterricht unterfordert und zugleich überfordert sind. Sie kommt zu dem Ergebnis, dass sie mehr Vorwissen haben und über mehr Fähigkeiten und Fertigkeiten verfügen, als sie im Unterricht zur Anwendung bringen können. Als Kontrapunkt führt sie allerdings an, dass Schülerinnen und Schüler keine Instrumentarien an die Hand bekommen, um den politischen Gegenstand mit analytischen Kriterien interpretieren zu können (vgl. Schelle 1995).

5. Neukonzeptionierung des Politikunterrichts

Somit wird eine Neukonzeptionierung des Politikunterrichts an Hauptschulen unumgänglich. In Anlehnung an Detjen erscheint es als wenig hilfreich, von einer „Thematisierung der Politik und Vermittlung der Prinzipien des demokratischen Verfassungsstaates" abzurücken (Detjen 2007, S. 4). Das pure Festhalten hingegen an der Vermittlung dieser Prinzipien scheint etwas zu kurz zu greifen. Besteht die Problematik nicht viel mehr darin, dass der Politikunterricht sich auf Schülerinnen und Schüler einstellt, die es so nicht mehr gibt? Der Politikunterricht muss die Voraussetzungen und Vorstellungen seiner „Klientel" akzeptieren, ernst nehmen und zur Grundlage einer Neukonzeptionierung machen. Der Vorschlag von Siegfried Schiele, durch die Elementarisierung der politischen Inhalte zu gewährleisten, dass die Psychologik der Lernenden zur Geltung kommt, erscheint für den Hauptschulbereich bzw. die bildungsfernen Zielgruppen angemessen zu sein (vgl. Schiele 2009, S. 355 f.).

6. Schülervorstellungen

Nur ein Politikunterricht, der die „Konzepte (bzw. die Vorstellungen; W. Renner-Kasper) erreicht, mit denen die Schülerinnen und Schüler Politik wahrnehmen und deuten“ (Sander 2007, S. 20), wird in der Lage sein, eine erfolgreiche Konzept- und Kompetenzaneignung zu gewährleisten. Somit entsteht ein neuer Lernbegriff, der Lernen als Wissenskonstruktion vom Konzept des Lernens als bloße Informationsverarbeitung ablöst. In Anbetracht dessen kann nur noch einmal darauf verwiesen werden, wie entscheidend es ist, die Schülervorstellungen zu kennen, um den Unterrichtprozess, den Unterrichtsfortlauf und dessen Inhalte darauf abstimmen zu können. Dies darf natürlich zu keiner Reduktion der fachlichen Inhaltsstruktur führen. Auch Ulrich Kattmann hebt die Bedeutung der Erhebung von Schülervorstellungen hervor, indem er aufzeigt, dass nur die Kenntnis der Vorstellungen von Schülerinnen und Schülern im Hinblick auf die jeweiligen Fachstrukturen die Möglichkeit offenlegt, sie adäquat und effektiv für die Prozesse des fachlichen Lernens zu nutzen (vgl. Kattmann 2003, S. 7). Die Unkenntnis dieser Vorstellungen führt unweigerlich zu Irritationen und Schwierigkeiten im Lernprozess, da Schülerinnen und Schüler sich außerhalb des Unterrichts bereits Vorstellungen über Realitätsbereiche in ihrem Lebensumfeld, über gesellschaftliche Ereignisse und politische Sachthemen aufgebaut haben, die sie in den Unterricht einbringen. Neues Wissen muss deshalb in eine Beziehung zu den Vorverständnissen gesetzt werden, die Schülerinnen und Schüler von den Gegenständen des Wissens mitbringen, damit dieses Vorverständnis qualitativ verbessert wird. Für die politische Bildung wird dies als „konzeptuelles Deutungswissen“ (GPJE 2004, S. 14) bezeichnet. Somit soll das Wissen helfen, die Vorstellungen und Wahrnehmungen der Schülerinnen und Schüler von Politik im weiteren Sinne zu strukturieren und zu verbessern. Mit Bezugnahme auf Wolfgang Sander sei nochmals darauf hingewiesen, dass Konzepte als jene Wissensformen verstanden werden, mit denen Menschen versuchen, sich die Welt zu erklären. Konzeptuelles Wissen bezieht sich somit auf das Verständnis, die Deutung und die Erklärung von Phänomenen (vgl. Sander 2007, S. 20). Wie auch Kattmann verweist Sander auf die Tatsache, dass Individuen bereits über solche Konzepte verfügen, wenn sie in Bildungseinrichtungen kommen: „Politische Bildung muss daher, wenn sie erfolgreich in dem Sinne sein will, dass die Adressaten neues Wissen in ihr Weltverstehen integrieren und für ihre Kompetenzentwicklung nutzen, die Konzepte erreichen, mit denen Schülerinnen und Schüler Politik wahrnehmen und deuten, und diese Konzepte in der Auseinandersetzung mit neuem Wissen aus den Sozialwissenschaften weiterentwickeln und verbessern helfen“ (a. a. O.).

Transkriptionsauszug III

Gruppe 1: Medien – ein Vergleich zwischen „Stern“ und „Spiegel“ (Thema der Projektprüfung)

Vorstellungen über Politik im Allgemeinen

I: Also keine Definitionen, sondern was ist es für euch persönlich?
Pause
A: Ob es mich interessiert oder nicht?
I: Nein, was du mit dem Begriff Politik in Verbindung bringst.
A: Politik ähm Bundestag.
B: Mmh.
A: Schröder
B: Ja, ich denk auch gleich an all die Politiker und
A: Ja, genau
B: Was die so machen, wie die so diskutieren (...) Bundestagswahlen.
I: Was machen die denn?
A: Das ist ja das Problem der gesamten Bevölkerung, dass sie zu wenig machen.

Schüler A äußert auf die Frage der Interviewerin nach den Tätigkeitsfeldern der politischen Akteure, dass das Problem der gesamten Bevölkerung darin bestehe, dass die Politiker zu wenig täten. Peter Henkenborg diagnostiziert, dass das Verhältnis von Jugend und Politik mit der Begrifflichkeit „Fremdheit" zugespitzt werden kann (vgl. Henkenborg 2009, S. 53). Den befragten Jugendlichen erscheinen das politische System und deren Akteure fremd. Die Befragten gehören nicht zur „Welt der Politik", sie sprechen eine andere Sprache und sie leben in einer anderen Welt als die Politiker. Anzumerken bleibt, dass diese Fremdheit auch dazu führt, dass zur Politik und deren Inhalten keine persönliche Nähe aufgebaut wird (vgl. Beck 1997, S. 11). Für viele Jugendliche leitet sich kein Nutzen in Form der Veränderung ihrer Lebensumstände ab. Henkenborg spricht deshalb nicht von Fehlkonzepten, sondern vorsichtiger von Gesellschafts- und Politik(ent)täuschungen: „In den Gesellschafts- und Politikbildern von Jugendlichen sind generationentypische Deutungsmuster über Gesellschaft und Politik enthalten, die ‚Enttäuschungen' ausdrücken. Als Täuschungen transportieren solche Deutungsmuster empirisch und normativ problematische Deutungen des Politischen. Als Enttäuschungen sind sie Ausdruck enttäuschter ‚Rohstoffe des Politischen' (Negt), von enttäuschten Interessen, Bedürfnissen und Hoffnungen, von Leiden und Erfahrungen der Missachtung" (Henkenborg 2009, S. 54). Daraus schließt Henkenborg, dass es die Aufgabe der politischen Bildung sein muss, die in diesen generationenspezifischen Gesellschafts- und Politik(ent)täuschungen enthaltenen Aneignungsperspektiven von Jugendlichen wahrzunehmen und als Ausgangspunkt für notwendige und fruchtbare Lernprozesse zu nutzen.

Er identifiziert sechs solcher Gesellschafts- und Politik(ent)täuschungen, die im Folgenden kurz vorgestellt werden:

1. *Wissens- und Verstehens(ent)täuschungen:* In diesem Zusammenhang verweist Henkenborg auf den „latenten Verfassungskonflikt", den Werner J. Patzelt nachweist. Die Untersuchungen Patzelts lassen vermuten, dass viele Jugendliche ganz andere

Vorstellungen von den zentralen Merkmalen des deutschen Regierungssystems haben, als es der Funktionslogik des parlamentarischen Systems und der Verfassungswirklichkeit entspricht (vgl. Henkenborg 2009, S. 55).

2. *System(ent)täuschungen:* Jugendlichen mangelt es an einer „Mittellage des politischen Bewusstseins“ (a. a. O.) .Henkenborg verweist in diesem Zusammenhang auf Untersuchungen der kognitiven Entwicklungspsychologie. Demnach haben 4- bis 7-jährige Kinder ein intuitives anschauliches Denken, bei den 8- bis 11-Jährigen entwickelt sich ein konkret-operatorisches politisches Denken. Die 10- bis 12-Jährigen haben ein weitgehend regierungszentriertes politisches Weltbild und die 13- bis 14-Jährigen orientieren sich an Modellen der direkten Volksherrschaft. Erst bei den 15- bis 17-Jährigen finden sich erste Ansätze des Konzepts der repräsentativen Demokratie (a. a. O., S. 56).
3. *Authentizitäts(ent)täuschungen:* „Das Paradigma der Authentizität enthält dann Täuschungen, wenn Jugendliche – wie Hannah Arendt es formuliert hat – ‚Freiheit mit Souveränität‘ verwechseln und es enthält sicherlich dann Täuschungen, wenn es mit nicht erfüllbaren normativen und materiellen Erwartungen an Politik verbunden ist. Gleichzeitig enthält das private Erlebnis der Entdeckung der eigenen Authentizität aber auch normative Ansprüche für eine kritische Auseinandersetzung mit der Realität von Politik und Gesellschaft“ (a. a. O.).
4. *Wert(ent)täuschungen:* Die Shell-Jugendstudie 2006 berichtet von einem qualitativen Wandel im Wertesystem von Jugendlichen. Somit entsteht die Fremdheit zum politischen System nicht, weil Jugendliche keine Werte haben oder ganz andere Werte als der Rest der Gesellschaft, sondern weil Jugendliche davon ausgehen, dass „die Erfüllung dieser Werte eine Aufgabe der Politik sein sollte – jedoch nicht ist. Deshalb fühlen sich die meisten von Politikern ge- und enttäuscht und misstrauen ihnen“ (Henkenborg 2009, S. 57).
5. *Machbarkeits(ent)täuschungen:* Viele junge Menschen haben

in den meisten Fällen hohe Machbarkeitserwartungen an Politik. Es muss deutlich darauf verwiesen werden, dass entgegen der landläufigen Vorstellung, kaum etwas liege außerhalb des Bereichs der politischen Machbarkeit, Politik „gegen die Eigenlogik wirtschaftlicher und gesellschaftlicher Entwicklungen“ (a. a. O., S. 58) wenig erzwingen kann. In diesem Zusammenhang kommt der politischen Bildung die Aufgabe zu, auf die enger gewordenen Grenzen von Politik aufmerksam zu machen und überzogenen Erwartungen an die Politik zu widersprechen.

6. *Generationen(ent)täuschungen:* Fremdheitseinstellungen können die Folge von generationenbezogenen Auseinandersetzungen sein. Die Politik wird als von Erwachsenen gemachte Politik erlebt und kritisiert: In der Kritik der traditionellen Politik drückt sich eine „über alle jugendkulturelle Differenzierung hinweg gemeinsam getragene generationenbezogene Auseinandersetzung mit der politischen Kultur der Erwachsenengesellschaft aus“ (a. a. O., S. 58).

Für den Transkriptionsauszug III kann festgehalten werden, dass die beiden Probanden eine ganz andere Vorstellung von der Funktionslogik des politischen Systems haben. Einen Erklärungsansatz bietet der Erziehungswissenschaftler und Jugendforscher Thomas Ziehe an. Alles, was Jugendliche nicht unmittelbar mit ihrem Erfahrungssystem verbinden können, das bei ihnen zu Verstehens- und Akzeptanzproblemen führt, deuten sie mit Kategorien der persönlichen Beziehungs- und Privatwelt. Wird dieser Eigenweltbezug überstiegen, interpretiert man das Vorgefundene als langweilig, als absurd oder anmaßend (vgl. Henkenborg 2009, S. 55). Weiterführend lassen sich in den Aussagen der Jugendlichen überzogene „Machbarkeitsansprüche“ konstatieren. Für sie liegt nur wenig außerhalb des politisch Machbaren. Sie sehen nicht, wie wenig Politik gegen die Eigenlogik wirtschaftlicher und gesellschaftlicher Entwicklungen erzwingen kann. Die Implementierung von Basiskonzepten könnte hier beim Verstehen politischer Probleme helfen.

7. Basis- und Fachkonzepte

Im Folgenden soll der momentan stattfindende Diskurs um die Implementierung von Basiskonzepten in der Politikdidaktik knapp skizziert werden. Allein die unterschiedliche Benennung der vorliegenden Vorschläge zur Festlegung der inhaltlichen bzw. domänenspezifischen Dimension des Faches zeigt auf, wie kontrovers diese Thematik in der Politikdidaktik diskutiert wird. Die Politikdidaktik konnte sich bisher weder auf eine einheitliche Nennung noch auf bestimmte Basiskonzepte festlegen. So sprechen Peter Massing (vgl. Massing 2007, S. 31) und Vertreter der Chemiedidaktik (Barke 2006, S. 31) von Basiskonzepten. Georg Weißeno (vgl. Weißeno 2006, S. 120 ff.) und Vertreter der Ökonomiedidaktik sprechen von Kernkonzepten, die in Fundamentalkonzepte und Fachkonzepte untergliedert werden. Dagmar Richter (vgl. Richter 2006, S. 5) hingegen differenziert – in Anlehnung an Weißeno – in Basiskonzepte und Kernkonzepte.

Die Politikdidaktiker Weißeno, Detjen, Juchler, Massing und Richter haben sich auf ein theoretisches Modell geeinigt, „das den Anspruch erhebt, Politik als inhaltlichen Kernbereich des Schulfaches Politische Bildung zu klären. Das Ergebnis der Konkretisierung ist ein systematisches, konsensual erarbeitetes Kompetenzmodell“ (vgl. Weißeno u. a. 2010, S. 10). In diesem Kompetenzmodell verwenden die Autoren und die Autorin zur Definition der Fachstruktur des politischen Bereiches Basis- und Fachkonzepte: „Basiskonzepte (key concepts) bezeichnen zentrale Prinzipien bzw. Paradigmen der Domäne für den Unterricht an allgemein bildenden Schulen. Basiskonzepte entstehen durch didaktische Setzungen und lassen sich verstehen als ‚strukturierte Vernetzung aufeinander bezogener Begriffe, Theorien und erklärender Modellvorstellungen‘“ (…) (Weißeno u. a. 2010, S 48). Zur Erläuterung der Fachkonzepte führen die Autoren aus, dass Fachkonzepte die Ausdifferenzierung der Basiskonzepte darstellen: „Fachkonzepte umfassen das den Basiskonzepten zuzuordnende Grundlagenwissen. Welche Fachkonzepte ein Basiskonzept konstituiert, ist nicht beliebig, sondern eine Auswahl, die auf der Grundlage politikwissenschaftlicher Theorien und mit Blick auf politische Bildung hin erfolgt“ (a. a. O.). Sie betonen auch, dass „Basiskonzepte (...) besonders hervorgehoben sind, es sind ausgewählte Fachkonzepte“ (a. a. O., S. 49). Folgende Basiskonzepte schlägt das Autorenteam vor: Ordnung, Entscheidung und Gemeinwohl. (vgl. a. a. O., S. 12)

8. Methodisches Moment der Neukonzeptionierung

Nachdem für eine erfolgreiche Neukonzeptionierung des Politikunterrichts (1) die Diagnose der Schülervorstellungen und (2) die Generierung, Erforschung und tatsächliche Implementierung der Basiskonzepte festgehalten werden konnten, fehlt noch das verbindende methodische Element. Priorität kommt hierbei der optimalen Gestaltung der Lernsituation für die Schülerinnen und Schüler durch die Lehrerinnen und Lehrer zu (vgl. Sander 2007, S. 24). Michaela Gläser-Zirkuda (2001) plädiert nachhaltig für schülerorientierte Unterrichts- und Sozialformen. Sie konnte einen signifikanten Zusammenhang zwischen Wohlbefinden und positiver Lernmotivation nachweisen. Kooperative Lernformen sind im Bereich der leistungsschwächeren Schülerinnen und Schüler von besonderer Bedeutung, weil durch positive Verstärker das fachliche Interesse geweckt und Schülerleistungen gesteigert werden.

9. Kooperative und handlungsorientierte Methoden

Unter den kooperativen und handlungsorientierten Methoden ist die Projektorientierung eine für den Politikunterricht an Hauptschulen mögliche Methode. Wolfgang Beutel und Gerhard Himmelmann definieren das Ziel der Projektorientierung als „Gewinnung einer demokratischen Handlungskompetenz“. Diese demokratische Handelskompetenz benötigt Wissen, Motivation und Reflexion des Handelns. Projektorientierung kann somit

Erfahrungsräume, die sich in vielen Bereichen mit den enger dargelegten Inhalten/Aufgaben des Fachunterrichts überschneiden können, liefern. „Sie erschließen also ein zusätzliches Potential" (Beutel/Himmelmann 2005, S. 103). Es soll den Schülern „weitere Möglichkeiten demokratischer Lebensbewältigung und Welterkenntnis" (a. a. O.) gegeben werden. Beutel und Himmelmann sehen in Projekten „eine(en) substantiell(en) Beitrag zur Weiterentwicklung von Schule" (a. a. O.). Die Projektorientierung gibt Schülerinnen und Schülern die Chance, ihren politischen Nahbereich zu erkunden und zu versuchen, für politische Probleme in ihrem Lebensbereich Lösungen anzubieten. Des Weiteren erlaubt sie Schülerinnen und Schülern, ihren demokratischen Nahbereich kennenzulernen und in ihm partizipatorisch tätig zu werden. Lianne Singleton konnte nachweisen, dass „teaching democracy is most effective when modelled and experienced by the students".[5] Dies stellt einen wichtigen Entwicklungsschritt eines jeden Schülers auf seinem Weg zu einem mündigen Bürger dar. Es räumt Momente ein, in denen Schülerinnen und Schüler ihr politisches Handeln austesten können und reflektierend für spätere Situationen Erfahrungen sammeln können: „It is important to remember that ideas don't become knowledge expect by being embodied in practice and in consequent transformations of the self. There is no right way to teach democracy unless we practice it" (a. a. O.). Klaus Koopmann verweist darauf, dass diese Lernkonzeption aus Sicht der schulischen-politischen Bildung dann attraktiv wird, wenn sie über Sozial- und Wohlfahrtsorientierung hinausgeht und sich auf public-policy-Fragen konzentriert. Jugendliche, die der Politik und demokratischen Strukturen eher ablehnend oder desinteressiert gegenüberstehen, erhalten Anknüpfungspunkte, politische Strukturen zu erkennen und zu erfassen. Sie bekommen Anknüpfungspunkte, dass man politische Probleme im Nahbereich selbst angehen und Lösungsmöglichkeiten mit anderen Gleichgesinnten ausarbeiten kann. Ein besonders entscheidender Aspekt hierbei ist, dass demokratische Erfahrungen über Primär- und nicht über Sekundärerfahrungen gesammelt werden müssen: „Children must be given the opportunity to encounter first-hand experiences.“[6]

Ebenfalls wird ihnen auffallen, dass immer auch die Möglichkeit des Scheiterns besteht. Dies aushalten zu können, gehört allerdings ebenfalls zu einem demokratie- und politikkompetenten Bürger. In solchen Situationen des Scheiterns muss es Aufgabe der Schule und des Fachunterrichts sein, diese Frustrationsmomente reflektierend aufzuarbeiten, um nicht zu riskieren, dass junge Menschen sich enttäuscht und frustriert vom demokratischen Prozess abwenden und sich im Gegenzug nicht-demokratischen Organisationen anschließen. Ein Politikunterricht, der eine Entpolitisierung seiner Schülerinnen und Schüler zu vermeiden sucht, muss das praktische Lernen in der Projektarbeit mit dem politischen Lernen im Unterricht verbinden (vgl. Breit 2005, S. 63 ff.). Die Aufgabe der Lehrkräfte muss es sein, Schülerinnen und Schüler mit politischem Wissen sowie mit einer Analyse-, Urteils- und Handlungsfähigkeit auszustatten (a. a. O.).

Albert Shanker zeigt auf, dass „if we believe in democracy and want our children to believe in it, and thus preserve it, we have to promote programs and practices and cultures of democracy.“[7] Dieser in Grundzügen skizzierte neukonzipierte Politikunterricht für Hauptschulen zeigt, dass eine Elementarisierung der politischen Bildung mehr Chancen als Risiken bietet. Natürlich wird es auch in diesem Unterricht mehr und weniger interessierte Schülerinnen und Schüler geben. Aber der entscheidende Vorteil ist, dass die Schülerinnen und Schüler in diesem Unterricht in Form der Basis- und Fachkonzepte Analyseinstrumente an die Hand bekommen, die ihnen durch kooperative Arbeitsformen helfen, politische Fälle aufzuarbeiten, zu analysieren, zu reflektieren und somit zu einer politischen Meinung zu gelangen.

Anmerkungen

1 Vgl. Spiegel Online: SPD-Chef sorgt sich um wachsende Unterschicht. (Artikel vom 7.10.2009); URL: www.spiegel.de/politik/deutschland/0,1518,441376,00.html [20.02.2010].
2 Vgl. http://www.jugendfuereuropa.de
3 Vgl. http://www.kas.de/wf/de/71.7636/
4 Vgl. http:/www.sociovision.de/uploads/tx_mpdownloadcenter/06-2006_insight_Prekariat.pdf
5 Vgl. www.abc.net.au/civics/democracy/pdf/td_primary.pdf.
6 Ebenda.
7 Ebenda.

Literatur

Barke, Hans-Dieter (2006): Chemiedidaktik. Diagnose und Korrektur von Schülervorstellungen. Berlin 2006.

Beck, Ulrich (1997): Kinder der Freiheit. Wider das Lamento über den Werteverfall. In: Beck, Ulrich (Hrsg.): Kinder der Freiheit. Frankfurt/M., S. 9–33.

Beutel, Wolfgang/Himmelmann, Gerhard (2005): Erfahrungen mit Projekten machen! Zur Aktualität von Konzepten des Demokratie-Lernens. In: Reinhard, Volker (Hrsg.): Projekte machen Schule. Projektunterricht in der politischen Bildung. Schwalbach/Ts., S. 90–107.

Bohnsack, Ralf/Schäffer, Burkhard (2001): Gruppendiskussionsverfahren. In: Hug, Theo (Hrsg.): Wie kommt die Wissenschaft zu Wissen? Band 2: Einführung in die Forschungsmethodik und Forschungspraxis. Baltmannsweiler, S. 324–341.

Breit, Gotthard (2005): Projektarbeit und Politikunterricht – Vorüberlegungen zum gesellschaftlichen und politischen Lernen. In: Reinhard, Volker (Hrsg.): Projekte machen Schule. Projektunterricht in der politischen Bildung. Schwalbach/Ts., S. 52–67.

Crouch, Colin (2008): Postdemokratie. Frankfurt/M.

Detjen, Joachim: (2007) Politische Bildung für bildungsferne Milieus. In: Aus Politik und Zeitgeschichte, 32–33/2007, S. 3–8.

Detjen, Joachim (2009): Bildungsferne Milieus als Herausforderung der politischen Bildung. In: Oberreuter, Heinrich (Hrsg.): Standortbestimmung Politische Bildung. Tutzinger Schriften zur politischen Bildung. Schwalbach/Ts., S. 335–348.

Deutsches Institut für Menschenrechte/Bundeszentrale für politische Bildung/Europarat, Direktorat für Jugend und Sport (Hrsg.) (2009): Compasito. Handbuch zur Menschrechtsbildung mit Kindern. Berlin.

Gesellschaft für Politikdidaktik und politische Jugend- und Erwachsenenbildung/GPJE (2004): Nationale Bildungsstandards für den Fachunterricht in der Politischen Bildung an Schulen. Schwalbach/Ts.

Gläser-Zikuda, Michaela (2001): Emotionen und Lernstrategien in der Schule. Eine empirische Studie mit Qualitativer Inhaltsanalyse. Weinheim.

Henkenborg, Peter (2009): Politische Generationen in der Zivilgesellschaft. Über Bedingungen politischer Bildung. In: Massing, Peter/Im-Soo, Yoo (Hrsg.) (2009): Zivilgesellschaft: Ressource der Demokratie. Politische Bildung in Deutschland und Südkorea. Schwalbach/Ts. Seite 67–82.

Kattmann, Ulrich (2003): Verstehen von Schülern verstehen (lernen). In: Gropengießer, Harald (Hrsg.): Wie man Vorstellungen der Lerner verstehen kann. Lebenswelten, Denkwelten, Sprechwelten. München/Wien, S. 7–8.

Kovacheva, Siyka (2005): Will Youth Rejuvenate the Patterns of Political Participation? In: Forbig, Jörg (Hrsg.): Revisiting Youth Political Participation: Challenges for Research and Democratic Practice in Europe. Strasbourg, Council of Europe Publishing, S. 19–28.

Koopmann, Klaus (2005): „Progressive Civic Eduation“ mit „We the People ... Projekt Citizen. In: Reinhard, Volker (Hrsg.): Projekte machen Schule. Projektunterricht in der politischen Bildung. Schwalbach/Ts., S. 108–126.

Lamnek, Siegfried (2005): Gruppendiskussion. Theorie und Praxis. 2. Auflage, Weinheim.

Loerwald, Dirk (2007): Ökonomische Bildung für bildungsferne Milieus. In: Aus Politik und Zeitgeschichte, 32–33/2007. S. 27–33.

Neugebauer, Gero (2007): Politische Milieus in Deutschland. Die Studie der Friedrich Ebert Stiftung. Berlin, Bonn.

Massing, Peter (2007): Politische Bildung in der Grundschule. Überblick, Kritik, Perspektiven. In: Richter, Dagmar (Hrsg.): Politische Bildung von Anfang an. Schwalbach/Ts., S. 18–36.

Patzelt, Werner J. (1998): Die Bürger – Schwachstelle unseres Gemeinwesens? Ein latenter Verfassungskonflikt. In: Breit, Gotthard/Schiele, Siegfried (Hrsg.): Handlungsorientierung im Politikunterricht. Wochenschau Verlag. Schwalbach/Ts., S. 69–143.

Richter, Dagmar (1999): Interessenkonflikte und Machtverhältnisse: Rekonstruktionen kategorialer Konzepte bei Grundschülerinnen und Grundschülern. In: Frohne, Irene (Hrsg.): Sinn- und Wertorientierung in der Grundschule. Bad Heilbrunn, S. 117–140.

Richter, Dagmar (2006): Vom Input zum Outcome: Zur Bedeutung von Basis- und Kernkonzepten. Vortrag auf dem 11. Werkstattgespräch der Bundeszentrale für politische Bildung. (Unveröffentlichtes Manuskript).

Sander, Wolfgang (2007): Vom „Stoff“ zum „Konzept“ – Wissen in der politischen Bildung. In: Polis, 4/2007, S. 19–24.

Sander, Wolfgang (2009): Gegenmoderne – Herausforderungen für die politische Bildung in der Zivilgesellschaft. In: Massing, Peter/Im-Soo, Yoo (Hrsg.): Zivilgesellschaft: Ressource der Demokratie. Politische Bildung in Deutschland und Südkorea. Schwalbach/Ts., S. 13–23.

Schelle, Carla (1995): Schülerdiskurse über Gesellschaft. „Wenn du ein Ausländer wärst.“ Untersuchung zur Neuorientierung schulisch-politischer Bildungsprozesse. Schwalbach/Ts.

Schipperges, Michael (20ß06): Prekariat – Quo vadis? In: Navigator. Der Newsletter von Sinus Sociovision, 6/2006, S. 1–3; URL: http://www.sociovision.de/uploads/tx_mpdownloadcenter/06-2006_insight_Prekariat.pdf

Schiele, Siegfried/Breit, Gotthard (2008): Vorsicht Politik. Schwalbach/Ts.

Schiele, Siegfried (2009): Elementarisierung politischer Bildung. Überlegungen für ein Konzept. In: Oberreuter, Heinrich (Hrsg.): Standortbestimmung Politische Bildung. Tutzinger Schriften zur politischen Bildung. Schwalbach/Ts., S. 349–363.

Singleton, Lianne: Discovering Democracy. Teaching Democracy in the Primary School. URL: www.abc.net.au/civics/democracy/pdf/td_primary.pdf.

Weißeno, Georg (2006): Kernkonzepte der Politik und Ökonomie – Lernen als Veränderung mentaler Modelle. In: Weißeno, Georg (Hrsg.): Politik und Wirtschaft unterrichten. Bonn, S. 120–141.

Weißeno, Georg/Detjen, Joachim/Juchler, Ingo/Massing, Peter/Richter, Dagmar (2010) (Hrsg.): Konzepte der Politik – ein Kompetenzmodell. Bonn.

Wiezorek, Christine (2009): Bildungsferne Jugendliche? Zur Problematik einer Standard gewordenen wissenschaftlichen und gesellschaftlichen Perspektive auf Hauptschüler. In: Bilstein, Johannes/Ecarius, Jutta (Hrsg.): Standardisierung – Kanonisierung. Erziehungswissenschaftliche Reflexionen. Wiesbaden, S. 181–195.

Internetquellen

www.abc.net.au/civics/democracy/pdf/td_primary.pdf. [20.02.2010]

http://www.sociovision.de/uploads/tx_mpdownloadcenter/06-2006_insight_Prekariat.pdf [20.02.2010]

http://www.politische-bildung-brandenburg.de/veranstaltungen/2009/jan29anlage2.pdf. [13.04.2010]

http://www.kas.de/wf/de/71.7636/ [20.02.2010]

Jonas Lanig

„Politik und Unterricht – Das passt irgendwie nicht zusammen.“

Eine Provokation

1. Impressionen

Eine Schulklasse auf dem Rückweg in die fränkische Heimat. Hinter den jungen Leuten liegen fünf Tage und vier Nächte, die sie zusammen mit ihrem Sozialkundelehrer in der Bundeshauptstadt verbracht haben. Und diese aufreibende Zeit steckt den 16-Jährigen noch gehörig in den Knochen. Schließlich wollten sie auf die Ausflüge in die Zeitgeschichte oder die Begegnungen mit der aktuellen Politik genauso wenig verzichten wie auf ihre Streifzüge durch das Berliner Nachtleben. Alle sind hundemüde, aber nur die wenigsten gönnen sich eine Runde Schlaf. Stattdessen hat sich um die eher stille Sophie eine Runde aufmerksamer Mitschüler geschart. Es geht um das Verhältnis von Frauen und Männern in unserer Gesellschaft und es geht um den politischen Handlungsbedarf, der sich hier immer noch auftut. Der Diskurs dauert über zwei Stunden und er lebt von der Ernsthaftigkeit und von der Leidenschaft der jungen Leute. So konzentriert und so engagiert hat der Sozialkundelehrer seine Schüler noch nie erlebt. Denn in seinen Unterrichtsstunden kommen solche Debatten einfach nicht zustande. Das war vor dieser Berlinfahrt so. Und das wird danach nicht anders sein.

2. Junge Leute interessieren sich für Politik – nur nicht im Rahmen des Unterrichts.

Immer wieder machen wir Lehrerinnen und Lehrer solche oder ähnliche Erfahrungen: Im Rahmen des Unterrichts sind unsere Schülerinnen und Schüler für politische Inhalte und für den demokratischen Diskurs einfach nicht zu begeistern. Auch die Aktualität der Themen und die Kreativität der Methoden vermag an diesem Befund nichts zu ändern. Außerhalb der Schule aber erleben wir unsere Schülerinnen und Schüler ganz anders: Bei Exkursionen, Projekten oder Seminaren stellt sich der politische Diskurs wie von selbst ein. Das ist an den Beruflichen Schulen so – und das ist an einem Gymnasium nicht anders.

Die jungen Leute gehen nicht grundsätzlich auf Distanz, wenn von politischen Themen die Rede ist. Aber sie melden sich mental ab, wenn diese zum Gegenstand des Unterrichts werden. Dabei kennt jeder Lehrer die Biographien ehemaliger Schülerinnen und Schüler, die sich dem Unterricht in Sozialkunde ursprünglich verweigert, ihre Leidenschaft für die Politik dann aber doch noch irgendwie entdeckt haben:

- Da ist der Schüler, der im Fach Sozialkunde immer wieder „blau gemacht" hat, heute aber in der „Tagesschau" regelmäßig die aktuelle Politik aus der Bundeshauptstadt kommentiert.
- Da ist der Kollegiat, der noch in der 13. Klasse nur für den üblichen Pennälerblödsinn zu haben war, sich heute aber als Chefredakteur einer angesehenen Wochenzeitung in Szene zu setzen weiß.
- Da ist die Schülerin, die während des Unterrichts vor allem in Reisekataloge vertieft war – um später als Kultusministerin eines großen Bundeslandes alle Höhen und Tiefen einer politischen Biographie zu durchmessen.

Im Unterricht und mit den Mitteln des Unterrichts waren sie nicht zu begeistern – nicht einmal zu erreichen. Heute aber sind sie als Stadträte, politische Journalisten, als Verbandsfunktionäre oder als Professoren für politische Wissenschaft aktiv. Heute zeigen sie sich von der Begeisterung für die Politik infiziert, während wir sie als gegen solche Regungen gänzlich immunisiert erlebt haben.

Offensichtlich ist das Interesse für Politik und Zeitgeschichte viel ausgeprägter als von uns Lehrern angenommen. Aber die Zwänge und Strukturen des Unterrichts verhindern, dass sich dieses Interesse irgendwie bemerkbar macht. Der Bedeutungs- und Akzeptanzverlust des Unterrichts in Politik oder in Sozialkunde lässt sich nicht wegmogeln und nicht schönreden. Das ist vor allem an den Gymnasien so – innerhalb und außerhalb der weiß-blauen Grenzpfähle:

- So ist die Arbeitsgemeinschaft „Politik und Zeitgeschichte“ an den bayerischen Gymnasien zu einem Auslaufmodell geworden, weil unter den Bedingungen des G 8 – des achtjährigen Gymnasialzuges – dafür einfach keine Zeit mehr ist.
- So scheint sich inzwischen niemand mehr daran zu stören, dass das Fach Sozialkunde im Pflichtunterricht der bayerischen Gymnasien nur noch im Umfang einer Wochenstunde unterrichtet wird.
- So entscheiden sich nur wenige bayerischen Gymnasiasten für politische oder gesellschaftliche Themen, wenn es um die Wahl eines Seminarfaches geht.

Schüler scheinen ein feines Gespür dafür zu haben, dass ihr naturwüchsiges Interesse an der Politik immer wieder mit den Strukturen und Zwängen des Unterrichts kollidiert. So geht es hier oft um Gegenstände, die mit ihrer eigenen Lebenswirklichkeit scheinbar nichts zu tun haben – während zum Beispiel die Sommerschule eines Jugendverbandes gerade an solchen Erfahrungen ansetzt. So dominiert im Unterricht immer noch das methodische Prinzip des Lehrgangs – während sich in der Bildungsarbeit der Parteien längst kommunikative und interaktive Arbeitsformen durchgesetzt haben. So vertraut die Schule immer noch dem System der Notengebung – während sich die Seminare kirchlicher Anbieter längst andere Motivationsstrategien erschlossen haben.

Junge Leute wollen lernen. Und sie wollen sich am politischen Diskurs beteiligen. Nur eben nicht im Rahmen des Unterrichts.

Beim Bayerischen Landesschülertreffen BASIS 09 brachte es eine Schülerin auf den Punkt: „Politik und Unterricht – das passt irgendwie nicht zusammen."

3. Die Elementarisierung der politischen Bildung muss scheitern – wenn sie sich nicht von den Zwängen schulischen Lernens befreit.

Dass der Unterricht in Politik und Sozialkunde die jungen Menschen immer weniger erreicht, gilt inzwischen als allgemein anerkannt. Die Ursachen dieses Motivationsproblems werden allerdings eher in einer gesellschaftlich weit verbreiteten Politikverdrossenheit gesehen als in der organisierten Freudlosigkeit des Unterrichts. Die Analyse des Problems ist eher kulturkritisch begründet als schulkritisch fundiert. So lässt sich der „Schwarze Peter" aus den Schulhäusern verbannen und manche kritische Rückfrage vermeiden. Deshalb wird auch in den gängigen Empfehlungen zur Überwindung der Akzeptanzkrise die Handlungslogik des Unterrichts selbst nicht in Frage gestellt. Das gilt auch für die von vielen Fachdidaktikern empfohlene Elementarisierung der politischen Bildung. Hier glaubt man einen Weg aus der Krise gefunden zu haben, ohne an den Grundbedingungen schulischen Lernens etwas ändern zu müssen. Die im aktuellen didaktischen Diskurs propagierte Elementarisierung kann bedeuten, dass sich die politische Bildung

- auf einige wenige, für das Funktionieren unserer Demokratie aber unerlässliche Inhalte beschränkt. So hat sich der Unterricht mit den Auslandseinsätzen der Bundeswehr auseinander zu setzen. Aber nicht jeder Schüler muss dazu die Aussagen des Grundgesetzes zum Prinzip der Landesverteidigung kennen oder über die Einbindung der Bundeswehr in die militärischen Strukturen der NATO Bescheid wissen. In diesem Sinne bedeutet die geforderte Elementarisierung eine Reduzierung der tradierten Fachinhalte.

– um eine Straffung und Aufhellung komplexer Zusammenhänge bemüht. So kann Schülern das Prinzip der Gewaltenteilung an der Machtbalance von Legislative, Exekutive und Judikative erläutert werden, ohne sie mit einem Mikrodiskurs zum Spannungsverhältnis von horizontaler und vertikaler Gewaltenteilung zu behelligen. In diesem Sinne macht die geforderte Elementarisierung die Unübersichtlichkeit politischer Zusammenhänge für die Schüler überschaubar.

Beide Strategien aber müssen scheitern, weil sich dadurch die Rahmenbedingungen schulischen Lernens nicht verschieben. Eine Sichtung und Lichtung der Lerninhalte allein verhilft dem Unterricht noch nicht aus seiner Motivationsfalle. Unter Elementarisierung könnte aber auch eine Rückbesinnung auf die Anfänge der politischen Bildung verstanden werden. In diesem Sinne hätte sich die Schule darum zu bemühen, von den Anlässen und Orten zu lernen, an denen politische Bildung stattgefunden hat, bevor sie in der trostlosen Routine des Unterrichtsbetriebs unter die Räder gekommen ist. Schließlich ist die politische Bildung keine Erfindung der Schule, sondern ein Projekt der Jugend- und Erwachsenenbildung und ursprünglich eher eine Domäne der Verbände, Parteien, Kirchen und Volkshochschulen.

Auch heute noch steht es jungen Menschen offen, sich auf solche außerschulischen Lernangebote einzulassen. Von den Sachwaltern des Unterrichts eifersüchtig beäugt, haben sie die Möglichkeit,

– sich im Rahmen ihres Jugendverbandes über politische und gesellschaftliche Themen zu informieren;
– einen Kurs des Bildungszentrums oder der örtlichen Volkshochschule zu belegen;
– an einem Workshop des Kreisjugendrings oder der Landesschülervertretung teilzunehmen;
– das Wochenendseminar oder die Sommerschule einer parteinahen Stiftung zu besuchen;
– sich im Rahmen der kirchlichen oder gewerkschaftlichen Jugendarbeit schulen zu lassen;

- sich an einem politischen oder zeitgeschichtlichen Wettbewerb für junge Leute zu beteiligen;
- die Internetangebote der Bundeszentrale und der Landeszentralen für politische Bildung für sich zu nutzen.

Die jungen Menschen erleben die Bildungs- und Informationsgesellschaft um sie herum als eine attraktive Alternative zu dem, was ihnen Schule und Unterricht anzubieten haben – auch wenn man hier häufig noch so tut, als zeige man sich von solcher Konkurrenz gänzlich unbeeindruckt. Aber es sollte der Schule doch zu denken geben, warum sich die Konkurrenz der außerschulischen Anbieter so viel leichter damit tut, junge Leute anzusprechen und für ihre Themen und Veranstaltungen zu begeistern. Offensichtlich haben sie etwas vorzuweisen, was die jungen Leute unter den institutionalisierten Bedingungen schulischen Lernens vergeblich suchen:

- Die politische Bildung außerhalb des Unterrichts setzt jeweils bei der Lebenssituation und den ganz persönlichen Bedürfnissen junger Menschen an. So dürften sich vom „Wahl-O-Mat“ der Bundeszentrale für politische Bildung vor allem Jugendliche angesprochen fühlen, die das aktive Wahlalter noch nicht erreicht haben, sich aber jetzt schon einbringen wollen. Im Rahmen des Unterrichts haben sie womöglich unterschiedliche Parteiprogramme miteinander verglichen, haben sie sich in die politische Farbenlehre einweisen lassen. Jetzt geht es aber in erste Linie um sie selbst: Um ihre politische Orientierung, um ihre Positionierung innerhalb des Parteienspektrums und um ihre Kompetenz als virtuelle Wähler.
- An den vielen Lernorten, die jungen Menschen außerhalb des Klassenzimmers offen stehen, ist die Beschäftigung mit politischen Inhalten niemals Selbstzweck. Hier scheint der Brückenschlag von Theorie und Praxis, von Denken und Handeln, von Reflexion und Aktion noch zu gelingen. Der Workshop des Kreisjugendrings zur politischen Partizipation junger Menschen könnte in der Konstituierung eines Jugendparlaments aufgehen. Und eine Geschichtswerkstatt der

evangelischen Jugend könnte die Gründung eines Lehrstuhls für Zeitzeugen nach sich ziehen. Hier wird den Jugendlichen immer auch eine konkrete Handlungsoption angeboten.

– Jenseits von Schule und Unterricht werden den jungen Leuten Kompetenzen vermittelt, die ihnen bei ihren ersten Gehversuchen in der praktischen Politik helfen können – aber eben nicht nur da. Wer einen Rhetorik-Kurs bei der Jungen Union absolviert oder sich bei den Jungsozialisten mit der Praxis der Straßenagitation vertraut gemacht hat, der wird davon auch im Rahmen seiner beruflichen Ausbildung oder bei seiner Karriere als Sportfunktionär profitieren können. Solche „Basics“ der politischen Bildung sind nicht nur für künftige Abgeordnete und Kreisvorsitzende von Vorteil.
– Über die Veranstaltungen außerschulischer Anbieter lernen die Schüler Lern-, Arbeits- und Diskussionsformen kennen, die ihnen im Rahmen des Unterrichts bislang vorenthalten worden sind. Hier tut sich ihnen ein Methodenkosmos auf, der das enge Geviert von Tafel, Buch, Heft und Arbeitsblatt sprengt und ihnen eine Menge Aktivität abverlangt. Viele Schüler haben erst in einem Seminar ihres Jugendverbands ein Brainstorming, eine Thesen-Rallye oder ein Planspiel kennen gelernt. Und sie haben erst beim Landesschülertreffen die Arbeit mit Flipchart, Pinnwand und Moderatorenkoffer zu schätzen gelernt. Die politische Bildung ist eben keine reine Kreideveranstaltung – auch wenn der Unterricht in Politik oder Sozialkunde dieses Vorurteil vielerorts immer noch nährt.

4. Mit dem Fifty-fifty-Modell nähert sich der Unterricht dem Vorbild des außerschulischen Lernens an

Die Dialektik von schulischem und außerschulischem Lernen beschäftigt inzwischen auch andere Fächer: Die Religionslehrer klagen darüber, dass sie mit ihrem Unterrichtsangebot die Schüler immer weniger erreichen – während die kirchliche Jugendarbeit auf sie eine ungetrübte Anziehungskraft ausübt. Die Kunsterzieher erleben Schüler, die nur noch lustlos vor sich hin pinseln – während die Jugendkunstschulen den Ansturm junger Menschen kaum noch bewältigen können. Und den Lehrkräften im Fach Musik schlägt die gesammelte Unlust einer ganzen Schülergeneration entgegen – während in unzähligen Bands, Orchestern und Spielmannszügen mit Inbrunst und Herzblut musiziert wird.

Dabei kann die Schule einen Startvorteil geltend machen, der ihre Überlegenheit gegenüber der gesammelten Konkurrenz begründet: Sie hat es nicht nur mit einer kleinen Elite von Interessierten und Engagierten zu tun, sondern sie erreicht wirklich alle. Als eine Pflichteinrichtung wie Armee oder Gefängnis hat auch die Schule mit erheblichen Motivationsproblemen zu kämpfen. Aber nur hier lassen sich auch diejenigen erreichen, die sonst als unerreichbar gelten. In der Wahrnehmung vieler Schüler erscheint die Schule als ein Übel – aber auch die besonders Genervten und Gelangweilten werden nicht leugnen können, dass es sich hier um ein notwendiges Übel handelt. Die Frage ist doch nur, wie die Schule mit diesem Startvorteil umgeht: Verzichtet sie auf eine thematische und methodische Generalsanierung – nur weil sie sich ihrer Schüler als öffentliche Zwangsinstitution sicher sein kann? Oder ist sie bereit, sich der außerschulischen Konkurrenz zu stellen – obwohl sie selbst keine Abstimmung mit den Füßen zu fürchten hat?

Mit einer Generalsanierung des schulischen Lernens müsste sich auch der Unterricht in Politik oder in Sozialkunde grundlegend verändern. Das aber kann nur gelingen, wenn dafür nach einem neuen Organisationsrahmen gesucht wird. Denn die Fragmentarisierung des Unterrichts im 45-Minuten-Rhythmus blockiert jede Innovation und schließt die Übernahme außerschulischer Vorbilder von vorneherein aus. Unter den Zwängen des Wochenstundenplans bleibt so ziemlich alles auf der Strecke, was die politische Seminar- oder Projektarbeit für junge Menschen so attraktiv macht. Es kommt deshalb vorrangig darauf an, das bislang unangefochtene Diktat des Wochenstundenplans aufzubrechen und nach einer neuen Zeitorganisation für den Unterricht zu suchen. Mit dem „Fifty-fifty-Modell" lässt sich eine attraktive Alternative an jeder Schule installieren. Denn hier zählt nicht mehr, wie viele Wochenstunden für ein Fach vorgesehen sind. Hier wird mit dem Prinzip des Zeitkontos gearbeitet, wird also erst am Schluss des Schuljahres abgerechnet, wie viele Stunden tatsächlich stattgefunden haben. Damit kann schulisches Lernen auch in thematischen Blöcken und außerhalb der eigentlichen Unterrichtszeit stattfinden.

„Fifty-fifty" – das bedeutet: Die Hälfte der im Rahmen der geltenden Stundentafeln vorgesehenen Wochenstunden findet so statt wie das die Schülerinnen und Schüler bisher schon gewohnt sind. Die andere Hälfte fällt aus und wird im Rahmen außerunterrichtlicher Projekte nachgeholt. Das kann bedeuten, dass der Unterricht in der Zeit zwischen Herbst- und Winterferien oder zwischen den Osterferien und dem Ende des Schuljahres gänzlich gestrichen ist. Deshalb macht es Sinn, den Unterricht in Politik und Sozialkunde jeweils in die Randstunden zu verlegen. Fällt eine Stunde aus, können die Schüler früher nach Hause gehen, ohne die Zeit in sinnlosen Freistunden totschlagen zu müssen.

Die ausgefallenen Stunden werden außerhalb des Unterrichts nachgearbeitet. Dabei ist zu unterscheiden zwischen

- Projekten, die für alle Schüler einer Klasse verpflichtend sind (wie z. B. ein Wochenendseminar);
- Unternehmungen, die von den Schülern frei gewählt werden können (wie z. B. Vorträge oder Workshops);
- Lernvorhaben, die von der Schule selbst organisiert werden (wie z. B. eine Straßenaktion in der Fußgängerzone);
- Angeboten, die von anderen Trägern ausgerichtet werden (wie z. B. der Schülercampus der Bayerischen Staatsregierung).

Herzstück der außerunterrichtlichen Projektarbeit ist ein Wochenendseminar, auf das bisher noch keine Klasse verzichten wollte und das die Schülerinnen und Schüler in exemplarischer Form an die besondere Lernkultur anderer Anbieter heranführt. Das Seminar sollte im ersten Trimester des Schuljahres stattfinden, weil die Schüler hier die Vorzüge des blockgebundenen Lernens kennen lernen und weil hier in der Regel die Ideen für weitere Projekte und Aktionen ausgebrütet werden. Das gilt auch für ein eher sprödes, aber notwendiges Thema wie die Situation der Menschenrechte (vgl. Textkasten 1).

Textkasten 1

DIE MENSCHENRECHTE – Ein ganz besonderes Weltkulturerbe

Wochenendseminar der Klasse 10a im Jugendtagungshaus Gaiganz, 16.–18. April 2010

Freitag, 16. April:

15.00 Uhr	Anreise und Belegung der Zimmer
16.00 Uhr	Diskurs-Rallye: Menschenrechte im Meinungsstreit
19.00 Uhr	Kreative Werkstatt: Die Menschenrechte auf Plakaten, Geldscheinen, Briefmarken oder Piktogrammen.

Samstag, 17. April:

9.00 Uhr	Schülerreferate: Die Geschichte der Menschenrechte – von Virginia bis Den Haag
11.00 Uhr	Arbeit an der Klagemauer: Menschenrechtsverletzungen in aller Welt:
16.00 Uhr	Arbeit in Gruppen: Frauenrechte – Kinderrechte – Behindertenrechte
19.00 Uhr	Talkrunde: Menschenrechtsaktivisten aus unserer Stadt stellen ihre aktuellen Projekte vor.

Sonntag, 18. April:

9.00 Uhr	Arbeiten an Stationen: Was können Schüler zum Schutz der Menschenrechte tun?
11.00 Uhr	Gespräch mit dem Schulleiter: Soll unsere Schule zu einer „Schule der Menschenrechte“ werden?
14.00 Uhr	Feedback und Abreise

Ein zweites Standbein der außerunterrichtlichen Arbeit ist sicherlich das Lernen in Projekten. Hier beschäftigen sich die Schülerinnen und Schüler mit einem selbst gewählten Thema, hier stellen sie sich einer Ernstfallsituation und hier mündet ihre theoretische Reflexion in ganz konkrete Aktivitäten ein. Solche Projekte werden von Jugendzentren, Kulturläden oder Wirtschaftsverbänden angeboten. Spannender wird es freilich, wenn das Vorhaben von den Schülerinnen und Schülern selber initiiert wurde und der Ausgang noch völlig offen ist. Das illustrieren die folgenden Projektbeispiele:

Aktion Mülltüte

Durch ihre Wahlerfolge in einzelnen Bundesländern ermutigt, werben die Vertreter rechtsextremer Parteien inzwischen ganz offen in der Fußgängerzone. Die Schüler positionieren sich in der Nähe dieser Info-Stände – und sie halten für die Passanten eine Mülltüte auf, um die Werbeschriften der Rechten möglichst schnell zu entsorgen.

Diskotheken im Test

Die Schüler testen, ob das Gleichbehandlungsgebot des Grundgesetzes tatsächlich greift: Sie besuchen zusammen mit einem dunkelhäutigen Mitschüler die ortsansässigen Diskotheken. Wo gibt es ein „off limits" für Menschen anderer Hautfarbe? – Darüber wird dann in der Lokalzeitung berichtet.

Kandidatenwatch

Vor allem im Vorfeld von Wahlen zeigen sich unsere Politiker dialogfähig. Deshalb nutzen die Schüler das Angebot eines interessanten Internetportals: www.kandidatenwatch.de. Sie stellen den Kandidaten Fragen oder konfrontieren sie mit bestimmten Positionen An den Antworten lässt sich ablesen, wie genau einzelne Politiker den Kontakt zum Wahlvolk nehmen.

Lernort Rathaus

Schüler der höheren Klassen entwickeln ein Konzept, wie auch schon Kindern die Arbeit im Stadtparlament vermittelt werden kann. Sie arbeiten dazu ein geeignetes Besuchsprogramm aus und führen einen Probelauf durch – immer unterstützt durch das Büro der Stadtverordnetenvorsteherin.

Neue T-Shirts für die Schule

T-Shirts mit dem Logo der Schule sind längst zu den heimlichen Uniformen deutscher Schülerinnen und Schüler geworden. Eine Botschaft ist damit bisher nicht verbunden. Das könnte sich ändern, wenn auf den T-Shirts einzelne Bestimmungen des Grundgesetzes oder der Charta der Menschenrechte prangen.

Praktikum in einer Bürgerinitiative

Es muss nicht immer ein Betriebspraktikum sein, das den Schülern interessante Einblicke in die Außenwelt vermittelt. Auch die Mitarbeit in einer Bürgerinitiative könnte ihnen zeigen, wie die Welt außerhalb der Schule funktioniert. Die Schüler recherchieren hier aktuelle Themen, organisieren öffentliche Aktionen und erledigen die Pressearbeit. Und davon haben beide Seiten etwas.

Auf Spurensuche in der eigenen Schule

Die Protestbewegungen des 20. Jahrhunderts sind an unseren Schulen nicht spurlos vorüber gegangen. Der gesellschaftliche Umbruch nach 1918, die Polarisierung des politischen Lebens in der Weimarer Republik oder der Protest nach 1968 – das alles hat auch an den Schulen für manche Unruhe gesorgt. In alten Jahresberichten, Schulchroniken und Schülerzeitungen finden die Schüler dazu interessantes Anschauungsmaterial.

Unsichtbares Theater

Die Schüler spielen in der Fußgängerzone Theater – aber niemand außer ihnen weiß, dass alles nur Theater ist. So können sie sich mit Sammelbüchsen und Unterschriftensammlungen auf den Weg machen, um die Passanten um eine kleine Spende, um ein Autogramm oder auch nur um ihre Meinung zu bitten. Man darf gespannt sein, wie die Angesprochenen auf diese Offerte reagieren ...

Eine Vereinsmesse im Schulhof

Nach dem Vorbild der Ausbildungsbörsen haben Vereine, Bürgerinitiativen und Selbsthilfegruppen einen Tag lang Gelegenheit, sich den Schülern mit ihren Anliegen und ihrer Arbeit vorzustellen – in der Hoffnung, dass sich einige von dem gezeigten Engagement anstecken lassen.

Eine Wahlparty im Schulhaus

Am Abend der Bundestagwahl hat das Schülercafé geöffnet: Hier trifft man sich, um gemeinsam die aktuellen Zahlen zu analysieren, um gemeinsam zu feiern oder um gemeinsam zu trauern.

Wir begleiten einen Stadtrat bei der Arbeit.

Zwei Ferientage sind für dieses Projekt reserviert. Hier schauen die Schüler einem Kommunalpolitiker über die Schulter. Sie nehmen an seinen Terminen teil und unterstützen ihn sogar bei der ungeliebten Schreibtischarbeit.

Youngsters im Kreuzverhör

Das könnte zur Tradition werden: Die jüngsten Kandidaten für die nächste Stadtrats- oder Kreistagswahl werden in die Schule eingeladen, um sich hier vor interessierten Schülern auszutauschen. Eine kleine Gruppe von Schülern hat diese Veranstaltung vorbereitet und sie moderiert den Abend – ebenso engagiert wie professionell.

Im Rahmen der Planung eines solchen Projekts muss jeweils geklärt werden, welcher Schüler sich in welchem Umfang in die gemeinsame Arbeit einbringen möchte und wie viele Stunden ihm dafür auf seinem Zeitkonto gut geschrieben werden.

Darüber hinaus haben die Schüler die Möglichkeit, sich an Vorträgen, Workshops oder Exkursionen zu beteiligen, die von außerschulischen Trägern angeboten werden. Sie können eine Ringvorlesung der Universität besuchen, sich an einer alternativen Stadtführung beteiligen oder in einer Zeitungswerkstatt der Jungen Presse Bayern die Praxis der Recherche trainieren. Ausgestattet mit vielen neuen Eindrücken und Erfahrungen, werden sie sich dann im Rahmen des Regelunterrichts untereinander austauschen und zu immer neuen Ausflügen in die unbekannten Reviere des politischen Lebens anstiften.

Zum Ende des ersten Halbjahres findet jeweils ein „Boxenstopp" statt, bei dem sich die Schüler über den aktuellen Stand ihres Zeitkontos informieren können. So ist gewährleistet, dass es am Ende des Schuljahrs keine bösen Überraschungen gibt, sondern alle nachweisen können, die erforderliche Zahl anrechnungsfähiger Stunden eingebracht zu haben (vgl. Textkasten 2)

Textkasten 2

ZEITKONTO für Christian Fröhlich

Schule:	Fachoberschule/Sozialer Zweig
Klasse:	11s
Fach:	Sozialkunde

Anzahl der anrechnungsfähigen Stunden:	**72**
Anzahl der regulär gehaltenen Unterrichtsstunden:	**36**
Anzahl der frei einzubringenden Stunden:	**36**

Als verpflichtende Projekte bringe ich im Umfang von **20** Stunden ein:
- Teilnahme an dem Wochenendseminar der Klasse 11s: „Mitdenken – Mitreden – Mitentscheiden" (**12** Stunden)
- Teilnahme an dem Projekt „Stadtrat für einen Tag" in den Pfingstferien (**8** Stunden)

Als frei wählbare Projekte bringe ich im Umfang von **16** Stunden ein:
- Mitorganisation der Veranstaltung „Die jüngsten Stadtratskandidaten stellen sich vor" (**4** Stunden)
- Teilnahme an der ersten Runde des Wettbewerbs „Jugend debattiert" (**4** Stunden)
- Teilnahme an einem strategischen Planspiel der Bundeswehr (**4** Stunden)
- Besuch eines Vortrags von Dr. Heiner Geißler im Caritas-Pirckheimer-Haus (**2** Stunden)
- Besuch des Films „Herr Wichmann von der CDU" im Kommunalen Kino (**2** Stunden)

Mit dem Projekt „Fifty-fifty" erleben die Schülerinnen und Schüler vielleicht zum ersten Mal, dass ihre Schule keine geschlossene Anstalt, sondern ein offenes Haus ist. Hier verschanzt man sich nicht hinter dicken Mauern, sondern hier wird die Schultüre weit aufgestoßen. Hier verteidigt man keinen überholten Monopolanspruch, sondern stellt sich mutig der außerschulischen Konkurrenz – um davon zu lernen und um die Schülerinnen und Schüler damit bekannt zu machen. Damit haben endlich auch bildungsferne Schüler Gelegenheit, sich neue Lernorte und Lernanlässe zu erschließen und das ganze Spektrum der politischen Bildung kennen zu lernen. Damit wird die Teilhabe an der Bildungs- und Informationsgesellschaft zu einem Projekt aller Schülerinnen und Schüler – und die Schule zu einer zentralen Stelle, die diese Teilhabe organisiert.

Abstracts

Siegfried Frech, Ingo Juchler: Bürger auf Abwegen? Politikdistanz und politische Bildung

Unsere Demokratie befindet sich in einem Zustand, der Politik wie politische Bildung beunruhigen muss. Die Begeisterung für die Demokratie ist merklich verflogen. Die Wahlbeteiligung ist gesunken, die Volksparteien schrumpfen, Bürgerinnen und Bürger zeigen Verdruss gegenüber den Parteien und Politikern. Zudem hat sich ein fataler Kreislauf entwickelt: Niedrige Bildungsabschlüsse gehen in aller Regel mit unsicheren beruflichen Karrieren einher und mit schwierigen Lebenslagen. Die Unzufriedenheit mit den eigenen Lebensverhältnissen führt wiederum häufig zu Unzufriedenheit mit der Demokratie sowie zu Distanz gegenüber dem Gemeinwesen. Für die politische Bildung stellt das Phänomen der Politikdistanz – so *Siegfried Frech* und *Ingo Juchler* – eine Herausforderung dar. Politische Bildung muss – so die einhellige Meinung – Wege, Produkte und Veranstaltungsformen suchen, um politik- und bildungsdistanzierte Zielgruppen anzusprechen. Bevor man sich jedoch in vermeintlich gut gemeintem Aktionismus auf die Suche nach neuen Formaten und Produkten macht, ist ein anderer Sachverhalt zu bedenken. So eingängig die Forderung nach Elementarisierung auch klingt, ihre Durchführung ist mit Schwierigkeiten verbunden. Die Verständlichkeit darf nicht auf Kosten der Komplexität und der sachlichen Richtigkeit gehen. Die Frage ist, ob sich komplizierte Inhalte und politische Sachverhalte vereinfacht und dennoch angemessen darstellen lassen.

Oskar Niedermayer: Auf welchen Wegen versuchen Parteien, neue Mitglieder zu gewinnen?

Mitglieder sind für Parteien nicht nur Seismographen gesellschaftlicher Entwicklungen, sondern zugleich Stammwähler, Multiplikatoren, Ideengeber und nicht zuletzt Beitragszahler. Allerdings stehen Parteien heute nicht mehr hoch in der Gunst der Bevölkerung. Für die Mitgliedschaft in einer politischen Partei sind Beitrittsanreize affektiver, wertbezogener, politischer – gelegentlich auch materieller – Art bzw. Beitrittshemmnisse ausschlaggebende Faktoren. Gesellschaftliche Individualisierungsprozesse, die Erosion der sozialen Basis des deutschen Parteiensystems, gewandelte politische Beteiligungs- und Engagementformen, die besondere Situation in den neuen Ländern nach der Vereinigung sowie parteispezifische Faktoren sind für den Bedeutungsverlust der Parteien und den merklichen Mitgliederschwund verantwortlich. Vor dem Hintergrund dieser Entwicklung analysiert *Oskar Niedermayer*, welche Handlungsmöglichkeiten die Parteien zur verstärkten Rekrutierung neuer Mitglieder haben. Insgesamt drängt sich die Schlussfolgerung auf, dass das goldene Zeitalter der Mitgliederparteien endgültig vorbei zu sein scheint. Angesichts der Vielzahl von unverzichtbaren Funktionen, die den Mitgliedern zukommt, sollten die Parteien jedoch auch in Zukunft große Anstrengungen unternehmen, neue Mitglieder für sich zu gewinnen.

Otmar Jung: „Wahlbeteiligung runter, Bürgerbeteiligung rauf!“ – Zu welcher Art von Partizipation führt mehr direkte Demokratie?

Die Trends bei Wahlen auf Bundes-, Landes- und Europäischer Ebene sind eindeutig: Die Wahlbeteiligung ging nach einer Phase der „Vollmobilisierung“ Mitte der 1970er Jahre in den vergangenen Jahren spürbar zurück. Vergleicht man diese Trends nun mit Volksentscheiden und Referenden, ist – so *Otmar Jung* – eine differenzierte Betrachtung notwendig. Schon die Unterscheidung, ob ein Volksentscheid „von unten“ oder „von oben“ organisiert, isoliert oder zusammen mit anderen Wahlen stattfindet, wirkt sich auf die Abstimmungsbeteiligung aus. Ein bloßer Vergleich verbietet sich auch deshalb, weil bei Wahlen die Gesamtheit der Politik eines Gemeinwesens auf dem Prüfstand steht, direkte Partizipationsverfahren hingegen einzelne Sachfragen zum Gegenstand haben. Otmar Jung wagt abschließend eine Prognose und konstatiert, dass die direkte Demokratie kein Allheilmittel gegen die sinkende Wahlbeteiligung ist, gar mit weiter sinkender Wahlbeteiligung zu rechnen sein wird. Gleichwohl kann direkte Demokratie neue Inhalte, Konstellationen und Akteure hervorbringen, etablierte Strukturen aufbrechen und zu einer sukzessiven Erneuerung beitragen.

Wolfgang Molitor: Politikvermittlung – eine Sisyphusarbeit?

Politische Bildung und verantwortungsvolle Pressearbeit haben einige Gemeinsamkeiten: Beide stehen vor der täglichen Herausforderung, Politik zu vermitteln. Demokraten und kritische Zeitungsleser fallen nun einmal – frei nach Theodor Eschenburg – nicht vom Himmel. *Wolfgang Molitor* analysiert die politischen und gesellschaftlichen Aufgaben, die Zeitungen innehaben. Im Mittelpunkt der Erörterung steht die Hauptaufgabe der Presse, nämlich durch Aufklärung und durch die solide Vermittlung von Informationen die Teilhabe am politischen Geschehen zu ermöglichen. Die alltägliche Arbeit der Redakteure ist hierbei ein steter Balanceakt zwischen Elementarisierung und Bagatellisierung. Obwohl sich Redakteure heute mehr denn je als Lotsen durch den Informationsdschungel verstehen, sind sie bei ihrer Arbeit auf die Vorbildung der Leserinnen und Leser angewiesen. Am Beispiel des medienpädagogischen Projekts „Zeitung in der Schule“ wird die nicht zu unterschätzende Rolle der Schule bei der Förderung der Medienkompetenz sowie bei der Hinführung zur regelmäßigen Zeitungslektüre offenkundig. Neben der Informationsfunktion haben Zeitungen eine Kontroll- und Wächterfunktion. Diese Verantwortung gegenüber der Öffentlichkeit kann nur dann angemessen wahrgenommen werden, wenn sich die journalistische Arbeit einem ethischen Kodex verpflichtet fühlt.

Nikolaus Blome: Faul, korrupt und machtbesessen? Warum Politiker besser sind als ihr Ruf

Schenkt man den Schlagworten und Parolen Glauben, dann haben Politikerinnen und Politiker in Deutschland wirklich nicht den besten Ruf. Vorurteilsbeladene reden von „denen da oben“, vergessen aber, dass sich Politikerinnen und Politiker aus den Reihen ganz normaler Bürger rekrutieren. Übersehen wird leicht, welche Spiel- und Verhaltensregeln vom politischen Alltag und von demokratischen Abläufen und Prozessen diktiert werden. Anhand gängiger Parolen erörtert *Nikolaus Blome* drei Kategorien von Vorurteilen: unwahr, unfair und unsinnig. Unwahr sind alle jene Vorurteile, die einer Faktenprüfung nicht standhalten und sich mit schlichten Daten widerlegen lassen. Unfaire Vorurteile, die verschiedene Eigenarten des Politikerdaseins in den Blick nehmen, konzentrieren sich in der Regel auf Aspekte der symbolischen und medial vermittelten Politik und unterlassen einen analytischen Zugriff auf das Politische. Durch Halbbildung verursachte Wissenslücken gerinnen zu destruktiven Stereotypen. Unsinnige Vorurteile sind in sich nicht stimmig und messen Politikerinnen und Politiker an übermenschlichen Maßstäben bzw. konfrontieren sie mit unerfüllbaren Erwartungen. Der Beitrag fordert – teils ironisch und teils mit einer gehörigen Portion Sarkasmus – dazu auf, Politikerinnen und Politikern mit mehr Einfühlungsvermögen und Sachverstand zu begegnen. Dann, so das Fazit, falle unser Urteil über Politikerinnen und Politiker gerechter und realistischer aus.

Wolfgang Gaiser, Winfried Krüger, Johann de Rijke:
Jugendliche – Vergessene Adressaten der politischen Bildung?

Wie ist es um die demokratische Orientierung von Jugendlichen und jungen Erwachsenen bestellt? Welche Einflussfaktoren sind für die Entwicklung demokratischer Fähigkeiten und Tugenden entscheidend? Welche Rolle spielt hierbei das formale Bildungssystem und welches Gewicht haben nicht-formale – d.h. außerschulische – Lernzusammenhänge? Der Beitrag nimmt zunächst drei Hauptelemente einer demokratischen Orientierung in den Blick: (1) Im Mittelpunkt der Analyse stehen die zentralen Werte der Demokratie und die damit verbundenen Freiheitsrechte; (2) des Weiteren hebt die Untersuchung auf das soziale Kapital bzw. das soziale Vertrauen ab und eruiert schließlich (3) das kognitive Verständnis politischer Vorgänge. Die beiden herangezogenen Untersuchungen (DJI-Survey und ALLBUS) belegen, dass das Bildungsniveau einen überaus starken Effekt auf die grundlegende Akzeptanz der Demokratie wie auch auf die politische Kompetenz hat. Hinzu kommen als mithin prägende Faktoren die soziale Lebenslage und die ökonomischen Teilhabechancen Jugendlicher. Nicht-formale Kontexte (z. B. Vereine, Verbände) haben als „Schulen der Demokratie“ (Robert D. Putnam) eine nur nachgeordnete Bedeutung. Sie sind eher ein – trotzdem nicht zu unterschätzendes – Übungsfeld für demokratisches Handeln. *Wolfgang Gaiser, Winfried Krüger* und *Johann de Rijke* kommen zu dem Fazit, dass Anstrengungen im Bildungsbereich, die lediglich auf ein Mehr an politischem resp. demokratischem Grundwissen abheben, nicht ausreichend sind. Ziel muss es vielmehr sein, bereits in der Schule Modelle demokratischer (Teilhabe-)Praxis zu etablieren. Kognitive Einsichten müssen in praktisches Handeln und praktische Erfahrung überführt werden.

Peter Massing:
Parteien- und Politikverdrossenheit – Mode oder Signum der Zeit?

In Wissenschaft und Öffentlichkeit herrscht im Hinblick auf die Begriffe Parteien- und Politikverdrossenheit sowie weitere – in diesem Diskussionszusammenhang – synonym verwendete Begrifflichkeiten überwiegend Konfusion. *Peter Massing* erörtert in seinem Beitrag zunächst, was unter Politikverdrossenheit zu verstehen ist und systematisiert den Begriff mit Hilfe der drei Dimensionen des Politischen (polity, politics, policy). In einem weiteren Schritt wird der Zusammenhang von Politikverdrossenheit und politischem Verhalten skizziert. Die Bewertungen des Phänomens sind durchaus kontrovers. Der Prognose einer veritablen Demokratiekrise stehen Einschätzungen gegenüber, die für Krisenszenarien in Bezug auf die demokratisch-politische Stabilität keinen Anlass sehen, gar – so eine dritte Position – den Tatbestand der Politikverdrossenheit als selbstverständliche und normale Situation beschreiben. Die Ursachen von Politikverdrossenheit werden dahingehend analysiert, welche Anhaltspunkte sich daraus für die politische Bildung ergeben können. Hierbei wird vor allem die zentrale Bedeutung des Wissens über die Funktionslogik des politischen

Systems hervorgehoben. Die Notwendigkeit politischer Bildung ergibt sich schon alleine aus der Tatsache, dass „der mündige Bürger nicht vom Himmel fällt“ (Theodor Eschenburg). Wenn der angemessene Erwerb von Wissen eine entscheidende Voraussetzung für politische Teilhabe ist, ergeben sich – auch und gerade aus politikdidaktischer Perspektive – grundlegende Fragen: (1) Welche Grundeinsichten sind für politisches Lernen in einer Demokratie unverzichtbar? (2) Wie kann ein Curriculum erarbeitet werden, das sich auf den Erwerb dieser Grundeinsichten konzentriert und entsprechend abbildet? Mithin geht es um die Frage, welche Standards, Kompetenzen, Basis- und Fachkonzepte eine solche Grundbildung passgenau in den Blick nehmen.

Siegfried Schiele: Politische Bildung einmal anders

Politische Bildung hat beileibe keine Konjunktur! Diese ernüchternde Erkenntnis von *Siegfried Schiele* mündet in die Forderung einer dringenden Neubesinnung der politischen Bildung. Die mangelnde Wirksamkeit politischer Bildung liegt nicht zuletzt darin, dass sie ihren einmal breitenwirksam gedachten Bildungsauftrag nie realisiert hat. Die kärgliche schulische und die um Breitenarbeit oftmals nicht bemühte außerschulische politische Bildung verfügen nur in Ansätzen über didaktische und methodische Instrumente, die eine Tiefen- und Breitenwirkung garantieren. In einer durchaus kritischen und persönlichen Bilanz werden erste Schritte aufgezeigt, wie neue Zielgruppen und breite Bevölkerungsschichten erreicht werden können. Im Gegensatz zu attraktiven Seminaren und Großveranstaltungen ist dieser Anspruch, wie am Beispiel des Buches „Vorsicht Politik“ geschildert, bei Publikationen ein deutlich schwieriges Unterfangen. In einem abschließenden Plädoyer werden Grundrisse einer Elementarisierung aufgezeigt, die sich auf einige wenige, aber grundlegende Arbeitsfelder und unverzichtbare Anknüpfungspunkte politischer Bildung konzentrieren.

Michael Wehner: Niedrigschwellig oder nachhaltig: Welche Form der politischen Bildung hätten Sie denn gerne?

„Niederschwellig“ oder „nachhaltig“ – diese beiden Begriffe für eine Neujustierung der politischen Bildung haben derzeit Konjunktur. *Michael Wehner* setzt sich kritisch mit diesen Begrifflichkeiten auseinander und zieht eine realistische und erfahrungsgesättigte Bilanz. Niederschwellige Angebote können die allseits beklagten Probleme der politischen Bildung deswegen nicht lösen, weil sie die Schwelle zum Politischen oftmals nicht überschreiten. Ebenso verhält es sich mit der Modevokabel der Nachhaltigkeit. „Nachhaltige Bildung“ ist ein äußerst theoretisches Konstrukt, das im Grunde ein ureigenstes Anliegen der politischen Bildung anmahnt, politisches Lernen jedoch allzu häufig mit sozialem Lernen verwechselt. Ziel und Anliegen – auch und gerade – niedrigschwelliger Formate bleibt die Vermittlung elementarer politischer Einsichten und Kenntnisse. Das doppeldeutige Motto „Einfach machen“ ist die Leitlinie dreier Aktionen, die ausführlich erörtert und im Hinblick auf ihren politischen „Mehrwert“ analysiert werden. Die Aktionen „Grenz-Gänge“, „Linie 68 – Politik in der Straßenbahn“ sowie die Canvassing-Aktion „Waldkirch 09“ sind allesamt niedrigschwellige Projekte, bei denen die Anbieter politischer Bildung nicht warten, bis Bildungsinteressierte (freiwillig) Kontakt zu ihnen aufnehmen. Provokation, Einmischung und „subversives“ Vorgehen sind mithin Wege, um Menschen für Politik zu interessieren und politische Urteilsfähigkeit abzuverlangen.

Harald Keller:
Das Fernsehen im Dienst der politischen Bildung

Angesichts politikdistanzierter Bevölkerungsteile wird im Diskurs über „pädagogische Maßnahmen" der (erneute) Ruf laut, das Fernsehen solle durch entsprechende Formate den sogenannten bildungs-, vor allem aber wohlstandsfernen Schichten gerecht werden. *Harald Keller* geht der Frage nach, ob die klassischen Agenturen der politischen Bildung dies überhaupt leisten können. An zwei Beispielen – der von ProSieben ausgestrahlten Sendungen „Die TV total Bundestagswahl" (2009 und „Sido geht wählen" (2010) – wird deutlich, dass der Zuspruch Jugendlicher auf das gekonnte Spiel mit parodistischen Segmenten und kontroversen Spaßelementen, vornehmlich aber auf die Authentizität der Moderatoren – die sich als „Markenpersönlichkeiten" treu bleiben – zurückzuführen ist. Beide Moderatoren werden von jugendlichen Konsumenten akzeptiert, weil ihr Habitus und Duktus authentisch ist. Sie verfügen über ein Höchstmaß an „Credibility". Die Analyse beider Fernsehsendungen belegt eindrucksvoll, dass Fernsehen nicht zur Politikverdrossenheit beitragen muss. (Wie dies in Nachrichtensendungen schon durch die Auswahl der Nachrichten häufig der Fall ist.) Die beiden Beispiele zeigen aber auch, dass mediale Bildungsmaßnahmen für politikferne Schichten von Sendungsbewusstsein, Missionarshaltung oder gar fordernden Attitüden – auch im Hinblick auf das Niveau der Inhalte – Abstand nehmen müssen.

Joachim Detjen:
Elementarisierung. Grundsätzliche Überlegungen zur Brauchbarkeit eines didaktischen Schlüsselbegriffs für die politische Bildung

Die Ausführungen von *Joachim Detjen* thematisieren das Anliegen der Elementarisierung in der politischen Bildung und die damit verbundenen Probleme. Zu Beginn werden die verschiedenen Bedeutungsschichten der Elementarisierung (das Anfängliche; die Vereinfachung komplexer und abstrakter Zusammenhänge; die Konzentration oder Reduktion auf das Wesentliche) geklärt. Danach werden einige empirische Erkenntnisse über den auslösenden Grund der Elementarisierungsforderung referiert. Dieser Grund ist mithin der unbefriedigende Stand des politischen Wissens der Deutschen sowie die problematische mentale Verfasstheit zahlenmäßig nicht unwichtiger Bevölkerungsgruppen (Bildungsferne, Desinteressierte und Vorurteilsbeladene). In einem dritten und vierten Schritt werden diverse Ansätze der beiden wichtigsten Varianten der Elementarisierung – Elementarisierung als Vereinfachung und Elementarisierung als Konzentration auf das Wesentliche – vorgestellt und kritisch erörtert. In einem fünften Schritt schließlich wird das Elementarisierungsprinzip als solches einer didaktischen Prüfung unterzogen. Denn so eingängig die Forderung nach Elementarisierung auch klingt, ihre Durchführung ist mit beträchtlichen Schwierigkeiten verbunden: Was ist beim Vereinfachen und was bei der Konzentration auf das Wesentliche zu beachten? Was ist in einem konkreten Gegenstand überhaupt das Elementar-Wesentliche? In einem knappen Resümee wird das Elementarisierungsprinzip noch einmal auf die politische Bildung angewendet. Politische Bildung – so das Fazit – steht dabei vor der grundsätzlichen Schwierigkeit, komplexe politische Probleme und institutionelle Zusammenhänge einfach darstellen zu müssen. Schafft sie diese Elementarisierung nicht, dann grenzt sie erhebliche Teile der Bevölkerung von der Vermittlung politischer Themen und Inhalte aus.

Andreas Petrik: Zwischen Abstraktion und Analogie. Grundformen politikdidaktischer Elementarisierung – aufgezeigt an Unterrichtsbeispielen

Didaktisches Handeln elementarisiert stets. Ausgehend von dieser These beschreibt *Andreas Petrik* mögliche Grundformen der politikdidaktischen Elementarisierung. Er schlägt hierbei einen Bogen von den „Vätern" des didaktischen Konzepts der Elementarisierung, Martin Wagenschein und Eduard Spranger, zu der fachdidaktischen Theoriebildung und zeigt an Unterrichtsbeispielen mithilfe der Kriterien „fachgerecht", schülergerecht" und „zielgerecht" gelungene und weniger gelungene Elementarisierungen auf. Um den Kern des Politischen schülergerecht und fachlich angemessen lehren zu können, werden in der Folge verschiedene Möglichkeiten der Elementarisierung im Politikunterricht theoretisch fundiert und konzise dargestellt: (1) Umweltmodelle (z. B. Planspiele), die einen enaktiven Zugang zu den drei Kategorien policy, polity und politics ermöglichen; (2) Strukturmodelle, die ikonographisch die Begriffsvernetzungen sozialwissenschaftlicher Theorien abbilden; (3) soziale Experimente, die Erfahrungsräume schaffen und über die Mikroebene Anbindungsmöglichkeiten an das Politische spürbar werden lassen sowie (4) Analogiebildung, die den flexiblen und kontextbewussten Umgang mit Kategorien fördert.

Dagmar Richter: Elementarisierung der politischen Bildung in der Grundschule

Politische Bildung in der Grundschule dient vorrangig dem Interesse der Grundschülerinnen und Grundschüler und nicht dazu, präventiv gegen eine spätere Politikdistanz zu arbeiten. Dass die Hoffnung geäußert wird, mit früh beginnender politischer Bildung eine solche Politikdistanz verhindern zu können, ist verständlich. Dies kann aber bislang durch keine empirische Untersuchung gestützt werden. Allenfalls gibt es Hinweise, die Hoffnungen an eine früh einsetzende politische Bildung nähren. Dagmar Richter skizziert in ihrem Beitrag zunächst das Bildungspotential und die Notwendigkeit politischer Bildung in der Grundschule. Methodische und inhaltliche Formen der Elementarisierung sind in der Grundschule schon aus lernpsychologischen Gründen notwendig, müssen jedoch stets den „Charakter" des Politischen bewahren. Vergleichsweise neu im didaktischen Diskurs ist die Elementarisierung auf der inhaltlichen Ebene, die im Zusammenhang mit den Diskussionen um Bildungs- und Minimalstandards steht. *Dagmar Richter* erörtert dies am Beispiel der sogenannten Basiskonzepte. Basiskonzepte bezeichnen einige wenige zentrale Prinzipien bzw. Paradigmen der Domäne, ohne deren Kenntnis Politik nicht in ihrer Bedeutung und ihren Funktionen verstanden werden kann. Die Konkretisierung dieser Basiskonzepte durch Fachkonzepte, konstituierende Begriffe und Themenbeispiele für die politische Bildung in der Primarstufe wird im Schlussteil des Beitrags anschaulich erörtert.

Wibke Renner-Kasper: Elementarisierung im Hauptschulbereich – Chancen und Gefahren

Nimmt man den Diskurs um die sogenannten „bildungsfernen Schichten" ernst, stellt sich – insbesondere mit Blick auf die Schulform der Hauptschule – die Frage nach einem zeitgemäßen Politikunterricht. Anhand von Gruppendiskussionen zeigt *Wibke Renner-Kasper* schlüssig auf, dass Hauptschülerinnen und -schüler konkrete Politik- und Gesellschaftsbilder haben und diese in den Unterricht einbringen. Diese Vorstellungen über politische Institutionen, Akteure und Handlungsmöglichkeiten der Politik sind jedoch rudimentär, fragmentarisch und oftmals vage. Ein erfolgversprechender Politikunterricht muss von diesen Gesellschafts- und Politikbildern der Jugendlichen seinen Ausgang nehmen, wenn er die Schülerinnen und Schüler überhaupt erreichen und politische Basis- und Fachkonzepte aufbauen will. Nicht bloße Informationsvermittlung ist gefragt, sondern Lernen als Wissenskonstruktion. Dies hat auch Auswirkungen auf die methodische Gestaltung des Unterrichts. Unter dem Gesichtspunkt des Erwerbs demokratischer Handlungskompetenzen erhalten kooperative, projekt- und handlungsorientierte Unterrichtsformen in dieser Schulform ein besonderes Gewicht.

Jonas Lanig: „Politik und Unterricht – Das passt irgendwie nicht zusammen." Eine Provokation

In einer persönlich gehaltenen Bilanz skizziert *Jonas Lanig*, langjähriger Politik- und Sozialkundelehrer, die Kluft zwischen schulischen und außerschulischen Lernaktivitäten und Lernformen (z. B. Exkursionen, Wochenendseminare und Projekte). Die Zwänge und Strukturen der Schule verhindern oftmals, dass politisches Interesse im Politik- oder Sozialkundeunterricht zum Tragen kommt. Dies liegt nicht nur an der marginalen Stellung des Unterrichtsfaches, die sich u. a. in Stundenkürzungen manifestiert. Der Brückenschlag zur Lebenswirklichkeit der Schülerinnen und Schüler gelingt im Politikunterricht immer weniger. Gesellt sich noch ein methodisch einseitiger Unterricht hinzu, so ist auch die Elementarisierung politischer Bildung kein Ausweg aus diesem Dilemma. Denn eine bloße Lichtung schulischer Lerninhalte verhilft dem Unterricht nicht aus seiner Motivationsfalle. Will man den Politikunterricht für Schülerinnen und Schüler wieder attraktiv machen, ist eine thematische und methodische Generalsanierung notwendig, die das Diktat des Wochenstundenplans aufbricht und zu neuen Formen der Lern- und Zeitorganisation führt. Am sogenannten Fifty-fifty-Modell – einer Mischung aus verpflichtenden und fakultativen Bausteinen schulischen und außerschulischen Lernens – wird dies konkretisiert und mit unterrichtspraktischen Beispielen dargestellt.

Autorinnen und Autoren

Nikolaus Blome ist seit 1991 Journalist. Er war u. a. stellvertretender Chefredakteur der „Welt" und leitet heute das Hauptstadtkorrespondentenbüro der „BILD". Nikolaus Blome wurde für seine Arbeiten wiederholt ausgezeichnet, darunter mit dem Theodor-Wolff-Preis, Deutschlands angesehenster Journalistenauszeichnung.

Prof. Dr. Joachim Detjen ist seit 1997 Inhaber des Lehrstuhls für Politikwissenschaft III: Politische Bildung (Didaktik der Sozialkunde) an der Katholischen Universität Eichstätt. Von 1980 bis 1986 war er wissenschaftlicher Assistent für Politikwissenschaft an der Universität Regensburg; von 1986 bis 1995 Gymnasiallehrer in Niedersachsen und von 1995 bis 1997 Professor für Politikwissenschaft und Didaktik der Gemeinschaftskunde an der Pädagogischen Hochschule Karlsruhe.

Siegfried Frech ist Publikationsreferent bei der Landeszentrale für politische Bildung Baden-Württemberg und verantwortet die Zeitschrift „Der Bürger im Staat" und die Didaktische Reihe. Er hat einen Lehrauftrag (Didaktik politischer Bildung) am Institut für Politikwissenschaft der Eberhard Karls Universität Tübingen

Dr. Wolfgang Gaiser ist langjähriger Mitarbeiter des Deutschen Jugendinstituts (dji) in München; seit 2006 Grundsatzreferent für Jugendforschung. Seine Forschungsschwerpunkte sind Jugendsoziologie und Fragen der politischen Partizipation von Jugendlichen.

Prof. Dr. Ingo Juchler lehrt Politikwissenschaft und Didaktik der politischen Bildung an der Universität Potsdam. Seine Forschungsschwerpunkte sind neben der Didaktik der politischen Bildung die Bereiche Internationale Beziehungen, Demokratietheorie sowie Interkulturalität.

PD Dr. Otmar Jung ist Privatdozent am Fachbereich Politik- und Sozialwissenschaften (Otto-Suhr-Institut für Politikwissenschaft) der Freien Universität Berlin. Sein ausgewiesener Forschungsschwerpunkt ist Direkte Demokratie, insbesondere Direkte Demokratie in Deutschland unter den Aspekten der juristischen Zeitgeschichte und der Verfassungspolitik.

Dr. Harald Keller studierte Literatur-, Medien- und Kunstwissenschaften in Osnabrück und arbeitet als freier Journalist mit dem Schwerpunkt Film/Fernsehen/Kultur für verschiedene Zeitungen und Magazine. Unlängst erschienen ist von ihm das Buch „Die Geschichte der Talkshow" (Frankfurt/M. 2009).

Winfried Krüger, M.A., Soziologe. Bis 2004 am Deutschen Jugendinstitut (dji) in München, zunächst im Schwerpunkt Jugendberichte, später im Jugendsurvey. Jetzt neben empirischer Jugendforschung, Supervisionstätigkeit und Mitarbeit in der Doris-Wuppermann-Stiftung.

Jonas Lanig, Lehrer und Mittelstufenberater am Johannes-Scharrer-Gymnasium in Nürnberg, ist u. a. Geschäftsführer der Stiftung CivilCourage, Autor und Mitglied der Jury des Bundeswettbewerbs „Demokratisches Handeln".

Prof. Dr. Peter Massing ist Professor für Sozialkunde und Didaktik der Politik am Otto-Suhr-Institut für Politikwissenschaft der Freien Universität Berlin seit 2002. Zahlreiche Veröffentlichungen zur Fachdidaktik politischer Bildung und zum Politikunterricht.

Wolfgang Molitor ist stellvertretender Chefredakteur der „Stuttgarter Nachrichten" und dort verantwortlich für den gesamten Bereich „Politik".

Prof. Dr. Oskar Niedermayer ist seit 1993 Professor für Politische Wissenschaft an der Freien Universität Berlin. Er ist Sprecher des Arbeitskreises „Parteienforschung" der Deutschen Vereinigung für politische Wissenschaft. Schwerpunkte seiner Forschung und Publikationen sind die Parteienforschung und die Analyse von politischen Orientierungen und Verhaltensweisen.

Prof. Dr. Andreas Petrik hat an der Universität Halle die Professur Didaktik der Sozialkunde inne. Seine Forschungs- und Arbeitsschwerpunkte sind Best-Practice- und Lernprozessforschung im Fach Sozialkunde, politische Urteilsbildung, handlungsorientierte Methoden, Gesellschaftstheorien und Zukunftsforschung.

Wibke Renner-Kasper ist Konrektorin an der Verbundschule GHRS Illingen. Parallel zu ihrer schulischen Tätigkeit schreibt sie an der Pädagogischen Hochschule Freiburg an ihrer Dissertation, die im Bereich der qualitativen Praxis- und Unterrichtsforschung zu verorten ist. Der Forschungsgegenstand ihrer Arbeit sind Schülervorstellungen von Hauptschülerinnen und Hauptschülern über Politik.

Prof. Dr. Dagmar Richter, Studium für das Stufenlehramt I, 2. Staatsexamen und 1989 Promotion im Bereich der Politischen Bildung an der Universität Hamburg. Tätigkeit als Dozentin an der Zivildienstschule Buchholz. Ab 1992 wissenschaftliche Assistentin an der Universität Oldenburg und seit 1997 Professorin für Sachunterricht und seine Didaktik an der Technischen Universität Braunschweig. Forschungsschwerpunkte: Konzeptuelles Wissen von Schülerinnen und Schülern über Politik, Interventionsstudie zum politischen Lernen von Drittklässlern, Fragen zu Bildungsstandards Politik.

Johann de Rijke, Diplomsoziologe, ist seit 1989 wissenschaftlicher Mitarbeiter am Deutschen Jugendinstitut (dji) in München. Seine Forschungs- und Arbeitsschwerpunkte sind Jugend und Politik, soziale und politische Partizipation sowie sozialwissenschaftliche Methodologie.

Dr. h. c. Siegfried Schiele war von 1976 bis 2004 Direktor der Landeszentrale für politische Bildung Baden-Württemberg. Einer seiner Erfolge besteht bis heute darin, dass er – zusammen mit dem verstorbenen Prof. Dr. Herbert Schneider – unmittelbar nach seinem Amtsantritt die Fachdidaktiker ideologisch zerstrittener Lager dazu brachte, auf einer Tagung in Beutelsbach aufzutreten und wieder miteinander zu sprechen.

Dr. Michael Wehner leitet seit 1991 die Außenstelle Freiburg der LpB Baden-Württemberg. Michael Wehner ist für seine vielfältig kreativen Wege, Politik zu vermitteln, ein in der Fachdidaktik anerkannter „Aktivposten" der politischen Bildung. Michael Wehner ist Lehrbeauftragter am Seminar für wissenschaftliche Politik der Universität Freiburg und an der Pädagogischen Hochschule Freiburg.